漫忆百年

共和国开国部长的荣与辱

徐达本

口述人：　　徐达本

特约编辑：　徐平平
　　　　　　陈国华

封面及图表设计：James C. Duffy

出版社：Lola Publisher, Inc. (USA)

电子邮箱：dbxfxjpx@yahoo.com

印制及发行社：
Lightning Source, Inc. Ingram (USA)
1246 Heil Quaker Blvd.
La Vergne, TN USA 37086
Email: inquiry@lightningsource.com
Voice: (615) 213-5815
Fax: (615) 213-4725

第二次出版：2014年10月

本书任何部分若未经版权持有人允许，
不得以任何形式抄袭或翻印

ISBN: 978-0-9895113-1-5

谨以此书，献给伴我走完百年坎壈人生的尊夫人毅，并昭示后人。历史，是一面澄显人妖定夺善恶的灵镜，也是我钦仰诚信鞠躬祖国尽瘁人民的佐证。

四十年代中在冀鲁豫边区,冀鲁豫边区行署副主任徐达本和夫人于兆毅。

一九五六年四月十二日在北京中南海。陈郁部长（前左二）、徐达本第一副部长（前左一）陪同毛泽东、周恩来、朱德、邓小平、陈云、彭真等中央领导接见参加全国煤矿先进生产者代表大会代表。

一九五八年九月一日在唐山。煤炭部第一副部长徐达本(左二)陪同周恩来总理(左一)视察开滦矿务局赵各庄煤矿。

"文革"之前的第八机械工业部第一副部长徐达本在北京家中

二零零四年秋在北京。九十二岁的徐达本夺得本年全国九十岁以上健康老人之桂冠后与夫人于兆毅在颁奖大会的主席台上。

二零零七年秋,九十四岁老叟徐达本在家中

徐达本书于八十年代

徐达本书于一九八六年

徐达本书于八十年代

目 录

目录 ……………………………………………	i
自序 ……………………………………………	vii
编辑的话 ………………………………………	ix
徐达本简历 ……………………………………	xiii

第一章 1913年前后 …………………………… 1
  辛勤祖辈/稚澄童年 ………………………… 1
  年少心灵的启蒙 …………………………… 5

第二章 血热青年时代 ………………………… 11
  日本侵华 …………………………………… 11
  为恢复"贷书制"而大闹学潮 ……………… 15
  我的第一次婚姻 …………………………… 17
  投身"一二·九"学生运动 ………………… 18
  创办王兰庄民校 …………………………… 26
  加入中国共产党 …………………………… 28
  我与田冀 …………………………………… 35

第三章 在晋察冀边区抗日根据地 …………… 37
  初到平山 …………………………………… 37
  平山农民抗日救国会与"大老刘" ………… 42
  救援井陉 …………………………………… 43
  首任中共平山县县长 ……………………… 46
  平山——抗日模范县 ……………………… 54
  幸遇白求恩大夫 …………………………… 61
  育子在平山 ………………………………… 63
  首任晋察冀第三行政督察专员公署之专员 … 66

第四章 在冀中平原抗日根据地 ……………… 69

任冀中行政主任公署副主任…………………………… 69
反"扫荡"………………………………………………… 73
整顿党组织……………………………………………… 76
建立"三三制"抗日民主政权………………………… 77
发展和巩固"三三制"人民民主政权………………… 81
"五·一反扫荡",转移太行山………………………… 99

第五章 在冀鲁豫边区抗日根据地………………… 104
告别冀中………………………………………………… 104
跟随黄敬到冀鲁豫边区………………………………… 108
在救灾第一线…………………………………………… 111
纠久日之偏,放手发动群众…………………………… 117
黄书记累忧成疾………………………………………… 135
悲欢离合………………………………………………… 142
抗日之胜与国共之争…………………………………… 148

第六章 在工矿处(局)……………………………… 153
董事峰峰利民煤矿公司………………………………… 153
战备搬迁………………………………………………… 156
力建邯涉铁路与淮海战役大捷………………………… 159
女儿初世困硝烟………………………………………… 166

第七章 在开滦煤矿………………………………… 172
解放前夕的开滦煤矿…………………………………… 172
我任"开滦"总军代表、总管理处主任……………… 175
"开滦"回归中华……………………………………… 178
"开滦"医疗队赴朝抗美……………………………… 180
"开滦"轶事…………………………………………… 184

第八章 "煤缘"左右中国煤炭工业……………… 197
第一个五年计划………………………………………… 197

实施"一五"计划	200
"一五"计划之总结	210
与陈郁部长休戚与共	216
煤炭部的反"右"斗争	219
第二个五年计划与"大跃进"	221
煤炭系统的"大跃进"	225
我犯了"右倾机会主义"的错误	233
"停职反省"时的所见所闻	237
"左倾"错误与七千人大会	240
"大跃进"给煤炭工业带来的沉重创伤	244
何苦相煎太急?	247
离开煤炭部后的反思	251

第九章 漫长的文化大革命 … 255

"文革"前奏	255
吹响"文革"的进军号	260
我被打翻在地	266
初生牛犊不怕虎	270
"二月逆流"与"军管"	277
我被再踏上一只脚	280
"谢大爷"和"修叔叔"是我的莫逆之交	284
"抄家"与"游街"	292
关押在"牛棚"/劳动在"农场"	296
劳改在干校	301
我被"解放"了,爱人则"罪上加罪"	305
我任干校的副校长	309
陈正人部长的"解放"与冤逝	315
我去郑州铁路局工作的历史背景	321
郑州铁路局第五次党委扩大会议	326
不满三个月,成绩初现	332
"单机牵引"在我局首试成功	336

七五年的正月大雪与卸煤车事件…………………… 341
七五年除夕向万里汇报工作 ………………………… 345
"整顿"前后的郑州铁路局形势 …………………… 349
万里的无名火 ………………………………………… 357
我被万里无端免职 …………………………………… 360
万里的"大乱"没有导致"大治" ………………… 369
批邓,反击右倾翻案风 ……………………………… 375
我的一封信,一个发言 ……………………………… 380
硬着头皮,二顾郑州铁路局 ………………………… 383
"旧官"上任,再抓运输生产 ……………………… 387
发生在我重返路局之前的"四·三"案件 ………… 393
华国锋一举粉碎"四人帮" ………………………… 394

第十章 文化大革命的惯性 …………………… 399
我再次遭到残酷批斗、多年审查 …………………… 399
批斗大会的规模比"文革"时还甚 ………………… 403
因病被"释放",耐心接受审查 …………………… 407
祸从"天"降 ………………………………………… 413

第十一章 我之坦荡、阔达、延年 …………… 419
胡耀邦:我的"一切待遇不变" …………………… 419
与申冤为伍 …………………………………………… 422
不乏同情人 …………………………………………… 425
弄权者、御用文人与"历史" ……………………… 429
甄别平反,势在必行 ………………………………… 435
我的长寿秘诀 ………………………………………… 450

照片 ………………………………………………… 458

作者注 ……………………………………………… 473

代后记 徐平平·················· 474
被禁止的葬礼·················· 474

附件 ························ 485
1. 关于徐达本同志在"文革"浩劫中
   遭受迫害情况的回忆 牛立志·········· 485
2. 关于徐达本同志所犯主要错误的审查结论
   中共郑州铁路局委员会文件············ 495
3. 论《关于徐达本同志所犯主要错误的
   审查结论》徐达本2009年5月·········· 500

参考文献 ···················· 535

自 序

本书是我的自述,记录了我的故事,讲述了我的一生,字里行间浸透着百年人生的遭遇和思索。

在本书几易其稿,基本成型之后,给它起什么名字使我颇费斟酌,曾经定名为"沉馨百岁"。身边的许多后辈人都很喜欢这个书名,说很典雅,符合我知性内敛的性格,他们特别鼓励我用美好的词语对自己的百年人生给予肯定和褒奖。回想自己走过的百年路,无悔无愧,天地良心,我尽了最大的努力为我的祖国和人民做事,也许,我真应该大胆地为自己喝彩。

诞生于家境堪丰,家教甚严,崇尚"学而优则士"的家庭,自幼喜欢读书的我,中学时代就接受"三民主义"教育,更从对英语习练的热爱受到了新鲜浓烈的西方民主自由思想的启蒙,渴望对现实的变革。中学参加反压迫学潮,大学投身誓死不当亡国奴的"一二•九"学生抗日救亡运动,加入共产党后更是义无反顾地为建设一个自由民主的富强国家奋斗。

如今,自新中国成立已是悠悠六十余载。可惜的是,我虽自认为有学识才华,有一腔热血,但我为祖国和人民服务的时间却屈指可数,充其量不足十五年吧。而在其余的数十年中,我所经历的,只是倍受冤枉屈辱的无端整肃,被撤职、批斗、审查、关押。我所能做的只是书写无休止的申诉。七十多年前,当我成为一名共产党员时,绝没想到自己大部分的人生岁月会流失耗费在如此的遭遇中。

但是,在百年人生几万个日日夜夜里,只要一给机会,我又一次一次地站起来,殚精竭虑,为国家和人民工作。我何曾为自己谋求过什么?我何曾对自己的职责懈怠过苟且过?

我已过耄耋之年,几近期颐,但我的躯体和头脑依旧健康清晰，尚有能力把自己的故事整理留存。身为共产党的一名高级干部，我参与和亲历了诸多对国家前途和个人命运攸关的事件，我应该通过尽可能详尽的讲述，拂去岁月的尘埃，再现历史的真实面貌。这不仅是我的经历，我对后辈人应有的交代，更是我的责任。

然而，我无意为自己喝彩。我相信，善良正义的普世价值永在。我相信，是非曲直自有公断。于是，在反复考虑推敲后，我还是决定把书名定为："漫忆百年"。

"漫"，广远而随性，看似舒缓而非激烈，却依然表达了一种绵延不绝，充满内在力量的强大，我愿以此寓意我和我的祖国的明天。

徐达本
2010年春

编辑的话

1996年秋，父母来美国与我一家小住。闲暇之时，家父回顾了他的坎坷一生，并希望在将其整理成文之后适机问世。尽管知道出版这份回忆录是父亲的切望，但在后来很长的一段时间里，因忙于事业，我没再过问这项工作的进展实施。

2006年春返京时，已是九旬有三的父亲，忧心地交给我一份过于粗陋的生平文稿。老人的焦虑使我意识到时间的紧迫。

我从小就崇拜父亲的英俊和潇洒的风度，加之叔叔阿姨对他精干才华和正直诚信的褒奖，更令我对父亲佩服得五体投地，并奉其为自身的楷模。如今老父做难，倾力相助当然是作女儿的在所不辞。于是在后来的六、七年里，我追寻着老人的足迹，无数遍地踏上了他的百年人生路。

我庆幸这一决定。因为它为我提供了一个难得的机会——对父亲的优秀品质有了更细腻深切的了解，对他仕途大起大落的历史背景，有了一个大概的勾画。

其实，父亲的耿直，是来自祖辈务农的勤劳世家；他对万事认真的态度，是来自幼年的严格家教，少年时代的不苟习练和大学时代的谆谆校训；他不惜为国捐躯的一捧赤胆，是源于对日本侵略者的切齿仇恨；他加入中国共产党，是为了抗日和使平民百姓享受到真正的民主自由；他之所以功就早年，是因为他聪慧敏锐与忘我务实的交融；他之所以成为新中国煤炭工业的奠基人，是因为他对此事业特有的专业学识和对它孜孜不倦的科学探索和开拓……。如是的栋梁之材，似乎锁定了一生将为祖国和人民服务的坦途。但没想到的是，正值步入人生最成熟、最才华横溢、最功绩倍成的黄金时段，父亲遭到了屡屡整肃……

　　这是因为，毛泽东创建的政权从来就没有从几千年的封建帝制脱胎换骨。为了稳固手中至高无上的权力和驯服亿万臣民，这位创始人以各种借口，接二连三地发动了各色政治和经济运动，致使这两大领域千疮百孔。但遗憾的是，在毛时代结束之后，这一人治制度却仍然根深蒂固地影响着中国政坛，乃至党内外民主制度继续缺失，甚至遭到进一步的破坏。于是，旧日积压成山的冤、假、错案无人问津，新日鬼蜮伎俩的冤、假、错层出不穷。

　　八十年代中，在"文革结束了"的八年之后，在改革开放方兴未艾之时，中共中央书记处竟在没有给出任何"说法"的情况下，将颇具众望、口碑甚佳的父亲开除了党籍。这种将一位资深老党员处以政治极刑的肆无忌惮，在中共历史上是极为罕见的。无疑，它是一起地地道道、骇人听闻的政治迫害事件。更甚的是，在三十年后的今天，父亲被清洗的真实原由仍然充满了诡秘蹊跷，因为每当打问时，连最知情的人都"难得糊涂"地回避："哦，徐达本的事，我不清楚，你得去问XXX"。而XXX又请内人在其过世之后转告父亲，说他"不欠徐达本的"。如此的推脱和表白只能说明，无人愿为这一起政治迫害事件的打造承担罪责。或许，铁幕后面遮掩着另一层更见不得天日的铁幕？

　　不论父亲被清洗的原因是多么诡秘蹊跷，其"罪过"不外乎为：一. 他是党内少有的、能力强悍的高级知识分子型的业务干部。我常听父亲说："知识分子在党内从来就吃不开"。其实对他这种敢于讲真话又"出身不济"的知识分子来说，哪里只是"吃不开"，分明是连立锥之地都没有，更谈不上什么生存空间。二. 他对交给自己的每一项工作都是一丝不苟、兢兢业业，完成得出色漂亮。三. 尽管身处疯狂膜拜权主、权臣的愚昧官场，他始终保持了固有的敢直言、敢谏言、敢抗争、不拉帮、不结派、不屈膝、不逢迎的棱角。

中共中央书记处违背党章，滥用职权的行为，惊刹了太多的人，激发了太多的同情。然而，我对这一切却无丝毫的震惊。因为从今日中国贪污腐败的猖獗，不难得出如下的结论——目前的执政党与上个世纪三十年代父亲加入的那个中国共产党相比较，早已是大相径庭。

父亲深信自己的清白。这是他身陷政治囹圄却仍有一副超脱心态的根本原因。由于深知自身的价值和拒绝无谓的沉沦，他为自己的晚年规划了两项任务：一. 了却自己的一腔热望——再为煤炭工业的发展解开老行家的智囊。于是在过去的三十年间，他为中国能源的改革走访了多处新老矿山，撰写了多篇调研报告和论文，登上了无数研讨会议的讲坛。这位耄耋老人报效祖国的痴心，他暮年壮志的如愿以偿，博得了众多老同行、老部下更深切的尊敬和爱戴。二. 为平反昭雪做不懈的努力。确切地讲，对这项任务的执行早在一九七五年即已启动，一直延续至今。在这近四十年的时间里，父亲从未停止为自己无咎的呐喊和申辩。他向冤案的打造者和随后历届的中共领导人上书无数。但篇篇檄文均被石系海底。这种当事人对利用手中权力痛打忠良的执迷不悟，以及后任拒绝纠正前任所犯错误的事实，大概也能定义为"中国特色"吧？我以为，一个没有胆略去改正自己错误的政党，一个不能把所有的人民团结在自己周围的政党，绝非能够建设一个真正的"和谐社会"，也绝非能够实现"振兴中华"的"中国梦"。

四十年上书的无果，使父亲决定将记述他本人经历的《漫忆百年》公布于中外世人。因为只有人民才会客观认真地听取一位无辜为自己的铿辩。同时，也只有人民才真正拥有拍案是非曲直的权力。老人家这种对自我问心无愧的挚信，他敢于在有生之年涉足政治禁区的一身铮骨，以及对自己、对后人、对历史勇于负责的气魄，实在可敬可叹！为此，我常把父亲比喻成一根被狂风暴雨打淋之后竟然还能直立的奇异羽毛。我还把父亲比喻成一颗被尘糜污垢封埋了太久的宝石——尽管光屏彩蔽，但仍不失其丽质和真价。我相信，在不久的将来，历史的波涛终将冲洗掉那些糜垢，让这颗不可多得的宝石光彩再现。

通过协助老父整理《漫忆百年》，我以为父亲的一生大约可被划分为前半生和后半生，或前四十五年和后五十五年。那前半生，是为实现他青年时代美丽憧憬而禅精竭虑、苦苦奋斗的前半生。它是父亲的骄傲，并给了他些许的成就感。而后半生，是遭到鄙人诬陷、倍受强权凌辱的后半生，是被剥夺了工作权力不能将经验才智献给祖国和人民的后半生。它令父亲悲愤，并重新唤起了他在抗击日本侵略者时对民主自由、对人生最基本权力、对活得要有尊严的强烈渴望。

如此起伏的命运，促父亲对曾经走过的漫长路途频频回首。在不断追忆百年中的故事和探索它们寓意的同时，老人家还有一个祈望——把这些不为人知的点点滴滴留给后人，让他们有机会去详尽一位共和国开国部长的荣与辱、"罪"与罚，并透过这些横贯了长达一个世纪的真历，去领悟为什么今日中国共产党的当务之急，是启动对政治体制的彻底变革。

徐平平

修改于2014年7月

徐达本简历

1913年12月11日	出生于河北省滦县大丰谷庄
1931年秋－1936年夏	北洋大学预科生、土木工程系本科生
1935年12月	"一二·九"学生运动积极分子、领导人之一，北洋大学学生会干部，负责运动中的校际联系工作
1936年2月	加入中华民族解放先锋队（民先）
1936年9月	加入中国共产党
1937年11月－同年12月	晋察冀边区抗日根据地井陉县县长
1937年12月－1938年10月	晋察冀边区抗日根据地平山县县长
1938年10月－1940年3月	晋察冀第三行政督察专署专员
1940年3月－1942年11月	晋察冀冀中行政主任公署（行署）副主任（冀中区党委书记：黄敬；行署主任：吕正操）

1942年11月— 1946年4月	冀鲁豫边区行政主任公署（行署）副主任、冀鲁豫区党委委员、冀鲁豫行署代主任（冀鲁豫边区党委书记：黄敬；行署主任：晁哲甫）
1942年2—4月	兼黄河故道管理委员会主任
1946年4月— 1947年3月	晋冀鲁豫中央局工矿局局长、兼党委书记 峰峰煤矿董事长
1947年3月— 1948年9月26日	冀鲁豫边区工业厅厅长（工业厅党委书记：赖际发）
1948年9月26日— 1949年7月13日	华北人民政府公营企业部副部长（部长：黄敬）
1949年7月13日— 1952年12月	开滦矿务局总军代表、总管理处主任
1952年12月— 1955年8月5日	中华人民共和国燃料部副部长（部长：陈郁）
1955年8月5日— 1959年底	中华人民共和国煤炭工业部第一副部长兼党组副书记，第八届党代会代表（部长：陈郁，后为张霖之）

1959年底－1962年春	因犯"右倾机会主义错误"受降职处分为煤炭工业部末位副部长，免去党组副书记、第八届党代会代表资格
1962年春－1964年10月	甄别平反后恢复煤炭部第一副部长兼党组副书记之职务
1964年10月－1967年初	中华人民共和国第八机械工业部第一副部长（部长：陈正人）
1967年初－1973年9月	"造反派"夺权，被靠边站，批斗、关牛棚、干校劳动改造
1973年9月－1975年6月10日	郑州铁路局革委会主任兼党委第一书记
1976年6月18日－同年12月	郑州铁路局革委会主任兼党委第一书记
1977年－1984年	受到无端批斗、关押、审查、惩罚
1984年－2013年	离休于煤炭部
1984年－2013年	煤炭经济研究会副理事长 老科学家协会煤炭分会高级顾问

沧怆百年

第一章 1913年前后

辛勤祖辈/稚澄童年

唐山市，北倚燕山，东临渤海，她以丰饶的高质煤储，驰名于古今中外。距离唐山市十多华里的滦县，有一个小小的村落——大丰谷庄，她就是我的故乡。

我祖姓为徐，世世代代以种田为生。到了我曾祖父的年代，已积蓄了一些土地，家境堪称丰厚。曾祖父有五个儿子，

徐达本(徐瑞恩)的祖父徐国栋

徐达本(徐瑞恩)的祖母徐刘氏

老大在家中主持家务，老二，老三和老五在田里务农。老四就是我的祖父徐国栋。因为国栋从小聪敏，曾祖父认定他是个读书的好材料。于是就请了个私塾先生，在家中教他读书。国栋确实没有辜负父亲的厚望，科举之后，考上了所谓光宗耀祖的清朝秀才。为此我的曾祖父着实高兴，亲自选了邻近塔头庄一个刘姓商人的女儿，为祖父张灯结彩地办了婚事。奶奶(徐刘

1913年前后

氏)虽然没有读过书,但品貌出众且温顺,所以成家后日子过得很是美满。不久,奶奶生下了一个男孩儿,他就是我的父亲徐克明,字鉴斋。

祖父以教私塾为生,把挣来的钱全部交给大哥共同度日。虽说老大是掌管家务的,但他喜欢在官场走动。曾祖父过世后,不知他得罪了哪个有权势的官宦,吃了不少官司,把祖宗留下的家产差不多都赔了进去。从那以后,五个兄弟平分了所剩无几的土地,各过各的日子。

分家后,祖父继续教书。挣来的钱,不仅能维持一个小康生活,还略有剩余,于是祖父就把攒下来的钱置换成了土地。但不久,由于清朝政府的腐败无能,国民经济日趋衰败。此时,无人再肯出钱请祖父教书了。为了养活一家大小,务农成了唯一的出路。当克明八、九岁时,就天天跟着父亲到地里干活,收工之后,爷俩儿已经累得筋疲力尽,真可谓是父无力教书,儿无力学习。到头来,克明虽然是个秀才的独生子,却成了大字不识的庄稼汉。但是,他仍不乏是一个非常精明能干的后生。在帮助父亲干活

徐达本(徐瑞恩)的父亲徐克明和母亲徐闫氏

的过程中,他不但积累了很多种植经验,还把家里家外的日常事务打理的头头是道。就这样,父子的辛苦劳累和精打细算,

1913年前后

换来了家境的逐渐好转。

这时父亲到了娶亲的年龄。祖父从临近的税务庄为他讨了个门当户对的闫姓姑娘,她就是我的母亲(徐闫氏)。母亲不仅长的秀丽,而且是个当家的能手。祖父和父亲都非常疼爱和尊重她。婚后,母亲一连生了六个儿子和一个女儿。邻家人都说我的祖父好福气,不仅自己养了一个出色的儿子,而且儿媳妇还给他添了一满堂的俊孙儿、孙女儿。

祖父眼见着我们一天天地长大了,心里不知有多喜兴。他执意要让孙儿们读书,以了却没能教自己儿子读书的终生憾事。虽说当时的家境已经有了好转,但要想供所有的孙儿们去

四十年代末在北京。五兄弟:大哥徐瑞卿(左一)、二哥徐瑞龙(左二)、三哥徐瑞书(左三)、徐达本(左四)和老弟徐瑞联(左五)

读高等学府,仍是力不从心。于是,祖父决定供所有的第三代上小学,但只选学习最优秀的孩子继续深造。结果是,大儿子徐瑞卿和二儿子徐瑞龙,由于学习一般,小学毕业后留在家里

1913年前后

4

务农。四儿子在十一、二岁的时候，由于吃了太多的烫元宵而不幸早夭（记得他的故去，使我悲痛万分，因为他是我的护卫士。每当村里的孩子欺侮我的时候，他总要去找他们撕打一场，为我出气报仇。）。

而佼佼者，是身高一米九二的三儿子徐瑞书。三哥生的眉清目秀，一张白净的脸上总是透着一股重重的书生气。他从小学习就非常刻苦，各门成绩都很优秀。为此，祖父自然高兴，执行了他所定的"学而优则士"的家政，一直供他读完了大学。毕业后，瑞书受聘于山西白晋铁路建筑公司，任工程师。

我是第五个儿子，出生于1913年的阳历12月11日。当时正逢家里盖新房，所以起乳名为联方，学名为瑞恩，字寿天。抗日战争时期，改名为徐达本。与兄弟们相比，家人都说我长的最俊、最聪明，而且认定我会成为徐家后代中最有出息的一个。这也许就是祖父母和父母亲最喜欢和疼爱我的原因吧。

我自幼就跟着大哥和二哥去地里干活，学会了不少农家活计。比如，锄草，摘棉花、定苗、牵耕地的牲口等。上小学时，一放暑假，我就去田里、场里参加劳动。父亲和兄长们制定了严格的劳动条例，例如不得损坏禾苗、践踏棉花、麦田等。无论谁破坏了任何一项条例，都要受到严厉的训斥。就这样，在父兄的带领下，我逐渐养成了爱劳动、俭朴、和做事认真的好品性。

竟管我喜欢与大家在田里干活，但我最喜欢的还是读书。也许是我学习有方吧，虽然花的时间不多，可我的学习成绩不是第一就是第二。这让祖父太满意啦。于是，他老人家一心要让我成为徐家的第二个大学生。此时，要想实现祖父的这个愿望，似乎并不太难。因为自从大哥和二哥参加了农业生

1913年前后

产后，粮食的产量增加了不少，家里的日子也过的越来越兴旺了。另外，母亲的勤俭持家，又为家里多积攒了一些钱，这就足够为我付学费了。

1923年，我在本村的小学校念完了初小，又以优秀的成绩升入礼尚庄学校读高小。这座学校离家十多华里，为了节省时间，我就住在学校里。这样一来，学习的时间就多了一些。别看我的年龄小，但求知欲望特别强烈，对每一门功课都学得很认真。功夫不负有心人，每到期末，我都被评为优秀学生。家人对此甚为得意。

因为祖父是个旧时的秀才，不但精通孔孟学说，而且事事遵循先师之导。他也希望所有的孙儿们都能象他一样，认真地学习孔孟礼教和精读四书五经。可我觉得这些都是陈旧的论理，就以学校留的作业太多为借口搪塞了祖父。做为一个老式的教书先生，他实在搞不清新型国民学校是如何操作的，也就只好作罢。成年之后，我为自己的无知和不恭，感到深深的愧疚。于是没能在他老人家的指导下学好中国的古典人文理论，成了我终生的憾事。

年少心灵之启蒙

早在1878年，清朝政府就在唐山开办了中国的第一家采煤厂——开平矿务局。八国联军入侵中国时，大英帝国就非法将唐山的煤储占为己有。英国煤商们在唐山疯狂采煤，并将其倾销于全世界以谋取暴利，使中华民族蒙受了巨大的经济损失。

然而，英国资本家的侵入，也促进了当地的资本主义工商业和文化教育事业的发展。比如，唐山市及其周围农村的中

1913年前后

6

小学都设有英语课程。在我上小学时，英语就是主课，它是我最喜欢的三门课程（语文、数学和英语）之一。

外国文化的渗透导致了马克思理论的传入。李大钊是中国第一个转播共产主义理论的先辈。他的家就在离唐山市不远的冀东乐亭县。

1926年秋，我考上了位于唐山郊区丰润县的车轴山中学。这所学校离家约五十华里，遥远的路途令我不仅平日寄宿而且连周末也不回家了。这样一来，家长的责任就只是交纳学费，其它的事宜则由校方负责。

当时，车轴山中学的学生们受的是三民主义教育。其精髓是反对封建主义，建设一个自由、平等、民主、和平的新中华，所以百姓们都称这个中学为"洋学堂"。另外在我入校之前，它就是中国共产党的一个活动地点。我党的一些领导干部，如吴德（原名李春华）等，曾经是这个学校的学生。我在这所"洋学堂"的学习内容与幼时的家教距天地之别，这使我对社会的认识发生了乾坤之变。另外，由于对英语这门必修课的酷爱，促我以极大的兴趣和热情阅读了大量的外文资料，使我不知不觉地受到了西方民主和自由思想的启蒙。

我刚上中学时，中国正处于第一次革命战争（即北伐战争，又称"第一次大革命"）期间。这次革命是中国人民在国民党和共产党共同领导下进行的，其目的是反对帝国主义和封建主义。1924年1月，在中国共产党人的参加与帮助下，孙中山在广州召开了国民党第一次全国代表大会，重新解释了三民主义，确定了联俄、联共、扶助农工的三大政策。从此掀开了第一次国共合作的新篇章。

1926年2月，中国共产党向全国人民明确提出了出兵推翻军阀统治的政治主张。其讨伐的对象是占据中国广大地区、受

1913年前后

帝国主义支持的北洋军阀吴佩孚、张作霖和孙传芳。共产党号召全国民众积极推动北伐战争，迅速扩大民众运动，巩固革命的联合战线，推翻国内军阀和打倒帝国主义。

北伐军在不到半年的时间里，打垮了吴佩孚，消灭了孙传芳主力，攻进到长江和黄河流域的部分地区，沉重地打击了帝国主义和封建军阀的反动统治。这一胜利是与当时国内工农运动的迅猛发展以及苏联政府的援助分不开的。

革命势力的迅猛发展，直接威胁到帝国主义的在华利益。1927年3月，帝国主义命令他们在下关的军舰对南京市内的北伐军和市民开炮轰击，制造了中国军民死伤两千余人的南京惨案。4月12日，蒋介石公开发动了反革命政变，并与汪精卫为首的武汉政府联手，公开宣布与共产党决裂。他们随即发动了剿歼共产党的全国性运动，提出的口号是"宁可枉杀千人，不可使一人漏网！"于是大批的共产党员和工农群众遭到屠杀，以至第一次国内革命战争惨遭失败。

我入校之初，车轴山中学的校长就是公开的共产党党员。由他聘请的大批"左翼"教员利用上课教学和课外活动的机会，大力向学生们宣讲共产主义思想，这对我后来参加革命，起了非同小可的作用。但第一次国内革命战争失败后，共产党在全国的活动转入地下，已经暴露身份的校长和教师们已无法隐蔽，只好离开了学校。而一些没有暴露身份的老师们，则留在校园里继续秘密组织反对国民党的活动。另外，在学生中也有地下党组织。

1928年10月，我的同班同学，张鹏德和刘崇善参加了由共产党员薄一波领导的唐山矿工暴动。其结果是大批共产党员被逮捕，而暴动则以失败告终。

不言而喻，我的两位同学也被逮捕入狱。这下可惊动了地方当局。车轴山中学马上被国民党控制了起来。为了不再造就"造反学生",学校对学生采取了高压政策。例如,不许我们自由活动,就连吃饭的时候都要受到学监的监督,如果谁敲打饭碗或饭桶,就要遭到严厉的训斥;老师对我们的作业也要求极严,甚至说"如数学等号写得不齐,就给零分"。在这种情况下,学生会在学校党组织的秘密领导下,组织我们展开了争取民主权力的斗争,反对学校当局的刁难。

我积极地参加了这场运动。虽然学生们没有罢课,但在课堂上抵制了老师的教学,以表达心中的愤懑。记得有一次老师叫我在黑板上做作业,我执意不去。他不明白,为什么象我这样的一个优秀学生,竟然敢不听老师的话。一气之下,把我当众训斥了一顿,并呈报了校长。到了期末,校长给了我一个书面警告处分!更糟糕的是,学校将我的表现和被处分之事通知了家长。我对此非常反感。这年我才十五岁,但在心中已深深地烙下了"国民党施苛政于青年学子"的印迹。

不出所料,学校的通报让祖父和父亲对我大发雷霆:"你不但不好好学习,还为参加闹学潮而受处分,着实败坏了我们徐家的名声!"盛怒之下,他们勒令我:"你不要再去上学了!"我从来没见过长辈们发这么大的火,心里又紧张又害怕。但我还是认为闹学潮是反对压迫的一场正义斗争,应该继续下去,于是陷入了进退两难的困境:要想上学,就不能参加闹学潮,否则就不能继续上学!

正在这个时候,三哥从大学回家度暑假。他对我的困境深表同情。他认为如果不让我这个尖子学生继续读书,实在是可惜了徐家的人才。当时,三哥已是唐山交通大学土木工程专业三年级的学生,只差一年就要毕业了。他对祖父和父亲说,毕业后他可以很容易地找到一份收入不错的工作。到那时他可

1913年前后

以负担我继续读书的一部分费用。因为三哥是家里的第一个大学生,祖父和父亲对他非常器重,所以他的意见是很有分量的。此外,母亲也袒护我,极力为我说情。于是二老终于同意让我继续读书,但附加了一个先决条件,即我必须转到其他学校就读。

二老的妥协令我如释重负,并让我打心眼儿里感谢三哥。对母亲的袒护我一点也不奇怪,因为打小她就疼我。这不仅是因为我有一个讨人喜欢的模样,更主要的,是我殊具学习好、懂礼貌、心地善良、办事认真的品性。记得上高小时,每次放假回家,母亲总让我住在她的房间里,并把她收藏的好吃的(主要是柿饼子)一股脑儿地拿出来,尽我吃。在母亲和三哥的保驾下,一场涉及我之命运的风波,总算是平息了下来。

1929年的秋天,我转学到了北平的汇文中学,就读高中一年级。这一年,我真是"两耳不闻窗外事,一心只读圣贤书",取得了优异的学习成绩。1931年的夏天,我考上了天津国立北洋大学预科(相当于高中三年级)。

北洋大学(后改称北洋工学院,现为天津大学)坐落在天津北郊北运河畔,始建于1895年(清朝光绪二十一年),是我国最早的一所国立大学。她历史悠久,素以校风淳朴,治学严谨,成绩优异而闻名国内外。有史以来,只有学习成绩相当优秀的学生才能考上这所大学。她的校训是"实事求是"。北洋的学生们不仅刻苦读书,而且以高度的爱国热忱关注着祖国的命运。

我被北洋大学预科部录取的消息不仅使我和全家人都异常兴奋,还进一步取得了三哥对我的信任。当时大学毕业后的三哥正在山西白晋铁路局任工程师。他遵守诺言,用自己的工资解决了我在北洋大学读书期间的大部分费用。为了不给三哥

1913年前后

增加更多的经济负担和报答他的养育之恩,我在生活上精打细算,能省就省。

去学校报到之前,可把母亲忙得够呛,又是做新衣裳,又是做新鞋子,就像是要过农历年。临上路时,祖父还给了我一些零花钱。他老人家眼睛潮潮的,一边把手中的银圆弄的哗哗做响一边说:"老五啊,一定要好好学呀!这点儿银子你拿着,省着用吧!"在祖父的脑子里,埋有根深蒂固的"万般皆下品,唯有读书高"的理念。他盼着有一天,孙子会成为国家的栋梁,并为祖宗争个光。

为了供三哥和我读书,家里花了不少钱,经济有些紧张。于是祖父和父亲决定,六弟徐瑞联在小学毕业后不再继续读书,而是到唐山市的一家店里当学徒。妹妹徐韵婷则不上正式的小学校,而是参加村里的识字班。但尽管这样,徐家在村里仍是个出了名的有学问的大家庭。

第二章　血热青年时代

日本侵华

1931年9月1日，北洋大学开学了。老师和在校的同学们热烈欢迎新生入学，校园内外处处都是挚诚友爱，这是每一个青年学子的梦中情。我感受到的，是从来没有经历过的兴奋和鼓舞。

北洋大学的老师们具有丰富的教学经验。毫无疑问，我在这所学校里将会受到最好的教育。校方特别注重数学和外语，而这两门课正好是我的强项，因为在北平汇文中学读书时，我的数学和外语都是全班第一。如今，上了大学预科，所有的课程均由美籍老师教授，这对我学好英文提供了更好的条件。无疑，我对在各个学科取得优秀成绩，信心十足。

但新生入学的喜庆，被一个重大的政治事件冲的烟消云散。开学后没几天，也就是9月18日，日本关东军在中国东北地区向当地国民党驻军挑发了军事冲突。这就是历史上著名的"九·一八"事变。事变爆发后，日本与中国之间的矛盾进一步激化。而在日本国内，主战的鹰派地位上升，导致日本走上了全面侵华的道路。

然而，国民党政府对日军进犯我国神圣领土的抵抗，是绝对苍白无力，以致几十万东北大军一枪没发，就让日军不费吹灰之力地占领了辽宁、黑龙江和吉林三省，致使那里的三千万同胞，背井离乡，辗转呻吟。顿时间，举国震怒，民怨沸腾！

当时，北洋大学代理校长王季绪教授愤而绝食。他通电全国，抗议国民党政府的反动卖国政策，要求武力抗日。天津和全国各地的报纸都纷纷发表针对此动仪的文章和社论。各界爱国人士纷纷致函和致电热烈支持和慰问王季绪教授。王校长之举，为当时的抗日爱国运动起了带头和推动作用，并深深地感动和鼓舞了北洋大学的学生们。

不久，天津学生成立了抗日救国会。其第一个成员就是北洋大学的学生自治会。在王校长的呼吁下，北洋师生决定赴南京请愿，向蒋介石当面诉说全国学生和人民的强烈愿望，要求国民党政府出兵抗日。

鉴于强烈的爱国心和奋力挽救东北的愿望，我极积参加了这次请愿活动。11月7日清晨，同学们集合在操场准备出发。金仲文教授（朝鲜籍，曾追随孙中山革命多年）认为蒋介石已叛变了孙中山的三民主义，对请愿不抱任何希望，劝同学们不要去。但学生们的爱国热情比火还烈，在没能说服大家的情况下，金教授决定随请愿队伍奔赴南京。由于土木工程系主任张润田（字卓甫）是留美博士，同时兼任北宁（北平、辽宁）铁路局副局长，于是学生们请他帮忙解决去南京的火车问题。张主任暗示我们，用卧轨的办法即可乘上在中途"被迫"拦截下来的火车。其实，这些火车都是他特意为学生们安排好的，卧轨不过是一个避嫌的计策而已。后来张润田教授被日寇逮捕，光荣殉国。

南下的队伍一路上坎坎坷坷，几度受到国民党地方当局的阻挠，但终于浩浩荡荡地到达了浦口。南京国民党政府交通部部长曾养甫负责接待了北洋大学的请愿大军。他予以北洋大学老校友的身份说服同学们返校"安心读书"。但是，国家兴亡，匹夫有责，我们没有为之所动。同学们请他把请愿书转交南京政府并坚持要见蒋介石，听取他对全国人民抗日救国要求的答复。

最终，伪政府无奈，通知请愿大军到中央大学礼堂开

热血青年时代

会,说蒋介石要接见我们。一进入礼堂,同学们就发现周围布满了全副武装的军警,如临大敌。忽闻一声"立正!敬礼!"只见从舞台上的桌子后面走出一个人来,操着浙江口音说"同学们,你们辛苦了!中正听说你们来南京不太高兴。"同学们才意识到,这人就是蒋介石。他接着说:"你们的任务是好好在学校读书,不应该跑到这儿来,这不是荒废学业吗?抗日之事由政府统筹安排,用不着你们操心。打日本不那么容易,需要做很多准备工作。我可以向你们保证,三年之内如果收复不了失地,我蒋中正愿拿脖子上的脑袋见你们。你们来南京请愿是不相信政府,这不好,请快回去吧!"说完这几句话,蒋介石就从台上消失了。同学们怀着失望、抑郁和愤慨的心情,被送进了早就安排好的闷罐子火车。就这样,我们被打发回到天津。

我们前脚刚走,北平的学生们也去南京请求蒋介石出兵抗日。他们的下场更糟糕,众多人被警棍打伤或被逮捕。国民党的残酷镇压,加之共产党领导人执行了"左"倾路线(例如,当时上街游行的北京学生抬着大钟("钟"是"终"的谐音),呼喊着"打倒教育部长蔡元培(当时他是进步人士)"的口号等),导致全国抗日救亡运动走入了低潮。

从南京回到天津后不久,正赶上"天津事变"的发生。为了实现对这个大城市的全面控制,日本侵略者于1931年11月8日,策划指挥了天津的"便衣队暴乱"。关东军特务机关头头儿土肥原和天津驻屯军司令部的香维,一手组织策划、训练和指挥了这次暴乱。参加暴乱的,是以李际春、张璧为头目的、由二千余名土匪、兵痞、流氓、赌棍、烟鬼、汉奸和恶霸组成的"便衣队"。

8日晚,在日军炮火的掩护下,"便衣队"由海光寺等地冲出，分数路袭击中国的警察机构、天津市政府及河北省政府。同时，日租界军警宪兵也全体出动，在租界边沿武装掩护"便衣队"的进攻。歹徒们手持刀枪、棍棒，强占机关、学校，抢劫商店、杀人、放火，无恶不作，使整个城市笼罩在腥风血海的恐怖之中。驻天津日军司令部，还下令占领了日本租界的外围地段，断绝了与中国管辖市区的交通，并把中国末代皇帝溥仪居住的静园严密地封锁起来。在一片混乱中，土肥原实现了秘密将溥仪带出天津的策划。

北洋大学当局借口为了南下学生们的安全，把我们送到了法国租界地的一个货栈，声称"避难"，实为软禁。由于切断了与外界的联系，更激发了学生们的不满情绪。我开始认识到，依靠蒋介石抗日，实为白日之梦。

为了寻求出路，我和一些同学如饥似渴地阅读进步书刊，接触到马列主义学说。我开始懂得了阶级、阶级压迫和阶级斗争。并认识到，帝国主义，封建地主阶级和官僚资本主义的本质，是压迫劳苦大众。另外，中国的地主和官僚资本家在帝国主义的威胁下，具有极大的妥协性。所以，民族的解放斗争，只有在共产党这一无产阶级先锋队的领导下，才能取得胜利。

就这样，我在北洋大学的第一个学期在动乱中结束了。寒假时我回到大丰谷庄与家人共度农历年。当时，家里大约拥有三百亩田地，其中一部分出租，一部分由大哥和二哥耕种。年前正是追交利息和地租的时候。在大年三十晚上，家里派人去欠债人家讨债，对那些交不起租和息的人们，要求以土地相抵。自家人的所作所为，使我心里非常难受和内疚。

还有一件事令我十分烦恼。尽管父亲和兄长们厌恶日本侵略者和国民党，但更怕我惹事生非耽误了前程。为此他们

热血青年时代

一天到晚地敦促我不要在学校参加学生运动和抗日救国活动。我以理据争,向他们讲述我的道理,结果惹得祖父和父亲勃然大怒。当家的大哥深知挣钱供我上学的辛苦,当然不愿我把他和二哥锄禾日当午挣来的血汗钱浪费掉,所以也站在两位老人一边气急败坏地数落我:"我早就觉得瑞恩不老实,白花钱供他念书!现在他只是参加学生运动,将来再闹大发了还会被学校开除!"对祖辈兄长的愤怒我是理解的,但面对祖国的衰亡,岂能袖手不管?于是不愉快的争吵成了家常便饭,乃至我与家人的隔阂越来越深,时时盼望能早日返回学校。

为恢复"贷书制"而大闹学潮

1932年,蒋介石推行"攘外必先安内"的卖国投降政策,发动了对共产党中央苏区的第四次围剿。为了拼凑军费,政府大幅度削减了教育经费。6月份,教育部任命李书田为北洋大学代理校长。此人是国民党党员,与陈立夫主持的中统有着十分密切的关系。这个安排,是为了加强政府对北洋大学爱国学生们的管治。

次年秋天,李书田为了取悦国民党政府,不但不反对削减教育经费,反而把负担转嫁到学生身上。他说:"由于经济情况不好,吾校必须停止'贷书制'。""贷书制"即是学生用的课本由校方贷给,实际上是免费放发,是鼓励大家学习的一项政策。可想而知,取消这一制度一定会遭到广大学生的反对。当时我被编在第二十六班,共有四十多名同学,大家协商后派出了代表,要求校方恢复"贷书制"。我们的要求不仅遭到了拒绝,派去的代表还被总务长雷宝华训斥了一顿。他粗暴地喊道:"愿意念就念,不愿意念就滚蛋!"这下子可把我们惹

16

翻了！全班愤愤列队，去李书田那里请愿，要求雷宝华赔礼道歉。

校长不但不理睬，反而调动了二百五十名保安和武装军警，将二十六班全体学生驱逐出了校园。这就更激怒了我们。于是，我们就爬墙进入学校，坚持斗争。校长当即宣布驱除二十六班的所有学生，并开除其中的十五名。这一举动，激起了广大师生的愤怒，导致了全校学生的罢课运动。大家一致要求，恢复"贷书制"，取消对我们的驱除及开除令。学生会联络部门的负责人和校刊负责人、地下党员郭佩珊、刘锡珍，二十六班的学生代表、地下党员赵庭良，学生会代表黄诚、杨茂生，以及已经毕业了的老校友张务滋和在职教授们，都积极参加了这场抗议斗争。校方在正义呼声的压力下，不得不答应恢复"贷书制"。但是，只同意撤回对十一名学生的开除令，而坚持开除赵庭良、杨茂生、周健和陈德昂的学籍。与此同时，郭佩珊、刘锡珍和黄诚同学，也被开除了学籍。对收回开除令的十一名学生，校方提出了两项极为苛刻的要求：一是每个学生要有三位教授共同担保，今后不得再闹事；二是其考试及格线从六十分上升到七十五分。同学们就是用这样沉重的代价，换来了校方同意恢复曾经实行了多年的"贷书制"。

这次运动使我和全班同学认识到，国民党当局通过李书田，对爱国学生实施了残酷的迫害。郭佩珊、赵庭良等人均表示，要与国民党斗争到底，并决定暂时离开北洋大学到异地闹革命。他们的这种牺牲精神，对我是一个极大的鼓舞和鞭策，希望自己能象他们一样，无私地去为正义而拼搏。我也意识到，要想成为这些革命者的同路人，首先要解除自己对家庭的顾虑。在后来不长的一段时间里，我认真地学习了马列主义的阶级分析法，认识到家人向雇工发放高利贷是一种剥削。我暗自下了决心,在自己经济独立之后即与家庭决裂,投身于抗击日本侵略者解放中华民族的洪流。

我的第一次婚姻

1933年的夏天,我以优异的成绩结束了预科课程,并直接升为本科生。合家老少无不为我骄傲和高兴。而我自己也有一种欣慰感,即个人的社会走向总算有了一个初步的定局。我兴奋地意识到,命运已经为我打开了一扇憧憬未来的窗口。

但是不久,憧憬未来的兴奋被一件意想不到的事情冲得无影无踪。此事发生于次年的寒假,正值我回家看望父老兄弟们。出我意料,家里已经为我定了亲。当时,即将步入北洋大学的我才刚满二十岁,脑子里除了要认真完成学业,就是积极参加救国学运,对自己的结婚问题,连想都没有想过。

然而,我毕竟生长在一个封建家庭,对家长的旨意不敢违抗。又想到自己的前途取决于家人的经济援助,出于无奈,只好对封建礼教低了头。听说女方姓薛名玉贞,是临村一个地主的女儿,一点儿文化也没有。一想到要与一个从来没有见过面儿的女子结为夫妻,我心里就冷飕飕的,禁不住浑身上下打寒战。

成婚那天,也就是我们初次见面之日。她长我两岁。面对这个陌生的女子,心中有说不出的苦楚,为我,也为她。两个陌路人,突然成了夫妻,哪里谈得上一丝感情?今后的漫长日子可怎么过?我只盼着有一天,从这个封建家庭包办的婚姻中解脱出来。婚后的第三天,我借口功课繁重,提前返回了学校。

1934年秋,家里来信说薛玉贞生了一个儿子,取名金柱。基于学习繁忙和参加学运，我很少回家。其实，夫妻因志不同道不合导致的关系冷若冰霜，是无家胜有家的主要原因。

同年，祖父逝世，我回家为老人家出殡。丧事办完后又马上返回了学校。

1936年，我全力投身抗日。昼夜的繁忙和不息的战乱令我不得返回故乡。感谢我的父老兄弟承担起了养育薛玉贞母子之责。遗憾的是，对前妻感情的淡漠，也负面地影响了对儿子的爱。尽管我与薛相处的时间短到以日为计，但我为屈遵父母付出了沉重的精神代价。当然，这个短促的婚姻也不可能给对方带来任何幸福。

1944年，我与薛正式办理了离婚手续，终于依法了断了这段早已是有名无实的包办婚姻（详情见本书第五章中的"悲欢离合"）。我之家庭的彻底破裂，是自古愚昧儒教迫使渴望自由的青年男女跪拜成姻的必然结果。

投身"一二·九"学生运动

1935年，日本侵略者得寸进尺，吞并了整个华北地区。国运之异常危机，纯属国民党政府采取曲意逢迎的投降政策所致。为了拯救中国，中华苏维埃中央政府、中国共产党中央于1935年8月1日，发表了《为抗日救国告全体同胞书》，即著名的《八·一宣言》（简称《宣言》）。当时，红军正在长征途中。

《宣言》揭露了日本帝国主义侵略中国的罪行，以及蒋介石政府的卖国政策所造成的民族危机。它比较完整地阐述了共产党的抗日民族统一战线策略。为了把日本人赶出中华，《宣言》提出"有钱出钱、有枪出枪、有粮出粮、有力出力、有专

热血青年时代

门技能出专门技能"的口号,把地主、民族资产阶级、各路军队都包括在统一战线之中。《宣言》虽未把蒋介石包括在统一战线内,但却号召各党派抛弃过去的成见,以"兄弟阋于墙外御其侮"的精神,"为抗日救国的神圣事业而奋斗"。

《宣言》的发表,标志了中国共产党建立抗日民族统一战线策略的基本形成。这一策略获得了全国人民和各界人士的热烈支持。特别是在国民党统治区,它对敦促国共合作、联合抗日产生了巨大的政治影响,鼓舞和推动了抗日救亡运动的发展。

教育界和知识界则更是热烈拥护《宣言》。12月9日,在北平爆发了救国救民的学生运动。数以万计的青年学生,拥上了街头,抗议国民党政府的卖国政策。天津学生立即响应,也举行了大规模的示威游行。这就是历史上著名的"一二·九"学生运动。此运动逐渐漫延到了全中国。工人及各界爱国人士,要求各政党联合抗日拯救中华。12月16日,国民党冀察政务委员会会长,粉墨登场,力图平息这场席卷全国的正义风

二零零零年十二月八日,老朋友一起纪念"一二·九"学生运动六十五周年。后右一为徐达本,前左一为夫人于兆毅。

热血青年时代

20

暴。但他绝口不提抗击日本侵略者。北平的学生们，再次走上了街头，以示对政府的愤怒。

北洋大学历来是革命的先锋。在我校学生会的倡议下，于12月上旬召开了天津各大、中学的学生联议会(学联)，决定于12月18日上午举行大规模的示威游行，并通过了杨秀峰(法商学院，中共地下党员)等教授的建议——为了抗日统一战线的需要，争取宋哲元(冯玉祥的部下，二十九军的军长兼冀察委员会的委员长)抗日，不再提"打倒宋哲元"的口号。会后，学联派法商学院的郝金贵同学，到北洋大学传达这项决议，并协助实施。

而此时的国民党政府，则千方百计地要瓦解学生运动。北洋大学当局授政府之意，向我们宣布了新的决定：一是提前放寒假；二是要求学校推选代表到庐山聆听蒋介石的训话(简称"庐山聆训")。对此，学生会立即召开了全体学生大会，针锋相对，坚决拒绝推举代表去庐山，并将大会决议正式通知了校领导。

当时，我是校学生会的干部，负责校际联络工作。寒假期间，我串联了天津各大、中学，准备统一行动。北平学生向天津学联建议，在寒假期间联合组织南下学生宣传团，拟以徒步下乡的方式，发起抗日救国的新浪潮。天津学生立即响应了这个建议，认为它不仅能够反击国民党政府试图通过学校当局瓦解学生抗日运动的阴谋，同时也为学生们提供了一个不可多得的深入农村、唤起农民参加抗日的好机会。为了更好地协调两地的学生运动，我们分别成立了北平、天津学生联谊会(简称北平学联和天津学联)。两个地区的学联共组织了四个宣传团(第一、二、三团，由北平学生组成；第四团，由天津学生组成)。

热血青年时代

两地学联决定，于1月初，学生们分别从北平和天津出发，到河北省固安县汇合。这个决定传达下去之后，北洋大学学生会立刻召开了到南下宣传的动员大会，这一创举得到了同学们的热烈拥护，报名参加者约为二百五十人。学生会决定，除应届毕业生留守学校外，其他年级的志愿者均可参加宣传团，并宣布出发日期为1月1日的清晨。

没想到，国民党政府发现了我们的计划。在1月1日之前就派了大批军警封锁了市内的各大、中学校，至使多数同学被困于校园内不得走脱。北洋大学离市区较远，军警只封锁了学校的前大门和北运河大桥，而同学们机智地从宿舍后门溜出了校园，蹬上了到固安县的路途。

同学们对沿途村庄的农民进行了宣传，其中心议题是停止内战，反对国民党不抵抗日本侵略军的政策，呼吁国共合作共同抗日。我们每进一个村庄，就向群众唱救亡歌曲，如"义勇军进行曲"、"救亡进行曲"等。我们还组成了话剧团，表演自编节目，受到了各村民的欢迎。

当天津和北平的学生们在固安县胜利会师后，又共同向保定进军，继续向沿途的百姓们宣传抗日道理。到了保定后，我们驻扎在保定中学。1月19日，国民党当局闻讯，动用大批军警包围了这所中学，声称"奉命"押解全体同学回北平和天津。对此，我们拒不理睬。

为了更有力地抵制军警，北平和天津学联开会研究对策。大家认为，两地学生应成立一个统一组织。此时，北洋大学学生自治会干部张多疆建议，组织成立由共产党直接领导的"中华民族解放先锋队"（简称民先）。针对此建议，平、津南下宣传团召开了各基层代表会议，通过了民先正式诞生的决议。

正当此时，消息传来说，我校校长李书田置学生会拒绝

热血青年时代

22

派出代表的决议于不顾，指令土木工程系学生孙伟东为我们的代表，随他去庐山聆训。这下可把我们激怒了！于是，学生会决定让大部分同学返校，好好地教训校长和孙伟东一顿。我随大队回到学校，参加了与李书田的斗争。而张多疆、陈垚德（陈志远）等十几个人则继续南下。

不久，南下宣传团胜利返回学校。学生领导向全校的同学们传达了成立平、津两地民先的决定。2月上旬，二十多个北洋大学的抗日青年学生积极分子在校开会，宣告成立北洋大学民先。从那时起，民先象征着北洋学生运动的中流抵柱。在这次成立大会上，同学们充满了豪情斗志，高唱国际歌，宣誓为解放中华民族而奋斗。民先设有队长、组织委员和宣传委员，以及小队长。第一批"民先"成员包括去南下宣传的张多疆、陈垚德、林心贤、孙景芳、刘纳、冯有申、于奇、马克昌、付景洪、朱树荣、刘莹、王从善、曲圭田、邹高清、钱万生、孙洞和我等二十多人。张多疆、刘纳和我负责北洋民先与天津民先、天津学联的联络工作。从此，我成了中共地下党的外围组织成员，把自己的心身许给了革命事业。

在民先的领导下，全体同学开大会抗议李书田破坏学运，否认孙伟东为我们的代表，并要求开除其学籍。孙伟东从南京回来后，吓的不敢回学校。愤怒的学生们涌进了他的宿舍，将其所有的衣被书籍抛到旱冰场上，放火烧了。李书田将此事件报告到天津市公安局，说北洋大学的共产党煽动纵火破坏活动，并提交了闹事学生的黑名单。当天夜里，几百名保安队员、侦缉队员把北洋大学学生宿舍团团包围起来，抓走了十几位学生会的骨干分子，其中有陈垚德、刘莹、刘天民、张善臻、冯有申、王从善、历润生、王拭、吴炳焜、孙秉渊和我等。

我们先被关押在东马路的一个拘留所里，没等天亮，又

热血青年时代

被送进了市公安局。狱卒用同情的口吻问:"你们是爱国犯吧?"同学们急于了解狱外的情况,要求当局提供报纸,但遭到了拒绝。全体同学立即绝食,当局无奈,只得答应了我们的要求。这使大家懂得了团结一致共同斗争的重要性。同学们利用审训的机会,控诉了蒋介石投降卖国的罪行和揭露了李书田欺骗当局误抓爱国学生的阴谋。公安人员从我的宿舍搜查到马列书籍,说我被赤化了。我理直气壮地回答说:"书是从书店买的,你们可以没收,但抗日救亡的思想,你们是不能从我的脑子里挖走的!"

为了声援我们,天津学联派马龙祥、吴葳孙前往北平,向北平学联党组书记姚依林作了汇报。姚依林亲自书写了"北平市学生联合会为天津市政当局和北洋大学校长勾结军警逮捕爱国学生宣言"一文,并发表在《学联日报》上。宣言指出:"一方面,我们要喊出打倒日本帝国主义及汉奸卖国贼的口号,另一方面,我们也要起来反对北洋大学校方对待自己学生的粗暴行为。我们全体北平学生,万众一心,誓为被捕同学们的强大后盾!"天津《益世报》也转载了这篇宣言,公开支持学生爱国运动,痛斥逮捕学生的横暴行径。另外,我校的学生们还举行了集体罢课活动,以示对我们的支持。我们的正义斗争,还赢得了北洋大学教务长方返周教授的支持。他和学生代表一起到了天津市公安局,表示要与我们共安危。

逮捕事件发生后,学生会立即找到二十六班同学马士杰,打算通过他去找正在天津市公安局任审训科科长的父亲,请求帮助。这位马科长是一位爱国和富有正义感的人,对我们表示深切的同情。他立即把我们从牢房里请到他的办公室,让我们休息、吃早点和看报。

热血青年时代

24

  下午，在经过逐个简单的讯问后，马科长立即正式宣布：所有被捕的学生无罪。他还认定，我们的被捕是由李书田的诬告所致。在与我们交谈时，他一提到日军步步进逼中华和强加于国民的屈辱，就老泪纵横，泣不成声。他对身为北洋大学校长的李书田竟敢诬陷自己的学生，表示惊骇。在各界进步人士和天津校友会的压力下，当天晚上，李书田硬着头皮走访了公安局。马科长当着他的面宣布："所有被捕的学生被无罪释放！"

  被释放的学生们决定集体返回学校。此时，李书田已派人在大门口等候，为的是向我们传话："李校长在办公楼会客室设了茶点招待你们。"我们断然拒绝了这一"邀请"。到校后不久，我们到设在天津市东马路的青年会会部开会，讨论并确定了下一步的任务，即驱逐李书田。尽管李得到了国民党教育部的支持，但他还是不敢来学校，而是在校外指挥镇压学运。学生会为了维护学校秩序，建立了纠察队，在校园内外日夜巡逻。在这种情况下，于2月中旬，国民党政府教育部派孙国封来津调停。此人一到，就气势汹汹地扬言要停办北洋大学。这下就更激化了校长与学生的矛盾。北洋在天津的校友们都非常关心母校的前途，他们与在职的教授们一道，积极地参加了调解矛盾的工作。

  经过几个月的多方共同努力，终于迫使教育部孙国封和李书田同意：一．不开除学生；二．教育部于同年暑期将李书田调离北洋大学；三．孙伟东不再回校；四．新校长在暑假到来之际上任。为了确保上述意向的执行，教育部和学生会的双方代表还签署了一个书面协定（后来我们发现，这是一个骗局）。在孙国封做了书面保证的情况下，同学们才同意让李书田返校办公，正式复课。

热血青年时代

复课后不久，传来消息说，北平的学生再度对宋哲元不抗日的态度表示愤怒，走上了街头。由于激怒了宋哲元，游行的学生们遭到了残酷的武力镇压。一个叫郭清的学生被殴打致死，多名学生被打伤。这一惨案，导致更多所学校的学生举行了规模更大的抬棺示威游行。国民党再次出动大批军警，逮捕了大批的学生领导，造成了不能继续组织学运的困难局面。

当时，正值共产党领导人刘少奇到天津接管中共北方局工作。他指出，要避免冒险主义和过激行为，并认为提出"打倒宋哲元"的口号是不策略的，是将其推向敌方。刘少奇要求学生们，举起团结宋哲元的抗日旗帜，联合各界群体举行大规模的游行示威，再振抗日救国雄威。

就在这个时刻，又一个惨案发生了——天津市民目睹了大批的尸体漂浮在海河里！他们是被日本人杀害的华工。在国民党与日本政府签定了卖国合约后，日本人雇用了大批的华工为他们在天津修建秘密军事工程。为了掩人耳目，完工后就地将工人们处死，并把尸体扔进了海河。日本侵略者这种到我国横行霸道、枉杀无辜的罪恶，激怒了每一个中国人！

天津民先和学联为了声讨日本人谋杀华工和声援北平的学生运动，组织了以学生为骨干的全民性的"五·二八"游行示威。这次运动呼吁所有的中国人团结起来，一致对外。其规模之大超过了以往例次活动。更重要的是，民众的正义呼声还争得了国民党保安队的同情和支持。当游行队伍行进时，保安队队员并不阻挡，只跟随人群左右。当浩浩荡荡的游行队伍绕行市区后，聚集于南开中学开大会。当保安队接到了准备镇压示威群众的命令时，士兵们催促运动的组织者尽快结束大会。在全民的共同努力下，"五·二八"运动取得了预期的好效果，再次唤起了民众的抗日救国热情，并缓解了学生们与宋哲元的矛盾。

创办王兰庄民校

暑假临近时，为了进一步培养学生运动的骨干，并使"五·二八"的势气发扬下去，学联和民先决定，于暑假再次组织学生们深入到农村、郊区工厂宣传抗日。另外，为了使抗日工作持久化，在学期间，北洋大学分出一部分人去举办民众学校。当时我是毕业班的学生，要上学校规定的实习课。但因民先决定派我到天津郊区的王兰庄办民校，我决定放弃实习课程去完成这项任务。

开始时，王兰庄民校校长是由张多疆担任的。后来，他回北洋上实习课，将主持此民校的担子交给了我和林心田，以及"三·八"女中的初中生，民先队员徐克壮（徐克立）和田冀（刘岫珊）。别看这两个初中生年纪小，徐克壮此时已是中共的地下党员，而田冀是共产党外围组织的积极分子。当时办民校的经费都是由同学们筹集来的。因为田冀家里有钱，她把爷爷给自己的零花钱都捐了出来。教学的讲义是由我们几个人刻蜡纸后油印制备的。

由于家里人不放心女孩子留宿王兰庄，徐克壮和田冀只好每天从城里骑自行车来民校。俩位姑娘非常泼辣，不怕脏，肯吃苦。她们不在乎天天喝水泡子里又脏又咸的水，吃玉米饽饽，腌黄瓜和小葱拌豆腐，也不怕往返路上遇到刮风下雨和碰到日本浪人和歹徒的纠缠。男同学们为了保证这两个女孩儿的安全，决定派我陪同她们每日往返。

田冀是个中等个头儿相貌一般的姑娘。但她的革命热情象火一样炽烈。在王兰庄这段时间，她充分显示了高超的组织能力和宣传才华。她把全庄的妇女儿童召集到一起，教他们认字、唱歌，并把日本人霸占中国领土欺压百姓的事实一一讲

热血青年时代

给大家听。另外，她还是一个出色的小演员。那时，每隔一两个星期，我们就去农村表演自编自演的独幕话剧。农民们象赶集上庙会似的涌来。最常演的是《死亡线上》这出剧，它描写的是东北沦陷区的农村惨况。在日本军的踩蹦下，东北农民随时受到死亡的威胁。它指出，只有武装反抗才是拯救我们同胞的唯一出路。同学们都不是专业演员，虽然演技不高但真实、纯朴。田冀扮装了一个无家可归的东北小女孩，"小光"。在剧中，她控诉了日本强盗如何杀死她的父母使其沦落街头的罪行。她的表演凄凄切切，唤起了民众的同情和愤怒。每当她慷慨激昂地唱起："五月的鲜花开遍了原野，鲜花掩盖着鲜血，亲善呀！睦邻呀！卑侮的投降，使我家破人亡，流离失所"时，观众们便泣不成声。从那以后，王兰庄民校的同学们都叫她"小光"。

民校办得颇有成效。王兰庄的农民都是一个大地主的佃户，唯一的生活出路是为主家熬盐。地主和官府盐局的缉私队规定，不准农民自己熬盐卖钱，违章者格抓勿论，致使他们生活非常贫苦。外加日本兵经常在方园演习，横行霸道，闹得鸡犬不宁。这一切早已激发了他们对地主、官府、日本侵略者的愤怒情绪。通过民校举办识字班、教唱歌、看话剧，启发他们进一步意识到，只有团结起来进行反抗，才能求得自身的解放。王兰庄原来就有共产党的秘密党支部，在我们工作的基础上，庄里成立了农民协会，发展了一批新党员，扩大了党支部。几十年之后，我对当年办民校的情景仍然记忆犹新。为了永远记住这段激情抗日的历程，我已将其书写成章[1]。

1936年的暑期期间，我从王兰庄返回北洋大学。因为我投身办民校，校方贴出公告，宣布开除我、陈垚德、曲硅田、林心贤四个人的学籍。学校还特意通知传达室，不允许我们入校。我们哪管那一套，爬墙进了校园。对此，校方采取了佯装不知的策略。被开除后，我们四人在天津市河北区的大经路租了一间小屋，过着拥挤而又清贫的日子。进步的同学们常来看望我们，给以继续革命的鼓励。我们则心照不宣地秘密寻找党的组织，一心想参加中国共产党。

加入中国共产党

在身陷逆境之时，党组织也在派人找我们。1936年9月，天津中共地下党河北省委组织部长李啟华和天津学运积极分子、法商学院党支部联络人郝金贵邀我到月纬路曹家花园见面。郝金贵是北洋大学发展党员的负责人。用暗语接上头后，他代表党组织宣布："党组织同意我入党"，并要求："保守党的秘密，服从党的决议，遵守党的纪律，永不叛党"。从这天起，我成了一名中国共产党的秘密党员。我立志在党的领导下，要为中华民族的解放奋斗终生！

李啟华代表组织对我说："你的情况组织都了解，天津市国民党政府正在跟踪你，党组织建议你去异地闹革命。"我同意了这个意见，并要求他把我的组织关系转到我要去的地方。于是，告别了同学们，告别了天津，我和林心贤一起去太原找一个朋友，预托他介绍我们到白晋铁路公司工作。结果是，这个公司只雇用了林心贤，而我只好另谋出路。

当时三哥已到四川公路段任职。在他得知我的处境后，就邀我到他那里工作。我立即转头奔向四川。进川途中，见到了不少共产党的宣传标语，心里充满了激情，确信能在这里干上一番惊天动地的革命事业。

1936年11月，我风尘仆仆地抵达了目的地。不顾旅途的辛苦和疲劳，我马上到公司的人事部门报了到，随即去川湘公

热血青年时代

路段上班。虽然我领取了一百银元的月薪(在当时,这是一份丰厚的薪俸),但令人焦急的是,已经半年多了,尚未与当地的党组织接上关系(对当时来说,转关系的确需要很长时间)。但好在我与田冀保持着密切的联系。此时,她在天津学联管理财务,于是我将扣出伙食费之后的大部分薪水寄到她那里,再由她转交给学联做为活动经费。

1937年的5月份,天津学联来信说,华北局势看紧,估计战争一触即发,希望我即日启程返回天津,以党员的身份参加华北抗日救亡工作。这时,四川的工程已基本结束。我马上去见川湘公路段总段长,向他提出辞职。总段长是我的表哥,因发现有人贪污公款(当时的国民党官员无人不贪污),希望我暂缓行程帮他结算工程经费。因我急于北上奔赴革命第一线,婉言拒绝了他的挽留。临行前,我和三哥促膝长谈到清晨,商定回天津后,在可能的情况下,由他资助我完成大学学业(被学校开除时,我已修完大学的所有课程,只差最后一个学期的毕业实践了)。对三哥的关怀和慷慨,我真是从心里感激万分。这种感激之情至今还伴随着我。我常想,若不是他在精神和物质上给以支持,我很可能就不是今天的我了。

1937年春,为了隐蔽和保存实力,田冀根据党的指示,转到北平市光华女子中学就读。为了感谢她对我的帮助,在返津途中我先赴北平看望了她。见面时我们约好,暑假时一定在天津会合,共同参加抗日活动。

回到天津后,我抽空回故乡看看家人。一到家才知道家乡已处在自治政府的统治之下。这时的父亲已是一个体弱多病的老人。由于没了底气,他在夏天还穿着长棉袍儿。尽管如此,倍受乡亲们尊敬的父亲从来没有停止过为村民的服务。例如,为了修建村边的河桥,他手捧一个盛钱的木盒子,走遍了村里村外，请求用桥人解囊相助，终于把桥建成了；他还从政府争来了一笔经费，在本村建立了一所校舍，于是大丰谷庄的孩子们不用出村就可以读初、高中了！可见，老父亲为村里的公益事业出了大力气。

此时，父亲又被村里的众亲人推任为村长，从早到晚忙不得闲地应付兵荒马乱的局面。听说有一次，政府派宪兵来讨粮，父亲假报仓中无粮，将他们打发走了。但宪兵们很快就发现他们受了骗，就把老人家抓了去，逼他交粮。为了逃命，父亲趁没人注意，拔腿就跑。跑出四、五十米远时，被宪兵们发现了，马上举枪向他射击。家人和乡亲们都为父亲捏了一把汗。他们眼见着子弹在父亲身后爆炸出点点火花，但没有一颗伤着老人家。事后，大家都说父亲是福大、命大、造化大，必有神灵保佑，乃至刀枪不入。我打心眼儿里敬佩父亲不顾自己的安危，竟敢与国民党宪兵们周旋的胆量。但我心里也明白，老父是幸运地捡了一条命。

在家乡的耳闻目睹，使我深深地意识到，我的亲人们即要步东北同胞之后尘而成为亡国奴了。在家中的短短几天，见到的只是一张张没有生息的苦脸和不可终日的恐慌。百姓的饥困和家乡的凋零，使我更坚定了自己所选择的道路。在告别了父母、家人和兄妹们后，我立即返回了天津，一心一意地投身于解放中华民族的革命斗争。哪里想到，这一别，却成了我与祖母、父母亲的决别。

后来听说，在我离开不久，日本的侵略就漫延到了我的家乡。一想到家人不得不苟且于外国侵略者的屠刀之下，我就恨得把牙咬的咯咯作响。将日本鬼子赶出家乡和祖国，成为我迫不及待、梦寐以求的唯一志向。

回到天津后没几天，又一个恶性事件爆发了。1937年7月

热血青年时代

7日夜间，日军以一个士兵的失踪为借口，执意要搜查北平西南的宛平县城。中国守军拒绝了这一无理要求。于是，日军开枪开炮猛轰芦沟桥，并进攻宛平县城。这就是历史上著名的"七·七"事变，也称"芦沟桥"事变。这个事件，标志着日本发动了蓄谋已久的全面侵华战争。中国守军第二十九军吉星文团奋起还击，就此揭开了中华民族抗日战争的序幕。

"七·七"事变后，祖母过世。由于投身抗日，我没能回老家为祖母奔丧。因为母亲经不住战乱的骚扰，父亲决定将全家搬到唐山市定居，家里的土地由大哥和二哥定期回去管理。听说在搬迁的路上，母亲受了国民党军的惊吓，使本来重病缠身的老人更是病入膏肓，不久就离开了人世。由于战乱，我与家人失去了联系，对母亲的病逝一无所知。多年之后得知，家人为老母举行了隆重的祭奠活动。虽然我没能临场致哀，但对母亲的生养抚爱，感怀终生。

从老家返回天津后，我立即投入了创办北仓民校的工作，我把家乡陷入日军统治下的惨苦情况，告知办民校的同学们和北仓的乡亲们，激发了他们同仇敌忾的决心。为了唤起更多的抗日力量，我参加了对农民的义教和宣讲，帮助北仓的百姓们与当地宋哲元的十九路驻军建立起了抗日的友情。这个军的一个团在"七·七"事变后，担任着保卫天津市东局子机场的任务。当要占领天津的日本兵被空运到机场时，那里顿时成了风烟滚滚的前线。机场和市里的驻军与日本兵们的激战持续了十几天，百万天津同胞无不叫好！

但不知何故，枪声突然沉寂了。后来听说是蒋介石有令，不准国民党官兵抗击日本武装部队侵占天津！

7月28日，我和一些同学冒着生命危险到天津市内探查情况。在街头小巷，我们没找到一个执勤警察，而见到的，是一群低空盘旋的日本轰炸机正用机关枪扫射惶惶逃亡的市民们和无以数计的阵亡将士的尸体。面对这种血染津城的惨状，我们断定，天津不日将沦陷于日寇的铁蹄之下。就在这一片刻，我更坚定了一个道理——欲争得抗日战争和民族解放的胜利，必须依靠中国共产党，而非卖国辱民的国民党。

返回北仓后，我们与办民校的同学们商量下一步该怎么办。大家想法不一，只好各行其是。由于中共北方局和民先总部已迁至山西的太原市，我、田冀和北洋大学同学刘天民商定，去太原与党组织取得联系。我们于1937年7月31日夜半离开了天津。不巧，出发时正赶上不及掩耳的迅雷和漂泊大雨。我们趟着深深的积水赶到了北仓火车站，但得知火车已经不通了。我们只好又冒雨沿着铁路徒步前进，于早晨七、八点钟到了杨柳青火车站，但那里也不通车。我们只好又徒步前往静海县。当天下午，我们赶到了目的地，但发现那里还是不通车。

一路上，我们遇到了不少天津的流亡学生。为了把大家组织起来，我们在静海县召集了一个由五十多名学生参加的讨论会，中心议题是今后我们应该何去何从。大部分人认为，我们应南下抗日，但在具体问题上则各有各的意见。有的人主张到南京去向蒋介石请愿，有的主张到大后方扩大宣传，唤起民众抗日救亡的热情。少数人主张留在华北参加抗日战争。在无法统一意见的情况下，我们三人决定继续执行原计划——去太原找党组织。

由于交通中断，我们就沿着津浦铁路线步行南下。在战事紧张的情况下，我们不敢随意停留。这种背井离乡、长途跋涉的艰难，对青年学生来说是个严峻的考验。另外，无论我们在哪里暂留，都秘密地与当地的地下党取得了联系，并义愤填膺地向民众宣讲天津失守沦陷的国耻，号召人们奋起抗日。

热血青年时代

一路辗转至沧县时，我们与当地一个中学的党组织取得了联系，由在校的学生安排我们食宿，并送我们到沧县火车站。从那里我们乘上火车到了济南，又从济南途径徐州、郑州和石家庄，最终抵达太原与陈垚德、曲圭田接上了头。田冀年纪虽小，但她兴致勃勃地坚持了下来，唯一令她感到遗憾的，是没来得及回家一趟，向爷爷要点儿钱供我们在路上用。在太原，我们以陈垚德的家为基地，建立了天津流亡同学会，专门接待从天津来的学生。

当时，薄一波领导的抗日牺盟会在太原地区非常活跃，八路军也从这里源源开赴山西抗日前线。另外，共产党对大军阀阎锡山的统战工作成效显著，他表示愿意与共产党合作共同抗日。这些有利因素，使太原成为全国性的抗日基地。在党组织和民先总部的号召下，北平和天津的革命学生赶到太原集中。不久就来了不少人，例如，我的同学林心贤辞去了山西白晋铁路的职务到了太原。另外，王从善、李尚平（曲圭田夫人）、孙景芳等同学也汇聚于太原。

为了接待同学们，陈垚德将他的家办成了北洋同学联络站。开始时人数少，大家就在他家吃住。后来人来的太多了，陈垚德的家住不下了，于是我和田冀在太原市里为大伙租了几间房，并请了厨师为大家做饭，办起一个名符其实的联络站。当时集体生活费的来源，是陈垚德的薪金，我、林心贤、曲硅田去太原前的工资储蓄。我和田冀是这个联络站的管理人。凡是住在这里的人，都享受食宿免费的待遇，并领取必要的生活用具和零用钱。

解放后，每当曾在这个联络站住过的同学们聚会时，总是会提起在太原的那段时光。我们念念不忘当年充满革命热情的集体生活。那时，属田冀的年龄最小，但她对每一个同志的盛情接待和关心，使大家感慨至今。

在太原时，我和田冀在全国民先总部工作，交给的任务是与全国各地的民先组织接上关系。我们决定先去绥远。由于华北战火弥漫，社会动荡不安，在路途中一定会遇到很多预想不到的困难。所以，有些好心的同志们劝我们暂时不要去。但我们表示："要抗日，抛头颅，洒热血都不怕，这点儿困难算个啥！"没二话，我俩儿就出发了。我们先到山西省政府找到了省长赵戴文，并向他讲述了天津沦陷的惨况。他对此表示深切的同情，并给了我们三十元钱做为赴绥远的盘缠。

战时的交通很不规范，火车和长途汽车时有时无。我们的方针是，有火车乘火车，没有火车就坐汽车，什么都没有时，就徒步走。徒步走最劳累，但给了我们向民众宣传抗日的好机会。每途径一个村镇，我们就把当地的百姓召集起来，向他们讲述日本人对中国人犯下的罪行，打动了众亲人的爱国心。

后来，我们幸运地坐上了一辆去大同的敞棚载重大卡车。这车一路上颠簸的利害，几乎把我们全身的骨头节都摇松了。更不要提那呼啸的冷风，把脑袋都吹木了。夜半时分，又潮又冷，我把仅有的一条毯子给田冀盖上，帮她挡挡风寒。而我自己则圈缩在车帮儿的角落里打盹儿。就这样，我们在饥寒交迫之中到了大同。从大同又经历了数周的碾转，终于到了绥远，受到了当地民先和大同牺盟会同志们的热情欢迎和接待，并祝贺我们胜利地完成了上级交给的任务。与绥远的民先接上关系之后，我们立即返回了太原。

热血青年时代

我与田冀

在刚开始参加学生运动时，我就与田冀结识了，随着时间的推移，我们的接触越发的频繁了。我与她曾一起在王兰庄办过民校；我和几个同学被北洋开除后，她常去看望我们；我被党组织派到四川时，她用徐恬的笔名与我通信，通报北方抗日活动的信息；与天津学联保持联系，是通过她；每月给学联寄钱，还是通过她。继我入党之后不久，她于1937年也成为一名中共党员。渐渐地，我们彼此产生了不同一般的好感。

1920年，田冀出生于天津市。因为她比我小七岁，初识时，她还是一个没有成年的女孩子。因其父母早亡，她是在爷爷家长大的。爷爷是个开当铺的资本家，在日本侵华前家资雄厚。不言而喻，她曾是富家闺秀。但奇怪的是，田冀象是来自一个穷苦人家的孩子。她能吃苦耐劳，对穷苦平民有强烈的同情心，特别关心妇女和儿童。后来才知道，她是被一位心地善良的老保姆带大的。老保姆最常给小田冀讲的故事，是其父母在受尽封建压迫和剥削后而如何劳疾身亡的。就这样，一位穷苦老人在她幼小的心灵和无瑕的脑海中，播下了反抗封建制度的种子。对劳苦人民的同情和被沦为亡国奴的耻辱，使田冀不顾一切地投身于抗日救亡的洪流，成为一名奋力反抗日本侵略，拯救中华的急先锋。她的志向与我的志向不谋而合，这就是我们陌路相逢的缘由。

特别是到了太原之后，我俩几乎时时刻刻在一起为抗日而奔忙着。这时，我们意识到了相互依恋之情的滋生，并确信彼此双方已不仅仅是能够信赖、志同道合的战友，同时也将是唇齿相依的伴侣。

一次，我与田冀促膝长谈，向她讲述了我与薛玉贞的包办婚姻和内心的苦楚。她向我表示了深深的理解和同情。于是，我们立下了将为终身革命伴侣的盟约。由于当时战事纷乱，我们又身处敌占区，与家人取得联系都相当困难，更不用说与薛玉贞办理离婚手续了。我和田冀相约，在条件允许时，一定了断这段封建包办的婚姻。通过这次长谈，也更加坚定了我们并肩抗日直至胜利的决心。

不久，上级决定派我们去晋察冀边区工作。

第三章 在晋察冀边区抗日根据地

初到平山

晋察冀边区系指晋察冀地区的边缘地带，即山西、察哈尔、河北三省的边境地区。边区包括冀中、冀东、冀西等数区。晋察冀地区的西部，有北岳恒山，五台山，太行山，地形非常险要；冀北热南有燕山山脉，地势起伏绵延，而在冀热交界处，山地与平原又交错相撑；冀中地区是坦荡无垠的平原。晋察冀地区人口稠密，物产丰富，工商业比较发达，并含平汉、津浦、同浦等交通大动脉和北平、天津等大城市，实具重大战略意义。所以，日寇千方百计地要占领这个地段，以达到夺取整个华北，进而吞灭中国的目的。为了不让敌人得逞，晋察冀地区成为中国共产党的必争之地。

党中央的计划是很明确的——即将晋察冀地区建成一个敌后抗日根据地。这项任务是可以完成的，因为我们当时拥有很多有利条件，其中最主要的是晋察冀地区具有雄厚的革命斗争基础。早在上世纪二十年代，李大钊、刘少奇、邓中夏、蔡和森等就曾在这一地区从事建党和革命活动；抗战爆发前的五、六年，甚至十几年，平、津郊区和冀中、冀东、冀西各地就建立了党的组织；另外，察南的蔚县和晋东北的定襄县也有党的组织；1927年至1934年期间，在共产党的领导下，晋察冀地区先后爆发过很多武装斗争，如：冀东的玉田暴动、冀中的高蠡暴动、行唐的团山暴动以及平山暴动等。虽然这些斗争大多以失败告终，党的组织遭到破坏，但却锻炼出了一批优秀的、具有丰富对敌斗争经验的干部，并在人民群众的心底，播下了革命的火种。

在晋察冀边区抗日根据地

　　1937年8月，根据中共中央的指示，聂荣臻率领八路军一一五师一部，迂回敌后，阻止正拟突破平型关、雁门关南下的敌人。9月25日，一一五师在平型关一举歼灭日军板师团一千余人，夺取了中国抗日战争以来的第一次辉煌胜利。这就是历史上所说的"平型关大捷"。战后的一一五师驻扎在五台山。不久，其主力南下，聂荣臻奉命留守五台山，着手创建华北敌后第一块抗日根据地——晋察冀边区。

　　就在这个当口，也就是1937年9月，以刘少奇为首的北方局派彭真与我谈话，传达北方局的决定，要求我和田冀到杨秀峰领导的民训处报到，准备在河北省开展游击战争。由于民训处就在太原，我们马上就见到了杨。不久，在杨秀峰的率领下，孙文淑（杨秀峰的爱人）、杨克彬、赵德尊、吴砚农、田冀和我等，打算从太原坐火车去石家庄。临行前，为打游击战做了准备——每人发了手枪、几元钱、一个手电筒和一些蜡烛。

　　当我们到达井陉县时，听说石家庄已被日寇占领，就决定不去那里了，而是在县城的一所小学里住了下来。这时，原直中特委的人员李雪峰、李德仲，以及北方局派来的栗再温同志也在井陉。为了确定今后的去向，几位负责同志开了一个会，他们根据北方局的指示，将在井陉的人员一分为二：杨秀峰、孙文淑、杨克彬、赵德尊、吴砚农、田冀等去太行山区，而李德仲、栗再温、陆毅和我去晋察冀边区。我的具体任务是参加那里的地方工作，放手发动群众，配合以聂荣臻为首的八路军一一五师，创建敌后抗日根据地。

　　由于田冀渴望与我共同创建革命根据地，她向党组织汇报了我们的特殊关系，要求与我一同去边区。她的请求得到了批准。我们对上级的理解与照顾非常感谢，并为今后能朝夕相处，互相关照感到异常的兴奋。我俩相约，一旦过上了稳定的

在晋察冀边区抗日根据地

生活就结婚,以相爱的夫妻同甘共苦,为建设敌后抗日根据地不惜汗血。六、七天后,两队人马就同时从井陉出发了。在绕道娘子关、阳泉、平定、昔阳县后,我们即兵分两路,各奔目的地。到了晋察冀边区后,平山县就是我和田冀共同奋斗的第一块土地。

平山县地处河北省西部冀晋两省交界和太行山中段处,东邻获鹿县,南连井陉县,北靠灵寿县,西遇山西五台、盂县。另外,它还位于平汉铁路以西,正太铁路以北的滹沱河流域。由于紧靠这两大交通干线,平山成为遏制冀晋两省的咽喉,由此足见其在战略上的特殊位置。抗日战争刚开始时,平山县即受到党中央和八路军的格外重视。毛泽东指出,八路军的主要作战地区是晋察冀三省,主要任务是建立根据地,主要战略方针是独立自主的山地游击战。

1937年9、10月份,三五九旅副旅长王震、三五九旅七一七团政治委员刘道生等先后来到平山县县委会所在地洪子店。他们与县委讨论了当前的主要任务。大家一致认为,我们的首要任务就是扩充军队,壮大抗日武装;积极贯彻党的抗日民族统一战线政策,动员各界爱国人士参加抗日斗争,重申"有人出人,有枪出枪,有钱出钱,有粮出粮"的抗日动员令。

我记不清我们究竟是在10月的哪一天到达平山县的。当时听老百姓说,为了逃避日军,原国民党县长曹长春已经逃跑了。此后不久,成立了一个临时政府,故平山县城由国民党把持着。在这种情况下,我们没去县城,而是直奔县内的另一个城镇——洪子店。由于此时的晋察冀边区已在八路军的保卫之下,共产党已从秘密领导状态转为半公开状态。在洪子店,我们看到人民拥护中国共产党的热烈情景,这真让人激动的热泪盈眶。田冀和我摩拳擦掌,决心在这里为打败日本鬼子大干一场。

在晋察冀边区抗日根据地

1937年10月6日，遵照平汉线省委和石家庄特委的指示，以平山为中心的中共冀西特委在洪子店成立了。李德仲任书记，栗再温任组织部长。当时，中共在平山县只设有县党委，书记是王昭同志。冀西特委与平山县委合署办公，对外称冀西民训处。我和田冀的任务是在特委和县党委的领导下，大力发动群众，以达到挖掘人力扩大八路军（简称扩军）之目的。其实，在我们达到平山之前，扩军运动已经开始了。此时，刘道生同志正带领一个战地工作服务团，与平山党组织一起，到各村搞扩军工作去了。我和田冀一到，就被派往以刘文明为首的小觉镇工作组，投身于扩军运动。

对扩军的重要性，我是深有体会的。当日军入侵天津时，尽管驻扎天津的国民党二十九军将士英勇抗击，但蒋介石一个命令，就将天津市郊的大好山河拱手送给了日寇。这个沉痛教训，使我深深懂得，建立和扩大自己的子弟兵，是确保抗日斗争胜利的关键。另外，只有在自己军队的保护下，我们这些爱国者才能在国民党统治区进行革命活动，把劳苦大众发动、组织起来，将日本侵略者从中国的国土上赶出去。

为了扩军任务的顺利完成，我和干部们日夜奔走在崎岖坎坷的山路上，跑遍了平山县属的每一个村庄，走街串户，把党中央的号召传达给群众，并用我亲眼见到的日寇入侵天津妄杀市民的血案，动员年青人走入八路军的行列。由于当地的群众继承了老红军的传统，党员和贫下中农纷纷带头儿参军，"母亲送儿上战场，妻子送郎打东洋"的歌声，回旋在每一处穷乡僻壤的上空。

扩军任务完成的相当出色，仅在一个月的时间里，平山县委就建立了一个由一千七百余名青壮年组成的平山团，并在洪子店成立了由陈宗尧为团长的领导机构。我、田冀和朱雅

在晋察冀边区抗日根据地

珍也是平山团的成员。11月7日,为了扩充一二零师的三五九旅,胸前戴着大红花的平山团团员们,告别了父母妻儿,浩浩荡荡地向山西省盂县的上社镇挺进。另外,发生在同一天的又一个大事件,是在五台山地区——冀晋察军区在那里首次成立了。

一九三七年十一月六日,"平山团"(八路军一二零师三五九旅七一八团)在洪子店组建成立。

我们到了盂县后不久,于11月13日,党中央决定成立冀晋察军区所属的四个军分区(一、二、三、四分区)。平山县成为第四军分区的所在地,其司令部也设在洪子店。周建屏任四分区司令员,刘道生任政委。为了对敌斗争的需要,四分区领导决定从平山团抽调一个连的兵力返回平山县,就地开展工作,其余的平山团团员,大约一千五百余人,则被正式编为三五九旅的七一八团。我、田冀、朱雅珍正好被编制在返回平山的那个连队,我们的任务是继续开辟、建设平山革命根据地。

平山农民抗日救国会与"大老刘"

由于平山县的农民抗日救国会(简称农救会)和它的领班人"大老刘"对抗日战争胜利的特殊贡献,我将在这里花些笔墨,写一写他们的卓越功绩。

四分区成立后,晋察冀省委组织部长赵振生(即李大钊的儿子,又名李葆华)到平山检查工作时,对这里的工作做了具体指示。他要求栗再温迅速发动群众,壮大抗日民主力量,尽快成立农救会。于是,栗再温对当地的农民领袖姜占春(其外号为"大老刘")说,我把韩一均调来给你当秘书,你去办农救会吧!

"大老刘"马上跑到民训处,领了一斗米,一床被,在洪子店找了一间房,让韩一均写了"农会"两个大字贴在了门外,农救会就算成立和开始办公了。当地的农民都爱戴"大老刘",一听说是他在办农救会,都纷纷找上门来,要求入会。不久,农救会举行了由二百多名农民参加的第一次全县代表大会。在代表们热烈讨论之后,通过了农救会的组织章程和行动纲领,并选举产生了七名农救会常委,二十一名执行委员。同时,姜占春被正式当选为第一任农救会主任。会议结束后,在姜主任的召集下,一万多名农民熙熙攘攘地聚集在一起,庆贺农代会的圆满结束。

当时,中共平山县政府尚未成立,于是农救会便成了县内的最高权力机关。正如"一切权力归农会"所言,乡里乡外、大事小事,都由它处理。例如,通行路条上一定得盖有农救会的会章才算有效;运粮也一定要有它颁发的许可证明等。另外,为了发展生产,农救会还动员村民开荒、开渠;为了支援前线,农救会还承担做军鞋、抬担架、慰问军队、优待军属、扩军等工作。显然,这个民间组织,成为我党推行一系列抗日方针政策所依靠的中坚力量。

那时平山县的少数地主仍向农民勒取沉重的苛捐杂税,骑在百姓头上作威作福,阻碍抗日。为了改变这种不公平的现象,调动广大农民抗日的积极性,在特委和县委的领导下,农救会掀起了两个运动,一是"拔旗杆"运动;二是群众性的减租减息运动。

"拔旗杆",是指打掉那些阻碍抗日的地主们的威风,从政治上解放在他们压迫之下的穷苦农民;而减租减息,则是在经济上减轻贫农的负担。在"拔旗杆"的同时,农救会还教育那些对抗日有抵触情绪的地主们,争取和欢迎他们加入抗日的行列。在实施减租减息的过程中,碰到来自地主方面的阻力时,农救会坚决为农民撑腰。"大老刘"号召农民们打消顾虑,去找相关的地主谈判,说服他们以抗日为重,同意减租减息。可见,农救会确实成了广大农民的主心骨,这就吸引了更多的农民入会。

至1938年夏,平山县已有三万五千户人家入了会,占全县人口的半数以上。在共产党的领导下,这个庞大的农民组织为敌后抗日根据地的建设做出了卓越的贡献。

救援井陉

从盂县回到平山不久,我和田冀得到了一个盼望良久的好消息——党组织批准了我们的申请,从这以后,我们既是最亲密的革命战友又是最相爱的侣伴。

1937年的11月,井陉县的地下党员孙雨培、赵玉祥带着一队人马来到了平山,要求中共冀西特委、四分区派人支援井陉县的抗日工作。

井陉县隶属于河北省石家庄市，位于太行山东麓，与获鹿、元氏、赞皇交界。西部与山西省平定县、盂县接壤，南部与山西省昔阳县相依，北部与平山县毗邻。此县的古称为"井陉口"，地势险恶，群山起伏，是入冀的道口。此外，正太铁路由东向西穿越全境，是沟通晋冀两省的要道。当时，中共中央北方局指示，以正太铁路为界，成立晋冀鲁豫省委和晋察冀省委。据此，井陉县即以铁路为界，路南划归为晋冀鲁豫省，路北则属于晋察冀省。后来，路南区和路北区，又分别归属于晋冀鲁豫边区和晋察冀边区。

孙雨培、赵玉祥之所以要求紧急救援，是因为继10月14日以来，日本侵略者沿正太铁路侵入了井陉县城及沿线村庄，而这个地带，是我们的重要领地，是四分区的前沿阵地之一。

考虑到井陉县的重要地理位置，冀西特委和四分区领导同意了孙、赵的请求，决定夺回失地。于是特委和军分区组成了一个"井陉抗日工作团"，到路北区开辟抗日工作。这个工作团由党、政、军、民组成，包括八路军近一个连的兵力，新任命的中共井陉县工作委员会，以及县政府和各群众团体的负责人。孙雨培任工作团团长，赵玉祥任工委书记，我则担任中共首任井陉（北路）县抗日民主政府县长之职。田冀也是工作团的成员，她的任务是负责筹备那里的妇救会。

刚成立的工作团马上向井陉县挺进，并在其所属的胡仁村安顿了下来。当时，我们所做的第一件事，是向当地的群众宣告，中共井陉（路北）县抗日政府的成立。

由于县里的煤矿和发电站已被日本人占领，并被大批日军把守，敌情自然异常严重。我们的任务是，公开打起民主政府的旗帜，大力宣传党的方针政策，唤起群众抗日。同时，我们还暗中恢复和重整被敌人破坏了的党的基层组织。为了打

在晋察冀边区抗日根据地

击敌人缩小敌占区,我们用游击战的方式与敌人明争暗斗,游击队员们主要迂回在煤矿、微水电站等敌人所设据点的边沿地带。

与平山相比,井陉的战情更为险恶。因考虑同志们的安全,我们的策略是不在一个地方久留。为了提高工作效率,每到一处,大家就紧张地投入工作,张贴告示、标语,宣传抗日救国的道理,动员工人、农民参加抗日救国的武装部队。

我们的工作常常被敌人的袭击所打断。为了保护工作团的每一个成员的安全,百姓们自发地组织了情报网,一但得知有敌情,就马上通知我们立即转移。有一次,正当我们在井陉矿区活动时,引起了驻守日军的注意。他们从附近的贾庄调来了增援兵力,将整个工作团围困在一个村民的家里。八路军闻讯后,立即赶来营救我们。在正规部队的掩护下,全工作团才安全地转移到邻近平山县的一个村落。

三十年代后期,徐达本在晋察冀边区革命根据地。

虽然我们在井陉县仅仅战斗了一个月,但我们的抗日活动令敌人惊慌失措。为了加强对该县的防守,日军又调来了大批军队。在这种情况下,为了保存实力,上级决定,井陉(路北)县抗日工作团暂时撤回到平山县。

刚一回到平山,我就接到了一项新的任务,即筹备成立中共平山县政府。我卸任后的井陉县县长之职务,先由孙雨培同志兼任,后来由刘鸣九同志接任。

首任中共平山县县长

　　1937年的平山地区，除了国民党控制着位于东南部的县城外，其余地带都已是我们的敌后根据地。其面积不仅相当广大，而且物资丰富，是我们部队休养生息的好地方。例如，平型关大捷之后，八路军一一五师驻扎在洪子店进行修整。另外，继农救会成立以后，平山县青年抗日救国会（青救会）也随即成立。一一五师的政治部主任罗荣桓同志看到了平山的大好形势，认为建立新的抗日民主政权之时机已成熟。聂荣臻很同意罗主任的想法，认为平山是晋察冀的"乌克兰"（即革命形势很超前）。于是，罗荣桓指示，平山县应依照党的《抗日救国十大纲领》尽快成立抗日民主政权。他指令三四四旅旅长徐海东，将这个指示转呈八路军总部，并以总部的名义，电函冀西特委、第四军分区和平山县委，任命我为平山县县长领导抗日民主政府。自接到此电函之日起，我就全力以赴地投入了新政权的组建工作。

　　正当冀西特委、四分区和平山县委积极筹备成立县政府和相应组织机构时，日军调集了二万兵力，以分进合击的战术，兵分八路，进攻晋察冀抗日根据地。其第六路军的二千余人是从石家庄、获鹿、井陉纠集起来的。这股敌军在十余架敌机的掩护下，向平山、灵寿进犯。我主力部队在温溏一带奋力阻击日军。12月18日，日寇的两个装备先进的中队，在七、八架飞机的掩护下，从获鹿、井陉出发向平山突进，侵占了平山县城，驻守在那里的国民党军仓皇西逃，导致了以张贵方为首的临时县政府的垮台。

　　尽管日寇的进犯给我们增加了建政的困难，但在聂荣臻、罗荣桓、徐海东同志的部署下，在特区和四分区的领导

在晋察冀边区抗日根据地

下，我们按期完成了建立县政府的准备工作。1937年12月27日，平山县抗日民主政府在洪子店正式宣告成立。由我担任中共平山县的第一任县长，封云甫任秘书。政府下面设有军用代办所及民政、财政、教育、实业、司法五个行政科。军用代办所所长为赵子尚。各科的科长分别为：民政科长张一之（高小教员），财政科长杨蔚亭（国民党党员），教育科长康士贤（前平山县政府教育局长），实业科长齐学韶（大地主，开明士绅），司法科长（承审员）王某某（律师）。

新组成的县政府是一个抗日民主统一战线实体的真正代表。这主要体现于它在人员组成上的广泛性。政府成员中，大部分是进步知识分子和各界社会名流，县政府通过他们去联系社会各阶层，从而把全县人民团结在抗日民主政府的周围。例如，齐学韶是平山县最富有的开明地主，由于他对有钱阶层的号召力，我们还任命他为动员委员会主任，以便更容易地向地主富农们征借钱粮；康士贤曾是国民党时期的县教育局局长；而王某某是国民党县政府的法官，由于他的法学背景，我们还指派他为平山县法院办案的承审员。

事实证明，我们的统一战线政策是非常英明的。这一点可以从县政府启用齐学韶体现出来。齐学韶一家人住在离县城较远的一个山庄里，在县里县外开着粮店，是本地区数一数二的大地主。八路军入县时，他曾想搬到大城市去，但没来得及。我们得知他反对日本侵略中国，就派人与他联系，劝他与我们共同抗日。经过认真考虑之后，他表示愿意同我们合作。但他还是有些顾虑，怕八路军势力小，不能在平山久住，将来国民党回来时，会找他的麻烦。经过向他解释中国共产党的抗日宗旨和建立敌后抗日根据地的战略方针，以及民族统一战线的政策，齐学韶开始对共产党有了诚信。特别是八路军在平型关打了个大胜仗，正规部队一一五师进驻平山县后，他亲眼见到群众涌跃参军的热情和八路军主力的迅速壮大，于是欣然接受了我们的邀请，加入了县政府的领导层。这对稳定平山县的上层阶级是极为重要的，并大大减少了对政府开发粮源的阻力。因为齐学韶自己是动员委员会主任，他多次带头捐粮、借粮，前前后后共约八百担（1担＝10斗＝200斤）。在他的影响下，向其他地主、富农争粮借粮的工作，也就进行的比较顺利了。

另外，县政府也严守诚信。无论向谁借粮，都要履行完整的文字手续以便将来偿还。县政府的军用代办所负责为大家办理借粮手续，然后由县长在借条上签字。有些人家为了支援革命，即使打了借条，也不再向政府索还。我相信，时至今日，曾经有我签过字的借条，还保留在一些平山老乡的手里呢。

新政府成立以后，为了便于领导，我们对全县区域重新作了划分。将原来的四个管辖区改为七个：一区小觉，二区郭苏，三区南甸，四区孟家庄，五区洪子店，六区回舍，七区城东。除七区因被日军占领而建政稍晚外，在其他六个区，我们立即建立了区级政权。

1938年初，日寇集中力量南进，追击蒋介石的主力部队。这就给晋察冀边区领导提供了一个抓紧创建抗日根据地的好机会。另外，八路军的进驻和党的领导的彻底公开化，使平山县党员们的革命热情更加高涨了。在这样好的形势下，县政府和四分区领导下了大力气帮助当地驻军扩大兵力。很快，几个以八路军主力为骨干的纵队就组织起来了。这是新政府成立以后完成的第一个任务。

此外，一一五师政治部主任罗荣桓率领的教导队，三四

在晋察冀边区抗日根据地

四旅旅长徐海东、政委黄克诚,以及曾国华支队也先后来到了平山县。他们分别驻扎在洪子店、东黄泥、李家口一带。大军的到来,促使我们掀起了又一个扩军高潮。不久,又有一千七百余名青壮年光荣入伍。其中三百余人补充了一一五师的教导队,八百余人补充了三四四旅,六百余人补充了曾国华支队。三四四旅在刚到平山时只有几千人,正是由于我们多次的扩军活动,于南下之时,这个旅的兵力已突破了万员大关。

在开展扩军活动的同时,我们还着手组建各抗日群众团体,而筹办县妇救会的工作则由田冀负责。她跑遍了全县的每一个村镇,与妇女们拉家常,了解她们的疾苦,帮她们解决困难。由于她的工作做得极为深入踏实,很快就把妇女们的抗日积极性调动起来了。她们中的很多人,冲破了家庭的重重阻绕和社会的歧视,走上了革命的道路。1938年1月,在县政府的大力支持下,平山县妇救会成立,田冀为主任,张文淑为副主任。在她们的领导下,在短短两个多月的时间里,先后在小觉、郭苏、南甸、孟家庄、洪子店、回舍六个区建立了区妇救会。此外,还在这些区下属的二百零五个村子,建立了妇救会,共发展会员四千四百余名。从那以后,平山县的妇女们顶起了半边天,成为一支强劲的抗日生力军。

不久,其他各群众团体也相续建立起来。例如,1938年6月,工人抗日救国会(工救会)、文化抗日救国会(文救会)成立了;1938年7月,商民抗日救国会(商救会)也成立了,同时还组织了儿童团。在县党委和县政府的领导下,抗日救国的群众运动在平山轰轰烈烈地展开了!

1938年1月31日,晋察冀边区行政委员会正式成立,取代了以往的边区政府。宋劭文担任行政委员会主任兼财政处长,胡仁奎担任副行政委员会主任兼民政处长。边区行政委员会有

在晋察冀边区抗日根据地

两个直属单位，即冀西政治主任公属和冀中政治主任公属。在行政委员会成立后，各县才陆续成立了县政府。所以，平山县政府是在边区最早建立的抗日民主政权。

为了更好的建设和巩固新生的平山县抗日民主政权，我们积极展开了以下几个方面的工作：

一．建立和完善政权组织机构

我在前面已提到，县政府成立后，其所属的七个区中，有六个区建立了自己的政权。在这个基础上，我们率先在晋察冀边区对旧的村政权进行了改造。我们的具体做法是将全县六百三十个行政村鉴别为三类：第一类为积极拥护共产党抗战方针政策、及时完成各项抗日救国具体工作的村政权(约占15%)；第二类为在不同程度上存在封建意识和官僚习气的旧村政权(大多数属此类)；第三类为由恶霸地主把持的旧村政权(少数)。我们对这三类村政权的态度分别是：积极支持，依靠扶植；热情帮助，教育改造；坚决撤换。

二．实行减租减息条例

为了落实统一战线政策，团结各阶层(包括地主阶层)人士共同抗日，中共中央在1938年8月下旬召开的洛川会议上，决定将减租减息作为抗战时期解决农民问题的基本政策。其核心是土地的所有权不变，但通过减租减息，降低封建剥削程度，减轻农民负担，激发地主和农民的抗日、生产积极性。

1938年2月，晋察冀边区行政委员会颁布了《减租减息单行条例》。其中规定：地主之土地收入，不论是来自租佃还是伴种，一律按原租额减收25%(这就是平山县史中所提到的"二五减息")；农民拖欠的旧债一笔勾销，而新债的利息收入，一律不得超过一分；地主在未得到租户、佃户或伴种人同意时，不得将土地转租、转佃、或转种于其他人。这个条例，既维护了地主阶层的利益，也减轻了农民的负担。

"二五减息"运动，与以往"打土豪分田地"的政策有硕大区别，使很多农民想不通。为了做好群众的思想工作，我们首先对党员和基层干部进行分期培训，然后派他们深入到农村，在农救会的配合下宣传推广党的政策。另外，青救会和妇救会也配合我们做工作，他们的重点分别为青年和妇女。就连儿童团也帮助我们做了不少工作。政府使百姓们认识到，尽管让地主保持其所有的土地，但交租标准大幅度减少，加之一笔勾销了旧时所欠的地租，维护了穷苦农民的利益，故这项政策的执行，将有利于团结一切可以团结的力量，共同抗日。由于理解了党的统一战线政策是救国之大计，农民们打心眼儿里支持减租减息运动了。他们认真地遵守各项有关此运动的法令，按时交租交息，促成了一个政府、人民和地主三方满意的好局面。

三． 推行合理负担制度

平型关大捷之后，一一五师的主力部队驻扎在平山县进行休整和补充供给。另外，晋察冀军区部队、后方机关、徐海东旅、曾国华支队等的给养，都由我们负责。所以，政府得想方设法地去向百姓征收救国公粮。开始时，救国公粮的主要来源是靠地主大户募捐或向他们借粮，但这远远供不应求。为了保证战时供给这一项重点任务，县政府颁布了三项交粮法令：1).募捐；2).借用；3).实行合理负担(即按个人拥有的土地面积，计算交粮数量)。

这些法令是在实践中衍生出来的。例如，我们在募捐、借用时，意识到了一些不合理的现象，即由于免征户的数量过大，绝大部分的纳粮负担落在了地主、富农身上，这就不利于调动他们的抗日积极性。为了纠正这个偏差，我们决定推行合理负担制度。即在征集公粮时废除旧的摊派制度，实行新的以户为单位的分级征收制。其具体方法为：每人以一亩地为免征点，凡超出免征点的土地，按超出的亩数累进征粮。我们将每五亩划为一级，共分六级。级数越高，征粮越多。这样一来，人均土地少的少负担，人均土地多的多负担。不够免征点的不负担，这就照顾了贫苦农民的利益。合理负担制的另一个特点是，前几个等级的累进征粮速度上升缓慢，所以对超出免征点一、二个级数的贫农、中农来说，其税收负担都不太重。另外，合理负担制还规定，最高纳粮率不得超过纳粮人纯收益的30%或35%，使地主、富农的利益在政策上得到了保护。

但尽管如此，在推行合理负担救国公粮的政策时，还是遇到了不少问题。例如，新政策对土地的薄厚所导致的收成参差，没有详细的调整规定，所以存在纳粮不公的现象。但是，与旧制度和没制度相比，新制度毕竟是进了一筹，因此广大农民还是拥护的。总的来说，减租减息和合理负担制度的实施，使贫苦农民的经济地位有了改善，并鼓励了开明地主、富农为抗日做贡献，有力地促进了各届人士参加生产、支前、参军、参战、参政等各项活动，为政权的巩固和抗战的胜利，奠定了广泛的群众基础和经济基础。

四．实行民主大选举

1938年3、4月间，为了改造旧的基层政权，晋察冀边区颁布了《区村镇公所组织法暨区长、村长、镇长、闾邻长选举法》。国民党将领阎锡山曾说："共产党如不改造村政权，我就什么都不怕！"一语道出了掌握村政权的重要性。所以，晋察冀边区针对基层政权的选举法受到了广大农民群众的欢迎。大家一致同意，村长必须由民主选举而定。根据这个法令，平山县政府在农救会主席"大老刘"的大力支持下，在全县推行

在晋察冀边区抗日根据地

了民主选举村长、副村长的活动。

由于农民们的文化水平低,我们就采用扣碗投豆的方法。即让被选人背向而坐成排,并在每人身后放一个碗。选举人每人只发一粒豆,将其放入所要选的候选人碗中。选举结束后,就开始唱票,即数豆,得豆最多者当选。就这样,成功地选出了以贫下中农为骨干的村政府,从而改变了富豪掌权的局面。据统计,80%以上的新村长是抗日积极分子,约半数以上是共产党员。与此同时,我们还建立了由群众代表参加的三种委员会。一是评议委员会,负责执行合理负担制;二是救亡宣传委员会,负责对农民的文化教育和征求民众的意见;三是优待抗属募集委员会,负责抚助军属、烈属及募捐等事宜。

通过民主改选村长等措施,我们在平山县基本上达到了改变村政权性质的目的。新的村政权能够积极领导村民抗日,为广大民众谋利益,初步实行了村政民主。这对保证补充抗日战争时期军队所需的人力和物力,起了决定性的作用。民主选举运动的实施,对当时来说,确实是一个划时代的创举。其实,七十多年前我党所遵循的民主建政之路,对现在,对将来,仍持有深刻的指导意义。

五. 平山县地方抗日武装的建立

自从平山县抗日民主政府成立以后,于1938年2月,平山县武装总队部在洪子店成立。我兼任总队长,齐亚瑞任指导员兼副总队长。总队由两个支队组成:基干自卫队(一百二十人,脱产)和青年抗日先锋队(五十人,脱产)。其主要任务,是保护县级机关和除奸反特。1939年初,以上两支武装,编入了新成立的县大队。县大队的主要任务是配合正规部队打击骚扰敌人。

自从平山县城被日军占领之后,他们常常出动骚扰我们，但每次都受到我驻军的全力抗击。为了守住晋察冀边区的南大门，部队的将士们英勇作战，不怕牺牲。如四分区七一八团团长陈宗尧，四分区八大队的政治部主任高晞同志（他是从东北来的高中生，我的好友），在平山县反击战中光荣牺牲了。另外，为了支援主力部队出击敌人，我们还组织了不脱产的区、村级自卫队。平山县的七个区都设有自卫队部，下设四十七个中队部，三百六十五个分队部。共有自卫队员约四万五千六百人。自卫队员们可以随时被召集起来，配合我主力军迎击敌人。

平山——抗日模范县

由于晋察冀边区抗日根据地的开辟创立，1938年6月间，新华社特派记者陈克寒来到了边区进行实地采访。他的眼观耳闻，令他对边区和平山县的大好形势产生了极大的兴趣，并促其花了很多的精力去探索这一大好形势的来由。不久，陈记者以极大的热忱写出了一份长篇通讯《模范的抗日根据地——晋察冀边区》，并于1938年9月14日发表在武汉的新华日报上[2]。他在冠以"一个平凡的县——平山"的一章中，专门介绍了平山县抗日根据地的蓬勃发展。

在介绍平山政府所在地洪子店时，他写到："洪子店是平山的唯一大镇，恐怕也是冀西数一数二的大镇。向来是晋东北与冀西的商业沟通点，今天犹不失其繁荣。县政府和所有平山县的群众团体的领导机关都设在这里，俨然成为一个新平山城，屹立在娘子关前与老平山城对抗着。对抗的结果，当然是新平山城获胜。平山县境共有三百五十三村，现在在洪子店县政权范围内的竟有三百二十六村，敌人魔手所能达到的只平山

在晋察冀边区抗日根据地

一座空城与城市挨平汉线的二十七村。而这二十七村的民众，因受到日寇压迫屠杀，其对日寇之仇恨，更较任何他处为甚。他们完全倾向于洪子店的边区政权方面，他们一行一动，完全站在替边区谋利益的立场，他们把赋税缴纳到洪子店来，为我们当局侦察情报，敌人一有行动，便骑上自行车送信飞报，因之敌人在平山的统治是完全落了空的。

　　洪子店在平山有这样的威力，自不能不是敌人的眼中钉，因之从本年二月开始，敌人曾有两度集中兵力猛扑洪镇。其中一次，给我们干脆的击退了回去。另一次与敌展开血战于洪镇东之温塘，激战一昼夜后，以敌人的火力太猛，无法苦守，便决定退出洪子店。这一次退出是有计划的。在撤退之前，指挥作战之将领于黄昏时通知洪镇，说是温塘无法再坚持，决乘夜撤退，但同时另外一个命令是："我们要在第二天收回洪子店"。这等于说，我们最多只能让敌人权盘踞洪子店一天。在接到这个通知后的县政当局与群众团体领导机关，丝毫不气馁，大家也都确信第二天一定能收回洪子店，但其依托者不仅是军队，同时还是广大民众。撤退计划开始执行了，农民救国会会长下了一个紧急动员令，动员五百农救会员来作保卫洪子店之壮举。首先是遵命撤退，实行坚壁清野。于是在一个小时之内，五百个农救会员集合了。在三个小时内把洪镇上所有能搬去的什物一概搬运一空，把老弱妇孺，悉数运到后山，把洪镇里千家以上房屋的门户都用砖块给堵上。然后前线作战的部队于子夜时分撤下来，然后又立即把五百农救会员全数武装起来，散开到四山。第二天上午敌人的追击部队，算是追到了洪子店附近，他们先在附近的山顶上了望一下，但见洪镇附近空空如也，空无一人。这先给他们一个很大的恐怖，大部队不敢再下山入镇，只遣少数敌兵下镇探险。当这几十敌兵刚一走入洪子店镇内时,忽然四山枪声齐鸣,杀声连天。这是我们布置的伏兵和五百武装的农救会员,敌人知道不妙,要是盘踞在洪子店,一定会为我们所四面包围,而至聚歼,因之在洪镇没有上两点钟时光,便连跑带窜退走。退走的时候,他们

1938年8月武汉《新华日报》关于"一个平凡的县"报道。

在晋察冀边区抗日根据地

想演一幕"火烧洪子店"的活剧,可是门窗都封锁着的,纵火也不容易,只烧得几间破草房。洪子店就这样在军民合作之下保卫住了。

当记者来洪子店时,洪子店的面貌依然是整整齐齐的,街头的热闹超过晋东南所走过的任何一个镇。墙上满贴了边区政府和县政府的新式布告,显耀烁目,身入其境,立刻感受到这是一个有生气的小镇。镇上驻有X军分区部队XX人,第一天晚上恰好是他们的军民联合会,一座古庙里拥挤着XX个军人和数千民众,那种紧张欢乐的空气,好象抗大陕公这样的大学堂。但第二天白天当记者到镇上去巡行的时候,街上找不到一个闲散的军人,间或一队的士兵走过,则步伐整齐,歌声高扬,气概轩昂,可见他们的军纪已经严谨到了怎样程度,部队的质量已经优秀到了怎样的程度。县政府内部分总务、财政、教育、实业、司法等五科,县长是一个北平的大学生(应为天津的大学生,本书作者注),一个青年,去访问他时,他正好患着恶性的痢疾,一天腹泻十几次,但他还在打电话通知驻军、民众团体、与两个平山县有地位的士绅,约他们明天到县政府开县政会议,说是两星期没有开会了,很多事情亟待讨论解决。他对县长这职务,干得很有兴趣,说话的时候,眉飞色舞的诉述他县里面民众的热情与民众对政府的如何援助,而他最感痛快的是统一战线工作开展得特别顺利,地方士绅对县政府有很好的感情。

救国公债这时候还没有发到平山县,但数目已经确定,平山县担任推销十一万,限两星期内完成。县政府起初感到是件难事,不料动员之下,五天内竟销出去了七万,两个星期不到,已经超过了十一万的限额。这一方面固然是群众运动的力量,另一方面则是富绅的踊跃购买。在公债发下来时,县政府便召集了一地方士绅的联席会议，解说政府的财政问题必须得到解决，否则只有实行合理负担，地方士绅受了一番鼓励，众口一致的说："支持政府财政是应该的，今天政府困难，借钱给政府是应尽的义务"，于是没有费多大口舌，士绅们在会场上纷纷签名认购，有独户购至一千元以上者，并且会场上富绅们又自动提议组织救国公债推销委员会帮助推销。

平山县的商业特别发达，出口有鸡蛋、皮毛、花椒等。据统计现在出入口相平衡，正在努力争取出超，谋吸收敌区法币。裕民公司在这里设有一个分行，记者去参观了，货品比摊贩上要多，尤其是文具纸张等，可以买到在其他地区买不到的东西。货品的价格，与私营商家和摊贩上的售价相等，据分公司负责人说，这是因为他们适合商人要求，勿与商人作竞争的缘故，可是到裕民公司里买东西的仍旧很多。

全县原有高级小学七所，在敌人占领时悉为敌人焚毁，几个月整顿村小学的结果，全县现有国民小学二百余所，民众学校五十余所，识字班还没有统计。小学老师已经受过两次训练，是县政府当局自己办的训练班，教育界救国会帮助政府教育工作之推进，把全县划分成二十八个教育中心区，在每个区里设有一个教育指导员，联合乡村小学教员，组织一个救亡教育研究会，每二星期开会一次，布置一个区内教育工作。

群众重武轻文，特别爱好军队，全县二十五万人（壮丁当更少）参加民众武装自卫队的有三万人，参加正规军的竟达五六千人，××军的一个补充团就在驻扎洪子店一个月另几天的时间内组织起来，现在为纪念这件事，这个团别名叫"平山团"。

……

妇救青救都有他们自己的工作，县妇救慰劳部队的鞋，从去年十二月始，到今年六月底止，共达一万七千双之多。青

在晋察冀边区抗日根据地

救还组织了一个流动剧团,到乡间去演戏,得到民众的热烈欢迎……

二零零四年六月十五日在北京。徐达本与当年在平山县一起战斗的老战友欢聚一堂。

从七月初开始,群众中提出一个口号,说是要收回平山城,而且只要部队去攻城,他们可以出四千人帮助作战,县城攻破后还可以在四个钟点内把城墙耙平,群众团体立刻把群众这一要求提交当局。本来攻城是驻防部队所已经计划的,经群众这样一要求,他们便于"七.七"率领民众共同去夜袭,果然平山城为我们一鼓而下,但是有一方面配合的不好,不能打断敌人的交通线,使敌人增援部队由石家庄大批开来,平山再告失陷。但这次事情决不是证明平山县将永久为敌人占领,正相反的,平山城在这样澎湃的民气包围下,不久的将来,他将再归于我吧!"

陈记者所写的这篇文章,如实地记载了当时平山老少抗日救国的的崇高觉悟和热情,它不仅鼓舞了晋察冀边区和平山县百姓们同仇敌忾的斗志,而且为在全国各地抗日的军民树立了榜样。这篇报导,更在国民党统治区激起了巨大的反响。从此，平山县以"抗日模范县"而驰名。

平山县之所以能够成为一个抗日模范县，是与我们的辛苦劳作分不开的。从1938年起，在晋察冀边区党委的领导下，在平山县党委和县政府的领导下，我们大力依靠农救会主任姜占春同志，帮助他去做广大农民的工作，唤起了他们的抗日觉悟，坚定了他们抗日必胜的信心，使平山县成为晋察冀军区东南角的一个抗日强劲堡垒。另外，平山县之所以能走在抗日运动的最前沿，是与它的革命基础好，群众觉悟高分不开的。早在上世纪二十年代末、三十年代初的红军时代，当地的百姓就参加过支军济贫的红军运动。在抗日战争爆发之后，于1937年8月下旬，中国共产党在陕西省洛川县的冯家村召开了中共中央政治局扩大会议，通过了著名的《抗日救国十大纲领》。由于平山县人民热烈拥护认真贯彻执行了这一纲领，它在全国享有抗日先锋县之佳名也就不足为奇了。

考虑到平山县得天独厚的地理优势，于1948年3月23日，毛泽东、周恩来、任弼时率领中共中央机关和解放军总部，告别了战斗、生活了十三年的陕北，东渡黄河，经晋绥解放区到达了晋察冀军区司令部所在地——河北阜平县城南庄，不久又抵达了位于平山县中部的西柏坡村。于5月1日，中共中央正式宣布在西柏坡办公。此时，中国革命正处于重大的转折点。国民党军在数量和装备上尽管还占优势，但中国革命的胜利已伸手可及。国共两军战略总决战的任务已提到了党中央、毛泽东的议事日程。从当年的5月至次年3月的十个月中，毛泽东先后组织指挥了二十四个战役，其中包括历史上著名的辽沈、淮海、平津三大战役，基本摧毁了国民党赖以维持其统治的主要军事力量，奠定了解放战争在全国胜利的基础。此外，西柏坡还是1949年3月5日至13日所召开的中国共产党七届二中全会会址。这些都是平山县在历史的丰碑上占有一席特殊位置的原因。

因为我是中共平山县的第一任县长,那里的乡亲们从来没有忘记我,我也没有忘记他们。自1937年起到如今,我与平山县的缘分从来没有间断过。在我漫长的一生中,常常忆起的是在平山那片土地上为抗日而度外生死的日日夜夜。

幸遇白求恩大夫

1938年夏天,在又一次击退日军进犯之后,我有幸见到了白求恩大夫。

他是从延安出发的,目的地是聂荣臻军区所在地五台山,其任务是为那里的伤员们治疗战伤。当他路过平山县时,我在县政府接待了他。由于正值反扫荡,敌情严重,我劝他还是尽快离开为好。他通过翻译董越千(阜平县的县长)说:"你这个县长都不走,我为什么要走?你不怕,我也不怕!"见他如此执意,我只好留他一起吃午饭。饭后,我和董越千带他去看平山县的坚壁清野情况。

在路上,我们碰到了一个小商贩,正在叫卖刮胡刀。他停了下来,拿起一个,左看右看,摇摇头说:"你们就用这种刀刮胡子?太落后啦!"回到县政府之后,他从挂在墙上的背包里掏出了两个刮胡刀,对我说:"我有两把刮胡子刀,可以给你一把。"他指着一个说:"这是我临离开加拿大来中国时,我那个离了婚的太太送给我的礼物,不能给你。"他又指着另一把说:"这是我的一个朋友送给我的,可以送给你。"我长了一脸的落腮胡,早就盼着能有一把快点儿的刮胡子刀。听他这么一说,也顾不得推辞和客气,立刻回答说:"这可太好啦!太谢谢啦!"

下午,我们召开了县自卫队员大会,并请白求恩大夫讲了话。他说我们的工作做得非常好,很受鼓舞,并鼓励大家,一定要为抗日战争、为保卫自己的家园做贡献。当晚,县政府干部赵汾甫陪他在县总部住了一夜,第二天就又上路了。

后来,我的好朋友高晞,见到了白求恩送给我的刮胡刀儿,赞不绝口爱不释手地对我说:"我要上前线打仗去了,我用我的日本大洋刀,换你这把小巧精致的刮胡刀儿,你看怎么样?你就让我把这刀带到前线去试用一下吧!"我说:"我的胡子长得太快,实在离不开这把刀,我不和你做交易。"但他不理会,把他的大刀扔给了我,拿着我的加拿大刮胡刀儿,扬长而去。

令人心痛的是,不久,高晞同志在井陉附近的一个山头上阻击日匪的围剿时,不幸被炮弹击中,光荣牺牲了。那把曾经是白求恩大夫送给我的刮胡刀儿,也就随他而去了。

1939年11月13日,传来了一个令人痛心的消息——加拿大共产党员白求恩同志因医治伤员中毒,不幸在晋察冀边区逝世。我为失去了一位伟大的国际主义战士而感到悲哀。令人欣慰的是,白求恩为平山人民的祝愿实现了。平山人民在县城被日匪占领的近八个春秋中,在抗日的血雨腥风、誓死拼搏中,终于迎来了抗战的胜利。

如今,七十多年漂然而过。但是,白求恩在战时的无畏与洒脱,他的音容与笑貌,和他将那把小小的刮胡子刀儿放到我手中时的诚挚神情,还栩栩如生地留在我的记忆中。我衷心感谢他,一位为了中国人民的抗日斗争贡献了自己宝贵生命的国际英雄。

在晋察冀边区抗日根据地

育子在平山

1938年9月，田冀临产。当地没有医院。

自告奋勇来接生的，都是村里生过孩子的母亲们。因为是第一胎，有些难产，使我和大家都为田冀和腹中婴儿的安全焦急。多亏几位有经验的母亲，把儿子顺利地接到这个充满战斗烟云的世界。为了纪念在井陉和平山县的艰苦经历，我们给儿子起名为井平。在乡亲们的热心帮助和周到的护理下，田冀很快就恢复了建康。

当时田冀是四分区的特派员。尽管她已经请张文淑接替了她妇联主任的职务，但工作仍是忙的不可开交。为了把全部精力放在工作上，她毅然决然地将仅出生了十五天的婴儿，送到平山县南庄村的一个农民家中扶养。井平的奶娘（可惜我记不清她的名字了）也是一位共产党员，在整整三年的时间里，她全心全意地照看他。我和田冀在洪子店工作时，乘下乡之便，还能去奶娘家看上儿子一眼。

1939年底，我离开平山到了冀中区。由于工作繁忙就再没有机会见到井平的奶娘。解放后，也还是抽不出身去看望她。只好时而寄些钱去，在生活上帮一帮她。文革期间，她曾来北京帮井平看孩子。可惜那时我被误打成"牛鬼蛇神"而被关押在"牛棚"里（详情见后），也没得见到她。幸好当时戴着"现行反革命"帽子的爱人尚没被关押起来，便带着奶娘到北海公园、景山公园、颐和园等地转了转。如今奶娘已过世。在此，我向她致以深深的感谢，感谢她对井平的养育之恩；感谢她在我和田冀最困难的时刻，给与我们的莫大帮助。

在我离开平山时，田冀已是晋察冀边区妇救会的副主任了。她的工作涉及五、六十个县，忙的更是不可开交，与儿子

64

见面的机会就越发的少了。后来她又将井平交给了在妇救会一起工作的好友李谨亭的爱人芦怀贞抚养。当时，芦怀贞已是共产党员，深受大家尊敬，被称为"芦大姐"。那时我与李谨亭不熟悉，听说他很早就参加了共产党，为党在平山地区做了大量的工作。他曾以党代表、教导员的身份被四分区派到进步地主韩增丰的武装部队。由于他的劳苦，终于引导韩增丰走上了抗日之途。这支部队，仗打的特别勇猛，他的战士一个比一个不怕死。韩增丰支队对抗日胜利的卓越贡献，是与李谨亭同志的辛苦努力分不开的。他们的抗日功绩，陈述于平山县县志，永存于中华民族的革命史册。

关于芦大姐，也有一段催人落泪的悲惨故事。

1940年后，敌人频繁地向我抗日根据地疯狂扫荡，搜索、捕捉抗日革命干部。一次，芦大姐回娘家（北庄村）探亲，被敌人包围了。但她机智地化装逃走了。这群日军恼羞成怒，残暴地杀害了她的父亲和哥哥。父兄的惨死更坚定了她抗日的决心。1944年12月，她离开平山到了井陉，成为那里的县妇救会主任，办公地点是县部所在地米汤崖。那里不但山高路陡，而且敌情险恶。次年3月初，芦大姐到三专署所在地平山县开会。会后，她与同志们一起穿过敌人的封锁线和炮楼，到了井陉的库隆村。不料敌人进了村。在转移时，芦大姐的腿部中了弹。为了掩护其他同志和群众安全撤离，她只身留下，拖阻敌人。当芦大姐被围捕后，她毫无畏惧，大义凛然。为了从她那里得到情报，敌人对她严刑拷打，鲜血浸湿了全身的衣裳和脚下的土地。在一无所得的恼怒下，敌人把她抛下了悬崖。就义时，芦大姐只有二十七岁，为抗日战争献出了年轻的生命。她的悲惨遭遇，激励和唤起了更多的乡亲们投身于抗击日本侵略者的斗争。

在晋察冀边区抗日根据地

在这里，我再次对她为革命献身的精神，表示深深的敬意，也为她抚育了我的儿子，致以深深的感谢。

芦大姐牺牲后，李谨亭与刘义琴结婚。从那以后，刘义琴和她的母亲便成了井平的抚养人。

1941年，我在冀中工作时（详情见后），由于劳累过度和营养不良，患了严重的头痛症，使我彻夜不眠。冀中区党委向晋察冀边区、北方局申请，要求调田冀到冀中区的妇救会工作，同时还请求允许田冀携井平同行。边区和北方局领导考虑冀中的对敌斗争过于残酷，只同意田冀到冀中工作，没有批准井平同行的要求。从那以后的五年里，我没有机会探望儿子。据说上小学时，李家将儿子的父姓改为李。

1947年，石家庄被解放了。我与晋冀鲁豫边区工矿处处长武竟天一起，去住在平山县峡谷地带的李谨亭家接井平。他的爱人和岳母舍不得让他走，只让我与儿子见了一面，就又偷偷地把他藏了起来。以后我再去平山时，都没见到过井平。

解放初期，李谨亭从大同矿务局调到煤炭部，任办公厅副主任。我与他就井平事宜进行协商后达成协议，即为了感谢和尊重抚养人的辛苦和意愿，儿子的"李"姓不改；我和夫人赵毅、李谨亭和刘义琴均为其父母；住在哪家，由儿子选择；上学的费用，由徐家提供。从那之后，两家的关系有了明显的改善，时而久之，就越来越亲密了。

不幸的是，文革期间，李谨亭同志被迫害至死。其岳母和爱人刘义琴也先后离开人世。遗憾的是，由于我身陷囹圄（详情见后），未能亲自前往向他们的离去致哀。在这里，我对他们施于井平的养育之恩，致以深深的感谢。

首任晋察冀第三行政督察专员公署之专员

随着晋察冀边区地域的扩大和战争环境的需要，于1938年10月，边区行政委员会决定设置八个行政督察专员公署（简称专署）。我被任命为晋察冀第三行政督察专员公署（三专署）的专员，并兼任平山县县长。三专署管辖六个县：平山、井陉、灵寿、新乐（西）、行唐、获鹿县。其中行唐和灵寿是大县，并与平山县接壤。新乐（西）、获鹿、井陉为小型根据地，游击区多一些。三专署与平山县政府在李家口村联合办公。在我短期兼任平山县长之后，兰田同志接替了这一职务。

八个专署的成立表明，边区行政委员会的权利开始向下级单位分散，这是边区各级政权机构走向健全的象征。专署在边区行政委员会的直接领导下工作，但又有相对的独立性。例如，边区银行在各专区设立的办事处，受边区总行和专署双重领导；边区的贸易机关裕民公司被关闭，取而代之的，是建立各专区自己的贸易机关；边区人民武装自卫队总指挥部被撤消，由各专区设立自卫队总指挥部；在某县遇到战争而与边区行政委员会失掉联系时，专署可以取而代之，行使权力等。

当时，专署的成立并没给我们的工作带来太大变化，而是一如既往——各县以平山为样本，把精力放在开展三方面的工作上：1)．保证主力部队对人力和物力的需求；2)．实行减租减息、合理负担，在最大程度上将各届群众发动起来共同抗日；3)．依靠各群众团体，改造村政权。

我在专署工作时，总是一天到晚忙得不可开交。白天不是到这个县听工作汇报，就是到那个县解决问题。每晚回到专署，还要召集干部会议，讨论大大小小、形形色色的各类事宜，一搞就是一通宵。然而，我们的努力颇见成效，故也是苦

在晋察冀边区抗日根据地

中有乐了。比如,平山县一直在边区保持着它的模范称号;而以平山为模式的其他五个县,也一步一个脚印地紧随其后。

前面我曾提到,陈克寒同志以"一个平凡的县——平山"为题目,报道了平山县模范超前的形势[2]。继这篇文章发表之后,于1940年3月,中共北方分局组织了一个联合考察团,对平山的形势做出综合性的评估。其领队为北方分局书记彭真,主要成员有晋察冀边区党委组织部长赵振声,冀中区党委组织部长芦本,冀东区党委负责人李初梨、吴德等。在考察团对平工作做了全面、系统的调查研究之后,写了一份题为《我们对平山工作的意见》的总结报告,其最终结论为:"平山确为边区的模范县"。

但是,我们的工作并非一帆风顺。例如,为了贯彻党的民族统一战线政策,三专署决定任命国民党员兰某和曹某某分别担任灵寿和获鹿县的县长。但没想到,这两人在任时各杀了一名共产党员。专署得知后立即撤消了他们的职务。

我们还启用了国民党员马某某为灵寿县教育科科长。当我去那里检查工作时,灵寿县的新县长李官慈向我汇报了马某某为了逃避去陈庄执行战斗任务,带着自卫队躲到山里的事件。面对这种情况,我马上召开了县委会,经过讨论后,大家一致同意撤消他科长职务的决定。

解决了灵寿县的问题后,我又立即动身去了位于西路区的行唐县。县长权哲民和工作人员胡伯俞希望我以专员的名义,法办县政府的总务长。这人也是国民党员,他要么与县政府作对,要么躲在家里吸大烟。在与当地县委会一起研究后,我们决定先把他扣押起来,听候审判。晚上,由一个放羊的小儿童团员看守他。没想到,他破窗而逃。小看守随后追赶,由于飞石误伤,把这个总务长砸死了。事故发生后,行唐县政府对他的家属做了妥善的安排。

可见,与国民党搞统一战线,是一件相当复杂而又细致的工作,一不留意就会闹出乱子来。

在任三专署专员大约一年的时间里,我频繁地来往于下属的六个县及其所属的大部分村庄,对基层的群众运动知之甚多。我对自己的要求是,不辞辛苦、脚踏实地、雷厉风行地做好本职工作。无论哪里出了问题,我一定会赶到现场,及时地向下级领导和当地的百姓了解情况,尽快推出解决问题的方案。我的目标是,通过自己的不懈努力,让更多的群众了解我党团结一致、共同抗日的宗旨,促使他们加入抗日的洪流。

第四章 在冀中平原抗日根据地

任冀中行政主任公署副主任

1939年底，也就是在我担任第三专署专员职务近一年的时候，晋察冀边区党委决定调我去冀中区工作。

冀中区位于河北省中部，地处平汉（北平至汉口）、北宁（北平至辽宁）、津浦（天津至浦口）、石德（石家庄至德州）四条铁路干线之间。其周边有北平、天津、石家庄、沧州、德州等大城市。此区东西宽一百五十余公里，南北长三百余公里，囊括近五十个县，八千多个村镇，一千余万人口。它更是一川沃野，物产丰饶，为华北的主要粮棉产地。可想而之，冀中是保证我主力部队供给的主要源地。另外，由于邻近北平、天津等要害城市，冀中根据地对那里的日寇侵华指挥中心构成了直接的威胁。综上所述，冀中区的战略地位是重之之重。

早在1938年1月，中共中央北方局派鲁贲同志到冀中工作。他的任务是：组建中共冀中省委；大力恢复和发展各级党组织；发动群众，以开展游击战争的方式抗击日本侵略者。同年4月，中央和北方局任命黄敬、鲁贲同志分别为冀中省委的正、副书记。 1938年8月，中共冀中省委改名为中共冀中区委员会，简称冀中区党委，办公地点从安平县移至任丘县城西北的青塔镇。一个月之后，吕正操率领的人民自卫军与孟庆山率领的河北游击军合并，改编为八路军第三纵队。即后，成立了冀中军区，由吕正操任司令员，孟庆山任副司令，主力部队共约四万余人。

为了迅速创建和巩固冀中抗日根据地，中共中央、中共北方局、晋察冀军区先后派了一批久经考验、富有建党、建军、建政经验的革命干部到冀中参加领导工作。由于平山地区发动群众和建设政权的工作在整个晋察冀边区处于领先地位，上级领导希望我能把在平山的工作经验介绍到冀中区去。于是我也被派到冀中参加那里的行署工作。

接到调令后，我立即启程，快马飞鞭地赶到黄敬书记那里报到。我一到，就见到了黄敬同志。这是我第一次与他见面。一眼看上去，他与我年龄相仿，戴着一副眼镜，文质彬彬。在我简单地作了自我介绍之后，他高兴地连连说："欢迎！欢迎！请坐！请坐！"我刚一坐下来，他就马上言归正传，向我介绍了冀中区的历史背景和当前区党委的中心任务。他说："我们当前的任务，是巩固扩大抗日根据地，统一、扩大抗日武装和广泛建立抗日政权。完成这些任务的具体措施包括，一加强冀中区党委，统一党的领导；二统一和加强政权组织；三建立统一的群众组织；四认真执行减租减息，改善人民生活；五建立统筹统支的财政经济制度；六加强部队党的建设，以及确定作战方针等等。"他又对我说："现在，我们已经建立了一个完整的政权体系，在执行解放人权的工作中，使基本群众站了起来，抵制了地主资产阶级。但是，我们的工作也存在一些'左倾'现象。比如，虽然在全中区完成了减租减息运动，但在执行合理负担条例时，还存有负担面太窄的偏向，即交救国公粮集中在地主、富农阶层，使他们负担过重，这就不利于争取中间势力、分化瓦解反对我们的顽固势力，以致达不到巩固抗日民主统一战线的目的。再有，就是一些农民随意处死汉奸的'过左'行为，这里叫'盖黄被子'（意指将处死的汉奸埋掉）。我们一定要坚决制止这种目无法纪的行为，否则不能发掘尽可能多的力量支持我们的抗日斗争。所以纠正干部和群众中的'左

在冀中平原抗日根据地

倾'思想,是你今后在冀中区工作的重点。"

黄敬同志的一席话,使我对他有了一个初步的印象。他看问题尖锐、独特,很有些实事求是、直言不讳的魄力。的确,为了将日寇赶出中国,大张旗鼓地发动贫困大众奋起抗日,是我党的核心任务。但在发动群众的过程中,往往会引起穷人与有钱人之间关系的进一步恶化,从而出现违反政策的过激行为。当时党的干部们最怕的,就是打击群众的积极性,所以"宁左勿右"的思想极为昌盛,对过激行为不敢制止,结果将一些本来可以团结的人推到了我们的对立面。此刻,黄敬同志对地主、富农负担过重和给汉奸"盖黄被子"提出了批评。我以为,他不是一个人云亦云、随风潮的人。对他的这些意见我是很同意的,当即向他表示,在今后的工作中会按他的以上指示办。

通过与黄敬书记的谈话,我已十分明确在行署工作的目标,但问题是如何去落实并做出成绩来。由于我刚从另地来到冀中,人地两生,对工作一时摸不着头绪,所以我的宗旨是服从区党委的领导,处处按党委的方针政策办。首先我要做的是,在原有工作的基础上,继续支持和依靠各群众团体,做深入细致的实地考察,尽快熟悉当地的情况,为推动冀中抗日根据地的建设和巩固,出一份力量。

冀中行署的前身是冀中政治主任公署,是于1938年4月1日成立的。它直接隶属于晋察冀边区行政委员会,是冀中区的最高行政领导机关。我刚到这里时,行署的办公地点在安平县,主任是李耕涛,后为吕正操。行署设有财政(科长:冯钧、王奂如)、民政(科长:高持真)、教育(科长:王心田、朱进)、实业(科长:苏桀如)等科。另外,还设立了冀中税务局(局长:尚子锦),并成立了晋察冀边委司法处冀中分处(主任:高泮林)和晋察冀边区银行冀中分行(经理：陈尚孔)。

冀中政治主任公署下设专署、县政府、区公所、村公所。县政府为地方行政机关，村公所为政权的基层组织。专署和区公所则为辅助政权组织，起承上启下的领导作用。例如，政治主任公署在领导县或村公所的工作时，需分别通过专署或区公所。一般来说，专署领导六、七个县，县领导六、七个区，区则领导约三十个村。各级政权的职责范围是：政治主任公署负责领导与制定工作大计；县政府负责处理县政，监督地方自治，允许制定本县的单行法规，但需将其呈报上级机关备案；专署在政治主任公署的直接领导下，负责督察推动之责，在政治主任公署与县政府失去联系时，专署可取而代之，行使政治主任公署之权利；区公所在县政府的领导下推动各村工作，在县与村失去联系时，区公所可代县政府行使权力。这种各级政府具有明确的职权范围和各司其职的体制，特别适用于有效地领导处于战争环境中的政府工作。

1940年3月20日，根据晋察晋边区党委的指示，冀中政治主任公署改称为冀中行政主任公署，简称冀中行署，我被任命为行署副主任，同时免去我第三专署专员的职务。行署主任由冀中军区司令员吕正操兼任。由于他军务缠身，行署的日常工作由我主持。

从山地抗日根据地转到平原抗日根据地，大大改变了我周边的战争环境。与边区相比，冀中区的敌我斗争更加尖锐残酷。前面已经提到冀中区的重要战略位置，建立和巩固它的抗日民族统一政权，是保卫这块宝地的关键。当然，敌人也知道它的重要性，致使与我们的争斗发展到了不是你死就是我活的地步。正是在这个当口，党组织把一副更重的担子放到了我的肩上，这是对我的莫大信任。增大的压力使我度过了不知多少个不眠之夜。尽管如此，我相信，凭着对日本侵略者的一腔仇恨和对挽救中华的一腔热情，自己是有能力完满地完成领导交给的任务的。

自从以冀中行署的名称开始办公之时起，其日常工作就由我主持。根据当时党中央的执政纲领，行署制定了今后的四项基本任务：

一．发动、组织、训练、武装群众积极参加抗日；

二．发展群众组织，建立民意机关，实行区、村级民主选举；

三．改善民生，取消苛捐杂税，实行减租减息，合理负担；优待抗属，提倡土著手工业，发展农村经济；

四．动员财力、物力，保证部队对经费、给养之需求。

反"扫荡"

我到冀中区的时候，日本侵略军已对其发动了五次围攻，但均以失败告终。由于受到了沉重的打击，敌人就想出新的花招来对付我们，即采用军事围剿和经济封锁双管齐下的战术。1939年冬至1940年春，他们又对冀中连续发动了六次扫荡。有些是局部性的，有些是全区性的，有些是短期突击式，有些则为长期反复式。与此同时，敌人还修建了许多军事据点，从扫荡前的一百多个，增加到了扫荡后（1940年5月）的五百多个，并在据点周围的村庄和铁路沿线的一些乡镇，建立了伪政权和秘密特务组织，以强化对敌后抗日根据地的政治及经济封锁，迫使我们放弃冀中抗日根据地。

不巧的是，正当对敌斗争日趋尖锐、复杂的时刻，冀中军区奉命抽调了几个主力团到冀南、冀鲁豫和太行山地区，参加讨伐国民党军的任务，导致我方兵力不足，给冀中军民反击日军的连续扫荡增加了困难。在这种情况下，冀中军区领导因地制宜地制定了与敌人迂回作战的方针，即部队以分散的形式活动，采取避敌精强，择弱攻之，适时出击的战术。

而我们地方干部则领导、组织游击队和民兵，广泛开展游击战，袭击敌人新建的军事据点，趁其落足不稳，就予以摧毁。同时，还发动群众坚壁清野，大力破坏敌人的供给交通干线等，以达到遏制日军蚕食我敌后根据地的企图。

1940年3月中旬的一天，六千余名日军兵分五路，浩浩荡荡地向冀中区中心地带推进扫荡，企图围歼冀中区党、政、军领导机关和主力部队。冀中区党委书记黄敬、冀中军区参谋长孙毅、军区组织部主任孙志远率领全体机关人员（我也是其中的一员），与敌人绕圈子周旋。大约在十多天的时间里，我们每天都是在中心地带区域内频繁地转移。为了避敌人之耳目，转移的时间都是在深更半夜。我们无时不处在高度的警备状态，只要一得到命令，每一个人就立即背上一小袋事先准备好的干粮，在黑暗中急步行军，有时一走就是上百里。这种频繁转移的策略，使敌人连连扑空，疲惫不堪。当时，担任保卫冀中区党、政、军领导机关任务的，是第四军分区的第十八团。一遇到"敌疲我打"的歼敌机会，该团将士们就把日军打得稀里哗啦。在安平县的刘吉口村和安国县的王奇村，第十八团沉重地打击了扫荡的日匪，保证了领导机关的胜利突围。

与此同时，我们的县、区游击队和民兵，也配合正规军不断袭扰敌人。在这次反扫荡的过程中，共作战六次，毙伤敌人三百余人。在我们地方武装力量的协助下，冀中党、政、军领导和工作人员一次次跳出了敌人的包围圈，安全地转移到平汉铁路以西的行唐县口头镇一带。3月30日，伤了元气的日军不得不从冀中撤退。

在冀中平原抗日根据地

然而，侵略者是不甘心自己的多次失败的。同年4月10日至5月底，他们又调集了三万余兵力，对冀中五个行政区实施了并进扫荡，以实现他们治安肃整的计划。这个计划还包括在他们已经占领的区域，进行政治和经济两方面的肃整。在政治方面，他们大规模建立伪政权、伪组织；搜捕抗日积极分子，摧毁地方党组织；对民众施以小恩小惠，蒙骗群众；挑拨阶级关系和民族团结，以达到破坏抗日民族统一战线之目的。在经济方面，他们破坏根据地的生产建设，掠夺财物资源，滥发伪币，扰乱金融市场。

我们的对敌策略为坚持游击战。此外，还在敌人扫荡前做好了反扫荡的准备工作。比如，将区内的一些骨干分子转移到区外，将粮食隐蔽等。另外，在敌人撤退后，我们就出动大批干部，对群众做宣传，戳穿敌人的谎言，稳定民心。由于这些具体措施的实施，在反扫荡的五十余天里，我们的战绩辉煌。例如，在与敌人近百次的交战中，游击队员们共击毙日军一千八百余人，伤一千二百余人，俘虏三人。我们还缴获了二门迫击炮，轻重机枪、步枪八百余支等等。至5月底，日军的这场大规模扫荡，又以失败而告终。

尽管日军失败了，但冀中根据地也遭到了重大创伤。我清楚的意识到，敌人还会卷土从来。在这种经济遏制和军事侵犯政策的夹攻下，冀中根据地无疑将迎来一个又一个的艰苦争斗。这种残酷的现实，使我更明确了今后的任务，即坚持游击战争，保卫抗日根据地。我们的工作宗旨是，在保护人民群众利益的前提下，一切为了坚持长期的抗日斗争，一切为了武装斗争的胜利。

整顿党组织

1938年初，为了适应扩大根据地的需要，冀中区的共产党员人数，已由"七·七事变"时的八百余人，发展到了七万余人。在行署下属的专区、县、区和村的各层机构，都建立了党委会。例如，安平县有一百零八个行政村，村村都有自己的党支部，大大地增强了党的领导力量。

但是，由于对党员的发展有些过速，在某些地区曾出现降低党员标准和审查不严的情况，甚至还有少数坏人混进党内的现象。为此，于1939年8月，中共中央北方分局发出了关于加强党的建设的指示。同月，中共中央政治局发布了《关于巩固党的决定》。根据中央和北方分局的指示精神，1940年1月，冀中区党委作出了整顿党组织和对党员进行审查的决定。

当时我刚到冀中，正好赶上了这场运动。由于我是搞政府工作的，虽然没参加领导整党运动的工作，但我对它的进程是了解的。总的来讲，这个运动是分两步进行的。第一步，审查和鉴定县委和区委委员，保证这些领导机关是掌握在经过考验、忠实可靠的干部手中。第二步，整顿支部。检查支部的战斗堡垒作用和党员的政治思想水平及模范作用等。经过半年时间的整顿和审查，区党委确认，绝大多数党员干部是好的，经受了对敌斗争的考验，不少同志为党为人民献出了宝贵的生命。当对各级领导干部的审查结束后，运动又转入了对一般党员的审查。其结果为，全区共清除了二千七百三十八名不够标准的党员。

另外，为了提高党员的素质，于1940年7月，冀中党委创建了区党委党校，培养对象是区级主要领导干部和县级一般干部。他们接受的是共产主义、爱国主义以及党的基本知识的教育。这些教育大大地提高了他们的政治觉悟，使他们认识到马列主义、三民主义、民族统一战线是取得抗日战争胜利的理论基础。

建立"三三制"抗日民主政权

在黄敬同志的直接领导下，在各级党、政组织的共同努力下，冀中区各方面的工作都取得了很大的成绩。其中包括大力发展了党的组织，坚固了工农政权，壮大了武装力量，和广泛地发动了群众。在发动和组织群众的基础上，又建立了各县和区级的抗日民主政权。但是，新政权的稳固程度还不够。为了把广大群众团结在各级政权的周围，我们还要做进一步的努力。

对于群众运动的威力，毛泽东曾经有过这样的论述："战争胜利的最深厚的根源，存在于民众之中。日本敢于欺负我们，主要是在于中国民众的无组织状态。克服这一缺点，就把日本侵略者置之于我们数万万站起来的人民之前。"记得有一次，彭真同志与我谈话，也谈到群众的重要性："冀中区的工作取得了很好的成绩。但与路西区党委相比，还需要做艰苦的努力。领导们应更加深入和更加具体地去健全和完善党的各项制度，近一步改革村政权，建立基本群众组织。特别是在减租减息的运动中，应保持基本群众的优势，更深入地对群众进行阶级教育。"

理解到群众在抗日斗争的重要性，冀中区党委投入了相当的精力去做群众工作，而且取得了好效果。在我到达冀中之前，也就是在1938年期间，各种群众团体，如农民、工人、妇女、青年等抗日救国联合委员会就先后建立起来了。另外，还成立了冀中各界抗战建国联合会和冀中回民抗战建国联合总会。他们的任务是开展统一战线工作，团结上层人物，组织推动各抗日团体工作的开展。

至1939年9月，除了在敌人据点和敌占区附近的村庄外，我们还在冀中根据地所管辖的近五千个村子里完成了改造村政权的工作。新的村政权实行了村民大会制度，即重大事宜由村民大会讨论决定。决定了的事宜，则交给村公所或村长去执行或实施。这种民主制度的实行，从根本上改变了旧政权拒百姓于门外的弊病，保证了广大抗日群众的根本利益。

1940年3月，为了确保抗日战争的胜利，中共中央再次强调，共产党领导的各级抗日民主政权，应改革成为具有抗日民族统一战线性质的政权。中央要求，在政府和参议会机构内，应实行"三三制"政策。即在各政权组织中，共产党员只占三分之一，吸收广大非党人士参加政权。同年6月，晋察冀边委会发出了《关于进一步在边区实行新民主主义政治和促进全国实施真正民主宪政的决定》一文。两个月后，中共北方分局颁布了《晋察冀边区目前的施政纲领》。因为此纲领恰恰囊括二十条，故简称为《双十纲领》。

《双十纲领》对各级抗日民主政权的组织原则和任务、人民群众的权利和义务，以及各项具体政策作了明确的规定。这个纲领被延安《新中华报》称为"是抗日民族统一战线、新民主主义的施政纲领，是最适合目前抗日需要的"。冀中行署在区党委的领导下，以《双十纲领》为基准，广泛、深入地开展了建立"三三制"政权的新民主主义宪政运动。这个运动，是一次史无前例的五级(村、区、县、边区、和国大代表选举)民主选举运动。即在保证人民平等自由、执行"三三制"原则的前提下，建立了各级民主政权和民意机构。

在冀中平原抗日根据地

这里我要说明一下，尽管共产党员在民主政权中只占三分之一，但他们是政权的中坚力量。毛泽东在论抗日根据地的政权问题一文中明确指出："必须保证共产党员在政权中占领导地位，因此必须使占三分之一的共产党员在质量上有优越的条件。……所谓领导权，不是要一天到晚当作口号去高喊，也不是盛气凌人地要人家服从我们，而是以党的正确政策和自己的模范工作，说服和教育党外人士，使他们愿意接受我们的建议。"当时，冀中区党委也作出了加强党对政权领导的决定，要求党的各项决定及指示，必须通过政权组织中的共产党员去执行。党对政权的巩固着重于路线、原则、方针、政策的制定，政权组织的日常工作，则由政权组织本身去执行。可见，我们的民主政权是在这个前提下建立起来的。

为了实施五级民主选举，于1940年7月20日，冀中成立了晋察冀边区选举委员会冀中办事处。紧接着，县、区、村各级选举委员会也相继成立。这些委员会的成立，为完成冀中区新型民主选举，奠定了组织基础。民主选举首先从各村开始。为了使村民们懂得这次运动的重要性，我们派了大批干部到农村做宣传，向群众讲解其自身的权力和义务、实施选举的具体条例、以及如何由团体或个人提名候选人、如何提出个人的竞选纲领等等。在对选民进行了统计、登记后，我们组织他们对每一个竞选人进行了全面的评估，然后举行无记名投票。唱票之后，由选出的村民代表组成村民委员会。

由于准备工作做得扎实、细致，我们的村级选举搞得相当成功。于是我们又将在村选过程中所取得的经验，运用到了区、县、边区参议员以及国大代表的选举活动。我们的操劳和努力得到了预期的回报，各层次的选举也都如村选一样，进行的十分顺利。

这次选举活动，不但使人民群众运用了他们自身所拥有的民主权利，而且也为他们上了一堂最生动、最实际、最好理解的民主教育课。据统计，在冀中区，二十一个县完成了村、区、县、边区参议员及国大代表五级选举。有些村庄座落在敌占区，那里的民众也秘密地举行了选举。全冀中区选举结果为：三十一个县共选出县参议员一千二百七十八人，三十二个县共选出边区参议员一百六十一人，二十九个县共选出国大代表五十五人。另外，还选出了晋察冀边区参议员五人，他们成为冀中区最高民意机构的代表。

　　这次民主选举的成功，主要是在于我们极大地调动了人民群众的积极性。从七个县的统计调查材料表明，84%的公民参加了村选，82%的公民参加了区选。县选时正好碰上秋收农忙季节，农民们不仅忙于收割，而且急于向路西运粮。就是在这种情况下，79%的公民在百忙之中各尽其责参加了县选。

　　统计资料还清楚地表明，妇女参选人数由选举初期的69%增加到后期的84%，说明我们的宣传和发动工作在运动的过程中得到了不断地改进和深入，从而促成在历史上受封建压迫最深重的妇女们取得了参政的地位。另外，从新产生的各级民意机关和抗日民主政府的组成来看，共产党员确实只占三分之一，其他抗日党派和无党派人士占三分之二。可见，我们忠实地贯彻和执行了"三三制"原则。以村选为例，当选的地主人数比以往增加了六倍，而当选的雇工和贫农则比以往减少了四分之一。另外，商人人选也有所增加，纠正了过去工农占绝大多数的现象。此时的各级政权，充分体现了我党抗日民族统一战线的全民性，的确能够代表各个阶层的共同利益。

　　在各级党委领导下，在各地区抗日群众的热烈支持下，经过三个多月的努力，我们胜利地完成了五级选举任务。县议会、区代表会、村代表会等民意机构也建立起了。随后，县议长和副议长，村长、区长、县长也被群众选出来了。此外，百姓们还推举了驻各种议会、代表会的代表。他们的任务是，行使主人翁的权利，监督政府的日常工作，促使各级政府工作人员坚持好的工作作风，改进不良风气。1941年5月，在冀中行署成立三周年干部座谈会上，我向与会者较详尽地总结汇报了冀中政权的建设情况[3, 4]。

人民民主宪政运动，是在冀中平原根据地创建以来最重大的一场政治改革。冀中区人民在选举过程中得到了锻炼，并彻底改变了过去对政权不关心，听任少数当权者随意操纵的状况。取而代之的，是前所未有的人民当家做主，热心参政的生动局面。

发展和巩固"三三制"人民民主政权

"三三制"的民主统一战线政权成立之后，如何发展和巩固这个政权成了冀中区的党政领导们的中心议题。经过不断的探索和讨论，我们认为，完成如下几项任务是达到此目的的关键：一．坚持全民生产；二．实施合理负担，减租减息和统一累进税制度；三．推行法制，清除汉奸；四．开展对敌经济斗争；五．发展教育事业，提高教育水平。这里，我将对冀中行署是如何去完成这几项任务的，做一个较详细的介绍。

一．坚持全民生产

发展生产，特别是农业生产，是解决民生军需、坚持抗战的物质保障，也是建设和巩固根据地的重要前提。1940年，尽管冀中正处于反"蚕食"和反"扫荡"的恶劣环境中，但我们有效地组织了群众性的大生产，做到了春耕、麦收、秋收几不误。不仅如此，粮食的产量也相当不错。在这个基础上，于1941年初，冀中党、政、军、民领导机关把组织春耕作为新一年的头等大事来抓。新年第一天，中共冀中区党委宣传部，就提出了"提高人民生产劳动热忱，提高生产率，增加生产量"的号召。

当时，相当数量的壮劳力，不是参加了八路军，就是成了脱产的游击队队员，区里的农业生产主要是靠中、青年妇女。在劳力严重不足的情况下，于2月16日，冀中行署召开了各界春耕运动联席会议，动员广大妇女踊跃投身春耕。会议讨论了具体的春耕计划，人力调动和调配，畜力、种子的分配和扩大春耕面积等问题。会后，行署颁发了有关春耕的具体条例。3月10日，行署召开了第四次专员会议，确定1941年为生产建设年，要求增配耕畜、饲料，以保证完成一户一猪、一人一鸡的计划。另外，对扩大植树造林，发展榨油、造纸、农具制造和家庭手工业，以及代耕、水利、贸易等问题，都提出了切合实际的要求，并做出了具体的实施计划。

在我们组织群众性大生产运动时，冀中农救会、妇救会、青救会起了不可忽视的作用。他们连续召开大会，动员尽可能多的会员参加春耕，并合理地调度劳动时间。另外，工会在清明节前就定好了劳资合同，号召工人们支援春忙。由于我们作了大量的准备工作，1941年的春耕，确实可以说是一个前所未有的群众性的生产运动。

为了保证农业丰收，我们还开展了水利建设。在41年春季，我们组织了六个县的民工，大约用工二百三十万个，连续奋战了四十五天，在滹沱河岸培修北堤二十一公里，修筑南堤六十一公里，消除了安平、饶阳、武强等十余个县的多年水患。除了解决象水灾一类的大问题，我们的工作还具体到提倡

在冀中平原抗日根据地

多施肥、多灌溉等一些常规事宜。这一年的夏秋，在全冀中区取得了粮食大丰收，使百姓们认识到集体凝集力的威力。

这里我还应提一下合作社（其任务为出售商品）在冀中经济建设中所起到的重要作用。这一组织，是我党领导的民办公助的群众性经营团体。它的宗旨是为人民服务、为抗战服务。由于合作社的人员组成不分民族、阶级、党派、性别和职业，所以起到了团结各界爱国人士共同建设抗日根据地的作用。

冀中的合作社是在1939年9月之后兴起的。1940年初，在建立了村合作社的基础上，又建立了县、专区合作社。至同年3月，冀中共有合作社社员八十七万余人。5月间，行署召开了县以上合作社主任联席会议，明确了合作社是新民主主义经济的一种组织形式；确定了合作社的领导系统和民主集中制的组织原则，即在管理上实行社务委员会（社委会）制度。社委会由社员大会或社员代表选举产生，其职责是定期向选举人报告工作、公布账目。我们还规定合作社的经营方式以供销为主，经营范围从日常用品到工、副业的生产运销，还可因地制宜地兼营其他，部分村合作社还经办信贷业务。当时，合作社搞的非常活跃，经营产品从油、盐、酱、醋到毛巾、袜子、皮革制品、农具、纺纱机、水车、小步枪、手榴弹、地雷等等，大有为农民和战争服务的特色。

至1942年4月，冀中区村合作社已发展到四千多个，总社员数超过二百万，90%以上的农户家中有人入股，股金达七百余万元。合作社在促进民间生产、消费、信用等各项事业的发展，在繁荣根据地的经济和支持对敌的斗争中，均起了非常积极的作用。例如：

1). 促进互助作用。在1939年的大水灾后，奸商乘机抬高粮价，给农民们带来了生产和生活上的困难。为了缓解危机，合作社组织了大车队到冀南等非灾区购回粮食及种籽约一千五百万公斤，低价卖给了社员，不仅解决了二十五万灾民的口粮，还保证了春耕播种。

2). 扶持农业、手工业生产。为了促进农业生产，合作社向农民提供农具，协调牲畜的使用，组织群众改造水车、打井等。1941年，为了响应行署发出纸张自给的号召，合作社于当年就组织社员们建立了二十九个造纸厂。翌年，又增加到四十三个造纸厂，解决了纸张紧缺的难题。

3). 开展对敌经济斗争。这可以从货币斗争反映出来。为了树立晋察冀边区货币(边币)的信用，合作社卖货时只收边币，而不收当时在敌伪地区通行的法币和伪币，同时还配合边区银行吸收、打击法币和伪币，这对巩固边币、稳定根据地的金融市场起了重要的作用。

4). 保证对部队的供应，支援抗日战争。在当时的战争环境中，部队、机关随时处于移动状态。为了方便部队、机关团体，合作社设有灵活的营业时间。只要大队人马一到，合作社就开门营业，便利军政人员购买物品，如办公所用的笔、墨、纸张。另外，冀中军区几万官兵的服装、被褥等军需用品，都由冀中政府筹办。而合作社的代购任务之一，就是筹备这些军用物品，如购买大量的布匹和棉花等等。

最终，冀中的党政领导组建了数千个合作社，为保证抗日战争的胜利提供了物质基础。这一组织形式之所以能够取得成功，关键在于其自身的民主统一战线性。它唤起和团结了各界爱国人士，鼓励他们互助互爱，自力更生，致力于冀中革命根据地的生产建设和经济发展。即使是在近七十年之后的今天，当我回顾起那段历史时，仍能体会到民主统一战线政策的英明、新颖和独特之处。正是由于冀中政府认真执行了这一政

在冀中平原抗日根据地

策,才团结了一切可以团结的人,爱护了一切有爱国心的人,达到了齐心合力一致抗日的目的。

二.实行合理负担、减租减息和统一累进税制

在我到冀中之前,为了调动广大贫困农民的抗日积极性,冀中政治主任公署根据党中央的指示,决定改革以往不合理的纳粮制度。1938年1月,公署颁布了《冀中村合理负担实施办法》。1940年1月(我已到冀中公署),为了使改革后的制度更加合理,公署又追加了《土地分等》和《动产合理负担》两个条例,弥补了过去纳粮只按土地数量,不按土地质量以及不包括动产的不足之处。

冀中区推行合理负担制时,经历了三个渐进的阶段。第一阶段,为各基层单位各自为政,自定征收办法阶段;第二阶段,为统一执行公署颁布的《暂时合理负担实施办法》,即每人以一亩半土地为免征点,多余的土地以每五亩为一级(共六级),按每级零点二的上升率纳粮阶段;第三阶段,为将土质好坏、不动产等因素加进合理负担条例阶段。这三个阶段体现出了在合理负担制实施时的一个进步过程。这一循序渐进,是与群众组织的逐步完善和人民对这一政策的逐步理解分不开的。与此同时,公署还对土地进行了调查,纠正了一些地主、富农为了少纳粮而瞒地、瞒产的恶劣行为,从而减轻了人民的负担。

另外,政府也颁布了减租减息的法令。前面我已提到,在不同革命时期,党中央的土地政策也因时而异。在抗日战争时期,不再执行土地革命时期的没收地主土地分给农民的政策。取而代之的,是为地主减息、为农民减少交租交息的政策。这一举措,有利于号召全体人民共同抗日。然而,在开始时,对这项政策的实施遇到了一些阻力,乃至冀中的减租减息

运动曾经流于口号，未能普遍实行。

1940年2月1日，晋察冀边区行政委员会根据1938年2月公布的《晋察冀边区减租减息单行条例》实行以来存在的问题，公布了《修正晋察冀边区减租减息单行条例》，并发出《论减租减息的意义与执行问题》的指示。进一步阐明减租减息的基本精神是巩固抗日民族统一战线，调剂群众利益，改善人民生活。在这种形势下，冀中公署再将原始《条例》以及新发的文件公示于众，并做了具体的解释和规定了详细的实施办法，其细节与我在平山时例行的减租减息运动雷同。

我到冀中时，正赶上大张旗鼓、自下而上地开展减租减息运动。政府的任务是让全区人民切身地体会到减租减息的优越性。为了达到这一目标，我们发动各群众团体深入到农村，使群众理解，它不仅是团结一切力量共同抗日的决策，而且将会给他们自身带来实际利益。而更重要的是，对这一政策的执行，是最终取得抗战胜利的保证。随着我们工作的不断深入，绝大部分百姓们对税收的改革有了新的认识，并表示愿意支持和执行新的赋税制度。

但我们的工作也曾一度受到封建势力的阻饶。例如，有的地方出现了明减暗不减和暗中发放高利贷的现象。这些问题在充分发动群众，使他们敢于与封建统治者作斗争之后，得到了解决。同时，我们还纠正了一些"左"的现象。例如，由于农民狭隘的报复意识，一些人拒绝向主人交租交息，甚至还有不还本钱的事情发生；有的农民在未经债权人的同意，就私自延长契约，并烧毁了旧的契约。对这些人，我们采取了帮助、教育的方式，使他们认识到自己的做法不利于将地主、富农团结到政府周围共同抗日。

减租减息实行的结果是，大多数贫农、雇农的赋税负担

在冀中平原抗日根据地

明显减轻，甚至免于赋税，因此他们的生活水平有所改善。中农、富农的赋税负担变化不大，所以他们的生活水平没有多大变化。然而，地主的所得税有所下降。但由于免去了战前国民党时期的苛捐杂税，他们仍能过得很舒适。这样一来，我们的政策受到了各界人士的欢迎，其结果是扩大了抗日阵营，加强了共同对敌的力量。

在实施了合理负担、减租减息制度后，中共中央北方分局决定更近一步、更合理地改革税收制度。为此，北方分局制定了统一累进税制（简称"统累税制"），并于1940年9月18日将其颁布于众。冀中区党委非常重视这一重大革新，并两次颁发了关于如何落实这项税收制的指示："实行统一累进税是现阶段党的纲领之一，各级党委要把这一税制改革作为这一时期党、政、民各部门总的中心工作……"冀中区经过四个月的准备，于1940年12月7日成立了"冀中统一累进税推进委员会"，由我任主任，抗日联合委员会（简称抗联会）主任史立德任副主任。紧接着，各专区也成立了"统一累进税推进委员会"，而县以下各级政府则成立了"统一累进税审查委员会"。

在黄敬同志的亲自领导下，我和冀中行署的同志们，以及各级民意机关参会人员，经历了四个月的调查研究，试点性的创制了抗日根据地的第一个《统一累进税草案》。1941年1月30日，经冀中区党委讨论决定，由行署正式公布了《统一累进税条例》和《统一累进税实施细则》。为了有效地实施统累税制，我们随即开始了对干部的训练，对群众的宣传教育等准备工作，并在少数地区进行了试点。

统累税制是调节抗日根据地的财政与人民负担问题的新税制。其基本政策是合理地调节各阶级、阶层人民的税收负担，巩固广大抗日民族统一战线[5]。征税的计算方法，是先将土地按年产量折合成标准亩(1941年，一块能产十二市斗谷的土地，被定为一个标准亩)，然后再因地制宜地将不等的标准亩折合成一个富力。例如，自营耕地：一个标准亩为一个富力；出租耕地：一点五个标准亩为一个富力；佃耕地：两个标准亩为一个富力。各种耕地的免征点是一样的(免征点每年调整一次，1941年的免征点为一点八个富力)，超过免征点的部分，按累进率计算征收[5]。

累进率的特点是，其税率的提高较为和缓，税率共由十二等级组成：一至七级的累进率为零点一，八至十二级的累进率为零点二，最高税收率为二点六。如此规定，可使赋税人口既不少于总人口的80%，也不大于90%。其最终结果是，政府为占人口总数10—20%左右的贫困农民免去了税收，而生活富裕的家庭也能承担平缓提高的税率。

另外，我们还规定，免征新开垦的林木草地的财产税，免征家庭副业税。对开发工业、水利和合作社等项的投资只征收收益税，不征收财产税。为了鼓励农业增产和家庭副业的发展，土地的产量按常年产量估算，如投入大，产量增加，不多征税。新税制的另一个特点是统一征收，即将所得税、财产税、营业税合在一起征收，以保证对主力军的供给和建设根据地的需求。经过反复调查和计算之后，我们预计，从国民总收入中除去总消费和非生产费用之后，尚应有相当的剩余。统累税制的执行，对抗日根据地生产和经济的发展起了促进的作用。

自从公布了统累税条例和实施细则后，我们组织了统累税征收工作队。在经历了两个月的准备和试点、三个月的调查、一个月的评议和一个月的征收等四个阶段后，时至7月底，完成了税收。在这七个月的时间里，党、政、军、民共同努力，在全区内推行新税收的村庄达75%以上。其中第一类地区（全部实行了统累税制）约占63%；第二类地区（我工作基础较好的近敌区，不调查实收，只调查土地量）约占8%；第三类地区（我工作基础较差的近敌区，不能实行合理负担，减租减息，不能调查实收和土地产量）占约5%，而第四类地区（敌占区）约占24%。

因为日寇改变了对全冀中区的"穷吞"经济制裁，取而代之的是军事"蚕食"政策，即以各敌军据点为单位，由点、线扩展到面，反复和连续地对冀中区发动军事"扫荡"。每到一个村子，他们就进行残暴的破坏，推行"杀光"、"烧光"、"抢光"的"三光政策"。敌人还派出联络员，建立所谓的"爱护村"，用欺骗利诱的手段，迫使百姓们屈服。可见，在推行统累税的过程中，敌情十分严重，战斗相当频繁。若没有军队及人民武装对日军的奋起反抗，政府是不可能出色地完成推行新税收制之任务的。考虑到当时残酷的战争环境，我们的税收工作是完成的相当出色的。

在统累税实行的第一年，冀中区的税收共约一千六百万元，完成了预定指标，保证了对前、后方主力部队的供给，并促进了根据地的生产和经济建设，巩固了抗日民主统一战线政权。下面我用一些事实来说明统累税制的优越性：

1). 扩大了负担面。根据对束鹿、深县等十四个县的统计，实行统累税制后的纳税土地，较合理负担、减租减息时期扩大了5%；根据对二十五个县的统计，纳税人口占总人口的80%，比以前增加约10%，人均赋税相对减少。

2). 巩固和扩大了民族统一战线。实行统累纳税后，人人受益。例如，人均谷税比上一年减少了五市斤。根据对三个县（定县、宁县、武强县）六个村每一阶层代表户的调查，从征税总额与总收入的对比来看，经营地主赋税为22%，富农为17%，中农为4%。再从总收入和总支出的对比来看，百姓们普遍有了盈余。贫农盈余近6%，地主盈余为9%，而富农、中农盈余则比较多，分别为为19%和17%。可见无论是哪一阶层的人士，都对新税制的推行表示满意。尽管是那些在过去三年里从没有纳过税的贫苦人民，按照新税制也要赋税。但他们能以国家和民族的利益为重，热爱根据地，踊跃纳税，并愉快地说："合理负担不纳税，统累纳税不算多，为了抗战也快活！"贫民们的这种爱国觉悟，真是令人钦佩。

3).促进了根据地的经济发展。实施统累纳税后，土地的价格大幅度上涨，从过去的十几元一亩涨到了二、三百元一亩。于是，逃亡的地主们陆续地返回了根据地。另外，家庭副业和小商业日益活跃，集市繁荣，各村的饭馆、肉铺急剧增加。人民生活的步步走高，使根据地的经济日趋繁荣。

4).进一步完善了财政制度。统累税实行的第一年，冀中区的财政收支不仅达到了平衡，且有盈余。在财政总收入中，约93%源于统累税收，约4%源于贸易保护税收，约2%源于对土地所有权、使用权和收益权之保护税收。在财政的总支出中，军费约占77%，行政费约占12%，上交晋察冀边区政府费约占11%。除此之外，我们还向边区运棉布共十余万匹，上交敌占区采购物资的汇票三十余万元，圆满地完成了上级分配给我们的上交任务。另外，统累税的实行，还使不同地区之间的税务负担趋于平衡，扭转了过去党、政、军领导机关和部队常驻地区比其他区域的税收高一些的不合理现象。

在统累税制执行之后，冀中行署开始统一管理全区的日常收支。为此，主管经济的部门建立了一系列财政制度，如整收零支制度(其促进了统筹节支、健全了预算制度)、严密的会

在冀中平原抗日根据地

计制度、金库制度、统一管理的公粮制度等等。新财政制度的实施，使财政部门克服了过去的繁琐、无计划、征收不统一和管理不严格等紊乱现象。

此外，由于日寇对冀中根据地采取了"蚕食"战术，故近敌区成了武装斗争的焦点。可想而之，那里需要大量的枪枝弹药和武装人员。以往，因迫于解决这些紧急需求，曾经发生了一些不正常的现象。例如，有些村民擅自拆毁古庙，换钱购买弹药；有的基层政府用非法募捐或摊派的方式获取群众资金；个别地区的游击队员经常吃公饭而无力支付粮票，给老百姓增加了经济困难等。为了解决这些问题，冀中行署在征收统累税时，做了统一调整。如对各县实行火药费的统筹节支；因地制宜地调整每村每月火药费的消费额度和购买枪枝的数量；允许各县在统筹火药费许可的情况下，建设小型弹药厂；对作战长达二十四小时以上的民兵，增发补助粮；严格禁止各村自行倒卖公产及募捐摊派粮款等。这些新的财政制度大力支持了近敌区的群众武装斗争。

综上所述，统累税制的实行以及由此促成的财政制度改革和新规定的确立，为我们解决了战争时期所遇到的经济困难。这个切合实际的新型税制，比较好地解决了冀中人民的纳税和政府的财政收支问题。从而为巩固和发展冀中抗日民族统一阵线奠定了经济基础。

这里我要着重强调的是，我们工作之所以能够取得好的成绩，是与党的领导分不开的，是与党的正确政策分不开的，是与我们发动群众的辛苦劳作分不开的，是与我们激发了冀中人民当家做主的热情分不开的。我们在民主、民生的斗争中，提高了民众的觉悟，做到了尽可能多地团结各群众团体，使他们成为根据地政府之强有力的左膀右臂，成为支撑冀中区抗日民主统一战线政权的磐石。

三. 推行法制，清除汉奸

为了确保各项政策的贯彻执行，在中共北方分局颁布的晋察冀边区《双十纲领》中，明确提出了一定要保障边区抗日人民的政权、人权、法权、财权等各项权益。其具体体现为，每一个公民都有言论、集会、结社、出版、信仰、居住的自由。在未经法律允许的情况下，不得对公民加以逮捕、拘禁，对个人财产不得摊派、勒索、或克扣。对于男女婚姻关系、土地财产关系、及除奸等问题，则有更明确具体的规定。冀中行署认真执行了以上各项保护人权的法律和条例。特别是在五级选举之后，在各级民主政权和民意团体的协助与监督下，我们的工作就做的更有成效了。

在这里，我想具体介绍一下冀中的除奸保卫工作。因为它是保护各抗日阶层人民的利益，巩固抗日民主政权的一个重要组成部分。这项工作的主要内容，是对汉奸、盗匪、犯法者施与法律性管制或制裁。我在前面已经提到，日军为了坚守其占领区，确保对抗日根据地军事进攻的胜利，在其占领的城镇建立了密密麻麻的特务机构网络，并组织和训练了大批特务，目的是使敌对势力更容易地向我根据地内部渗透，进行各种破坏活动，如搜集情报、投毒、放火、散布谣言等。更有甚之，一些特务竟然打入了我党、政、军机关，窃取机密，并用暗号指引敌机向我领导机关所在地投弹轰炸等等。当时，由于地方司法、公安部门尚不健全，要想打击特务组织或潜伏的个人，还得借助军队保卫部门的力量。在政、军的共同协助和努力下，我们的除奸反特工作是颇有成效的，破获了不少大案。例如，暗藏的奸细（司法科科长张某某）被揭露了出来，并逮捕法办。此后，冀中行署彻底的整顿了司法部门。

在冀中平原抗日根据地

但在除奸过程中，也出现过偏差。由于敌我斗争你死我活，人们对汉奸的破坏活动恨之入骨，极易产生偏激情绪。一些汉奸在没经过司法判决的情况下，就被群众处死了。这也就是黄敬同志在与我初次见面时所提到的"盖黄被子"。为了纠正这种目无法纪的"左"倾偏差，为了保证冀中区除奸保卫工作的正常进行，中央北方分局和晋察冀边区委员会，先后派李之光、张国坚任冀中区党委社会部部长和冀中区公安局局长。

在纠"左"的过程中，我们抓紧在各县建立公安局，并在各区、村设置治安管理员，以逐步健全各级政法组织。但一些非公安机关对特刑案犯（主要是汉奸）仍有不经过法律手续，乱抓乱捕的现象。为了制止这些错误做法，建立和明确司法与公安机关的正确关系，行署制定了如下条令：

1). 公安局是保障人权与执法除奸的机构，一切特刑案犯的调查逮捕，均属公安局系统的权限，其他机关及人员在一般情况下，只对特刑案犯一类有调查权，而无逮捕权。

2). 对特种刑事案件的处理，应由专区和县政府分别成立特别审判委员会（特审委），共同负责对案件的裁决。专区特审委由专员（为审判长）、专区公安局局长、主任审判官组成；县特审委由县长（为审判长）、县公安局局长、主任审判官组成。

3). 明确规定"紧急情况"与"环境残酷"二者之间的不同含义。一般来说，"敌我斗争尖锐，环境残酷"，非属"紧急情况"。"紧急情况"是指在一定时间、地点的突发事件。在"紧急情况"时，若专区特审委无法到位，县特审委才拥有独立处理特刑案犯之权力。处理后，应立即呈报专区特审委。

另外，为了适应在游击战争的环境中解决民事纠纷，以满足人民群众的需求，我们对执法工作中的几个重要环节进行了改进：

1). 冀中的司法部门创造了巡回审判制度。县级审判官可以到当事人所在村或附近村落进行审判。另外，为了防止审判中的主观片面和独断专行，以及纠正一审中可能出现的错误，我们实行了陪审和二审制度。政府还规定，在没有经过二审的情况下，不得推出最终判决。由于执法措施的不断完善，在审讯时能够做到遵守法律程序。肉刑、威胁、哄骗取供等错误行为基本被肃清。不仅如此，为了保证人民的合法权益，行署还规定，除战争环境特别残酷的地区外，所有的审讯和宣判都应向民众公开，并允许被告提出申辩、申诉。

2). 司法部门认为，对民事纠纷和民事纠纷引起的轻量级刑事案件，应尽量以调解的方式解决。为此，于1940年，各村公所设置了调解委员会。在全冀中区，每月调解的案件约有一千六百余件，对村民团结抗战起了很好的促进作用。

3). 司法部门还认为，对犯人，应以感化、教育为主，废除打骂制度。冀中的犯人在监狱里过着训练班式的生活。例如，组织他们上课学习、讨论、劳动、娱乐。对各方面表现好的犯人，允许他们将功折罪，提前释放。这些措施的实施，对犯人的改造，起了重要的推动作用。根据安平、安南、肃宁、安国、高阳等县的调查，在战斗紧急的情况下，都曾放犯人回家暂避，或各自分散活动，事后一经召集，马上全部归队。这些事实说明，冀中区的法制建设，稳步地走向了正轨。

四．开展对敌经济斗争

为了摧毁冀中敌后抗日根据地，从1940年8月1日起，日军对我实行了经济封锁。为了防止日用品、军用物资从敌占区流入根据地，日寇对那里的居民实行了紧缩政策。例如，定量供应日常用品，对军用品实行登记，禁止自由买卖，发行物资出入许可证等，给我们从敌占区购运货物造成了极大困难，导

在冀中平原抗日根据地

致进口货物的价格突涨，出口货物价格猛跌，贸易逆差剧增的困难局面。为了扭转这个局面，抵制敌人的经济封锁成为我们对敌斗争的一项重要任务。我们的主要对策是：

1）. 成立出入口税局，统一管理冀中区的进出口贸易。此局规定了详细的征税、免税和禁止出入口货物的种类，以保护根据地的贸易、生产和金融。例如，1941年5月，为了纪念发生在1925年的帝国主义侵略者屠杀上海工人、学生的"五·卅"惨案事件，出入口税局掀起了抵制日货的群众性运动，号召大家穿自己生产的土布，不用洋布。这一举措，使冀中的土布纺织工业得到了恢复。

2）. 合并贸易局和税务局，便利组织物资的输出输入。例如，实行粮食专卖政策，是因为冀中区连续两年的丰收，导致了根据地粮食过剩，粮价下跌。然而，粮食是敌人的必需品。在我们实行了粮食买卖管治之后，粮价得以提高，从而为根据地换回了更多的日用品和军需品。

3）. 建立对敌经济封锁线。1941年秋收之后，根据地的造纸、榨油、熬盐等工业有了较大的发展，于是我们利用这些物品，到敌占区换取必需品。与此同时，我们停止了粮食专卖制，取而代之的，是凭证调剂制，以防粮食流失至日军。例如，敌占区群众向我购买自食粮时，需集体办理手续。首先，他们必须取得村公所的购粮证明，然后将此证明交到区公所核准，再由区贸易管理机关发给调剂证后，才能买运粮食。另外，我们还加强了对缉私小组的领导和管理，开展群众性的缉私运动。这些措施，既照顾和团结了敌占区的群众，又防止了根据地的粮食外流，给敌人用粮制造了困难。

五. 发展教育事业，提高教育水平

至1940年夏季，由于政府广泛地发动和组织了群众，冀中根据地的文化教育事业已有了很大的发展。当时我们奉行的教育方针是，在普及的基础上提高，而提高又能指导普及，并坚持"教、学、做"合一的原则。

自抗日根据地创建后，各群众团体组织逐步趋于健全。政府在改善民生，推行民主，救济贫困的基础上，使广大群众逐渐认识到教育的重要性。百姓们都希望自己的子女能够受到良好的教育。我们对此意向全力支持，并通过各级团体组织号召群众送子女入学。抗日民主政府实行了对入学学龄不加限制，随时入学的政策。为了解决贫苦儿童入学的困难，政府为父母创造了很多便利条件，如免费发放纸、笔等。

行署的教育科还附设了编审委员会，负责编辑小学和民校的教材。这些教材也都是免费的。由于师资的费用由政府负担，孩子们所得到的是义务教育。就当时来说，这种教学形式是前所未有的，是新民主主义教育事业的雏形。根据对武强、深北等二十三个县的统计表明，截至1940年8月，冀中政府共建立了三千一百四十二个初小，一百七十八个高小。基本上实现了每个行政村设立初小一所，每个区设高小一所和若干个高级班。入初小学习的儿童计数为三十余万人，高小为一万四千余人，其中男孩儿十八万三千余人，女孩儿十三万二千余人。另外，孩子们的入学率也相当可观。多数县的入学率达到学龄儿童总数的80%以上。其中入校儿童占学龄儿童总数90%的有深县、饶阳、深泽等县。根据地的这种踊跃送子女上学的情景，在国民党统治时期是根本见不到的。此外，行署还设置了一个中学，开始命名为"民族中学"，后来称"第五中学"。

这里我应着重指出的是，冀中的妇女取得了教育的平等权力。从上述的统计数目表明，初、高小女生占学生总数的42%。在第八专区所属的七个县中，进入成人民众学校学习的

在冀中平原抗日根据地

女学生，为学生总数的50%。这些数字说明，冀中区的广大妇女，随着她们的政治觉悟和文化水平的提高，已经成为参加抗战和建设根据地的一支重要力量，名副其实的顶起了半边天。

在冀中区教育实行"教、学、做"合一的实践中，小学生不仅学会了识字，提高了文化水平，还被培养成了抗日的英勇小战士，对根据地的建设和巩固起了相当的作用。另外，政府在教育工作中所取得的成就，是与教师们的努力分不开的。他们在学生中普及了多首抗日救国歌曲，使每一个孩子都成为了一名小歌手。在整个冀中区，到处可以听到"工农兵学商，一齐来救亡"，"起来，不愿作奴隶的人们"的嘹亮歌声。在抗日的炮火打响之前，这歌声就为将士们做好了精神准备；在抗日的炮火打响之后，这歌声就成了冲锋的号角，振奋了人心，鼓舞了斗志。

教师们还把孩子们培养成了小小宣传员。冀中的几千处小学校，构成了平原根据地的抗日民主宣传网。每天，几十万名小学生放学回家后，就把教师在课堂上讲的革命道理，告诉给自己的家人和街坊邻里，使大家一同受教育。遇到纪念日或配合政府的中心工作时，他们便利用课余时间，扩大宣传纪念日或中心工作的意义。1940年间，学生们踊跃参加了政府倡议的各种宣传周，为反对妥协投降、支援春耕、保护麦收、推动宪政、提倡卫生、破路修路、冬休时的成年人教育（冬学）等运动立了大功。

记得在保护麦收时，每个学生在衣襟上别着一个白布条，上面写着"快收、快打、快藏"；推行统累税时，他们便带上写着"反对隐瞒、假报"的白布条；举行军民"誓约运动"时，每逢从学校结队出来，他们便高呼"不做汉奸顺民"等口号；普选运动开始后，他们就唱起了"你有权、我有权"

的维权歌谣。

另外，冀中区的小学教育，坚持了与劳动相结合的原则。在力所能及的情况下，帮助抗日军属打扫卫生，担水，拣柴，磨面等，经常是小学生们的课外作业。参加春耕、麦收、秋收都是学生们的常规任务。记得那是1940年的夏天，为了防止日寇到冀中区抢掠麦子，中共冀中区党委、冀中行署和冀中军区发出了武装保卫麦收的指示，号召各级党政机关在部队和民兵的配合下，积极组织群众快收、快藏，并随时做好打击抢麦之敌的准备。在教师和儿童团的指导下，各县都按学生年龄和体力分别组织了代收队、运输队、服务队(打场、送水、送饭等)，捡麦队和岗哨队(替男女自卫队站岗放哨，监视敌情)。据无极、深泽等十三个县对麦收工作的统计，参加麦收的初小、高小及中学男女学生共一万六千余人(包括教师五百余人)，其中岗哨队员为一万一千五百余人。运麦一万六千七百余次，送水饭四千余次，扫场四千余次，共割麦九万余亩。为了不浪费一粒麦子，秋收后，政府又发动学生去麦地里捡拾丢落的散麦近三百五十石，政府将这些捡来的麦粒分发给困难户和抗日军属。可见，收麦、护麦运动的胜利是与孩子们的集体贡献分不开的。

实践证明，区党组和行署认真贯彻执行了党中央的各项政策，将冀中广大人民发动了起来，并组建了强大的地方武装部队。我们还大大加强了对财政、司法、文化、教育、水利、对敌经济斗争等各项工作的力度。在人民武装的支持和保卫下，在战火纷飞的前线，建立了抗日民主政权。在冀中工作的短短两年多的时间里，我亲自领导和参加了建立各级"三三制"民族统一战线政权；实施五级民主选举；推行合理负担、减租减息、统一累进税制；以及改革一系列政治及经济制度的

在冀中平原抗日根据地

工作。我亲眼目睹了全区各阶层人民的抗日积极性是如何被调动起来的，亲身经历了一个新型政府是如何在它的人民的协助和监督下，成长壮大、蒸蒸日上的。

这里我应特别强调的是，与辽阔的中华疆土相比，冀中仅仅是一片太小的域地。然而，我们在这片土地上所创造的，是人民所期待的新型社会之缩影和雏形。即使是在近七十年后的今天，每当想起那个由各界人士组成的、维护人民权益的冀中政府，我仍能品味到它清新和健康的活力。当年的它，魅力依旧，为当今世人所想往。

"五·一反扫荡"，转移太行山

如果说1938年底至1940年底，是冀中抗日根据地的巩固和发展时期，1941年1月至1942年4月，则是它转入艰苦磨难的时期。而我因营养不良和劳累过度，患了扰心的头疼症。出于对我的关心，党组织决定将田冀调到冀中工作，以便对我有所照顾。田冀到了冀中后，虽然对工作和生活环境都不习惯，但马上投身于这里的妇联工作。

1941年12月8日凌晨，为了争夺远东殖民地，独霸亚洲，日本空军对在夏威夷珍珠港基地停舶的美国太平洋舰队发动了突然袭击，使美方损失惨重。当天，美、英对日本宣战。11日，德、意对美宣战。太平洋战争打响了。这时，尽管日本侵略军延长了战线，分散了兵力，但并没有因此而放松对我华北的控制。相反，为了承受战时的巨大耗资，他们必然要到处掠夺战争资源，更急于变华北地区为其扩大侵略战争的兵站基地。日军的计划之一，是从1942年5月起，对冀中根据地发动突然袭击，然后在这里长期坐阵，一面继续扫荡，一面建设所谓的治安区。

面对这个严峻的军事挑战，冀中党、政、军、民首先得在各方面作好迎战的准备工作。例如，我们在思想上帮助干部扭转轻敌速胜的想法；对群众进行民族气节教育，如不给敌人带路，不给敌人纳粮，誓死不当汉奸等。为了给打游击战创造条件，我们动员了大批民工，广挖地道；为了不让敌人得到一粒粮食，我们在全区大搞坚壁清野。另外，为了便于与敌人周旋，我们还分散和紧缩了各级党、政、军、民机关，由原来的四千人，压缩到一千多人。缩减下来的干部，被分散到各地区、部队等下属单位，与群众一起坚持反扫荡。对一些体弱有病的干部们，则采取了分散坚壁的办法。区党委和军区还决定，各主力部队一定要突破敌人的包围圈，由内线转到外线作战，采取"敌进我退，避实击虚，抓住战机，打击敌人"的反扫荡战术。

5月1日这天，冀中区党委、军区、行署和总工会在饶阳县的许张保村召开了直属机关干部"五·一"国际劳动节纪念大会。在会上，黄敬、吕正操讲了话，动员全区人民进入战争状态。由于行署是冀中的最高政府机构，其工作人员便跟随区党委、军区指挥机关一起行动，所以在整个反"扫荡"期间，我和田冀一直跟随着黄敬同志。

自5月1日起，日军从石家庄至定县，保定至大城，沧县至德州一线出动，向冀中中心地区合围。这是敌人诱迫我军进入其合围圈的第一阶段。直至10日，日军紧缩包围圈，逐步形成了由深泽沿滹沱河至献县、经衡水至晋县的环形包围圈，即封锁严密的"铁环阵"，为第二阶段的突袭性"铁壁合围"做好了周密的准备。敌人的目标是很明确的，即企图将冀中区党、政、军领导机关和主力部队引诱至"铁环阵"，一举全歼。

在冀中平原抗日根据地

为了掩护党、政、军机关人员安全转移，冀中军区派遣了部分兵力，以袭击、伏击、阻击等手段钳制进攻的日军，而主力部队则在无极县的赵户村、肃宁县的窝北镇、深县的护驾池等地与敌人正面交锋，共歼灭日军一千余人。

5月2日，我们悄悄地离开了许张保村一带，神不知鬼不觉地跳到了沧石路南。5月8日，在敌人尚未对滏阳河实行封锁之前，我们又东渡了滏阳河，跳出了敌人的"铁壁合围"圈，并在子牙河以东的任丘、河间、大城地区与敌人周旋了二十多天。在百姓们的支持和掩护下，我们象影子似地四次游渡了子牙河，五次临近了津浦铁路，十八次越过了封锁线。由于如此神出鬼没，在敌人大规模扫荡的第一、二阶段，我方未受到大的损失，就连日军一一零师团参谋长中村三郎少将也苦苦哀叹："我们的讨伐，就象一阵突起的飓风，但仍不能奈何敌人！"

至5月底，日军在封锁圈内反复进行了"梳篦扫荡"、"拉网扫荡"、"抉剔清剿"。他们还采用特务团队与快速部队相配合的方式，对冀中抗日根据地进行了更残酷的另一轮大扫荡。日军多次施放毒气，到处抢掠、抓丁、烧杀、奸淫，并组织了"维持会"。在这种极端残酷的条件下，部队和民兵依靠地道和村间道沟，灵活运用地雷战、地道战、麻雀战，袭击和骚扰日军运输队，打击小股敌军，保护了人民群众和粮食财产。在此期间，我外线部队还袭击了大城、文安、新镇、安国等二十余座城镇。并在无极县的小吕王村、深泽县的白庄、定县的北疃等地多次阻击、伏击日军。战斗中，冀中军区部分机关和部队遭到了较大的损失。第八军分区司令员常德善、政治委员王远音等多名师、团级干部壮烈牺牲；骑兵团、第十八团因日军多次合击，穷追不舍，损失过半；定县武装大队的一部分队员、民兵，以及八百余名群众，在北疃的地道中被日军施放的毒气杀害了。

6月9日，经过激战后又自动聚合在一起的我第六、第七军分区的三个连，在游击队的配合下，在深泽城东北的宋庄抗击了隶属于冀渤特区警备司令官坂本的一千八百余名日军的进攻。官兵们从清晨苦战至深夜，共击退敌人的三十八次冲击，毙伤一千二百余人。

时至6月上旬，日军的扫荡、合击日趋残酷猖狂。他们占据了冀中根据地所有的县城和较大的集镇、村庄，并建立了一千七百多个据点，挖掘了四千多公里的封锁沟，把一个好好的冀中根据地切割成为二千六百多个敌占区。在这种情况下，冀中党委、政府和军区领导认真地对当前的形势做了分析，大家一致认为，敌人的这次扫荡与以往不同，我们必须要做好长期反扫荡的思想准备。黄敬将此意见报告了八路军副总司令彭德怀。即后，他接到了彭的回电说，八路军总部同意冀中领导对形势的分析，并命令区党委，除留少数主力部队配合地方武装、民兵在冀中坚持斗争外，冀中党、政、军机关和大部分主力部队，立即经冀鲁豫地区向太行山区转移。

遵照八路军总部的指示，在6月11日的深夜，区党委和行署机关人员在军区第二十七团的掩护下，向冀鲁豫地区转移。我们冒着五、六级大风，在黑暗中穿过了敌人的四道封锁线，于次日黎明到达了冀南抗日根据地的一个游击区——河北省威县的掌史村。由于此村的周围五公里以内就有八个敌人的据点，故我们刚进村不久，就被敌人发现了。但敌人的兵力有限（共约五百余人）。于是区党委决定，据村固守。我们很快就与敌人交上了火。至中午，敌人补充了五百余援军，而下午又增援了五百余名。但他们的多次进攻，都被我们击退了。天黑以后，我们的迫击炮、轻重机关枪、步枪一起开火，对敌军进行反击。聚集的火力，把敌人打了个晕头转向，迫使伤亡惨重的日军溃退而逃。这场持续了一整天的苦战，共毙、伤敌人三百余人，而我方伤亡约九十余人，损失也是相当惨重的。尽管一天的战斗令大家疲惫不堪，但夜幕的降临正是转移的好时机。于是，在晚上九点多钟，我们兵分两路，悄悄地离开了掌史村。

6月底，日军撤回到被其占领的主要城镇，结束了对冀中区两个月的军事大扫荡。冀中军民在反扫荡中英勇作战，共歼日军一万一千余人。但是这次扫荡的规模之大前所未有，对冀中抗日根据地的摧残破坏非常严重。冀中军区部队受到了较大的损失，高达五万余人民群众被杀戮被逮捕，不少党、政、军人员被打散，根据地的绝大部分地区被分解为游击区。

尽管如此，冀中军民的浴血苦战，令日军打算一举聚歼冀中党、政、军和完全收复、控制根据地的企图，未能得逞。

第五章 在冀鲁豫边区抗日根据地

告别冀中

黄敬、吕正操和我等一行人马从掌史村突围之后，南下到达了冀鲁豫军区，并在这里作短期休整。另外，冀中部队和一部分党、政、军领导干部转移到了北岳区。7月间，鉴于整个冀中已成为游击区，而且党、政、军主要领导人已转移到冀鲁豫军区，晋察冀分局决定由程子华负责组成冀中临时领导机构，并任命他为区党委书记。

8月下旬，原冀中领导遵照八路军总部的命令，从冀鲁豫出发西进。在渡过卫河，越过平汉铁路后，我们进入了太行山区。当冀中的大队人马到达了目的地时，正好赶上太行军民召开的"九·一八"事变十一周年纪念大会。由于我们的到来，大会又增添了一个新的内容——欢迎冀中机关、部队到达太行山区。彭德怀副总司令在检阅部队之后，发表了重要讲话。

1942年10月，原冀中党委、政府、军区接到上级命令，要求我们到中共中央北方局和八路军前线总指挥部所在地，向北方局代理书记彭德怀、八路军总指挥员朱德等领导同志汇报冀中"五·一反扫荡"的情况。接到命令后，黄敬、吕正操、我以及军区部队立即上了路。尽管我们的驻地和总指挥部都是在辽县，路途并不遥远，但却走了很长一段时间。这是因为，我们在路上多次遭到沿途敌人的袭击。为了阻击敌人，我们打打停停，进进退退，在兜了不少个圈子之后，才终于安全抵达了目的地。

出乎意料之外的是，我们在北方局和八路军总部见到了中共中央政治局委员、中共中央华中局书记刘少奇同志。他是

在冀鲁豫边区抗日根据地

在9月中旬，经中共中央山东分局返回延安途径冀鲁豫边区的（冀鲁豫中心区的大部分地段为敌占区，我根据地处在边缘地带，故称冀鲁豫边区）。刘少奇花了大约一个月的时间，经湖西、鲁西南到达濮县、范县、观城等地。一路上，他一边了解情况，一边作指示。在结束了调查研究后，刘少奇与北方局、八路军总部的领导们，一起听取了各地区书记们的工作汇报。

在听了冀鲁豫边区党委书记张霖之的汇报之后，刘少奇指出，我们应用战略的眼光去看待对敌斗争，不要轻易地搞大兵团作战。他还特别强调要大力开展减租减息和发动群众运动。刘少奇说："你们没有被敌人打垮、挤走，保持了华中与华北根据地的联系，是很大的成绩。要巩固抗日根据地，就必须放手发动群众，开展减租减息运动"[6]。同时，他指出冀鲁豫边区没有放手发动群众的弱点。他说："如果不迅速把群众发动起来，让他们看到物质利益，根据地就得不到群众的支持，从而不能巩固。缺乏牢固的群众观念，不搞减租减息，就是机会主义，是共产党员忘本的行为。如果不迅速改变这个局面，其结果不堪设想：有一天，敌人会把你们打垮、赶走。"刘少奇认为，冀鲁豫边区党委之所以没有作好发动群众的工作，还与北方局领导不利有关。他说彭德怀是一位杰出的战将，但缺乏做地方工作的经验。据说，彭德怀在他的回忆录中，曾提到此事，对刘少奇对他的批评持不同意见。

在听了晋察冀冀中区党委书记黄敬同志的汇报后，刘少奇指出："冀中区发动群众很及时、彻底、并完成了基本建设任务。但对近敌区和敌占区的工作开拓的不够，以至在日寇的强大压力下，累受'扫荡'和'蚕食'，抗日根据地逐步缩小成游击区。"他鼓励冀中地区党、政、军要依靠群众，坚持反"扫荡"，粉碎日寇的阴谋，争取抗日战争的最后胜利。

在冀鲁豫边区抗日根据地

在各区的工作汇报结束后，刘少奇与北方局、八路军领导交换了意见。根据刘少奇的建议，北方局于1942年10月20日下达了《北方局对冀鲁豫区党委军区工作指示》的文件[7]。这个指示总结了边区过去的工作，指出了成绩、错误、缺点、今后的努力方向，以及人事变动。此文件包括甲、乙、丙、丁四部分。甲为对冀鲁豫形势的估计及对过去工作的评估。北方局认为："从敌人的观点看，冀鲁豫的重要性不如冀东、冀中……，故在短期内不致有冀中那样的大扫荡，所以我应抓住这一极短的宝贵时间，打下以后坚持根据地的各种条件。不过，敌之政治进攻仍极严重，且由于本区系华北、华中交通孔道，亦可能引起敌人更多重视，因此亦须准备在更加艰苦局面下来完成今后坚持的准备条件。"接着，北方局总结了过去领导所犯的错误：

"1).从创造根据地的战略任务上来看，由于某些领导同志相当长期对建立根据地的重要性缺乏深刻认识，基本群众未得到应有的民主民生利益，因此根据地的建设与巩固程度，未得到应有的成绩。虽然在同志们坚持英勇斗争下，取得了许多战斗胜利，特别是在反顽反伪的斗争中，但仍未打开统战局面和取得基本群众的优势，并且还打了许多不应打的仗，甚至乱抓一把，乱打汉奸，缴枪第一主义，打掉了很多同路人，以至到处树敌，增加了今天不少的困难。

2).在根据地建设上，从改善民生，开展民主，发动群众斗争中，并使基本群众在统一战线中取得优势，至今天基本上尚未完成。长期的是少数干部蛮干，代替群众斗争，以至阻碍群众的真正发动，严重的脱离群众。

3).在武装建设方面，对地方武装建设严重的忽视，未曾深刻了解游击战争环境地方武装的重要性。直至今天，地方武

在冀鲁豫边区抗日根据地

装存在着严重的破坏纪律，违反政策，脱离群众的普遍现象，且政治上极不巩固，逃跑投敌惊人的严重。在正规军方面，非战斗减员亦比战斗减员大得多。在战术上的老一套，不能适应新的环境有所创造，违犯群众纪律，贪污浪费，某些干部之不虚心学习，自高自大，仍相当普遍的存在。

4）．根据地各种制度未曾认真的建立，"三三制"政策基本上未执行，上层政权作风党化，村区政权绝大多数还掌握在地主流氓手里。对财经政策仍未重视，负担不合理，税收制度未建立。就冀鲁豫现有人口及财富估计，如财经工作作好，不仅能自给，还可以帮助邻区。"[7]

北方局指出，虽有上述严重缺点，但建设了相当大的党，建立了抗日政权及强大的军事力量，在斗争中各级干部亦有不少经验……今后要继续坚持……

在乙部分，北方局详细地阐述了今后应如何建设、巩固冀鲁豫边区根据地。文件指出："今后半年的工作重点，首先放在基本区，而工作的中心环节是发动群众；坚决改造村区政权，健全财经建设工作；整顿党风巩固党；健全与加强武装工作。"[7]

在丙部分，北方局明确了对敌、伪、顽、匪、会门斗争策略的几项原则。

而在丁部分，除了决定湖西区即刻归冀鲁豫领导和指挥外，北方局还在人事上作了调整："为了交换根据地工作经验，使边区工作迅速开展，决议冀中区党委书记黄敬同志调充冀鲁豫区党委书记，张霖之同志调北方局另行分配工作。"[7]

这就是黄敬同志被北方局任命为冀鲁豫区区党委书记的历史背景。而黄敬的工作调动，也涉及到了我的工作调动。

跟随黄敬到冀鲁豫边区

黄敬同志接到调令后，立即向北方局打了个报告，建议我和冀中区党委秘书长刘春兰同志与他一同调到冀鲁豫边区。北方局同意了他的意见，并任命我为冀鲁豫边区行署副主任。由于任务紧迫，黄敬、刘春兰和我没再返回原驻地。我们从八路军总部出发，快马飞鞭直奔冀鲁豫边区党委和政府所在地——涉县。

冀鲁豫位于太行山以东、泰山以西，是河北、山东、河南、江苏、安徽五省的交界处。它东界津浦铁路，西临平汉铁路，南跨陇海铁路，北缘卫河。黄河由西向东北横穿全区，京杭运河，东平湖、微山湖纵横南北。为了集中力量对敌斗争和便于领导，北方局在1942年10月20日对冀鲁豫区党委、军区的指示中还宣布了将微山湖西区归属于冀鲁豫区党委领导的决定。

冀鲁豫是中国共产党在抗日战争期间的主要敌后根据地之一。冀鲁豫区党委于1941年7月1日成立，是由原冀鲁豫、鲁西两个分立的区党委合并产生的。合并后的党委书记由原鲁西区党委书记张霖之担任。

前面我已提到，当时大部分的冀鲁豫中心区是由敌人占领着。但位于中心区的濮县、范县和观城（濮、范、观），以及其外围区域（即冀鲁豫边区），则在共产党的控制之下。所以，我们工作的重点主要集中在濮、范、观地区和冀鲁豫边区。

1941年9月初，边区的各界群众代表选举了合并后的新行署领导。主任为晁哲甫，副主任为段君毅、贾心斋（他是当地的地主，我们的统战对象）。一年之后，由于黄敬、刘春兰和我到达了边区，领导层也随之有了一些变化。除了黄敬同志接

在冀鲁豫边区抗日根据地

替了张霖之的职务外，我接替了段君毅的行署副主任之职。而段君毅则被改任为冀鲁豫边区下属的第二地委书记（简称二地委。在边区期间，我与他有直接的、密切的工作关系）。在我的记忆中，原来的二地委书记是申云甫同志。但当段君毅到任后，我记不清他到哪里去了。行署的晁主任因病魔缠身，长期养病，署内的日常工作由我负责。

这次的人事变动还涉及了个别干部，例如，改任原二地委副书记万里为二地委组织部部长（在边区期间，由于没有直接的工作关系，我与他没见过面，素不相识）。

不久，田冀也从太行山赶到了边区。由于一路上闯过了一个又一个的敌人封锁线，经历了数天的长途跋涉，她已是精疲力竭了。最糟糕的是，她的旧疾肺结核病复发了，使她不得不终日卧床。为了让她安心养病早日康复，区党委决定将她秘密地转移到路西山区的一个关系户家。我则盼望她早日回到我的身边，一起建设边区。

1942年11月至12月，在黄敬同志的主持下，召开了冀鲁豫区高级干部会议。他根据中共北方局和刘少奇的指示，以及本人的调查研究，在会上作了《边区形势与任务》的报告，准确地分析了边区的形势，提出了边区的中心任务是发动群众。他指出，抗日根据地建设在不同的时期有不同的中心任务。开辟和创造根据地的时期过去后，即转入巩固时期。而巩固时期的中心任务还是发动群众[8]。他还指出，从边区根据地建立的那天起，已有四年之久，但在这段时间里，没有抓住发动群众这一关键环节，至使基本群众未能得到应有的民主民生之利益。在他的倡议下，与会人员对如何在我占领区范围内将群众发动起来进行了深入的讨论，并做出了全面部署。我们针对中区、边区、缘区和敌占区的不同情况，制定了不同的工作方案。大家一致认为，实现群众性的减租减息和宣传民主民生，是把群众发动起来的物质和理论基础。

另外，我们对当前冀鲁豫边区的敌情和灾情也取得了共识。大家认识到，与冀中相比，边区地理位置比较偏僻，加之日军兵力不足，这里尚未被敌军分割占领。但敌人的"蚕食"、"扫荡"仍然相当频繁，致使我根据地正在日益缩小。此外，边区还处在日、伪、顽(国民党顽固分子)、匪(土匪)、会门(封建会门)的夹击之中，使我们的工作环境变得更加复杂、艰难。

除以上不利因素外，我们还面临着另一个巨大威胁——灾荒。1939年以来的连年水灾、旱灾和敌灾，导致了边区经济的极度萧条，而灾情尤以沙区和鲁西北为最。据统计，全边区有二千六百多个村被定为重灾区，灾民约一百二十万余，其中一百万余人集中在这两个区。据不完全统计，沙区的高内县、南乐县、清丰县的饿死人数分别为二万七千、一万七千和二万七千余。而鲁西北的聊县、冠县的人花园头、烟庄等三十多个村庄共饿死人数为一万一千余。在我们到达边区前，就已是尸骨纵横荒野了。如此深重的灾难，与旧党委领导不利直接相关。所以新党委认为，各级干部的首要任务是把群众发动起来，全力以赴拯救灾民。

在会上，我也向区党委和各级干部作了关于今后如何开展边区政府工作的计划报告。

1942年12月16日，黄敬同志代表冀鲁豫区党委致电北方局，汇报了高干会议的情况。在涉及到人事问题时，黄书记提出，新的区党委对张霖之同志的去向达成了共识，即建议他留在边区任区党委副书记兼组织部长。北方局同意了这个建议。

在救灾第一线

　　为了拯救灾民的生命，区党委和行署担负起了救助之责。我是边区行署的领导，更是责无旁贷。高干会议之后，我立即要求区党委派我去灾区救灾。黄敬同志批准了我的请求，命令我亲自赴沙区指挥救灾工作。为了有力地组织救灾，我们成立了"行署救灾总委员会"。

　　1943年初，我告别了卧床不起的田冀，更顾不得自己的头痛病，与行署副主任贾心斋一道，带领行署的干部和抗战学院的调干们奔赴了灾区。一到达目的地，我们马上挨门挨户地进行调访，向灾民们了解情况。调查结果证明，灾情的确异常严重。1943年3月9日，我给黄敬同志写了一份题为《关于沙区救灾工作的通信》的报告[9]，向他如实汇报了灾区情况，并讲述了我们在现场抗灾和拯救灾民的具体措施。黄敬阅后立即批转各级党委，要求把救灾工作做为各级党委的紧急任务，并指派我组织各级领导商讨救灾方案，决意要解救濒于死亡的农民。

　　沙区由高邱、内黄、滑县等地区组成，共有三百多个村落。全区连年歉收，又加上遭了几次敌灾，误了春播夏种以至夏、秋两季无谷可收，断了百姓们的生计。然而，全区灾情有重有轻。据统计，约一百三十个村属重灾区，一百二十个村为轻灾区。这里所说的轻灾区，与边区其他各区之重灾区相比，也是大有过之。沙区的重灾区，涉及清丰西南、濮阳西北的沙滩区和濮阳以西、硝河以东的沙东区。因生活所迫逃荒而走的青壮年男子约占男人总数的百分之五十，而逃荒的妇女则占女人总数的百分之三十。在剩下的人群中，形成了女多男少的局面。在离去的人群中，大部分是务农的骨干，为了活命，流浪到外地去卖苦力，只有极少数是怕匪徒抄家而逃的富人。

由于广大农民无法维持最起码的生活，家家都是妻离子散。如桑村的一个人家，原有十三口，十一口逃了荒，只剩父子俩人，因肚中无食，不敢活动，只能整天地躺在炕上睡觉。

在轻灾区，逃荒而走的人亦很多。如小槐村原有一千零七十二人，逃到外省的就有三百零七人。其中决大多数为穷人，但富人恐匪而逃的也多于重灾区。在现有的人口中，能将生活维持到麦收的，只有二百六十九人。可见，绝大多数百姓正在或将要面临饥饿的威胁。

为了换取粮食，灾民把家里所有能卖的都卖了。例如，卖地、砍树卖树、卖家具。但因粮价昂贵，所能换到的，乃是微乎其微。当时的地价为一斗谷可换一亩到三亩地，一斤米价值八元，十五斤枣树木柴价值一元，一张桌子、一架纺车只可换回一到二升枣儿。更甚的是卖人到河西。在重灾区，每村被卖的人数从几个到十几个，其中大多为轻年女子，也有小孩和大人。卖价也因人而异，从一斗豆到一千八百元。很快，可卖的东西枯竭了，换来的粮食吃完了，灾民只能以吃糠、花生秸子、棉籽等度日。大部分人家三天两头儿的揭不开锅，不见一丝烟火。一部分人经不得生活的磨难，想尽办法结束自己的生命。有的全家人睡在炕上静等饿死，有的人自焚了，还有的人安息在自己挖掘的坟坑中。

年关前后，在重灾区的村庄里因饥饿而死的灾民，少则几个多则几十个。少数人为了生存，步上了偷窃和抢劫之路。总之，灾区农民之苦难，是无法用语言来表述的。若不能急速地将他们从死亡的困境中解救出来，这块根据地(尽管大多村庄的群众从来没有被发动起来过，但他们对我党、政、军是拥护的)是难以维持下去的。

在冀鲁豫边区抗日根据地

为了扭转这个困局,行署提出了"生产救灾"和"互助渡荒"的口号,并号召、组织了抗战学院的不少干部、学生参加救灾工作。他们一到灾区,就与那里的百姓们同吃、同住、同劳动(即"三同")。粮食不够,同志们就吃树叶、树皮和野菜。这对众多知识分子出身的共产党员们来说,的确是一个严峻的考验。

我们救灾的基本方案是,从解决百姓的温饱着手。首先,行署从各非灾区调运粮食到沙区,指示工商局、合作社组织群众性生产,以达自救。欲达此目的,其前提是保证粮食的不断供应。可想而知,灾民是无钱买粮的。在这种情况下,我们就以贷款和成立合作社的方式,先将灾民扶植和组织起来。借的粮一部分出自民间,一部分出自政府。百姓们肚里有了食,就会一心一意地投入到自救的生产中去。同时,我们还制定了保证商品和农产品廉价出售的原则。工商局为了保证支持灾民生产这一项中心工作的顺利进行,还制定了允许灾民们在合作生产过程中赔些钱的政策。

当时,工商局与合作社是两个分立的实体。然而,他们在救灾工作中则缺一不可。这两个机构的双管齐下,对灾区的经济恢复和调节起了至关重要的作用。灾区的特点是物资枯竭,人民购买力极度薄弱(如沙区的某些市场的年交易额仅为五十万元)。为了缓解灾情,政府发放了数百万元的贷款。而贷款的原则,是以生产者为主,对合作社经营所需资本则尽量少贷款,甚至不贷款。我们主张由工商局向合作社提供经营资本。工商局与合作社采取了委托代售或定购的办法,即合作社在向工商局交纳货物前,可预支价款,而在交纳货物后,再领取全部价款。在沙区村合作社普遍不熟悉资本运作,以及市场经济过于薄弱的情况下,我们采取的这些措施,对完成救灾任务起了相当的促进作用。

其实，执行我们所制定的救灾措施也并非一帆风顺。例如，经营商店的干部们存在着过强的营利观点，从而导致了不关心群众切身利益的倾向。另有一些干部则对建立合作社的工作程序不熟悉，或不理解其真实意义等。这些缺点，都给我们救灾工作的顺利进行带来了阻力。当我们意识到这些不利因素时，立即对这些干部进行了教育，使他们逐渐克服了不利于救灾的错误想法，致使合作社在沙区三百多个村庄的群众中建立了很高的信誉。

由于合作社具有组织灾民生产抗灾和周转贷款的重要性，在救灾的重要关头，需要投入更多的干部协助成立更多的合作社。于是在向黄敬同志汇报工作时，我提议从濮县、范县抽调五、六十名干部参加我们的"救灾如救火"的组织工作，他们的具体任务是深入到每一个村庄，发动灾民成立合作社，切实指导农业生产和产品经营，以求灾情的迅速扭转。黄敬非常支持我的建议，马上向沙区派来了所需要的干部。

根据当时的救灾情况，我的经验是，在群众尚没有发动起来的情况下，合作社是组织群众抗灾的最佳形式。"灾民合作社"这个名称本身就很具有号召力，能够较容易地先把灾民组织起来，对他们进行启发式教育。然后再以这个实体为核心，以其成员为骨干，扩展成为全民性、统战性的救灾机构。

在向黄敬汇报时，我提及到一些存在的问题。例如，鲁西北的合作社对群众的组织不得力，原因是合作社的领导把生产和运输对立了起来（鲁西北原有的运输合作社是由灾民、小贩组成的）。我认为，合作社应以生产为中心，兼营供给、运销和信用。而生产不是一个抽象的东西，而是具体的分工。例如，男人务农、掘井、晒盐，女人织布等。合作社的任务是必须全心全意地为生产服务。对于鲁西北特有的运输合作社，应对其逐渐地加以改组，而不是排斥，应让那些有经营能力的运输合作社，成为商业店的外围组织，为商业服务。而无经营能力的，应加入到以生产为主体的合作社中去。

此外，是关于社员运输（不是贩运）的问题。我以为，政府组织社员运输，是解决男社员生存问题的最有效办法。对此，沙区与鲁西北都在抓紧推行。就沙区来说，假如每天运十万斤救济粮，每人每天运一程（每五十里运输线为一程，每一程每人运六十斤），则每天可有两千多人参加运粮工作，可得报酬为每人每天三斤谷，最低可成为二、三天的口粮。沙区重灾区的男壮青年，也不过五到七千人，如此，可解决三分之一到二分之一人的温饱问题。因此，我要求工商局设置运输站，专门帮助和方便社员运输。另外，我还指派了精干的专职干部，管理和组织社员们的运输事宜。

至于借粮运动存在的问题，是某些干部将此运动与合作社的作用对立了起来。而我认为，对救灾来说它们是相辅相成的。因为只有借到了粮种，合作社才能发动、组织灾民务实生产。为了能借到足够的粮食，我们用"抗饥饿"为口号，鼓励有粮人慷慨相助。与我一道领导救灾的行署副主任贾心斋是当地的地主，他的主要任务就是去说服地主借给灾民粮食。在灾情严重的沙区，我们的借粮策略确实是很成功的。很快，这个策略扩展到鲁西南和鲁西北的灾区，效果也很不错。

除此之外，根据头年年底区党委高干会议的精神，我们设在前线的救灾指挥部还提倡排除敌伪的"法币"，巩固根据地的"鲁钞"，以达救灾之目的。救灾初期，政府没有钱，其主要原因是"法币"占领市场，"鲁钞"发不出去。为了支持"鲁钞"，我们的办法是从敌占区用"法币"去换回曾被敌人掠夺走的物资，然后将其投入到我们的边区市场。当群众购物时，一定要用"鲁钞"。

另外，为了保证我们所发行的"鲁钞"价值稳定，信誉高，行署决定进一步充实政府的工商部门，建立大型商店和集市贸易场所。工商局以实物向合作社贷款，以促进群众性生产。这样就形成了政府支持的"鲁钞"发行——再生产——又以商品支持"鲁钞"的良性循环。如是反复转换，使"法币"逐渐在根据地销声匿迹了。由于"鲁钞"占据了我们的货币流通市场，这就起到了促进当地经济发展的作用。实践证明，在边区发行"鲁钞"的政策是正确的。

救灾总委员会还在全边区范围寻求各种协助救灾的可能性。比如，由于号召全民发扬勤俭节约和艰苦奋斗的作风，在降低了人均口粮的定量后，粮食的年节余达到了五百三十万斤以上，为一部分灾区群众解决了种子和吃粮问题。再比如，我们号召边区的非灾区人民尽其所能地为支援灾区作贡献。于是，各地的百姓们把自己生产的盐、布、线等物品，卖到平汉铁路沿线的敌占区，并将换来的钱捐献给沙区灾民。由此可见，边区的百姓们都是名副其实的救灾队员。

在整个救灾过程中，黄敬同志不断地听取我的工作汇报，并做出具体、详细的部署。他从各级党、政、军中，尤其是从军队中，抽调了一大批干部到灾区工作，帮助我们发动群众自救。在采取了各种有助于救灾的措施后，在执行了生产、货币、贸易三结合的方针后，于1943年的春天，党、政、军的干部们，与灾区人民一道，将麦种播入了土地。

自播种的那一天起，干部和百姓们就望眼欲穿地等待着麦收的到来。麦收的日子终于被盼来了。当几年没有经历过麦收的灾民们，捧起香喷喷的麦粒时，那种喜盈盈的心情是无法用语言去描述的。目睹着为丰收而激动的泪水，我深深地吐了一口气，意识到沙区和鲁西北的大饥荒已成为一篇不堪回首的血泪史，并衷心希望它一去无归。

纠久日之偏，放手发动群众

尽管黄敬同志委派我统筹、指挥救灾工作，但我还是要领导行署的日常工作，所以每日穿梭于灾区和涉县之间。

由于刘少奇同志明确地批评了原党委的错误——忽视了我党发动群众的基本原则，在黄敬当了书记之后，新党委的工作重点自然是纠正过去的失误，尽快将群众发动起来，以建立人民当家做主的新型政权。

当时，民主政权的建设基本分为三个阶段：

第一阶段，自上而下地建立上层政权、民选、民意机关。这种政权和机关的特点，是其临时性、咨询性，是建立在推选而不是普选的基础上。

第二阶段，通过经济斗争去提高群众的政治觉悟，创造一批新的抗日公民，使他们有能力和要求去使用自己的公民权力，监督政府和党的干部。

第三阶段，进行自下而上的政权改造，平等地普选各级政权及一切民意机关。

实事求是地讲，自我们到达边区时，由原冀鲁豫区、鲁西区合并而成的冀鲁豫根据地已存在了四年之久。然而，它的政权还停留在第一阶段。而我们在冀中工作时，政权的建设已处于第三阶段的末期。显然，冀鲁豫边区的建政进程，远远落后于冀中。然而，尽管我们在建立冀中的民主政权时，经历了这三个阶段，并积累了一些宝贵的经验，但要想改造在第一阶段滞留过久的边区政权，对初来乍到的黄书记和我来说，乃是一个新课题。

四年前,边区政权是在特殊的历史条件下建立的,即在八路军进入边区后,自上而下建立起来的一个具有临时色彩的统一战线政权。在时间紧迫的情况下,这种政权不是,也不可能是由基本群众通过革命的手段推翻旧的封建统治,自下而上地产生的。这种政权不是,也不可能是在群众发动起来之后,通过民主手段,即实行普选而建立起来的。不言而喻,这种政权是不能适应时代进展之需要的。实际上,这里的大多数下层政权依然为封建势力所掌握,当然不可能处于广大贫困人民的监督之下。

我们的任务是去改造这种弊病甚多的政权,使其成为真正保护被压迫者利益的实体。为了达到这一目的,关键是唤起边区的劳苦大众,使他们成为政权的主宰人和监督人。于是,在目标十分明确的前提下,区党委和行署领导号召全体干部致力于发动群众的工作。

开始时,我们的工作遇到了相当大的阻力。于是区党委决定,先在濮、范、观地区搞试点,即在这几个地区各选一、两个村开展发动群众的工作,对他们进行民主民生教育,并开展减租减息运动,使贫苦百姓得到经济利益,从而认识到参政的重要性。在他们能够主动运用自己的公民权力而积极监督政府的工作人员时,这个村的政权就进入了第二阶段。第二阶段的政权也是过渡性的,接踵而来的是进入第三阶段——通过自下而上的普选去改造村政权。对于组织此类普选工作,我在平山和冀中都经历过,做起来还算得心应手。

很清楚,当群众刚刚被发动起来的时候,要想通过普选建立一个民族统一战线形式的村政权,是很困难的,因为村民们不信任开明士绅,对他们有戒心,怕他们控制政权搞复辟,

在冀鲁豫边区抗日根据地

所以不情愿将开明士绅选进政权。对此我是理解的。但是我们的目的，是团结一切可能的力量共同抗日。为了达到建立统一战线形式的各级政权，区党委和政府就得耐心地去作农民们的思想工作，向他们讲述建立广泛的民族统一战线政权对保证抗日胜利的重要性，以及斗争与团结的辩证关系，最终使他们理解，我们搞统一战线的长远目的就是要促进民族团结。但这并不等于是放弃斗争。因为斗争本身就是以民主反对不民主，只有在经过民主斗争求得了平等之后，才能达到真正的民族团结。

在我们的引导下，村里的民主气氛逐渐地形成和活跃了起来，农民和士绅基本能够平等相待了。在这个时侯，选举产生民族统一战线新政权的条件成熟了。在新的政权产生之后，随之而来的工作，则是如何巩固它。另外，我们还得解决"村长变坏了"的问题。例如，某个村长被封建势力收买了，或退化而脱离群众了（这种情况常常发生）。于是，我们提议将村长制改为委员会制，并建立村代表会以达到监督村政权和村干部的目的。群众认为这是一个好主意，很痛快的接受了我们的建议。实践证明，这种监督制度的建立，对稳固和进一步建设民主政权，的确起了相当关键的作用。

虽然发动群众的工作开展的很艰难，但经过一番辛勤努力，我们在濮、范、观所属几个村庄的试点，是很成功的。接下去，我们又将所取得的经验一个个地推广到其他村庄，并在那些地方取得类似的成功。在这个基础上，于1944年4月，我们在濮、范、观的工作进入了一个大胆放手发动群众、深入开展民主民生运动的新阶段。

我深深体会到这个新阶段的来之不易。在一年半的渐进过程中，很多领导干部经历了深刻的自我改造。例如，他们由

在冀鲁豫边区抗日根据地

不大相信群众、包办代替到充分信任群众,让群众自己去解放自己;由片面理解大胆放手,将执行党的政策同放手发动群众对立起来,到学会用党的政策教育群众,并将两者协调起来;由简单发布命令,到既当群众的学生,又不做群众的尾巴等。正是由于干部自身的改变,才换来了由反贪污、查黑地,发展到以减租减息、增资、增佃为重点的扶植雇农、佃农、贫农的全民运动。就这样,通过全体干群的共同努力,濮、范、观的群众基本上被发动起来了,并建立了新政权。

新型政权在濮、范、观的建立,使贫民百姓从被压迫的困苦中解放了出来。他们的生活水准也大大地提高了。由于百姓们在政治上取得了自主权和发言权,他们抗战和生产的积极性也相继大大地提高了,这为建设和繁荣边区根据地,起了非常积极的推动作用。

1945年7月9日,在冀鲁豫区的专员联席会议上,我做了一个报告,全面总结了在我到达边区之后政府所做的工作。这个报告后来发表在《中共冀鲁豫边区党史资料选编》[10]。在报告中,我介绍了边区政府在发动群众的过程中所取得的经验和存在的困难;基层人民民主政权是如何建立、巩固和发展的;我们所取得的成果,以及尚存的缺点和今后的努力方向。

发动群众,信任群众,建立各层民族统一战线政权,是抗战胜利的法宝,其伦理价值,对过去、现在和将来,均为有增无减。所以,我想在这里更详细的谈一谈边区新党委和政府究竟采取了哪些措施,便将试点县群众的积极性调动起来,并创建了别具一格的抗日民族统一战线政权。我以为,成功的关键是由于边区领导采取了以下四项措施:一.改善干部与群众的关系,改造旧政权;二.调整组织结构和制定干部权限;三.明确法律和行政权限的关系;四.促进群众性的合作生产。

在冀鲁豫边区抗日根据地

如下是我对这四项措施的具体介绍。

一. 改善干部与群众的关系，改造旧政权。前面我已提到，最初的抗日政权是由上而下地建立起来的过渡性政权。这种临时政权是不可能改变长期存在于农村的封建统治体制的。如果党的领导没有及时地去改造和完善这个政权，其后果是无法推动群众性的抗日运动。原边区党委之所以受到北方局和刘少奇同志的批评，是因为它把抗日政权的临时过程期拖得太长，错过了建立民主统一战线政权的有利时机，导致了累累弊病。例如，在执行我党建立统一战线的政策时，原边区各级政权聘用了大批开明地主和士绅，领导权实际上是由他们掌握着。从本质上讲，尽管这些人被冠以"开明"二字，但仍是封建势力的代表，所以以他们为主导的政权，是不可能领导广大劳动群众投身抗日、为争取民主和民生而奋斗的。事实上，正是这股封建势力，牵制了对处于第一阶段的政权改造，给我们后来的工作带来了巨大的阻力。

刚到边区时，我们目睹了很多奇怪的现象：区党委的指示都是由开明地主和士绅们向下传达；政府的干部为了体面地与上层人士打交道，他们的住房和衣着都很讲究，与边区的物资短缺，人民生活的贫困状况形成了刺眼的反差；为了给前方的正规部队征集物资，政府官员常常出入于富豪之门，请客送礼，落入了封建习俗的圈套等等。而他们对待穷苦民众的态度，则迥然不同。他们认为群众没有文化，难以接受新生事物，不强制命令不得以见成效。在这种思想的指导下，党的一些干部不知不觉地形成了一套脱离群众的官僚作风。他们认为，"我为你们办事，你们就得听我的"；认为工作中所取得的"成绩"，是因为"不开化"的农民听了"高明"干部的话；等等。其实，正是这些"高明"的干部们，被他们的"忠实朋友"——地主和开明士绅们愚弄了。

例如，我们发现很多村里的封建统治势力，对政府下达的指示阳奉阴违。表面上，他们点头哈腰，连连说："是！是！是！为革命，一准照办！一准照办！"但背地里却挖空心思地找出种种借口，拖着不办。更有甚者利用政府颁布的法令，变相剥夺了政府给予群众的物质利益。比如，为了应付上级下达的纳粮指标，掌握政权的地主们将自己应交纳的定额，强行转嫁给了生活贫困的免税农民们。纳粮"任务"虽然完成了，但本来已经很穷困的百姓有苦无处诉，生活就越发的凄苦了。由于这种残酷的剥削持续了太长的时间，群众原有的抗战热情，为冷漠和消沉所取代。显然，在所谓的"成绩"后面，掩盖着的是百姓与干部们岌岌可危的关系，是百姓与政府日趋深化的对立情绪。这些当然不利于抗日民主政权的建立。

另外，政权的第一阶段之特点，是领导个人说了算——一种滋生个人权威至上的体制，与民主集中的集体领导制度全然不同，蕴藏着极大的危险性。试想，如果一个领导人不联系群众，自高自大主观意识，当然很容易坐井观天，对事物做出错误的分析和判断。如果这个判断涉及到刑事问题，很有可能会把好人误当坏人，坏人误当好人，其结果就有可能错押了人，甚至错杀了人，从而破坏了党在群众心目中的形象。

另一个怪现象是，政权干部几乎全部是知识分子。他们中的一部分来自于城市，另一部分来自于农村。在这些干部中，有的人曾经当过教员，有的人曾以开明士绅为名，在旧政权里当过职员。知识分子干部的不足之处，在于他们大多来自于中产阶级家庭，小资产阶级思想意识浓厚。而这种意识与统治阶级思想有着缕缕联系，他们往往对阶级剥削的黑暗性认识不足，对其持原谅态度，认为"人家几辈子辛辛苦苦积累下来

在冀鲁豫边区抗日根据地

的家当，来之不易"，所以在情感上容易接近统治阶级。在旧社会里，小资产者的阶级地位既不上，又不下，这种居中的处境，使他们有改善其经济状况的愿望。但是，由于旧社会孕育着极大的不稳定因素，他们跌入最底层的危险也很大。面对着活生生的现实，他们又很容易产生变革旧社会制度的愿望，促使其投身于革命大军。

他们中的一些人，在有了吃有了穿有了地位的情况下，可能会自以为高明，从而忽视了群众的力量，认为工农大众落后，不愿意去了解他们的疾苦。显然，这与我党放手发动群众的中心任务格格不入。

其实，我本人就是一个出身于地主家庭的知识分子。在我参加革命的过程中，或多或少地经历和体验到了以上所提及的弱点。所以在当了领导之后，总是提醒自己，要脚踏实地的做好知识分子干部的思想工作，使他们避免产生脱离群众的官僚主义作风。

在我们刚刚进入冀鲁豫边区时，新党委和政府就决定用实践的方法首先解决干部中的思想问题。我们把干部们组织起来，派到试点村庄，与当地的百姓们实行"三同"，以便了解农民们的生活之苦和对政府的要求。与此同时，我们还为当地的各阶层人士举办了学习班，使他们认识到自我的重要性，只有大家的共同投入，才能获得抵抗日本侵略者的成功。

另外，我们还使贫农佃农们认识到，要想从被压迫的苦难中解脱出来，唯一可走的道路就是加入到共产党组织的政权中去，唤起和领导广大民众推翻封建主义的统治。由于边区百姓苦大仇深，在我们的启发和教育下，试点地区的村民对日本侵略者和封建主义统治的仇恨，就象干柴遇到了星星之火。

在这个基础上，我们决定根据党的抗日民族统一战线的原则，对试点地区的基层政权进行改造。在为这项工作做准备时，我们所做的第一件事，是从原政权中筛选出阶级觉悟高，思想品质端正的党员干部，将他们做为新政权的核心力量。我们还对其他阶层的抗日民族代表们逐一进行了评审，然后通过自下而上提名和不记名投票的方式，将真心拥护共产党的开明人士留在新组成的政权中，达到了取原政权之精华，去其糟粕的目的。

而最重要的，是将劳苦大众的代表吸收到新政权中来。在边区，基层工农群众占总人口的百分之九十以上，他们不仅是革命的直接受益者，而且还是建设和巩固新政权的基石。在三年的时间里，由于我们的干部们在濮、范、观各县做到了"三同"，在感情上与百姓们有了沟通，故将他们的积极性调动起来了。另外，劳动人民的代表被选入了村、区、县、专区、以及行署的各级政权，纠正了原来开明士绅云集于政府的现象。由此可见，我们开启了各阶层的平等互利，联合执政的新纪元。

新的民族统一战线政权与旧政权的不同点之一，体现在它的委员会制度上。在旧政权时期，上一级与下一级的领导关系，是一对一的关系。而委员会制度，则是全体委员参政的集体领导制。虽然每一位委员的分工不同，但他们具有平等的表决权。主任委员负责监督委员会的全面工作，而委员们则侧重于个人所分派的具体工作。无论哪个成员遇到了困难，委员会即召开会议，大家各抒己见，出主意想办法，讨论研究，然后以少数服从多数的原则确定解决困难的最终方案。这种既民主又集中的制度使领导们养成了相互协商，互相学习，互相尊重和互相制约的好习惯。更重要的是，委员会制的实行大大地减少了我们工作中的失误，领导干部们为了对一个问题做出正确决定，都得深入到群众中去，取得第一手材料。这就密切了干

在冀鲁豫边区抗日根据地

部与群众的关系，为放手发动群众打下了好基础。

新政权形成后，接下来的工作则是力求它们的巩固和发展。为了达到这个目的，我们工作的关键环节是加强对政权中三种干部（知识分子、农民和开明士绅干部）的教育。

在群众尚未发动起来的时候，我们首先起用了一批有觉悟的知识分子干部。实践证明，他们决大多数是以极高的革命热情投身于抗日民主运动之洪流的。为了把日本侵略者赶出中国，他们对献出自己的生命在所不惜。特别是在敌我斗争非常尖锐的地区工作的同志们，历尽千辛万苦，出生入死，不少人为革命献出了自己的宝贵生命。而幸存者，则追慕着烈士们的精神继续向前走着。

冀鲁豫边区党委和行署深知，这些经历过战争磨练的有文化的干部们不仅是建设革命根据地政权不可缺少的力量，而且也是将来新中国成立后，政府干部的主要来源。所以我们不断提醒他们要与群众保持密切的联系，要虚心听取群众的意见，要尊重群众的独立自主权。我们还特别强调，有知识本钱的干部，一定不能自以为是，要相信群众有能力办好自己的事情，而不是去无理干涉和包办代替。政府是属于人民的，政府的权力是人民给的，所以政府干部们必须要树立为人民服务的观念，用权力和政策法令去指导和保护群众。

在群众发动起来和参政之后，我们使农民干部们牢牢记住，他们是新政权的中流砥柱，是向群众传播党的纲领路线和方针政策的忠实群体，鼓励他们努力提高自己的文化水平，抓紧学习革命理论，并把它传授给本村的乡亲们。我们还不断提醒他们，不要以为当了干部，就高人一等骄傲自满，疏远了那些与自己情同手足的穷苦民众。

对政府中的开明人士干部，新党委的原则是既团结又斗争。我们纠正了旧党委过多强调对他们的信任和依靠，而不斗争的偏差。由于这组人群自身所固有的封建性和妥协性，我们无时不在告诫他们，要坚定立场，彻底与本阶级中反抗日、反共、反人民的顽固分子决裂。同时，要求他们团结所有赞成抗日、支持民主改革的上层友好人士，为推行党的统一战线政策做贡献。另外，由于这些人本来就是富人，他们与上层社会中的有钱人有着千丝万缕的联系。为了发动尽可能多的各界人士参加抗日战争，我们鼓励他们利用私人关系，以各种形式在各种场合揭露国民党腐败无能、蒙辱卖国的行径，争取一切爱国人士投身抗日战争。所以，在工作需要的情况下，我们给这批干部提供好一些的住房条件，必要时，他们还可以请客吃饭。但这些活动，都以不伤害人民群众的感情和革命的积极性为准。我们还规定，开明人士干部在未经委员会许可的情况下，不得参加富人的酒宴，也不得接受他们的钱财礼赠。

由于领导和群众的共同努力，抗日民族统一战线政权在濮、范、观三个区域建立起来了，政权的干部与当地群众的关系大大地改善了。为了进一步巩固已取得的成绩，我们实施了第二项措施。

二. 调整全边区的组织结构和制定干部权限。新党委和行署根据党中央精兵简政的方针政策以及形势的需要，对各级组织的结构和人员的配置做了调整。例如，专署增设了民政科和教育科等，而区政府增设了司法助理员等职务。另外，为了加强对经济、治安和交通的管理，边区政府还设立了工商局、公安局、交通局。为了提高工作效率，我们还规定了各级政府干部的权限。行署的职责是着重于制定和把握总的政策和原则，放眼于全区工作的领导、调动和调整。过去的行署，处理了很多琐事，做了本应由专署去做的事情，结果往往延误了工作的

在冀鲁豫边区抗日根据地

进程，或对问题的解决不得当。针对过去的不足，新行署决定扩大各专署独立自主工作的权限。

比如，我们决定由专署而不再由行署，定夺对区和县的增设问题。在区、县的数量和区域改动之后，专署必须向行署汇报。我们还决定，由县委而不再由专署，决定对那些不涉及改变机构人员开支的区与区之间的小变动，然后报及专署。如果变革涉及到两个专区，专署解决不了的，则上报行署以求解决。这些改革之所以取得了很好的效果，主要是因为我们充分发挥了基层政府的作用和积极性，使各级部门能更有效的解决、处理其管辖区域内的日常工作。权利的下放使行署领导能够脱出身来，全力以赴地研究和制定全边区的整体工作计划。

另外，我们还将权限的下放扩展到了财经领域。拿税收来说，行署首先根据各阶层的经济状况制定了征收原则，然后由基层政府因地制宜地去执行。在完成上交任务、做到自给自足的情况下，各分区可以根据自己的财政状况，灵活掌握征收额度。除此之外，我们还规定，专区的特殊开支由专署与有关方面协商决定，而不必呈报行署。在遇到粮产不足的特殊情况时，且非行署补助不可时，则由行署和专署协调解决税收问题。在遇到高额收入的好年景时，专署还有提高税收定额的权力。

我们还决定，区以下的政府开支预决算由专署审核批准。各级政府的开销费用，每半年到行署报销一次。军队的花费由军分区负责，到军区报销。而地方团体的费用，则由专署负责。其次，由专署讨论决定有关县级军、政、民的粮食供给问题，而对决定的具体实施，可以由县政府灵活掌握。我们还明确规定，银行资本应保证全边区金融的统一调配，不经行署批准不得借用。至于那些已经被旧行署批准了的生产贷款，可由专署决定如何派用。

在加强和扩大了下级权限的同时，我们也告诫各级领导们不要忘记下级服从上级，既民主又集中的原则。为了统一步调，各基层政府一定要执行行署所制定的具有普遍性和原则性的各项制度。当遇到新问题时，必须将解决的方案呈报行署。上级对下级要尊重和信任，在充分交流和沟通意见的情况下，做出批准或否决的决定。这一新的行政举措，不仅密切了上下级的联系，而且克服了上级官僚主义，下级不反映情况、我行我素的自由主义现象。

为了进一步健全民主集中的领导体系，我们将干部的任免权改为上一级负责制。即行署负责任免专署委员干部，专署任免县委员干部等等，以此类推。由于民族民主统一战线政权和集体领导制的建立，原来的局长、科长成了委员，并由上一级单位委任。而局、科的工作人员，则由各级委员会负责任免。各级政府在执行每一项任免工作后，都要向边区党委和行署报告。另外，为了使干部深入基层准确了解下面的情况，我们又采用了二级责任制，即要求行署的领导干部一定要了解下两级党委（既专署和县委）的工作，而专署必须掌握县委和区委的工作进展等等，以此类推。其次，管理日常工作的各局干部和科员，不仅要经常向行署委员会汇报其工作进展，同时还要向民政部门汇报，接受群众监督。

当集体领导和分工负责的委员会制度在濮、范、观三个县巩固和健全之后，在群众被充分发动起来的情况下，我们对各级政权的换届、更新又做了改革。即从上一级负责任免制，逐渐过渡到民主选举制。在新党委的领导下，我们首先在基层试行了民主选举制。即以群众提名的方式推出候选人名单，然后以不记名投票的方式，产生下一届的区、村政府。由于这种政府成员是自下而上地推举出来的，从而得到了广大群众的爱戴和支持，以至工作起来非常得力。在这个基础上，我们又成立了县议会和专署代表委员会，民主选举了县政府。各级民主政权和民意机构的产生，标志着我们进一步把试点地区的群众发动起来了。

三. 明确法律和行政权限的关系。在建立濮、范、观各级民主政权的过程中，我们还致力于另一个重要环节，即协调法律和行政权限的关系。我们意识到，在群众发动起来的时候，往往出现一些过激和违法行为，例如，擅自没收私人财产、查封私人门户、扣押个人、实施肉刑、甚至死刑等等。如不及时纠正这些非法行为，则不可能达到建立和巩固民主政权的目的。

众所周知，人民民主政权的职责之一，就是要保障每一个公民的社会平等权力。当社会存在着剥削和被剥削的关系时，保障人权的第一步，就是要把被剥削压迫的人们解放出来。欲达此目的，我们首先教育和启发那些苦大仇深的民众，掀起了自己解放自己的群众运动。在这个特定的情况下，一些群众在斗争某些恶霸分子时，义愤填膺，导致了过激行为，造成了死人事件。这种事件的发生一般比较复杂，有的是在被批斗后，心情忧郁，亡于旧疾；有的是自杀身亡；还有的是因为被批斗者态度恶劣，竭力顽抗，以致引起群众的激愤，在政府人员不在场的情况下，少数群众的暴力行为导致了被斗者的死亡。我们对这些事件的态度是很明确的——首先，必须检查我们工作中的失误，并立案查清原委。我们还通过抗联的领导去做群众的工作，在肯定他们的革命热情的前提下，启发造事者做自我检讨，使他们自觉自愿地接受政府给与的处罚。

另外，我们根据政策，安抚死者家人。为了确保每一个公民的合法权利，边区党委和行署研究制定了详细的法律条文。例如：1）.只有专署以上的司法部门，才拥有死刑判处权，否则一律不得擅自杀人；2）.只有县以上的司法部门，才有查封个人财产，扣押不法分子的权力。但是，为了支持群众运动，在群众的要求下，区政府也可以执行上述权利。另外在必要时，经过区政府批准后，可以委托村政权执行；3）.严禁肉刑。在斗争少数非法分子时，若发生戴高帽子、游街、撒尿、抹粪等过激行为，政府应对肇事人给以批评和教育，甚至处分，以防形成违法乱纪之风气。

　　法令颁布后，我们就立刻执行。我以为，执法和继续发动群众并不对立，而是相辅相成。为了谨防把执法和发动群众对立起来，政府拟定了对运动中出现偏差的处理原则，但不以法律条文的形式出现，也不以文字的形式对外公布。这样做的目的是，既不给群众运动泼冷水，也不给非法分子口实去攻击群众。每当出了问题时，我们就与抗联直接洽谈，通过这个群众组织去教育群众，使他们对法律有充分的认识与理解。另外，在对群众进行法制教育时，我们听取了群众对法令的意见，并采用那些好的建议，以至进一步充实现有的法律条文。这样就使群众与法令有了直接的义务和关联，更促成他们自觉地执法、守法。此外，我们对一些"右"倾思想严重，过多强调法制而束缚了群众手脚的政权干部也加强了思想教育，使他们认识到，相信群众，发挥他们的创造性，是维护法制和巩固民主政权的基本元素。

　　四.促进群众性的合作生产。随着民主民生运动在濮、范、观的深入，随之而来的，是一个没有剥削的新型生产关系的建立。而巩固这个关系的重要环节之一，是要有一个雄厚的经济基础。为此，行署领导下了大力气，继续深入群众，号召

在冀鲁豫边区抗日根据地

他们组成团体，合作生产。在经济不断上升的情况下，群众的既得利益得到了保护。于是，从切身的生活中他们更深刻的体会到，跟着共产党走，跟着抗日民主政府走，才能吃的饱，穿的暖，才能当家做主人。

不争的事实是，全边区根据地的人民都热爱大生产。特别是在群众有了自己的领袖时，生产热情就更加高涨。我们目睹了试点县的农民们早出晚归，粮食越打越多，经济实力越来越强大的事实。这些都标志着我们试点工作的成功。显然，我们在这些地区获得的成果和经验，完全可以被推广到边区的其它地区，以促进和推动那里群众的发动和政权的改造。

但是，我们在抓生产的过程中也并是不一帆风顺。例如，在过去，处于被剥削之下的百姓们对政府的要求不高，只要能得到少量贷款，或能多卖点儿花生就心满意足了。如今，他们翻了身，有地种了，有的人分了犁耙，还有的人分了锄头和牲口等，生产情绪高涨。由于生产力发生了翻天覆地的变化，农民对劳动工具的需求量也随之倍增，以至出现了农具供不应求的现象，这对生产是一个严重的负面影响。针对这个问题，区党委和行署领导决定，政府应向群众施放大量贷款以促进大生产。这些贷款主要是给困难最多的赤贫农和贫农，其次是给新上升的中农。这种有重点地支持贫困群体，为的是把他们从经济上扶植起来。同时，我们还鼓励穷人之间的互助，以解决人力、畜力和工具不足的困难。

然而在当时，政府的财力还是相当有限的，做不到家家有畜力或户户有耕具。于是我们借用了过去的经验——组织合作社，解决生产工具短缺的困难。比如，很多贫农有地了，但没有牲口，只能用人力拉犁。如果有一个合夥拉犁的组织形式，就能够减轻个体的劳动强度。

在试点村帮助村民组成生产合作社之前，我们首先使政府干部认识到这一措施的重要性，然后再将他们分派到基层去做群众的宣传工作，使百姓们认识到，这个组织形式能够让他们在生产过程中互帮互助，充分发挥个人的积极性和创造性。我们的提议受到了农民们的拥护，在与群众领袖酝酿成熟后，合作社就被自觉自愿地组织起来了。也就是说，在成立合作社的问题上，政府没有对群众施加任何压力，完全取决于他们的意愿。另外，由于合作社与抗联一样，也是独立的群众组织，故政府与合作社的关系和与抗联的关系大体一样，即尊重其独立性。实践证明，合作社的确协调了劳动工具的合理使用，从而促进了群众性的大生产。

试点合作社的成功，促使我们将得来的经验传送到周围的村庄，以求尽快普及这一民间组织。为此，行署派了大批政府干部深入濮、范、观地区，帮助那里的农民组成合作社。在大家的共同努力下，合作社接二连三地成立了起来。此外，政府还帮助群众总结生产过程中的经验和不足。对合作生产中实施的一些条例，弃其糟粕，取其精华。在短短的时间里，我们把合作社办得一天比一天好，生产也步步走高。

前面我已讲到，西边几个专区（例如沙区）的灾荒极其严重，那里的当务之急不是成立民主统一战线政权，而是全力组织群众生产渡过灾荒。由于领导和群众的共同奋斗，在不长的时间里，灾区就恢复了正常的周期性农业生产。虽然灾区的民主民生运动被推迟了，但与濮、范、观地区相比较，它在经济上的确占有优势。另外，灾区的群众具有更丰富的合作生产经验，这对推动刚刚起步的改造政权工作非常有利。再有，救灾的胜利很容易将那里的群众热情从大生产转到了轰轰烈烈的政治运动，并取得了突出的成绩。所以，就我们搞试点的区域和

在冀鲁豫边区抗日根据地

灾区来说，民主政权的建立和群众性的合作生产，是一个你追我赶，齐头共进的形势。

在开展发动群众和政权改造两大运动的过程中，涌现出了大批的贫农积极分子，以及由他们领导的不同形式的互助组织。正是这些积极分子和互助组织，解决了生产技术差，物资薄弱的难题，促成和维系了百姓之间的平等互利关系。这里，我想特别提一下的是，贫农领导的互助组织与过去中农领导的互助组织之不同。中农帮助贫农，往往只是从恩赐的观点出发，而不是为了把他们扶植成为领导骨干，所以贫农从中农那里得到的帮助比来自同阶层的少很多。在边区的贫农取得了领导地位之后，人民政府对他们的切身要求就有了更进一步的了解，使我们能够制定更切合实际、更富有群众性的方针政策，从而更有效地帮助他们解决在政治和经济方面碰到的困难。

随着群众性的民主民生运动在濮、范、观及灾区的展开，这几个区的人民生活得到了极大的改善。此时，我们意识到，在这些地区发展副业的良机已成熟。于是，政府号召贫农与中农相结合，在私有制的基础上实行集体化，共同开发副业，这标志了农村中新型生产关系之形成。在四十年代初，这种新型关系成为后来边区经济日趋繁荣的先决条件。

当群众的生活得到了改善之后，他们对日用品的需求量也就越来越高了。在当时的根据地，日用品的品种极少且价钱昂贵。于是百姓们要用很多的粮食去城镇换回一点点儿日用品。这种供不应求的矛盾，导致粮食大量地外流到敌占区，对我们的对敌斗争极为不利。为了解决这个矛盾，我们决定大力发展边区的手工业。

由于过去的边区领导过多地强调了对纺织工业的发展，使边区的手工业过于单调、集中。在棉布生产过剩，出口又

在冀鲁豫边区抗日根据地

很困难的情况下,所得利润非常有限。另外,尽管当时的纺织工业受到了领导的重视,但没能解决群众的实际需求问题。所以,新领导的政策是提倡开发多种多样的手工业,这样一来,群众掌握的技巧也就多样化了。此外,我们还确定了由政府投资的重点项目,如建立小型的公营工厂,以达到边区根据地的日用品自给自足。由于领导和群众的共同努力,根据地的手工业发展逐步走上了正轨,这不仅扭转了过去日用品奇缺的局面,还促进了对农业产品的加工、制作和销售。但总的来说,我在边区政府工作时,手工业的发展才刚刚起步。

总而言之,新冀鲁豫边区党委和行署在近三年的时间里,向群众、向各届爱国人士打开了建立民族统一战线政权的大门。濮、范、观及灾区的群众领袖和爱国士绅,和我党干部们一道,把这几个地区群众的积极性调动了起来,由下而上地推翻了封建统治,创建了既民主又集中的各级统一战线政权,也创造了前所未有的新农村。显然,这些成绩是与我们的辛苦努力分不开的。但是,这些成绩并没有令我们感到些微的轻松,因为边区的很多村政权还被封建势力把持着。我们的最终目的,是要把整个边区的劳苦大众发动起来,在全边区建立抗日民族统一战线政权。我们认识到,尽管任务无比之重,道路无比之远,但只要我们努力去争取,这个目标毕竟可及。

1943年11月,中共中央决定成立中共冀鲁豫分局(通称平原分局,直属北方局领导),统一领导冀南、冀鲁豫两个区的工作。平原分局的书记是黄敬同志,宋任穷为副书记兼组织部长。平原分局所领导的地域,成为敌后最大的平原抗日根据地,其人口约两千万。分局的总部设在濮县。冀南行署、冀鲁豫行署则直接隶属于平原分局。当时晁主任正在延安学习,行署工作由我和贾心斋负责。我们的核心任务,还是继续发动群众，扩大抗日民族统一战线，建立和巩固人民民主政权。

1944年5月11日，为了更进一步实现冀南、冀鲁豫两区统一，两区党委一致建议中共中央撤销各自的区党委机构，由平原分局直接领导各个地委。同年，原冀南和冀鲁豫行署亦于6月5日合并办公。由于两个行署均具有较长的历史，并在群众中有较深远的影响，对外则仍保留各自的名称。1945年5月4日，两署正式合并，并选举原冀南行署主任孟夫唐为主任，我和贾心斋为副主任。

黄敬书记累忧成疾

前面我已反复提到，区党委的工作重点是发动群众，其目的是建立抗日民族统一战线。在黄书记、我和刘春兰到了冀鲁豫边区后的头两年，由于旧政权的弊病根深蒂固，发动群众的工作经历了巨大的阻力，工作进展不象预期的那样好，以至区党委和行署领导们都感到相当的压力。为了扭转这个局面，黄敬同志经常召开各级领导会议和群众大会，讨论如何克服阻力，把群众的积极性调动起来。

1944年的秋天，也就是平原分局成立后一年左右的时候，为了团结各界爱国人士共同抗日，黄敬书记在濮县召开了一个发动群众的大会，与会者为党的干部、工农群众代表、开明地主和士绅，我和贾心斋作为行署领导参加了会议。另外，农会主席高元贵，二地委书记段君毅，黄敬同志的爱人（冀鲁豫边区宣传部副部长、《冀鲁豫日报》党委书记范谨（原《晋察冀日报》编辑，《冀中导报》社长））也均到会。

黄敬在会上提出，为了早日将日本侵略者赶出中国领土，一定要扩大我们的抗日阵营，唤起更多贫苦民众，争取更多开明士绅。为达此目的,我们的基本策略是"和为贵"。到会的,有一个叫高镇五的开明士绅。我曾经与此人有所接触,给我的最深印象为,他是一个喜欢论古谈今,咬文嚼字的旧式文人。当听到黄敬在讲"和为贵",高镇五就站起来说:"古人所言'和为贵',仅为'帝王相安',而决无'百姓相抚'之意。故黄书记之'和为贵',不适,不适!错也,错也!"黄敬听了之后,立刻从坐椅上站了起来,情绪激动地反驳说,你不要生搬硬套帝王将相的'和为贵',我们得灵活和辩证地理解这个警世通言!你不能机械地以古论今,以古非今嘛!我所说的'和为贵',就是要保护那些愿意与我们合作的各界爱国人士,与贫困群众讲和,与爱国的开明地主、士绅讲和,其目的,就是要互相联手、共同抗击日本侵略者!

突然,黄敬提高了嗓门,挥舞着拳头喊起来:"我不明白,为什么这里的工作这么难做?群众这么难发动?一方面要说服有'左'倾思想的干部们去团结开明人士,一方面要说服地主们放弃那种嘴上说的好听,行动跟个上的口是心非!"与会的人们从来没有见过黄书记如此暴怒,顿时惊呆了,高镇五也瞠目结舌地僵立在那里。

片刻之间,我的脑子里呈现一片空白,但很快就意识到,一件最令人想不到的事情发生了。在重压之下,黄敬同志的精源气质,终于崩溃了!眼见着他失去了自我,我立刻组织了几个年轻力壮的小伙子,将其安抚在担架上,由范谨和我拌随左右送回家。一路上,他反反复复地向我嘟囔:"我不明白,为什么,这里的工作这么难做!群众这么难发动……"。看到我的老领导,老搭档,老朋友突然病倒,使我品到了一种从来没有经历过的无助失望。此时的他,才三十二岁啊!我难过、心痛、恨自己对这突袭的病魔束手无策。

在冀鲁豫边区抗日根据地

我很清楚,黄书记的病是工作中的巨大压力促成的。虽然艰难的工作也给了我无形的压力,但作为第一把手的他,这压力来的就更加沉重了。在边区根据地成立的头四年多的时间里,发动群众的运动成了原党委工作的薄弱环节,受到了刘少奇同志和北方局的批评。为了改变这种现状,在刘少奇的建议下,北方局把对发动群众颇有经验的黄敬同志调到了边区。

一到边区,我们就体会到,要把这里的群众发动起来是相当困难的。这是因为新党委和政府受到了来自两个方面的阻力。一是多年来,党的干部缺乏与群众的沟通,以至群众对我党的抗日纲领不了解或抱冷漠情绪;二是一些上层干部,对刘少奇和北方局的批评想不通,产生了不满情绪。而这种情绪,也影响到下面的一些干部,至使他们不积极支持、配合新党委书记的工作。然而,黄敬知道,要想把群众发动起来,最先要去做的,就是将这里的广大干部团结在自己的周围。可是若达此目的,谈何容易!在难之又难的艰难逆境中,他起早贪黑,把自己所有的精神气力,注入到发动群众这一核心工作中去。

回想黄敬与我在冀中区工作时,那里的群众基础的确比边区好的多。外加人际关系都很熟悉,工作开展起来相对容易得多。当被调离冀中时,由于工作需要,黄敬不可能将那里的得力干部大批地调到冀鲁豫来。而与他同行的,只是我和刘春兰,可以说他是单枪匹马地杀到了一个人地两生的地方。到了边区后,他的任务是改正别人已经起始的、但落后了不少的工作,这比从零开始一项新的工作要难的多。如果他有一帮得力人马,得心应手地去共同努力,情况会大不一样。

尽管黄敬对这些实际困难感到很头痛,但他很少在下属面前发牢骚。但有一次,他忍不住对我说:"我真没想到,这里的工作这么难做!在冀中时,咱们使一分力,成绩就出来了，在这里，即使上十分的气力，成绩还是出不来！"其实，客观地讲，在他的领导下，在短短不到两年的时间里，濮、范、观和灾区的群众已经被发动起来了，并改造了旧政权。虽然这些地区和人口，不足全冀鲁豫区的百分之五十，但这个成绩已是很可观了。但是，黄敬的秉性是不好大喜功，相反，他把工作的目标定得更高，往自己身上层层加码，以至肩上挑的担子越来越沉，心里的焦虑越积越深，终于把自己累垮了。

在与黄敬同志共同工作近五年的时间里，我对他的人品是深有体会的。他学识渊博，思维敏捷、活跃，讲演能力极强且富感召力。他知人善用，为人诚恳，平易近人。记得那是1941年秋，在冀中的一次反扫荡突围时，军区的兵马与我们失散了。黄书记、我等几个党、政领导和警卫人员在刚突围出来后，又遭到一股敌人的袭击。我们顽强抵抗，拼杀出了一条血路。尽管大部分人马安然无恙，但晋察冀边区教育处处长刘凯丰（建国初期为教育部副部长）被敌人抓走了。为了躲避敌人再度突袭，黄书记、我等一行人赶了一夜的路，于清晨到了一个偏僻的小村庄落脚歇息。

此时，大家已是筋疲力尽，急不可待的是睡觉。但因为原冀中区秘书长吴砚农（后为天津市秘书长，计委副主任）呼噜打的震天响，扰得我们无法入睡。黄敬深知大家早已又困又饿，对吴的呼声深感歉意，于是提议要好好地庆祝一下我们突围的胜利。他让警卫员到老乡家买了几只鸡，由他掌厨犒劳大家。一听说书记要亲自给大家做炸小鸡儿，我的口水都流出来啦，肚子里的饥肠也更是鸣如鼓了。我们眼巴巴地等着……终于，小鸡做好了——黄脆脆的皮，松软软的肉。我从来没吃过这么香的炸鸡！真没想到，出自于书香世家的黄书记，竟然还有这等烹调技艺。

在冀鲁豫边区抗日根据地

尽管黄敬是我的老上级，但我们还是亲密的战友，从生活到工作，无话不聊，而聊的最多的，还是如何把全区的百姓发动起来。为了融洽干部之间、干群之间的关系，他让我一定提醒冀中行署的干部们，切记他提出的"三心"要求，即一．虚心——要征求各方面的意见；二．耐心——不怕麻烦，不急躁，不发脾气；三．热心——待人谦和，热情，讲友爱。

然而，给我印象最深的，是他敢于逆风而上的胆略。众所周知，在我党的历史中，很多干部在工作时存有"宁左勿右"或"越左越好"的思想倾向，结果是打击了一些我们本来可以团结的人，将友人推到了敌人一方。这个弊病，对抗战的胜利构成了致命的威胁。比如，在有些村落，地主一个不剩地挨了斗，就连中农也不得幸免；地主、富农赋税过重；给一些"汉奸"盖"黄被子"等等。这些过"左"行为，与我们要组成一个空前强大的抗日民族统一战线的原则背道而驰。在这种情况下，黄敬不怕被扣上一顶"打击革命群众积极性"、"右倾机会主义"的帽子，指示我一定要以政府的名义，向起来造反的群众讲清我党的抗日政策，并用立法的方式去制止这些过激行为。当时，我对他敢于反"左"的行为极为佩服。尽管是在半个多世纪后的今天，我依然认为，他那种逆潮流的勇气是很了不起的。

再有，在冀中共同工作时，我很佩服他对党政关系的见解。1940年6月，黄敬以冀中区党委的名义，颁布了题为《关于加强党对政权领导的决定》的文件。文件要求，各级党委要定期研究政权工作的具体方针、政策以及各种法令制度，要把党委、团委与政权机关的党支部严格分开。这一决定的高明之处在于，它既克服了党、政不分的现象，又防止了以党代政，或以政代党的现象，保证了政权机关的独立性，使冀中政府发挥了更大的作用。

　　为了让黄敬能尽快恢复健康，党中央决定接他到延安治疗、休养。在延安时，他和夫人范谨曾住在彭真同志的家里。黄敬离开冀鲁豫边区后，平原分局的书记由宋任穷代理。1946年冬，康复后的黄敬去了阜平，先后任晋察冀边区财经办事处主任、中共晋察冀中央分局副书记、晋察冀军区副政委等职。1947年11月石家庄解放时，他以晋察冀区党委的名义，接收了那里的物资。届时，我也被他叫去帮忙。1948年9月26日，华北人民政府宣告成立，黄敬任公营企业部部长，刘鼎和我任副部长。

　　1949年初天津解放后，黄敬任中共天津市委副书记、天津军管会副主任兼市长。同年春天，我携全家到天津探亲时又见到了黄敬一家人。这年，我们两家各添了一条小生命，我家的二女儿平平，和他家的女儿惠声。在一次聚会时，由于范谨的奶水不足，把小惠声饿的直哭，而赵毅的奶水则多的浸湿了前襟，于是爱人就把惠声抱了过来，让她饱餐了一顿。

　　说来也巧，十六年后，平平和惠声考高中时，一同考入了北京师范大学附属女子中学，并成为同班同学。她们不仅是同窗好友，而且商定，共同努力，提前一年考大学。遗憾的是，无产阶级文化大革命使她们的美好愿望，成为不及的奢望。

　　1952年8月，黄敬调任第一机械工业部部长兼党组书记。当时我正在开滦煤矿任总军代表。一次，我们在北京相遇，他对我说："到我这来吧，象以前那样，我当部长，你当副部长。"我说："好啊！"不久，他听说我即将调到燃料部所属煤炭总局任局长，认为这个安排与我的学历和资历有些差距。于是，他找到燃料部部长陈郁，认认真真地把我的情况向他做了介绍。由于黄敬同志的举荐，我于1952年底离了开滦，到燃

在冀鲁豫边区抗日根据地

料部任副部长，协助陈部长搞煤炭工作。次年年初，毛泽东签署了中央人民政府任命我为中央人民政府燃料工业部副部长的任命通知书。

1956年9月，黄敬在中共第八次全国代表大会上被选为中央委员。1957年，他被任命为国务院科学规划委员会副主任，国家技术委员会主任兼第一机械工业部部长。此时，我任煤炭部第一副部长、党组副书记。尽管我和黄敬不在一个部门共事，但在工作中碰到问题时，我常常到他那里去取经。例如，在为实行第一个五年计划做准备的时候，中央要求各部委一定要拿出一个完整可行的方案来，煤炭部当然也不例外。于是我把一些有业绩的专家和笔杆子们召集到一起开了好几天会，研究如何推出一个力跨五年、切合实际的煤炭工业发展计划。说实话，对与会的每一个人来说，制定这样一个总计划都是开天辟地第一遭儿，不知道从那里下笔才好。正当此时，我听说一机部的计划方案已经写好了，而且中央对它的评价相当不错。我灵机一动，马上跑去见黄敬。他自然是慷慨相助，没二话，就让我把他们的计划草案借走了。回到部里，我和专家、笔杆子们头碰头地将这个方案逐字逐句地饱览了不知多少遍。真道是，功夫不负有心人。我们以一机部的五年计划为蓝本，终于推出了煤炭系统的第一个五年计划实施方案。当中央领导们见到这个方案时，都认为写的好！结果将它作为头版头条刊登在《人民日报》上，还加了编者按！我和所有的参与者，无不感激黄敬同志对我们的大力援助。

不幸的是，黄敬同志因病于1958年2月10日在广州逝世。那年他仅四十六岁。他的英年早逝，使新中国失去了一个忠诚的儿子，也使我失去了一个可以信赖的好领导和亲密的战友。

悲欢离合

1943年春天，由于冀鲁豫边区的艰苦环境和缺医少药，田冀的肺结核病进一步恶化了。区党委决定送她回天津的家中隐蔽寻医治疗。行署司法处处长王化云通过关系，立即将田冀安全地送回天津老家。后来，她在北平协和医院治疗了一段时间后，又被转到该院的香山疗养院养息。同年秋天，田冀的病情大有好转，返回天津家中，在她寄给我的信中，饱述了急切返回边区的热望，而我也盼着早日与她团聚。

1944年4月，区党委决定派华北财经干部学院教员赵毅（原天津女学生）去天津探望田冀，如果其健康状况允许，则接她一起返回边区。赵毅的另一项任务，是从天津接一批进步学生到边区工作。正值她准备就绪即将出发之际，突然电报传来田冀去世的噩耗，它如同晴天劈雳击中了我的心，只觉奔流的热血突然凝滞。霎时间，我无法自持。当时我唯一能感受到的，是她曾有的天真、执着、热情和活力。虽然这年她还不满二十四岁，但她短暂的一生，却意味太多——一位年青的共产党员，一位亲密的抗日战友，一位风雨磨难中的忠实情侣。我反复自问，我们从此就永远不再相见了？最令我自苦的是，在她弥留之际，我没在她的身边送她远行。每当想到她盼我去握着她的手，说一声"再见"时，我就心里空惶，悲痛欲绝。更令我心酸的是，我们那还不满六岁的儿子，从此就没了娘。党组织理解我的苦楚，向我表示深切的同情和对她离去的哀悼，并请我以工作为重，变悲苦为力量。

俗话说，"月有阴晴圆缺，人有悲欢离合，此事古难全。"尽管如此，我万万没有想到，命运竟置自己于阴云残月之下，逼我尝尽人间悲离的苦涩。但是，我是条铁打的汉子，

在冀鲁豫边区抗日根据地

没有向冷酷的命运低头。那嘎嘎不息、片刻不停的抗日铁轮，将我从痛苦的深渊中摇醒。我意识到，革命工作不容我有瞬间的消沉和滞留。于是我努力将自己的哀思转移到无休止的工作中，以得解脱。我拜托田冀在天津的家人，将她的遗体入殓棺柩安葬在她的祖家墓地。1949年，天津解放后，人民政府先把田冀同志的遗体葬到公墓，后又火化，安放在烈士陵园。由于对田冀的思念，我对我们唯一的儿子尤其心疼，希望他日后能留在我的身边。

田冀去世后，党组织很关心我的个人生活问题。黄敬和夫人范谨常常来访，劝我节哀。在私下里，范谨也积极地为我物色新的伴侣，她喜欢那个叫赵毅的姑娘。

赵毅的原名为于兆毅，小名于芝芬。她和田冀同岁，也是天津人，并曾是河北省女子师范学院附属中学(河北女师附中)的学生。她是"一二·九"抗日救亡运动的积极分子，并于1936年参加了"民先"。"七·七事变"后，她隐蔽在天津，为共产党做地下工作。1940年秋，她到了冀鲁豫抗日根据地，42年加入了中国共产党。开始时，她在冀鲁豫边区政府组建的华北财经干部学院担任青年班的指导员。不久，她又成为高级班的指导员。在此之后，她为训育处(后为教务处)的干事。

因为华北财经学院是边区行署的直属单位，是培养财经及行政干部的高等学府，故院方常请我去给那里的学员讲课或做报告。当时，根据地的女同志本来就不多，我对她有些印象。另外，在准备去天津探望田冀时，赵毅也直接来找过我，问是否有东西要带给她。我还记得，她曾参加了沙区的救灾工作。1943年6、7月份，在鄄北、中心区的寿张、范县的一些村庄，出现了漫山遍野的蝗灾。为了抢救秋禾，行署于7月14日对全边区发出了"扑灭蝗虫"的紧急动员令。我亲自深入到抗蝗第一线，发动群众用"坑杀"、"扑杀"、"打杀"、"诱杀"和"禽杀"等方法消灭蝗虫。赵毅不仅参加了灭蝗运动，由于超额完成了杀蝗数目，她的名字还出现在光荣榜上。

　　一次工作之余，范谨试探着向我提起了赵毅，说她是个难得的好姑娘，并问我对她的印象如何。对我这个从早忙到晚，连睡觉都没功夫的人来说，这实在是个难回答的问题。由于范大姐的提示，我也就开始对她有所注意了。一眼看上去，她是个心地善良的女性。尽管衣着俭朴，但遮不住那不凡的相貌。在一张端端正正的瓜子脸上，最引人注目的，是那高耸的鼻梁和眉弓，将那双深陷的眼睛衬托得更加秀丽明澈。从范大姐那里得知，赵毅性格内向，是个原则性极强的姑娘。她对个人问题的见解是"在抗日战争时期，不谈恋爱不结婚"。但范大姐认定，我和她是十分般配的一对儿。为了改变赵毅的固执，她约华北财经学院副院长夏振秋同志一起与赵毅多次聊天，劝她放弃那个对婚姻既拘泥又古板的想法。果然，功夫不负有心人，她终于同意"在抗日战争时期，可以选择合适的对象"了。于是，范谨将红线的一头儿交给了我，另一头儿交给了她。

　　从我们最初的交谈中，我得知她于1920年阳历7月10日出生在天津郊区咸水沽镇的秦庄子村。她家在那里曾拥有大片的土地，并在天津市内开设过一家最大的木材公司——"德和木号"。此公司所经营的木材，主要来自东北、福州和菲律宾。1924年是"德和木号"的顶盛时期，资产高达一百余万俩银元。然而在"九·一八"事变之后，日本侵占了东三省，并在山海关设置了重重交通关卡不准木材进关。从那以后，公司的木源被截断，营利迅速下滑，加之家族的内讧，终于使"德和木号"

在冀鲁豫边区抗日根据地

破了产。为了还债,老家的地也被典当得所剩无几。

听说赵毅从小惹人疼爱,她那个高高的鼻梁和深凹的眼睛,令人人说她长得象个洋娃娃。她的聪明伶俐,更是让所有的家人赞不绝口。无论是在小学还是中学,她门门功课考第一,年年获得奖学金,不知为父亲省下了多少学费。1933年,她以名列第一名的优异成绩,考入了河北女师附中,并在那里受到了革命理论的熏陶。由于不甘心当亡国奴,年仅十五岁的她,成了"一二·九"学生运动的积极分子。为了反对男女不平等的封建制度,逃避指腹定婚的噩运,她没上完高中就悄悄地切断了与家人的联系,投身于抗击日本侵略者的革命事业。

三十年代末在天津上高中时的于兆毅

在范谨扮红娘之后,我还听到过她柔中有刚的传奇故事。她临危不惧的胆略使根据地的官兵百姓无不钦佩。这件事发生在1942年日寇发动的"九·二七"大扫荡期间(那时我还在冀中)。"九·二七"大扫荡时,由于急行军时伤了腿,赵毅正在范县旧城的刘永书老乡家养病。突然传来消息说,整个村庄被敌人包围了。刘大娘为了保护她,匆匆帮她换上了农家衣衫,将头发盘成农式卷儿,脸和双手涂满了黑灰,以遮盖那白净的皮肤。为了保险,大娘又把自己三岁的外孙女交给了赵毅,并嘱咐这个刚刚懂点儿事的小姑娘叫她"妈妈"。赵毅怀抱着孩子,与老百姓混

三十年代末上高中时的于兆毅在天津市的家中

在一起离开了村子,想到边远的棉花地里躲一躲。不巧,在路上碰上了大批日本兵。他们对每一个逃难的老百姓进行搜身检查,并用手去触摸受检人的心脏,看他们是否慌张,如是,就认定其为共产党员而加以逮捕和严刑拷打。在这种严峻的情形下,赵毅冷静沉着地与敌人周旋。正当受检时,她狠狠地拧了孩子的屁股一把,小姑娘立即哇哇地哭叫起来,弄得那个搜查她的日本兵很不耐烦,挥手让她快快躲开。就这样,她逃脱了险情,与众乡亲们在棉花地里躲了三天三夜。

但是,赵毅的一位亲密战友吴明同志,却没有躲过这场灾难而不幸被捕了。面对明晃晃的刺刀,他大义凛然,拒绝供出自己的同志。敌人恼羞成怒,怂恿军犬对他大肆攻击撕咬。吴明当场倒在血泊中,壮烈牺牲了。为了威慑抗日心切的人民,日本兵将烈士的头颅割下,挂在清河县城外的枯树上示众,惨不忍睹。待敌人撤走后,赵毅与百姓们返回家园时见到的,仅是战友撕烂了的血衣和所剩无几的碎骨。这点仅有的烈士遗物,由恸哭不绝的她与乡亲们一道收捡埋葬。

在把小姑娘送还给刘大娘后,赵毅马上返回了根据地。为了感谢刘大叔和刘大娘的救命之恩,日后,她常常带着用自己微薄的津贴换来的食品去看望他们。

在冀鲁豫边区抗日根据地

后来得知,赵毅早就敬重和爱戴我。一次,她对我说,学院的干部和学生们都喜欢听我讲课,因为我对一个观点的阐述,既生动又简洁易懂,象个训练有素的正牌教授。经过几个月的交谈和接触,我体会到,我俩有共同的理想和志愿。加之她很会体贴人,我确信在未来的共同生活中,我们会相处得很融洽和睦,并一定能成为百年志同道合,同甘共苦的伴侣。不久,我们的婚姻成了一个现实议题。赵毅提出,我应该依法了却与前妻薛玉贞的婚姻问题。此时,根据地的司法制度已经健全,我依法与八年没有见过面的妻子薛玉贞办理了离婚手读,并通过冀东行署将离婚判决书传送于她。由于解放区实行的是不发薪水的供给制,我无法向前妻提供任何物质上的资助,故决定将我所应得的祖产全部归她所属。

赵毅还有一个要求,既抗日战争胜利之前不要孩子。对此,我无异议。1944年12月4日,我、赵毅以及一起工作的同志们聚在行署办公的院落,吃了一些花生和枣子,就算正式办了婚事。当时参加婚礼的还有,平原分局代理书记宋任穷和冀南五专署专员任仲夷同志。婚后,赵毅全力支持我的工作。当时由于艰苦的战争环境,我的头痛症越来越严重,常常是彻夜不眠,身体一天比一天消瘦、虚弱,这可把她急坏了。于是在她的请求下,军区卫生部为我从敌占区购买了一批"补脑汁"。服用后,我的头疼病渐渐地痊愈了。

后来,在我漫长而坎坷的人生旅途中,赵毅在事业、生活和精神上都给了我莫大的帮助、照顾和支持。我的快乐就是她的快乐,我的希望就是她的希望,我的痛苦就是她的痛苦。这就是我们伉俪之情越步越深的原因。另外,使我感到莫大欣慰的是,她善良大度、知情达理地协我处理了复杂的家庭关系。我们彼此的挚着忠诚和深切爱慕,是我长寿的秘诀。

赵毅是我的精气砥柱,她将伴我走完生命的旅程。

抗日之胜与国共之争

1945年初,德国法西斯的失败已成定局,作为它的盟友,日本政府也惶惶不可终日。这时,国内各抗日根据地军民正在积极准备战略大反攻。8月6日和9日,美国分别在日本广岛和长崎投下了原子弹。8日,苏联对日宣战。9日,苏联百万红军推进我国东北地区,经过二十多天的激战毙俘日关东军六十七万余。这一系列迅雷不及掩耳的爆炸性事件,是我国抗日战争胜利的重磅催化剂。

在第二次世界大战即将胜利的形势下,毛泽东于8月9日发表了《对日寇的最后一战》的声明。10日、11日,朱德总司令连发对日受降及展开全面反攻等七道命令,命令八路军、新四军及其他人民抗日军队向其附近各城镇、交通要道挺进,并向日军发出最后通牒:"限其于一定时间内,向我附近部队缴出全部武装"。如果敌人顽抗,即应予以坚决消灭。

根据以上各道命令,冀鲁豫行署和军区于1945年8月11日联合颁布命令,要求所有军民保卫抗战成果,并在全区范围内解除盘踞的日军武装,进占大城市[11]。次日,行署和临时武装委员会又发出了紧急命令,召集全区民兵、自卫队员等地方武装,参加抗击日军的大反攻[12]。

各县遵照通令,立即组织了反攻营,并扩建了基干团。全区在"一切为了前线","一切为了胜利"的口号下,立即掀起了一个参军热潮。在很短的一段时间里,仅在第十一分

在冀鲁豫边区抗日根据地

区的金乡县、单县、巨野县，就有三千余名青壮年参了军。17日，行署发出《为使各级学校参加进军总动员工作的训令》，要求各中等学校干部、教员、学生立即行动，参加支援前、后方的工作。各小学立即动员学生，利用课余时间进行宣传动员工作，并组织部分小学生参加战地服务[13]。据统计，在政府的号召下，全区约六十余万学生积极加入了大反攻的行列。

1945年8月14日，日本天皇裕仁宣布日本政府无条件投降。我们坚持了八年的抗日战争，终于取得了最后的胜利。中华民族的历史，翻开了新的一页——国内革命战争。

在与日本侵略者的民族矛盾解决之后，我们与国民党的矛盾日趋激化。蒋介石在给各战区司令官的密电中说："待国军控制所有战略据点，交通线，寇军完全受降后，再以有利之优越军事形势与奸党作具体谈判。彼如不能在军令政令统一原则下屈服，即以土匪清剿之。"显然，国民党决意要消灭共产党，以保其在中国腐朽的统治地位。而共产党的目标，是要建立一个民主、自由、人民当家做主的新中国。显然，要想用和谈的方式去协调两党之间的差距，极不现实，剩下唯一一条可走的路——战争。对此，全党上下，已做好了充分的精神和物质准备。

1945年8月20日，中共中央决定成立晋冀鲁豫中央局和晋冀鲁豫军区，任命邓小平为中央局书记，刘伯承为军区司令员。与此同时，北方局和冀鲁豫分局被撤消。晋冀鲁豫中央局领辖冀鲁豫、冀南、太行、太岳四个区党委和军区。同年10月，冀鲁豫、冀南区正式分开。我被任命为冀鲁豫行署代理主任(日本投降之前，我已是原冀鲁豫区的区党委委员)。新冀鲁豫区之西与太行区相邻，东与山东解放区相依，北与冀南区相连，南与中原解放区相接。其地处华东、华北、中原三大战略区的要冲,是国民党北上进攻的必经之路,因此是国、共两党的必争之地。

当时行署的主要任务是:一.全力配合我主力部队粉碎国民党军队的进攻,并阻止其北上之企图;继续扩大解放区,清除残存的日伪据点;二.展开大规模的扩军运动,组建野战军主力部队;三.在新解放的区域迅速建立人民政府,在老解放区进行减租复查工作,在全区大力发展生产、厉行节约;四.号召民众在精神和物质上做好国民党发动内战的准备。

1945年9月,为了篡夺抗日战争胜利的果实,抢先攻入北平、天津,并夺取东北,蒋介石调集了大批军队进攻我解放区。10月中旬,国民党军沿同蒲、平汉、津浦、平绥四条铁路向华北进犯。为了阻击敌人,晋冀鲁豫军区主力部队在河北省邯郸以南,对进犯的敌人打响了自卫反击战,即邯郸战役(又称平汉战役)。国民党军共四万余人,在副司令长官马法五(兼第四十军军长)、高树勋(兼新编第八军军长)率领下,从新乡地区北进,企图占领邯郸,打通平汉铁路。刘伯承、邓小平遵照中央军委指示,集中了三个纵队以及冀南、冀鲁豫、太行军区主力共六万余人,在十万民兵、自卫队的支援下,将沿平汉铁路北进的三个国民党先头军诱至漳河以北、邯郸以南、滏阳河河套的多沙地带,一举歼灭。

10月20至11月2日,从前线不断传来好消息——我军先后在漳河边的岳镇、丰乐镇一线、邯郸以南、马头镇以东、商城以西等地毙伤国民党军三千余人;高树勋率新编第八军等约一万人在战场起义;副司令长官马法五及其部下一万七千余人被我俘虏。邯郸战役的胜利,是与冀鲁豫区党委、行署和军区所做出的贡献分不开的。我们除了派出军区独立旅、骑兵团和部分军分区部队直接协同主力部队作战外,还成立了兵战部,

在冀鲁豫边区抗日根据地

任务是设置大量的兵站，充分保证对前方的军需供给。我则每日亲临各个兵站，组织和指挥民兵、民工，昼夜不停地往前线运送粮食、弹药、以及各类战需用品。另外，行署还组织了救护队，将前方的伤员抢运到附近的医疗站。由于我们的快速转运，挽救了不少官兵的生命。据统计，冀鲁豫地区参加支前的人数，高达十万余人。

从整体战局来说，邯郸战役的胜利掩护了其他解放区部队向东北的挺进，为全国的解放铺平了道路。邯郸战役刚一结束，党中央又有了新的部署：命令冀鲁豫军区乘邯郸战役之胜，扩大战绩，攻占济宁城。此城濒临京、杭两大运河，由兖州、济宁铁路支线与津浦路相接，交通方便，皮毛等手工业较为发达，为鲁西南最大的城市。当时，济宁是冀鲁豫七专署的管辖区（七专署的专员是马继孔）。

为了使我主力部队顺利完成攻城任务，冀鲁豫行署马上投入了对攻城的准备工作，组织了大批的群众运输队，又是人扛、又是畜拉，将粮、草、弹药送到了城市的边缘地带。当一切准备工作就绪后，冀鲁豫军区部队兵分几路，从不同方向渡过了白堆运河，将济宁城围了个水泄不通。1946年1月9日8时，我军先从南门、东门发起进攻，登上城墙，继而又从北门攻入城内，当天下午便全歼敌人一万一千余人，拿下了济宁城。

这里我应提及另一个具有历史意义的大事件，即于1946年2月22日，冀鲁豫边区政府在菏泽成立了"黄河故道管理委员会"，由我兼任主任委员。委员会的任务是：一.领导沿河各专区、县成立治河委员会；二.立即勘察两岸堤埝破坏情形及测量河身地形情况；三.调查两岸堤间村庄人员及财产数目，筹划迁移及救济事宜。3月12日，委员会又决定在黄河南、北两岸设立修防处及县修防段。不久，国共两党代表及

在冀鲁豫边区抗日根据地

美国顾问等共同赴黄河下游查勘,从菏泽到河口实地调查堤岸情况,并就黄河归故问题举行谈判达成了《菏泽协议》。但国民党政府蓄意淹灭我解放区,墨迹未干就公然撕毁了协议。此背信弃义受到中共中央和晋冀鲁豫边区政府的强烈谴责。尽管《菏泽协议》未得以实施,但它是治黄史上的一件重要历史文献。当然,它也是我们奋力保卫解放区和黄河两岸人民生命财产安全的佐证。

3月29日,我去济宁召开了民众大会,以冀鲁豫人民政府的名义正式接收济宁城,并宣布将其升为地级城市,其行政管理,直接归属冀鲁豫行署。与此同时,我还宣布了人民政府的命令——从当日起,与我同行的马继孔同志为首任中共济宁市市长。

刚从济宁市回到行署,我就接到了上级的调令,要我立即前往马村,到中央局报道。从此,我告别了冀鲁豫行署。我在行署虽然仅仅工作了短短三年半的时间,但对完成党交给的任务之艰辛,体会甚深。这些体会被记载在1945年7月9日我在冀鲁豫边区专员联席会上所做的报告中[10]。此报告讲述了边区政府是如何尽最大力气去扶植群众运动的,同时指出,尽管我们的付出换来了好成绩,但要想唤起全区的百姓跟着共产党闹革命,仍然任重而道远。

第六章 在工矿处(局)

董事峰峰利民煤矿公司

1946年2月，晋冀鲁豫中央局经济部工矿处(对外称工矿局)成立了，它是主管晋冀鲁豫地区工业的实体部门。中央局任命我为工矿处处长兼党委书记。

工矿处(局)的任务是接收日寇操办的企业。但因日本人痛恨共产党，执意只将企业交给国民党，而拒绝移交八路军，使我们的接收工作受阻。在这种情况下，工矿处(局)就把力量集中在办好已接管的企业上。当时，邯郸、武安、峰峰、六河沟、焦作等城镇的铁路、煤矿已被我人民政府接管。为了保证这些企业的正常运转(它们都曾是共产党的秘密企业)，政府决定维持它们固有的民营民族工业的形式。于是我们采用了董事会制。这种管理方式，最早被用于峰峰利民煤矿公司(即后来的峰峰煤矿)。

峰峰煤矿是于1945年9月2日解放的，是被人民政府接收较早的大型矿山之一。在日军撤退时，基于我党的地下工作人员和广大工人的努力，矿山没有遭到破坏。刚被解放时，此矿就更名为峰峰利民煤矿公司，经理是南步达，付经理为陈实。1946年3月15日，我们在邯郸召开了峰峰利民煤矿的股东大会，宣布将它改为公私合营的股份有限公司。在这次会议上，我、李承文、杨立三、冷楚、张学孔等被选为董事。另外，我任公司的董事长兼不公开的党委书记，李承文和南步达分别任经理和付经理。于是，我们这帮领导就换上了长袍马褂，戴上了礼帽、墨镜，以资本家的面目出现在工作岗位上。

不久，六河沟煤矿股份有限公司董事委员会也成立了。

其原定董事长为张大寅（张未到职，范文彩于9月任此职），经理为张翼飞，付经理为何白沙、阎绍轲。对外，两矿各归其董事会领导，而实际上，它们由工矿处(局)统一领导。

峰峰煤矿的工人具有优良的革命传统。在日寇统治时期，这里的地下党组织就从未停止活动。日本投降后，这个煤矿是由地下党领导的警备队起义而收复的。尽管在国民党进攻平汉线之前，六河沟和焦作煤矿就先后失守被国民党控制了，但峰峰煤矿一直掌握在我们的手中。在党的秘密领导下，这里的革命工作照常进行。

一九四六年九月，晋冀鲁豫工矿处(局)长徐达本和爱人于兆毅在峰峰煤矿

虽然工矿处(局)的领导同志们学着资本家的样子创办党的秘密企业，但对具体如何办是一点儿经验也没有的，所以只能在实践中边干边学。在党组织不能公开的情况下，我们只能靠执行政府的政策以达到团结工人和各界人士、保护他们的利益和民主权力之目的。我们的具体方针是，一.对原有的工厂职员，不更动其职位，仍各行其责，待遇不变或优于日寇占领时期；二.筹办工会，以便充分发挥工人阶级的作用。初期的工会会员是党组织委派的，他们的阶级立场都非常坚定，成为一个确实能够代表全体工人切身利益的团体。

在工矿处（局）

1946年，党中央为推动土地改革运动发表了"五·四指示"，改变了我党在抗日战争时期的农村土地政策，即由减租减息转为平分土地。将"五·四指示"的精神落实到工矿企业，则为维护工人们的权利，反对汉奸、把头。

旧中国的煤矿实行的是雇佣把头管理制。把头之上有大把头，即包工大柜。他们是帝国主义、封建主义、官僚资本主义等反动势力的代表。工人受雇于把头，说的更确切些，是卖身于把头，挣来的一点点血汗钱，被把头东扣西扣，所剩无几，以至终生欠债，不得赎身。为了使工人跳出苦海彻底翻身，我们展开了反汉奸和废除把头制度的民主革命，工人们对此特别拥护。在广大劳工的强烈要求下，我们清除了在峰峰煤矿盘踞了多年的汉奸，赶走了作威作福的把头和包工大柜，开创了工人自己组织生产的新纪元。公司领导根据党中央的要求，号召工会带领工人积极投入生产。其结果不仅恢复了正常生产，还为新中国煤矿工业的发展奠定了好基础。

1946年，峰峰煤矿的年产煤量为一点九万吨，到1949年新中国成立之时，已上升到了四十九万吨，增产近二十六倍。煤炭生产的极大提高，不仅在很大程度上改善了矿工们的生活，而且还为建立和巩固一个新兴政权，提供了必要的物质基础。

在兴建秘密煤矿企业的过程中，我们还为新中国培养了一大批有能力从事煤炭工业的专业干部。在三年多的时间里，中央局和边区政府派了大批干部到工矿处（局）下属的各矿山工作。我们将他们安置在矿厂的各个环节，到井下、去煤机厂、或在煤运铁路跟班劳动。干部们认真地向工人和技术人员请教，学到了不少技能。于是一批具有煤矿采掘、铁路建设和运输知识的专业人材在实践中被培养出来了。

另外，矿厂还接收了一批俘虏，即曾为日寇服务过的技术人员。在这个群体中，很多人并不反对共产党，愿意用自己的知识和技术为我们的党、政、军、民服务。我历来认为他们是不可多得的人才，鼓励他们尽其所能，为自己的祖国做贡献。

战备搬迁

　　1946年初，党中央、毛泽东针对今后的任务，要求全党作好两手准备。一是由于我们作了大量的工作去促使实现和平民主新阶段，故与国民党的和谈有成功的可能性。如是，我们则准备实行部队减员；二是如果和谈失败，则内战不可避免。可见，今后的工作走向取决于国共谈判的成败。

　　当时不少人认为，和谈成功在望，所以在一些地区部队减员已经起动。例如，聂荣臻在晋察冀已经批准了一批官兵卸甲归田（当时我军没有转业、复员制度）。但党中央很快就意识到，此举有些操之过急。后来证明，它削弱了接踵而来的毛泽东与蒋介石争雄的主力军。

　　由于日寇拒绝向我方移交在解放区境内的企业，刘、邓便集中兵力包围了一些城市和地区，迫使敌人放弃这些企业。不久，国民党蓄意进攻解放军的阴谋日趋暴露，迫使党中央不再考虑裁减兵力的可能性。在我所在的冀鲁豫地区，取而代之的，是将地方游击队，整编为正规的第二野战军（简称"二野"）。此动作的目的是要一举推翻以蒋介石为首的国民党政权。

　　1946年6月下旬，蒋介石撕毁了头年10月10日两党旨在结束国共分裂局面，建立民主政权所拟定的《双十协定》，点燃了内战之火。国民党部署了一百六十多万员的兵力，以进犯中原解放区为起点，向各解放区发动大扫荡，以图消灭共产党。8月28日，蒋介石调集了十四个整编师，囊括三十二个

在工矿处（局）

旅，共三十万之众，对晋冀鲁豫解放区疯狂进攻。

面对这个严重局面，于7、8月份，工矿处启动了战备的准备工作。9月，我们率领峰峰、焦作、六河沟三个煤矿的工人们，积极投入了备战搬迁运动。备战的原则是，对于机器和物资，能搬的就搬。凡属峰峰矿的，搬到离平汉线六、七十公里的磁县索井村；属于六河沟的，则搬到磁县白土镇或二岔口；不能搬的也不能被破坏掉，而是把它们就地掩埋起来，即使敌人把矿场占了，也让他们采不成煤，而当我们打回来时，即可马上恢复生产。

由于这两个矿均属机械型矿井，设备都不少。特别是位于漳河南岸的六河沟煤矿，是中国与比利时合营的老矿，物资更加丰富。加之两矿的供电厂及其他附属厂，器械更是繁多，搬运任务相当艰巨。为了应付这个局面，我们组织了战备工人队，由几十个人拉一台机器，甚至上百个人拉一台机器。工人们哼着号子，有节奏地往前挪。上坡时拉不动，就用撬棍撬，一点点地往前蹭。在这种艰难搬运的过程中，我们还常常受到敌机的轰炸和扫射。为了尽快完成搬迁任务，经群众提议，我们修筑了临时轻便"短铁路"，即用几节活动铁轨一步一趋地将大部件往前运。

为了把六河沟设备运到漳河对岸，我们组织人力，先在河上修了一个木制便桥。尽管有了一个简易桥，工人们还得跳到冰冷的河水里，将五台机车连推带拉地经此桥运到了彼岸。为了维持六河沟矿的原煤生产，只有一台机车被留了下来。

在搬迁的过程中，工矿处（局）的干部们了解到，很多工人对拆迁机器很有顾虑，怕此举将砸了他们的饭碗。于是我们请示了中央局，要求将党的领导公开化。中央局同意了我们的意见。当时，工人们对共产党已经十分信任，党的公开化，

在工矿处（局）

打消了他们的顾虑，从而大大地提高了备战积极性。工人们说："如果早知道我们是在共产党的领导下工作的，那大家的干劲儿就更大了！"

就这样，峰峰和六河沟的矿工们日以继夜，边生产边备战。在没有机械动力，全靠人力、畜力的情况下，在又要过河，又要迂回在高山崎径的辛苦中，仅仅花了两个半月的时间，就将沉重的矿山机械拉出了百公里之外，最终将它们隐蔽在深山老洞里！我们能圆满地完成这样艰巨的战备任务，真是谈何容易啊！

当范文彩、张翼飞、何白沙等领导前脚刚一离开，敌人后脚就迈了进来，六河沟煤矿失陷了。

另外，我们备战转移的主要任务还包括：一.修建战备铁路(邯涉铁路，从邯郸通往太行山区的涉县)以支援前线(将涉县西达和黎城等地兵工厂生产的枪支、弹药送往前线)；二.成立大型器具工厂，为邯涉铁路的修建和运营服务；三.建设西白兔发电站，为军工厂供电；四.动员绝大部分职员和工人们，上山支援军工生产，建设邯涉铁路和工厂；五.留下少数工人，以开小煤窑做掩护，应付紧急情况。

为了有效地组织战备完成后的人力，我们对峰峰、六河沟、焦作三个煤矿的工人作了具体的安排，即绝大部分峰峰煤矿、六河沟煤矿的工人，投身于邯涉铁路的修建。而焦作的工人，主要负责修建西白兔发电站。他们的第一项任务，是将一个可生产八千瓦电的发动机，从焦作煤矿运到发电站所在地，西白兔村。在电厂建成后，则由他们负责那里的电力生产。我们还委派了原焦作煤矿的技术工长潘奎，负责指挥和管理发电厂的常规运行。

1946年10月中旬，晋冀鲁豫军政联合财经办事处(财办)

在工矿处（局）

成立，主任为扬立三，副主任为戎子和。在党内，称其为财经委员会。峰峰、六河沟两矿仍由我直接领导。11月，也就是两矿的备战搬迁任务完成之时，两矿董事会的历史使命也随之结束了。

备战搬迁之时和结束之后，我们在峰峰煤矿设了留守处，负责经营小煤窑的生产。1947年4月1日，六河沟煤矿被我方收复。

力建邯涉铁路与淮海战役大捷

记得我刚到峰峰煤矿时，邓小平与我谈话说："你们将峰峰煤矿搞好，可以养一个军。战备时，可以以峰峰为主体，修建铁路，接通邯郸、平汉铁路，使他们与太行山连接起来。"

修建邯涉铁路的决定，是在1945年冬天，中共晋冀鲁豫中央局刘伯承，邓小平，薄一波和滕代远等领导人参观峰峰煤矿时做出的，此决定具有不可估量的战略意义，对淮海战役的胜利，起了至关重要的作用。

修建邯涉铁路的任务落到了工矿处（局）的肩上。处领导们在组织边区群众为战争做准备的同时，还竭尽全力地为修建邯涉铁路筹集了充足的物资。戎子和同志在描写修建邯涉铁路的史料小说《栈道》的序言中提到，边区政府工矿局以峰峰、六河沟煤矿为中国共产党领导创建邯涉铁路的基地，在全边区举荐科技人才，并在建设的过程中培养了人民铁路专家[14]。此话一点儿不假。

1946年秋，为了做好邯涉铁路施工前的准备工作，我们的一个主要任务是培训一批懂得如何修建铁路的科技人员。我

在工矿处（局）

以工矿处（局）和党委的名义，举办了几期训练筑路科技人员的培训班，受培训者主要是峰峰和六河沟煤矿的技术骨干，也有少数外来人员。例如，来自于晋冀鲁豫军区的筑路主力王志恒同志，就上过我们办的培训班。其他主力人员还有工矿处（局）下属的筑路处处长王效斌（他本来要被派到冀鲁豫去当专员，由于筑路任务紧迫而留了下来）、军区后勤部副处长杨恬，以及工矿处（局）的王绍禹等其他众同志。

另外，只靠我们自己开培训班，还不能彻底解决科技人员短缺的问题。于是，我们广开门路，在全国范围招聘了一些有丰富经验的、资历深厚的筑路、筑桥专家，诸如老土木工程专家刘文阁、石桥专家李芝甫、李绍周、以及老石匠傅石臼等人。

我们的另一项重要任务，是为邯涉铁路的修建做好物资准备，即从峰峰、六河沟和焦作三个煤矿收集建筑材料。我、范文采、贾林放同志将这三个煤矿的工人们组织起来，夜以继日地把所有可用于建铁路的设施尽快拆了下来，迅速运往筑路现场。有些设施，例如体积太大、太重的火车头，只能趟水将它们运过漳河。现场领导人范文采与工人们一起，整天整天地泡在冰冷刺骨的河水里，呼着号子，将一个个的庞大重物运到了对岸。进山时，由于山路高高低低、曲曲折折，使搬运沉重器械更是难上加难。于是，我们就将它们绑在钉好的大木架上，组织年轻力壮的矿工们，一步一个号子地往前挪。就这样，我们终于把所有与筑路有关的机械运到了目的地。

还有一部分建筑材料是从平汉铁路拆除下来的。当邯郸战役打响之后，为了粉碎蒋介石妄图打通平汉铁路，进而占领华北的阴谋，晋冀鲁豫军民拆毁了平汉铁路的几个路段，包括安阳至邢台、邯郸至磁山、马头至峰峰支线以及通往矿山

在工矿处（局）

的铁路。政府组织沿线的百姓，将大量的枕木和铁轨收藏了起来。当要修建自己的第一条铁路时，我们一号召，群众就将收藏的筑路材料贡献了出来，一一运送往工地。另外，我们还将峰峰、六河沟煤矿的两个机修厂搬到了磁山，成立了大成铁工厂，为修建铁路制造器具和零件。

在中央局的领导下，财办主任杨立三、副主任戎子和责令我负责组织实施建筑邯涉铁路的工作。由于刘文阁先生（大家称他为"刘工"）是土木工程的老专家，我们请他负责有关邯涉铁路的设计和测量工作。在筑路任务万分紧急的情况下，白天，不论是晴天还是寒风瑞雪，他都扛着重重的测量仪外出勘探、测量；夜晚，他就爬在昏暗的油灯下，计算数据，绘制图纸。很快，刘工就将筑路策划图交给了我。刘文阁工程师对建设邯涉铁路的贡献，是相当卓越的。在《栈道》的主编人郑义明采访我的时候，我特意向他强调刘文阁对筑成邯涉铁路的特殊贡献。但遗憾的是，《栈道》的作者并没有在书中提及他的名字。

有了筑路方案，接踵而来的是如何实施。在召集了各路专家研讨之后，我们决定采取新老铁路专家小组的分段攻关责任制，即每一个小组由两三个专家和技术人员组成，由他们指导工人修筑所分派的路段。无论哪段遇到了问题，都要即刻向我汇报。如果碰到的是技术问题，我则通知各组的专家们，前来参加现场会议，各抒己见，进行攻关。这种依靠群众智慧的现场会议，的确帮助我们解决了很多技术难题。此外，如果碰到的是物资问题，我则向财办报告，请上级领导协助解决。

在准备、修建邯涉铁路的整个过程中，我随时向财办的领导们汇报情况，并听取他们的指示和建议。另外，刘、邓是于1946年10月迁往冶陶镇的，而在此之前，他们就住在峰峰煤

在工矿处（局）

矿。由于他们对建设邯涉铁路非常重视，故在峰峰的那段时间里，我常常直接向他们报告有关邯涉铁路准备工作的细节与进展。

1947年初，在技术人员各就各位、物质筹备工作结束之际，邯涉铁路的修建工程，正式在寒冬腊月里开工了。为了尽快建成铁路，干部和工人们每天天不亮就顶着凛凛寒风到了工地，打夯抡锤、热火朝天地干了起来。收工之时，早已是明月当空了。

修建邯涉铁路，要横跨太行山的大洺河，一定要架桥。由于没有钢材、水泥，没有撑桥的巨形圆木，使架桥似乎成为不可能。这时候，我们就号召所有技术人员，开动脑筋，寻找、挖掘其他的途径。经过新、老专家们一起研究，终于提出了一个以石桥代木桥的大胆设想。不仅如此，这个石桥还是一个别具一格的潜水桥，不仅能防止敌机轰炸，

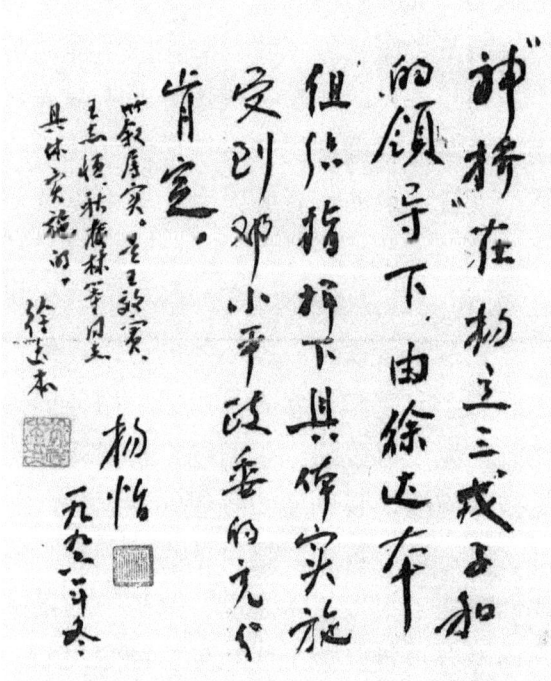

一九九六年冬，杨恬亲自为徐达本组织指挥修建邯涉铁路的事实写了证明信。徐达本对此信做了进一步的充实。

在工矿处（局）

而且还能抗拒山洪爆发。如此诸多的优势，使我们决定采纳这个方案。

提到设计和修建潜水石桥，我应提及两位殊有贡献的人物：李芝圃和傅石臼。李芝圃是山西黎城县人，生于地主家庭。他本人是铁路工程师。但有人非说他是"恶霸地主"，将他关押了起来。他自幼仰慕詹天佑大师，并对大师设计的巨型铁路石桥颇有研究。最难能可贵的是，他一直没有放弃自己要为祖国建设石桥的雄心。这次，是我们要在大洺河上建战备石桥，这样的人才，怎么能不用呢？于是，我派人去了解他的情况。回来的报告说，李芝圃被谎扣了一顶"恶霸地主"的帽子而正在被关押。于是，我派人将他从监狱里接到建筑工地。

一眼看上去，李芝圃是个四十来岁的读书人。我对他说："我们已搞清楚，你不是恶霸地主，将你抓起来是错误的，应该还你自由。但是，我们真诚的希望你能帮助晋冀鲁豫边区人民政府建一个石桥。"当他听了我的解释之后，马上表示，这不仅为他提供了一个为国民服务的好机会，而且对他也是一个技术上的挑战。他非常愿意把自己的全部知识和精力，毫无保留地倾注到对这个桥的设计上。李芝圃是如此说的，也是如此做的。他非常珍重我们对他的信任，在参考了古今中外的先进技术，总结了太行山几千年的石文化，和听取了新、老专家的建议之后，把他的一锦囊妙计，合盘端了出来。没多久，一张完整可行的潜水石桥设计方案就出台了。

再说傅石臼老石匠。他当年已是年近八旬的老人啦！然而他巧夺天工的石技，对修建潜水石桥，可真算是把好钢用到了刀刃上。听说是为了打蒋介石，人民政府要建一个石桥，他就带领了一群石技高超的徒弟来到了工地，与李工（大家对李芝圃工程师的尊称）磋商如何打好架桥的大型基石。他们这群

在工矿处（局）

石匠，昼夜叮叮铛铛地敲石头，基石敲好后，在李工的指挥下，由民工们将它们准确无误地下入了河床，为石桥的桥体铺好了地基。由于人民的智慧和辛苦劳作，大洺河的潜水石桥终于竣工了。这座石桥不仅成为贯通邯涉铁路的关键环节，而且是中华民族筑桥史上的一奇。

1947年2月到8月，我们首先把磁山至冶陶区间的铁路修通了（当时，晋冀鲁豫中央局在冶陶办公）。由于解放军战略反攻的需要，晋冀鲁豫边区军工厂的产量急剧增加，仅涉县西达兵工厂即可每月生产"七·五"型山炮炮弹六千余发。如用人力、畜力运输，往返前后方一趟就要花费六天的时间。为迅速改变这种现状，我们又加紧将磁山至冶陶的区间铁路，分别向东延伸至邯郸，向西延伸至涉县。东西两段铁路，先后于1948年3月和10月修通。

为了确保按期完成铁路的修建，工矿处（局）的领导们打了一个漂亮的"人海战役"。建筑大军是以峰峰、六河沟煤矿的工人为主体，外加四周的民工。在五、六个月的时间里，我们和工人们一道起早贪黑，打地基，铺枕木，肩扛重物穿梭于矿山和筑路工地。就这样，两个煤矿的矿工们和晋冀鲁豫的边区人民，用自己的双手和血汗建筑了邯涉铁路——第一条在共产党领导下修建的铁路。

邯涉铁路为窄轨线路，全长共一百零六公里。在这条铁路上穿梭的，是九台0-6-0型矿山小机车头，他们所牵引的，是载重仅为一吨重的峰峰矿运煤小火车（也称"一吨车"）。全线共设十二个车站，站内使用每米八公斤重的矿山铁轨。为了使车辆正常运行，我们还成立了车辆修造厂和三个工务段。由于全线无信号设备，在车辆起动和行驶时，全凭站务人员的手示信号和机车鸣笛。列车以运输军需物资为主，同时也开设了

在工矿处（局）

客车、货车，或客货混合车。

由于邯涉铁路与邯郸火车站直接联衔，这就构成了一个火车、汽车、马车交错的千里快速反应线。因为汽车和马车队不受轨道限制，它们的线路，似有形，又无形。中原逐鹿大军的动作大，它可以随其左右摇摆，大军打到那里，就及时地跟到那里。太行山老解放区的乡亲们，用肩扛、畜驮，不畏严冬大雪铺天盖地，赶到涉县火车站，将弹药等支前物资装上一列列小火车。正是这条小铁路，把太行山根据地的军火、粮草等物资运到了前线，为解放战争立下的功绩，实在不凡。

刘伯承和邓小平曾说过，峰峰、六河沟煤矿全体职工，让我们见证了建设铁路决定的正确性和可行性。两矿职工为逐鹿中原的大决战，立下了头等功，应树碑立传，载入史册。这些褒奖，对我这个筑路的实地领导人来说，也是十分珍贵的。而更珍贵的是，我有幸与峰峰、六河沟两矿职工、解放区的民工们、各路专家们一道，参加了邯涉铁路的兴建，目睹了它一寸寸的延伸。

历史上所谓太行山上筑《栈道》，就指的是我们所建的邯涉铁路。在淮海大决战时，它是南线铁路反应线的源头，是架域太行山和淮海大路的桥梁。它的存在，使解放区军需物资运输的效率提高了十多倍。另外，在修建它的过程中，我们还培养了一大批既懂业务又会管理铁路运输的专业干部。在新中国成立时，这些干部成了接收和管理全国铁路系统的骨干。

1948年7月中，中共中央召开了西柏坡会议。在会上，邓小平向中央汇报了创建邯涉铁路的情况。周恩来感叹地说："中央七个大解放区中，唯有冀鲁豫边区创出了太行山的钢铁栈道！"届时，毛泽东诗兴大发："火兮！火兮！火里飞出金凤凰。邯涉战备铁路已是炸不断的太行山出山钢铁栈道。我们要派用场喽！"接着毛泽东又对邓小平说："小平呀！我们决心扑灭蒋介石点燃的内战大火，运筹对全国几个大仗，是重中之重。"此话一点儿也不错。1948年5月，也就是淮海战役的前夕，正是依靠这条铁路，我们将弹药运往前方，歼灭了蒋介石的黄维机械化兵团十二万余人。刘伯承在去西柏坡开会的路上，特意到邯郸火车站去慰问那里的职工。他说："这是我对后勤供应最满意的一次！边区人民修筑的这条'栈道'，传奇般地将枪枝弹药运给了我们的士兵们。若晚十分钟，弹药跟不上，黄维就会跑掉了。边区人民和邯涉铁路，为淮海大战的胜利立了大功！"这一席话，赞扬了边区参加筑路的每一个人，肯定了他们对淮海战役之胜利所作出的贡献。

1949年7月，蒋介石败北的大局已定，新中国即将成立。为了使平汉铁路尽快恢复正常通车，邯涉铁路磁山至涉县区间五十五公里的铁路线被拆除。拆下来的钢轨、枕木，物归原处，再被用于平汉线的重建。邯郸至磁山区间的窄轨线，则于1952年改造成为标准轨距。就这样，共产党修建的第一条铁路，在运行了十个月的短暂时间里，出色地完成了它的历史使命。

女儿初世困硝烟

我刚到工矿处(局)时，赵毅已有了身孕。这是抗日战争胜利的果实，也是我们爱情的结晶。赵毅做为工作人员，也在工矿处(局)上班。最初，我们把家安在了峰峰煤矿的矿区。内战打响后，我们搬到了离峰峰不远的石洞村。赵毅和我一边紧张地工作，一边期盼着一个新的小生命的到来。

1946秋，国内革命战争势态异常严峻。国民党的飞机不断地轰炸峰峰煤矿所在地，以至整个矿区弹坑累累，到处弥漫

在工矿处（局）

着呛人肺腑的硝烟。就在战火纷飞的10月17日，我们的大女儿在峰峰降生了。为了纪念在峰峰煤矿所经历的艰辛岁月，我们给女儿起名"峰峰"。

此时，战情一天比一天吃紧。为了确保妻子和女儿的安全，她们必须马上离开国民党的轰炸目标，途经彭城去马村。当时我正在紧张地指挥备战工作，忙得顾不上刚生产的爱人和出世五天的女儿，只好让我的警卫员杨学东护送她们去马村。由于生产使爱人疲惫不堪，杨学东找了付担架，将赵毅和峰峰安置于上，由两位老乡抬着走。为了躲避敌机轰炸，她们是在凌晨三点出发的，但天一亮，就被国民党的两架战斗机发现了。这两架敌机就象钉在了她们的头顶上，低空盘旋着，跟踪着，轰炸着。就连那个坐在机舱尾部的机关枪手，都是清晰可见——他正时刻不停地向她们扫射着。炮弹、机枪掀起的黄土，就象一床厚厚的棉被，遮盖了母亲和婴儿。不久，护送的老乡就被打散了。赵毅紧紧地抱着女儿，跟着杨学东一路小跑，躲躲停停。后来赵毅对我说，当时她真以为她和孩子是逃不过这一劫了，不能再与我见面了！

但幸运的是，我的爱人和孩子所经历的，是死亡的威胁，而不是死亡本身。后来，她们躲进了一片树林，把那两架跟踪的敌机总算甩掉了。不久，她们又上了路。终于，一个村庄出现了。但家家门上挂着一个红布条，其意为，没出满月的妇女勿进此门，以免伤了风水。赵毅尊重当地百姓的风俗习惯，只好与女儿、杨学东躲进了一个四面透风的破庙，以得小息。众所周知，凡庙，都是泥菩萨的圣地，不能动用炊火和吃东西。幸好在庙的后面有一条小河，赵毅就用冰冷的河水，清洗满脸的泥土和婴儿的尿布。打那以后，爱人的双手作下了风湿性关节炎的病根儿，困扰终生。

在工矿处（局）

　　幸免于国民党的空袭之后，在杨学东的护卫下，母女俩终于到达了距冶陶镇四里地远的马村。爱人将刚出生的女儿寄养在一个老乡家，自己就立即返回到工矿处（局），又与我一起投身于紧张的战备工作。

　　由于生长在物质、卫生极其恶劣的环境中，峰峰得了严重的营养不良症。不久，异常脆弱的女儿患了痢疾，生命奄奄一息。奶娘跑到我驻马村部队的队部，给工矿处（局）发了个加急电报并火速转我。我当时正在石家庄搞战备工作，而赵毅在太行山的长治（即上党）蹲点搞土改。电文说："峰峰闹了痢疾，濒于死亡。你们来否，都无济于挽救她的生命。如不来，我们将自行施她于河葬。请酌情。"这个恶讯，就象有人在我的心部猛击了一拳，令我窒息！女儿的生命危在旦夕，或许，此时她已经离开了人间？镇静下来后，我立即与爱人取得了联系，待她止住了呜咽之后，在思絮一片混乱时，我们开始商量是否应与女儿见最后一面？渐渐地，我们冷静了下来，一线希望油然而起，小小的峰峰有可能还活着呢！我们得尽最大努力把她从死亡的边缘寻回来。于是我马上抓起电话，与马村的部队卫生所通了话，请他们立即派医生去给峰峰治病。同时，也做出了赵毅去看女儿的决定。我则由于工作忙的实在走不开，不能与爱人同行。

　　做出决定时，已是晚上十点多钟了。我立刻请马夫备马与赵毅一道上路。后来，爱人将他们在路上所经历、所看到的，原原本本地告诉了我。

　　他们在马背上度过了三天三夜，把带的干粮都吃完了。于是，他们就用解放区印发的少许粮票，与老百姓换些能吃的东西充充饥。一路上，他们穿越了不少高山、横跨了大大小小的河流。在横渡涉县的一条水很深的河流时，幸亏马会游泳

在工矿处（局）

把他们载到了对岸。在水中看到的，尽是漂着的死孩子。那景象使赵毅心酸，觉得女儿也在其中。绝望之时，她对马夫说："想是小峰峰已经没了，咱们还是回去吧！"马夫劝慰说："既然已经来了，也走了大半程了，咱还是往前走吧，兴许孩子还活着呢！"就这样，在万缕忧疑和一线希望交错的煎熬中，他们终于抵达了马村。

到了奶娘家，只见女儿已被裹在一张破烂的草帘里，停放在院中，只等咽气后放置河里了。赵毅奔过去，打开了那个草帘子。没想到，孩子身上连个布星儿也没有！小小的肚子凹成了一个坑，一根根肋条高高突起，只剩下一把骨头了！但是，女儿还在微微地喘着气，生命尤在！妈妈轻轻地抚摸着女儿，唤着她的名子，但没有一点儿反映。母亲的泪水，滴在了那张枯黄的小脸上……这时，驻军军医也到了。在医生诊断峰峰确实得的是痢疾后，给她开了药。但此时，弱小的峰峰已经不会吞咽东西了，于是赵毅就用棉花签，沾点儿加了药的小米汁，一点点地抹到那半张的小嘴里。这药还真是很对路，慢慢地，女儿的病情有了好转，仅仅八、九个月的小性命，被保住了！

然而，小峰峰仍然异常虚弱。为了她的复原，赵毅决定在奶娘那里多住些日子。几个月后，女儿能晃晃荡荡地站起来了，会叫"妈妈"了，也知道饿了。她手里总是拿着一个从日军缴获的战利品——木制的小碗，这是她的专用饭碗。她不停地向妈妈摇晃着这只小木碗，表示饿了，想讨点儿吃的。赵毅知道孩子确实是很饿了，真想多给她一点儿，但又怕出危险，因为她亲眼见到罗军同志的孩子，死于长期饥饿后的过食。对这种死亡的原因，民间是这样解释的：当肠内没有一点儿油水时，如突然引进大量的食物，就会把肠子撑破！这个悲惨事

在工矿处（局）

件，搞得赵毅精神非常紧张。当女儿向她讨饭吃时，当妈妈的只能硬着心肠，给她一点点稀粥解解馋（当时，大米、白面的供应相当紧缺，而饼干、点心、糖块儿等，都是见不到的奢侈品）。

正当此时，我趁到冶陶开会之便，到仅四里远的马村看望了爱人和尚在恢复中的女儿。由于照护病中的峰峰，加之粮食奇缺，赵毅也变的越来越憔悴、消瘦，令我很是心疼，决定将母女俩一并带走。基于公务在身，我们在滋山逗留了一、两个月。在此期间，由于赵毅在滋山煤矿机械厂工作，便在当地请了一个奶娘照看峰峰。在我完成了在滋山的公务之后，母女和奶娘与我一同回到了石家庄。

此时正值解放前夕。垂死挣扎的国民党派了大批飞机轰炸石家庄。为了女儿的安全，赵毅决定离开这座城市，与奶娘

摄于一九四九年。华北人民政府公营企业部副部长徐达本（二排中）与部机关人员合影。前排右一为爱人于兆毅

在工矿处（局）

一起带着刚能摇摇晃晃走路的峰峰，徒步行走了两天两夜，途经井陉到了阳泉县，娘三儿在那里暂时住了下来。

女儿的性命保住了。但在孩提时所受到的磨难，使她的健康受到了极大的摧残。从那以后，她一直弱不禁风，小病、大病不断。

1947年3月，晋冀鲁豫边区政府整编后（与军区工业部合并），晋冀鲁豫边区工业厅成立，我任厅长，赖际发任党委书记，办公地点在长治县。峰峰及六河沟两矿归工业厅领导。一个月之后，工业厅决定两矿合并，成立峰峰第一管理处，并任命范文彩为主任，何白沙、多云海为付主任，同时决定峰峰煤矿正式恢复生产。

同年11月12日，石家庄被解放了。前面曾提到，黄敬以晋察冀政府名义去那里接收器材、物资以支援前线。届时，他约我前往协助工作。与我同行赴约的，是晋察冀主管军工生产的工程师徐驰。我们一见到黄敬同志就马上投身于紧张的接收、支前工作。

第七章 在开滦煤矿

解放前夕的开滦煤矿

1948年11月27日，我华北野战军与东北野战军联合打响了平津战役。河北等地三十万民工随军参战，十五万群众、三万多车辆参加了修路、架桥和运送粮食弹药的支前救援工作。此战役共歼灭国民党军五十二万余人。我们的胜利，迎来了整个河北省的解放。1949年1月15日，我军解放了天津；1月31日，又和平解放了北平。国民党政府的灭亡，已成定局。

1949年初，我携全家进入北平。我当时任华北人民政府公营企业部的副部长，与黄敬部长共同主管华北地区的工业组建与发展工作。不久，黄敬被调到天津任市长。1949年7月13日，为了加强对开滦煤矿的领导工作，华北人民政府、华北军区，任命我为开滦煤矿的总军代表。

如前所述，唐山开滦煤矿的前身，是清政府于1878年7月24日（清光绪四年六月二十五日）在直隶唐山开平镇成立的开平矿务局。1900年（即光绪二十六年），英国墨林公司借八国联军侵华的武力威慑，攫取开平矿务局，并将其改名为开平矿务有限公司，表面上，它是一个中外合办企业，实质上仅被英国资本家牢牢地控制着。1906年，为了与开平公司竞争，在清政府的鼓动下，成立了一个由中国人举办的采煤公司，即滦州公司。其本意为"以滦制平"，并达到"以滦收平"的目的。但辛亥革命后，在动乱中的政府放弃了收回开平公司的计划，竟然于1912年同意两公司联合经营煤矿，并建立了开滦矿务总局，总部设在天津市。联营公司被简称为"开滦"。但实质上，从两公司联合经营之日起，滦州公

在开滦煤矿

司就沦为开平公司的附庸[15]。

尽管如此,清朝和北洋政府从未承认和授以开平公司在我国的采矿权,也从未向该公司发授过采矿执照。但是,丧权辱国的国民党政府,终于在1934年把在开滦的采矿权拱手出卖给了开平公司——批准了两公司的修改合同,确定了英国开平公司在中国的合法地位。从那以后,大英帝国在蒋介石制定的法律保护下,将我国宝贵的矿藏资源据为己有,掠夺了中华民族的巨额财富。

自从两公司联营后,英商依仗帝国主义特殊势力,利用中国的廉价劳动力,奋力采煤,占领了华北和华中的煤碳市场,垄断了对日本的出口权,盈利殊为丰厚。英商在开滦索取的高额利润,成为国内外生意场上的奇闻。与此相反,开滦工人却蒙受着残酷的压迫和剥削,为了生存,罢工事件此起彼伏,连年不断。

解放前夕开滦矿务总局,已经是一个拥有四矿一厂(制砖厂)和近五万名职工的大型矿山企业,其年产原煤总量为五百万吨左右。1948年12月12日,矿区东郊的滦河大桥遭到国民党军队的破坏,造成交通阻隔,煤炭难以外运。开滦资方在英商的操纵之下,采取消极态度,大幅度地降低了矿山产额。营利的下降,使整个矿区陷于瘫痪状态。资方拖延支付工人的工资和粮饷,导致工人生活极度贫困。12月21日,天津、秦皇岛两市军事管制委员会先后派王林,王涛江为开滦矿务局的军代表,他们的中心任务,是解决工人们的生活困难,发动群众,恢复生产秩序。

1949年1月5日和2月2日,开滦矿务总局的两个总经理于明德(中方),斐利耶(英方)先后致函唐山市军事管制委员会,以停产相要挟,妄图保留帝国主义在华的特权。2月12日,他们又

在开滦煤矿

致函毛主席及华北人民政府主席董必武,声称:"开滦煤矿已频于破产","告贷无门",急需大宗贷款,并要求新政府同意他们拟定的铁路优先运煤和暂时减产的应急方案。政府拒绝了他们借款和减产的要求,但同意收购煤炭及增加铁路运煤量。在开滦煤矿最艰难的时刻,裴利耶还向人民政府提出,愿以"估价收购"的方式撤让股权的意见。他的所谓"撤让",实质是英国资本家蓄意达到吞占开滦在国外的资产之目的。1949年4月30日,我劳资协商会决定,调回伦敦存款,只留十万英镑购买器材,但这一决定遭到了英方的拒绝。

对我和其他领导同志们来说,管理开滦煤矿这样一个大规模的中英合资企业,都是开天辟地第一回。我们只有一条路可走,即通过实践去摸索和积累管理它的经验。1949年2月20日,中共中央曾发出了《关于开滦问题给华北局的指示》的文件,其主要内容为:一.对开滦这样大型的带有垄断性的煤炭企业,政府必须设法加以管制。政府应立即派有能力的代表们前去了解当时的管理方法,并制定适合新时期的管理方案;二.虽然矿务局已提出多项改进生产的倡议,当务之急是应设法增加运煤车辆,以提高出口数额;三.政府应立即控制煤炭的国内外贸易;四.政府应以合适的价格,购买一批煤炭,如此,既可掌握和控制对铁路和工厂的需煤供应,又可避免因生产过剩而导致的生产停滞;五.力求避免暂时减产的政策。

1949年5月7日,中央书记处书记刘少奇同志专程到开滦煤矿进行实地考察。他对王林和王涛江同志拒绝资方提出的停产要求给予了赞许。刘少奇同志说:"对!我们就是要拒绝他们的无理要求。刚刚开过的二中全会,明确了党的中心任务,那就是恢复和发展生产。开滦是个关系到国计民生的大企业,为了国家,为了工人们的生活,必须坚持生产。这一点也必须向工人们讲清楚。他们不是为中外资本家生产，而是为自己的国家生产，只有坚持生产，才会对人民有利。"刘少奇还说："职员靠薪金生活，待遇高些，是因为他们是脑力劳动者，他们也是工人阶级的一部分。如果工人对于高、中级职员加入工会有意见，要给他们做工作，让他们懂得，只有大家团结一道，才能发展和建设开滦煤矿。"

我任"开滦"总军代表、总管理处主任

由于多年来英商主控开滦矿业，所以对它的管理也早就英制化了。例如它的很多行政、工程人员来自英国；英文为日常工作用语；凡业务文件档案也仅用英文书写等。这使我意识到，要想领导好科技如此强悍的企业，一定得培养一支自己的科技队伍。当时北平有两所高级工业学校，一为国立，一为市立。于是在赴任前我先到两校选了徐德琛、刘恩祥、李润田、苏猿、张克政、孙其定等十二名应届毕业生，率他们同乘一趟火车到达了开滦，并按其专业（机械、土木和化工等）分配到对口部门与原有的高级工程人员一起工作以便熟悉业务。另外我还从已经参加了革命工作的人员中找寻了一批大学生，如王武、唐琪、高平等，请他们到开滦一起工作。这批人材与所有爱国的老雇员一道，为当年开滦煤矿的回归和重建做出了重大贡献，日后他们均成为建设我国煤炭工业的技术骨干和专家。

我出任总军代表后，根据上级的命令，所有天津和秦皇岛市军管会派驻矿区的军代表均由我统一领导。这里应该强调一下的是，在我到职之前，王林和王涛江同志已作了大量的、很有成绩的工作。我到开滦之后，王林继续管理矿区的工作，王涛江则到唐山市委任办公厅主任。我派赵彬同志去天津总局

在开滦煤矿

监督那里的工作,并派了另一个军代表(我记不清他的名字了)去管理设在秦皇岛的运煤大港口。而我的职责,是代表华北人民政府和华北军区与开滦矿务局建立密切联系;监督开滦煤矿的生产和运销工作;监督人民政府援助开滦的物资在职工中的合理分配;协助改进采煤方法,降低成本;改进不合理的管理制度,以达到发展生产的目的。

在开滦任职期间,我主持了以下几方面的工作:一. 领导工人克服困难,恢复生产;二. 改造旧开滦的矿业警察;三. 对职工进行启发性教育,组织他们学习新中国的治国纲领;四. 争取政府抚助和安排过渡时期的职工生活;五. 筹建工会,发展会员;六. 领导职工与矿方交涉以争取合理的福利待遇;七. 组织职工成立自包生产合作社、集煤栈,稳定煤价;八. 领导职工参加华北人民政府工商部召集的劳资谈判,确定解决工人生活的具体办法;九. 监督矿方建立安全检查制度;十. 领导工人取消包工大柜制度。

1949年10月,裴利耶赴日,签署了向日本出售七万吨原煤的合同。他要求的付款方式为,日方将其在英国银行的存款直接转入到开滦在英国的账户内。他这一侵吞公司利润的企图,遭到了我国政府的坚决反对。11月16日,外贸部指示:"必须用七万吨原煤换回矿厂所需器材,否则不得成交",迫使开滦的两个总经理做出了"同意政府意见"的书面保证。次年6月16日,裴利耶又以调回开平公司在英存款为借口,从香港飞往伦敦。回国后,他随即背弃了对中国政府的承诺,不但扣留了公司在英的全部款项,而且将出售日本的七万吨煤款据为己有。他还宣布自己调职伦敦,不再来华。裴利耶的背信弃义,使开滦矿务总局蒙受了极大的经济损失。

滦州公司对英国开平公司这种背信弃义的行为甚为气

在开滦煤矿

愤。总经理余明德代表公司董事会向开平公司提出严正抗议。出于民族正义感和苦于面对"未能善筹于前,无力挽危于后"的残局,于1952年4月8日致函时任总军代表的我,急切要求政府派专员管理开滦。其函全文如下:

"明德自1949年1月受滦州矿务公司之托,承乏开滦总经理,与英方总经理裴利耶共同负责办理局务,彼时经济困难,达于极点,积欠职工薪资为数甚巨,幸赖我人民政府大量贷款,收购滦煤,接济职工生活,解决材料困难,始得勉维生产。不意值此严重关头,英方总经理裴利耶,竟将开滦存英款项及输日煤款,非法扣留,复于1950年假借赴日接洽煤斤出口事宜,逃避英伦,对开滦生产及职工生活所应负

一九五零年在开滦煤矿。总军代表徐达本在开滦煤矿的劳动模范表彰大会上讲话。

之责任，置之不顾，继而开平公司又撤消其总经理，开滦联营组织无形解体，局务陷于瘫痪，加以开滦机构及管理制度十分腐败，使生产经营无从改进，积欠国家巨款及职工大量薪资，均急待清偿，以致困难愈陷愈深，长此拖延势将难以收拾，国计民生均受其害。明德责任所系，既未能善筹于前，又无力挽危于后，与念及此无任悚惶，辗转思维，迄无良策，经向滦州公司磋商请示，亦无妥善办法。惟有据实陈明吁请人民政府派专员管理，迅加改革，并清理各项债权债务，于公于私均有裨益。为此披沥陈言，惟祈鉴察，赐予转恳中央俯准迅赐施行，不胜迫切待命之至。"

其实，我们的最终目标，就是从中英官商的手里接管开滦煤矿。1949年10月1日，新中国宣告成立时，政府就颁布了《人民政治协商委员会的共同纲领》（《共同纲领》），明确规定"中华人民共和国必须取消帝国主义在中国的一切特权"，"凡属有关经济命脉和操纵国计民生的事业，均由国家统一经营。"

1950年8月，中央人民政府燃料工业部（燃料部）就约集外交部、中央人民政府财政经济委员会（中财委）外资局、私营企业局、煤矿管理总局、开滦总军事代表办事处等单位，派代表组成了开滦问题研究会。该会在经过调查研究后，建议人民政府应立即撤消英属开平公司攫取的非法权益，清查英商在开滦的财产，以偿还多年来对我国人民欠下的债务。

"开滦"回归中华

1952年5月14日，为了转发中财委财经字第2号命令，燃料部发出了燃办字第1686号命令。此令称："查开滦煤矿务

在开滦煤矿

总局经理余明德陈述各节,确属实情。为发展开滦煤矿生产,保障开滦职工利益,特决定接受开滦矿务总局总经理余明德及滦州矿务有限公司之请求,开滦矿务总局立即由燃料部接管。在燃料部的领导下,组织开滦矿务总管理处,负责代管开滦煤矿企业,并派徐达本为总管理处主任,范文彩为副主任"。从此,开滦矿务总局及所属各单位终于回到了人民的怀抱。

政府代管的消息传出之后,矿山四处一片欢腾,庆祝开滦煤矿的新生。反映最强烈的是下井的工人们,他们奔走相告,情绪兴奋激昂。在宣布这一喜讯的当天,各矿煤炭生产都有不同程度的提高。5月16日的煤产量为四千五百零二吨,比头一天的产量多出四百吨。唐家庄矿有几位共产党员,高兴地将过去矿主发的面粉票交到党总支部说:"用它来支援抗美援朝吧!"

就在大幅度增产的同一天,我和范文彩副主任亲自主持召开了开滦各矿高级职工座谈会。到会的七十多位技术人员发言热烈,尽管会议开了四个小时之久,但大家的情绪始终非常饱满。与会者一致认为,人民政府代管开滦煤矿是合情合理的。他们说:"根据《共同纲领》的规定,有关国计民生的企业,应该由国家经营。象开滦这样国内数一数二的大矿,早就该收归国有。"不少高级职员为自己将成为一名国家干部而感到自豪,表示今后一定要把自己的技术知识贡献给祖国的煤炭事业。一些曾直接受过英籍雇员歧视和欺压的工程人员,回想起过去所受到的屈辱而感到十分气愤。他们说:"我们中国的工程技术人员的水平不比英国人差,还有不少人比他们强,却当不了矿区主管总工程师和其他工程负责人,只能为外籍人打杂儿。"他们还抱怨:"不少英国人在本国也不过是个普通监工,但一到中国,因为有帝国主义为他们撑腰,就专横拔扈,任意打骂矿工。就

在开滦煤矿

连一些很高级的中国工程技术人员,也要受他们的歧视和管治。"总之,全体到会的人员热烈拥护新政府代管开滦煤矿。

1952年5月17日下午,开滦煤矿召开了庆祝代管大会。我们本来预计出席人数大约为七千左右,但实际到会的人数超过了九千。届时,燃料部部长陈郁正式宣布了政府批准代管开滦的命令,并发表了重要讲话。他充分肯定了在军代表的领导下,开滦工人阶级所取得的成绩。同时他还对开滦煤矿今后的发展,提出了希望和要求。会后,大批工人家属随着矿山宣传队拥上街头,又敲锣又打鼓,又扭秧歌儿又唱歌儿。大家异口同声地说"'代管'是开滦煤矿史上的一件天大的喜事。"

"开滦"医疗队赴朝抗美

我在开滦任职期间的另一个大事件是朝鲜战争的爆发(始于1950年6月25日,1953年7月27日签署停战协定)。根据当时的新闻报道,这场战争是美苏两强在朝鲜半岛争霸的产物,而1950年秋,美国不顾中国的再三警告,将战火烧到了东北边境,对我国的安危构成威胁。于是,毛泽东做出了抗美援朝、保家卫国的决定。10月19日,中国人民志愿军奉命开赴朝鲜前线,与朝鲜人民军共同抗击侵朝美军。此时,全国各民主党派纷纷发表宣言支持这一行动,并掀起了轰轰烈烈的群众性抗美援朝运动。

11月3日,开滦煤矿党委号召全体开滦煤矿职工声讨美国侵朝,并以实际行动支援中国人民志愿军。这一号召,得到了即刻的反响——职工们纷纷动笔给战斗在前线的中朝军民写慰问信;不少人还把自己的工资寄到了前线;更有一些爱国青年

在开滦煤矿

矿工报名参加了志愿军。同时，开滦总医院和林西矿医院的众多医护人员，向矿党委表示了要求赴朝参加战地救护的热切愿望。我们认真地讨论研究了他们一而再，再而三的申请，决定组成全国第一支民间抗美援朝医疗队，即开滦抗美援朝医疗手术队。

由于是去医治战伤，党委认为，抗美援朝医疗手术队主要应由外科医护人员组成，故指派总院的骨科主任医师陈敏担任领队。这支医疗队由骨外科大夫王俊棠、李宝奎、护士长戚荣昌、护士祢秀荣等十余位组成。为了便于领导，我们的医疗队被编入中国红十字会，成为抗美援朝第一医疗队，并由陈敏任大队长。1951年3月22日，唐山市政府、开滦党委以及全体职工，为他们举行了隆重的欢送仪式。当晚，我们的医疗队就乘上了去沈阳的列车，到中国人民志愿军总后勤部沈阳分部报到。随后，这队医护人员被派到坐落在中朝边界延吉市的陆军第三医院总部工作。

战争是相当残酷的。大批炸伤、烧伤的指战员被送到第三医院。开滦的医生和护士们，起早贪黑，把全部精力和热情都倾注到对伤病员的救护之中。在短短的四个月的时间里，八、九百条生命被他们救愈了。

6月下旬，在开滦党委的大力支持下，第二支抗美援朝医疗队又组织起来，以接替第一支医疗队。这支队伍的领衔人是林西矿医院的主治医寇用礼，成员均为同院的医护人员。7月11日，开滦党委召开了第二个轰轰烈烈的送行大会。赴朝的医生护士们，在震耳欲聋的锣鼓和鞭炮声中离开了矿区。当这支医疗队达到目的地后，寇用礼与第一大队长陈敏立刻进行了工作交接，新来的医护人员各就各位，马上投身于紧张地抢救伤员的工作中。

在开滦煤矿

1952年初春，开滦党委得到通知说，由于战地急需，开滦医疗队的全体成员奉命调往大赍野战医院。这个医院的条件不仅比第三医院更艰苦，而且医护人员奇缺，许多重伤员得不到及时妥善的治疗，造成伤势恶化，甚至死亡。从后来的抗美援朝医疗队的工作汇报中得知，开滦的医护人员克服了重重困难，在气温低于零下二、三十度的简陋小房里为伤员做手术，往往八、九个小时下不了手术台。就这样，第二大队医疗队的同志们在寇用礼的带领下，救治了一批又一批伤员。由于他们忘我地劳作，很快扭转了原来对伤员救护不利的局面。

1952年5月23日，开滦第二抗美援朝医疗队胜利返回唐山。在前后一年多的时间里，开滦的这两支队伍共救治了两千多名伤员，很多医护人员荣立了二等功、三等功。他们的荣誉，也是开滦煤矿全体干群的荣誉。

当我们的两支抗美援朝医疗队正在前方紧张战斗的时候，中国人民抗美援朝总会于1951年6月1日向全国同胞发出了号召："为了取得抗美援朝的伟大胜利，开展捐献飞机大炮运动！"开滦煤矿的全体干群，积极响应了这一号召。

我们的职工们从朝鲜战争爆发之际，就热切地关注着中国人民志愿军在前方作战的形势及战局的发展。我们还常常邀请中国人民志愿军归国代表团到矿山为职工们作报告，讲述志愿军指战员们是如何为了保卫自己的祖国而英勇献身的，这些可歌可泣的故事，大大激发了职工们的爱国热情。大家纷纷表示，一定要多捐些钱买飞机大炮，早日赢得抗美援朝的胜利。一时间，矿区的职员、工人，不论薪水高低，都各尽其能地排入了捐赠行列。有人捐工资，有人捐金银手饰，有人捐贵重药品，有人捐面粉，有人捐煤票，有人捐奖金，还有人拿出了多年的积蓄。许多工人下井不带或少带干粮，为的是把省下来的

在开滦煤矿

钱捐给在前线作战的志愿军。

作为领导和党的干部,我和赵毅(她是军代表办公室的工作人员)更要走在捐赠运动的前面。当时,由于实行的是供给制,政府每月发给我和赵毅口粮和极少量的津贴。为了支援前线,我们紧衣节食,把省下来的口粮、衣物和津贴送到了捐赠办公室。就这样,在全矿职工的共同努力下,开滦煤矿共捐款六十四亿余元(旧币,相当于六十四万余元人民币),超出预定捐款额数的22%。这些钱,足以为志愿军购买五架战斗机!

在开展职工个人捐献运动的同时,我代表开滦矿务总局和全体职工,写信给唐山市抗美援朝分会,表述了我们的决定——为了支援志愿军作战,开滦煤矿将捐献部分超额生产的原煤,以购置以"开滦号"命名的六架战斗机。为了实现这一目标,各矿职工纷纷开展了劳动竞赛,连创生产纪录。1951年9月28日,林西矿生产了五千七百三十二吨原煤,打破了本矿日生产的历史纪录。唐家庄矿还大胆进行了生产改革,试验长壁采煤法取得成功,不仅大幅度提高了生产效率,增加了产量,而且还在确保安全的前提下节省了物资。9月30日,全矿区煤炭日产量创造了二万三千七百三十三吨的新纪录,受到了燃料部的表彰。截至到11月份,开滦全体职工怀着对祖国诚挚的爱,已经创造了足够购买六架"开滦号"战斗机的价值,提前完成了我们预定的计划。

由此可见,我们的每一个干部、技术人员、矿工都热情地、无保留地投身于抗美援朝、保家卫国的运动。这是自新中国成立以后,开滦群体(包括我本人在内)第一次体会到爱国主义和国际主义的伟大感召力。作为开滦煤矿的领导者之一,我为能同这里的职工们一道倾泻对祖国的热爱之情,感到极大的荣幸。

在开滦煤矿

"开滦"轶事

作为总军代表、总管理处主任,我在开滦煤矿工作了近三年半的时间。由于其固有的外资特点,不但工作环境异常复杂,而且遇到的困难也是形形色色。对我来说,要想把开滦这样的大型企业管理好,是一个巨大的挑战。当我刚到开滦时,就把发动和依靠广大工人群众,促使他们成为矿山的真正主人,定为工作的立足点。我以为,这个策略很对头,并取得了较为满意的成绩。在辛苦工作和克服困难的过程中,我结交了很多挚诚的朋友,我的足迹遍布了整个矿场,也留在了每一口井的井下。我深深体会到,我爱开滦,开滦也爱我。这段情,是我至今与开滦矿务局(现为开滦集团公司)和那里的友人保持密切往来的根由。

下面我想讲几件我在开滦的轶事。

一. 反"把头"运动与我的"右倾"错误

1949年7月,我一到开滦煤矿,正赶上反把头、取消包工大柜、成立工人自包生产合作社的运动。当时开滦有两种"监工",即"内监工"和"外监工"。"内监工"是矿务局派去保护工人的,是我们支持的对象;而"外监工"是封建把头派去欺压工人的,是我们打击的对象。因为1946年5、6月我在峰峰煤矿时,曾成功地领导工人们推翻了压在他们头上的汉奸和把头两座大山,使那里的工人们摆脱了各种反动势力对他们的残酷压迫和剥削,彻底地得到了解放,所以我对搞反把头的运动还是有些经验的。为了在开滦煤矿开展好类似的运动,我和开滦党委书记王林同志一道,以人民解放军和人民政府的身份,深入了解开滦工人被压迫的苦楚,发掘他们自救的潜力。

开始时,由于开滦的矿工们长期受到把头的压榨和欺

在 开 滦 煤 矿

凌，他们顾虑重重，不敢控诉把头。在我们的关心、启发和支持下，工人们终于将多年积存在肚子里的苦水吐了出来。他们揭露了包工大柜是如何克扣和侵吞他们应得的工资和奖金的，是如何发放高利贷以谋取暴利的，是如何用罚款的手段敲诈工人的，而又是如何无中生有地鞭打手无寸铁的矿工的。他们还揭露了包工头们在政治上投靠反动当局，勾结特务和敌伪势力监视工人活动的罪行。例如，唐山矿包工头王某某，曾勾结国民党特务，将三十六名工人运动积级分子捆绑后，装入麻袋送交给了敌人，导致五人被枪杀。我们的政策是，依法惩办罪大恶极的包工头，对民愤小的包工头，要求他们分别在各基层职工代表大会上作自我检查，戴罪立功。

在反把头的运动中，我的立场是很明确的——不放过一个坏人，包括自己的亲戚、老乡。记得有一天，包工头徐某某的儿子找到我的住处，为他的父亲求情。徐某某是我老家丰谷庄最大的一个地主，拥有阔气的住宅和众多佃户。他家雇有很多长工，还雇有护院和出外的保镖。他骄横跋扈，无人敢惹。听工人们说，徐某某之所以发家致富，全靠他在开滦煤矿当了两年的包工头。据了解他在市内还开了一个洗钱的"永德堂钱庄"、"永德堂粮店"和多家"永德堂当铺"。另外，在乡下，他大宗掠夺佃户们的土地。象他这样的封建地主加把头，正是帝国主义和官僚买办阶级统治中国的社会基础，也正是我们革命的对象。所以，我向徐某某的儿子说明了上述道理，并表示我不能帮助他的父亲。

我的另一个原则是不冤枉一个好人。在运动过程中，有人举报说，魏某某是坏人。但通过众多调查，没有任何具体事实证明他是一个坏人，所以我认为他不是运动的对象。但要想说服一些主观意识很强的领导干部，也不是一件容易的

在开滦煤矿

五十年代初在开滦煤矿。总军代表徐达本(左二)与同志们商讨问题。

事。为了避免魏某某被无辜挨整,我只好让他做了一个"检查",然后就快速将他调到山西煤矿当了技术员。后来得知,魏某某在那里工作得很不错。我暗自庆幸保护了一个好人。但为此我也付出了政治代价。唐山市委副书记闫达开(早期曾任开滦党委书记),批评我打击"坏人"不力,犯了"右倾"错误。

开滦的反把头运动胜利地结束了。我们解除了井下三十六个和井上二十一个包工大柜的职务。从那以后,开滦煤矿近五万名产业工人,不再受他们的凌辱和剥削了。这种在精神上的解放,大大激发了工人们的干劲儿,使月产煤量提高了30%以上。

在群众发动起来的基础上,我们帮助工人们建立了自包生产合作社。这是一个有章程、有纪律和采用民主管理制度的经济组织。合作社委员会的委员和正副社长,是由社员选举产生的。他们的职权是,组织工人合作生产,监督正在进行改

在开滦煤矿

造的前包工头儿们,管理旧职员,帮助他们改造思想,转变立场,树立为人民服务的观念,只要他们安分守己,努力工作,则一律留用。

二. 组织矿工与资方周旋

在我赴任之前,军代表已经以新政权领导人的身份发动了群众,恢复了生产秩序,维持了职工基本生活。共产党在林西、赵各庄和唐家庄矿的工作,是由东矿分党委领导的,而唐山和马家沟矿的工作是分别由地方党委领导。后来经中共中央华北局批准,建立了不公开的矿务局党委,统一了全矿区党的领导和管理。

解放初期,由于产销矛盾导致了煤炭积压,以至资方无力支付职工们的工资。然而,英国资本家采取的是消极经营的态度,拒绝解决矛盾,这给我这个总军代表的工作增加了巨大的难度——一方面,我要坚持和维护人民政府的权力,帮助工人群众;另一方面,又要遵守党的涉外政策和纪律,不能对英方过于强硬。

1949年9月15日,开滦煤矿组建了第一个总工会,并召开了第一届工人代表大会。会上选举章萍为工会主席。他无保留地同意刘少奇同志的意见——"高、中级职员是脑力劳动者,是工人阶级的一部分",坚持吸收有觉悟的工程技术人员加入工会,团结壮大了工人阶级队伍,并使工会逐步成长为党组织所能依靠的骨干力量。在党的领导下,工会成为监督资方的可靠群众组织。截止到1949年10月底,开滦已有四万六千余人是工会会员,约占职工总数的92%。

1949年10月1日,中华人民共和国宣告成立。遵照中共唐山市委的指示,我们要逐步向民众公开开滦党委这一党的组织形式。由于在废除包工大柜制度的斗争中,吸收了大批积极分子加入共产党，密切了党群关系，于是为党的公开化打下了较好的基础。1949年底，开滦实现了党委统一领导各矿厂的计划。此时，职工中的党员总数已达两千二百余人，占职工总数的5%。

为了转变资方的消极态度，改革不合理的管理制度，在开滦党委的领导下，工会曾于1950年1月初，三次组织职工代表与开滦矿务局总经理裴利耶举行谈判。职工代表对其无视职工权益，对生产经营不负责任的态度，提出了强烈抗议，并以人民政府大力援助开滦，使广大职工不再忍饥挨饿，坚持生产的事实，驳斥了他搪塞和欺骗政府，不履行协议的行为。裴利耶在事实面前不得不承认错误，表示"保证履行曾经签署的劳工协议"。

另外，为了帮助开滦矿务局扭转困难局面，华北人民政府根据党中央的指示，在解放战争还在继续、国家财政极其困难的情况下，采取了向开滦煤矿贷款、以煤换面、以煤代税和帮助开拓国内外市场等多项措施。这些措施的实施，起到了维持生产和保证职工基本生活之目的。此外，为了开辟出口途径，我代表矿务局上报中央财经委员会，要求批准英方总经理裴利耶赴日本洽谈煤炭出口事宜，以换取矿山所需要的器材。这项动议得到了批准。但万万没有想到，裴利耶背信弃义，将卖煤的款项及开滦在英国银行的存款，一并卷入了他的个人私囊。

前面我曾提到，中华人民共和国成立后，人民政协的《共同纲领》规定："中华人民共和国必须取消帝国主义在中国的一切特权"，"凡属有关国家经济命脉和操纵国计民生的事业，均应由国家统一经营"。开滦煤矿恰恰属于这类企业，本应由新政府经营，而对它的军事管治仅是一种短期过渡。特别

在开滦煤矿

是在英方经理裴利耶逃往伦敦后，中方总经理余明德倒向人民政府和尊重开滦工会的倾向日趋明显的情况下，我们遵照中华人民政府关于在私营企业中建立劳资协议指示的精神，于1950年5月正式成立了开滦煤矿劳资协商委员会（劳资委）——一个劳、资双方平等协商的机构。从此，在开滦煤矿开创了有职工代表参加的民主管理制。劳资委代表全体职工的利益，与资方直接进行斗争。这是技术人员、工人行使自己的民主权力，直接参加企业管理的具体体现。这种新型体制在开滦煤矿的历史上是前所未有的。

总体讲，劳资双方的共同议题相当广泛，如：生产经营、计划财务、劳动工资、组织人事、安全生产、生产福利，规章制度的修改等。凡各项协议制定之后，双方代表必须在协议书上签字。协议书以及会议记录共备五份，双方各执一份，另三份送总军事代表，备案于唐山市劳动部门。如在会议中发生争执无法解决时，应依法按劳资争议解决程序的规定处理。

劳资委开会之前，开滦党委对历次会议协商的主要问题，都要进行认真的讨论，并提出处理意见。当开滦工会同意了这些处理意见之后，再由劳方代表提交给资方代表。此后，劳资委举行会议，双方代表在会上就有关事宜进行讨论，并制定最终方案。凡遇到处理重大问题时，还需事先在职工中进行充分酝酿、讨论、广泛征求意见，然后由职工代表与资方讨论而定。1950年6、7月间，资方提出了关于实行轮流停工，以解决产销矛盾的初步方案。开滦矿党委对此建议讨论之后，又于1950年7月11日召开了扩大会议，除各单位党员负责干部参加外，还邀请了主管工程技术和行政管理的党外人士参加会议。在会上，我作了报告，讲明了开滦的困难情况，全国煤炭生产形势和准备实行轮流停工解决产销矛盾的初步设想，请大家提出意见，沟通思想。8月26日，开滦党委发出了《关于研究资方提案几个问题的指示》文件，要求各单位党委认真组织职工进行讨论，将开滦的困难情况，实事求是地向全体职工交代清楚，引导职工想出克服困难的办法。同时，各级领导干部深入到底层，及时地了解到矿工们的要求。8月31日至9月2日，开滦工会又召开了职工代表会议，集中讨论了解决困难的办法，为9月4日召开的第三次劳资委协商会议打好了思想基础，从而通过了轮流停工的决定。

　　十天之后，开滦党委在发出的《关于执行第三次劳资协商会议的指示》文件中指出："必须以高度的责任心，以对职工负责，对企业负责，对今后生产负责的精神为前提做好工作。必须反对简单从事，命令主义，粗枝大叶，潦草从事，不考虑后果的任何官僚主义。"文件还强调："各级领导要认真进行调查研究，了解和掌握矿务局的动向。"在切实做好职工们的思想工作之后，开滦煤矿正式实施了轮流停工的临时举措，缓解了产销矛盾。

　　1951年初，随着国民经济的恢复和发展，国家统一调配了全国煤炭的生产与销售。从此，原煤的产销被纳入国家计划，从根本上改变了开滦的产销矛盾和入不敷出的困难局面。1951年9月4日，由于改造旧开滦的任务已经取得了很好的成效，我以矿务局党委的名义，宣布撤消开滦煤矿劳资委。这个委员会从开始到结束，历时一年零四个月，就企业的重大问题达成了七十六项协议，在贯彻执行中央的方针政策，调整劳资关系，改善生产经营，恢复和发展生产以及维持和改善职工生活等方面，发挥了重要作用。

　　三．罢工事件与不合时宜的"红五月"生产竞赛

　　1950年3、4月间，人民解放军彻底地推翻了国民党政

在开滦煤矿

府，但遗留下来的反革命残余势力和盘踞在开滦的国民党反动组织尚未肃清。尽管军管会和开滦的党组织，领导广大职工群众进行了一系列的对敌政治斗争，包括对反革命刑事犯罪分子进行逮捕或管制，但在肃反过程中，仍存在对反动势力打击不力的倾向，以至残存在开滦的国民党反动势力仍然十分猖狂。敌特分子利用暂时的经济困难，制造谣言，蛊惑人心，在群众中制造对我政府不满和不信任的情绪，诬蔑政府和人民领袖，吹捧国民党和蒋介石，制造事端。在我到任之前，一些坏分子在林西矿煽动和制造了二次小规模的罢工事件，致使生产遭到严重破坏。在我了解了这些情况后，在组建总军代表办事处时，就将确保矿山治安做为今后工作的重点环节，并为防范潜伏的国民党特务再度破坏煤炭安全生产，制定了具体措施。尽管如此，事故还是发生了。

1950年4月11日，正值我到燃料部办理以煤换面粉的事宜时，一起恶性罢工事件在唐山矿爆发了。当日下午三时许，近千人奔向开滦煤矿办公大楼，呼喊"打倒工会！"等口号，散布对人民政府的不满情绪和流言蜚语。一个前监工把头，将斧头放在军代表组长杨展同志的头边，对他的生命进行威胁。每个军代表身后，都站有手持棍棒的肇事者。这群歹徒气焰非常嚣张，不仅痛打前来制止他们的干部、工人，而且缴械了公安人员的枪枝。在他们封锁了整个大楼的情况下，唐山市市长李一夫亲自带领公安部队赶到了现场破围。直至12日午夜，在军事管制委员会宣布逮捕了肇事者的组织人之后，这场暴乱方告平息。有的同志经不住威胁，跳墙逃跑了。这场突发的罢工事件告诫每一个干部，在工作中应尽量减少失误。它使我更清楚地认识到，我们的首要任务是清除潜伏的国民党特务组织，以铲除闹事和破坏生产的根源。

在开滦煤矿

一得知开滦发生了罢工事件,我立即从北京返回唐山,召开了开滦党委会议。大家认真检查了工作中的失误,一致认为,恶性事件的起因,是我们"镇反"工作做的不彻底,对工人群众的阶级教育不得力、不深入。

正当此时,唐山市委指示我们展开"红五月"生产竞赛活动。我代表开滦党委请示市委,希望允许开滦煤矿不参加这个竞赛。我向市委明确指出,开滦煤矿的当务之急是处理有关唐山矿罢工时所暴露的问题。另外我还提出,若目前大幅度增加煤炭生产,实为有百弊而无一利。例如,增加煤炭生产需要增加投资,而开滦的财力十分薄弱;更糟糕的是,增产的煤卖不出去,会造成更多的积压,以至不得不被迫停产,给工人的生活带来更大困难。但是市委否定了我们的意见。在这种情况下,开滦党委只好执行唐山市委的决定,实现了大幅度的原煤增产。如我所料,本来正常生产的煤就卖不出去,增产的煤就更卖不出去了。于是,旧煤、新煤积压如山,人为地制造了人力、物力的巨大浪费,进一步激化了产销矛盾。

四. 我与李立果、闫达开持不同意见

我在开滦煤矿工作时,得到了市委的大力支持。刚去时,吴德任市委书记,我们配合的很好,工作进展得相当顺利。但后来吴德离任,李立果担任市委书记。说实话,我与李立果、市委副书记闫达开,合作得就不那么好了。这主要是因为我们对工作中遇到的问题持不同意见,有争论的缘故。

例如,在展开"三反、五反"运动时,市委要求我们一定要完成他们制定的打"老虎"指标(市委向我们下达了打"老虎"的具体数字)。历时十个多月(1951年底到1952年10月)的"三反、五反"运动,是毛泽东发起的两个运动的总称。"三反"意在党政机关工作人员中的"反贪污、反

在 开 滦 煤 矿

浪费、反官僚主义"之斗争;"五反"意在私营工商业者中的"反行贿、反偷税漏税、反盗骗国家财产、反偷工减料、反盗窃国家经济情报"的斗争。这里讲的"老虎",即为贪污一千万元(旧币,合人民币一千元)以上者;而"大老虎",则为贪污一亿元(合人民币一万元)以上者。毛泽东不断发布"打虎"指示:"无论党政军民哪一系统,哪一机关,只要是大批地管钱管物的,就一定有大批的贪污犯。……打虎要有一套战术,凡已普遍展开的,就要迅速总结经验,组织专门打虎部队,向大小老虎突击。"

　　我认为,市委要求开滦党委打一定数目的"老虎"是不科学、不客观的。我的态度是,有"老虎",则打;没有,则不打。于是,我将此意见上报到了市委。但是,李立果、闫达开警告我,不要再犯"右倾"错误。无奈,我只好按上级的旨意办。

　　1952年10月25日,中共中央批准了安子文、廖鲁言起草的《关于结束"三反"和"五反"运动的报告》。毛泽东在报告上批示:"拟结束。斗争要继续,要警惕反攻倒算"。

　　同年12月,由于发现"三反、五反"运动在全国范围的扩大化现象,最高人民法院院长沈钧儒致信中共中央、中央人民政府,要求纠正错案、冤案。可想而知,为了达标,开滦党委在这个运动中把一些人错打了、或处分的过重了,犯了"左倾"错误。例如,刘再生同志在运动之前已经调到辽宁省管道局当了局长。但他在开滦的工作受到了"五反"的不公正冲击,以至将他的职务一抹到底。再例如,党委给另一位刘某某的"劝告"处分也不恰当。事后,我主动为无辜、及受处分过重的同志们,一一写了平反证明,并向他们道歉和征求意见。刘再生也官复了原职(文化大革命前,他任二机部的办公厅主任），刘某某的"劝告"处分也被撤消了。我为能够亲自给受了冤枉的同志们甄别平反，感到由衷的欣慰。

前面已提到，市委副书记闫达开对我领导的反"把头"运动很有意见，说我犯了"右倾"错误。他对我在开滦领导的民主改革运动也有意见，责怪我在执行党中央的保护技术人员的政策时，过多地保护了开滦煤矿的工程技术人员，所以又犯了"右倾"错误。他曾向华北局刘澜涛副书记反映了我的"老右倾"问题，但刘对其意见给以了驳斥。为了支持我的工作，刘澜涛任命原开滦煤矿军代表王涛江同志，担任开滦煤矿党委副书记。我与他在工作中一直合作的很好。

五．坚持克己奉公之德

党中央、华北人民政府委任我为开滦煤矿总军代表，是对我的信任。因为此矿是中英合资的大型企业，上层人际关系异常复杂。为了不被资方拉拢、利用，我本人必须具备过硬的抗腐蚀能力。在赴任前，我结合开滦煤矿的实际情况，认真地学习了毛泽东同志有关谨防"糖衣炮弹"攻击的指示。

外企的特点是，它的高级职员不仅薪水高而且待遇好。比如，资方为他们开办了设有台球室和舞厅的高级俱乐部。有时，我也参加俱乐部的活动，但对打台球和跳舞却毫无兴趣。我只认为，这是矿务局领导与各路群众勾通、团结党外民主人士，以及推行党的民主统一战线政策的好机会。结果是，我在那里结交了不少朋友，可到头来也没学会跳交际舞这个活计。

另外，知识分子是建设新中国必不可少的财富，于是在配备矿务局的领导班子时，我认真地贯彻执行了党对知识分子的政策。在经过党组织的审查后，我指派曾在煤司和机械司工作过的两位高级职员，张仲俊和赵寿彝进入领导班子。另外，我在工作之余，经常择访、串门去看望在开滦煤矿任职的老教

在开滦煤矿

授和老校友们,尊称他们为"老师"和"学长"。在很短的一段时间里,我从他们那里了解到不少有关矿井的详细情况,对做好本职工作受益匪浅。

因为我的老家在唐山郊区,可谓与家人近在咫尺,所以我必须要有很强的党性和原则性,才能处理好家族关系。能否做到这一点,无疑对我来说是一种考验。当时,我的大哥和小弟在唐山市里开炭窑,二哥在市里办炼焦厂,他们都想拉我入股。我向他们解释说:"共产党不容许党的干部搞私人经营"而回绝了他们的邀请。此外,不搞裙带关系和不殉私情的原则,也贯穿于我的整个任职期间。例如,我没有批准一个亲戚进矿工作;大哥想通过我的关系与开滦矿务局合作烧碳和炼碳,我没有答应;我舅母的小儿子,要求从中国启新水泥公司调到开滦矿工作,经过了解,得知他表现不太好,我也就没帮办;妹夫和侄女、侄女婿原来就在开滦矿工作,我向有关单位做了交代,从严考察他们的工作,不能无原则的照顾;大哥和二哥在"三反"、"五反"运动中,被市政府有关单位分别定为基本守法户和非法户。因为我当

毛泽东主席签署任命徐达本为燃料工业部副部长的任命书。

在开滦煤矿

时兼任唐山市市委副书记之职,主管部门负责人曾找我征求对他们的处理意见。我回答说:"这是市委的权益之事,我无可非议。"于是,我的二哥被判了三年徒刑,关进了监狱。由于他表现好,两年多后被释放。多年后我方知,连二哥本人都说不清楚自己到底犯了什么法,似乎是"放高利贷"吧。

抗日战争初期,我得了严重的胃病,常常闹胃疼。开滦煤矿有一个设备尚好的医院,医生们也医术高超。大家都劝我到自家的医院去看看病。当时矿山经济困难,职工生活极为拮据,吃了上顿没下顿。遵照党的"每一个党员干部,都要坚持艰苦奋斗的工作作风"之教导,我认为自己在生活上也要向职工们看齐,不应给矿务局增加任何经济负担。于是,我决定在家中吃流食治疗胃肠病。流食主要为稀钣、炖豆腐和炒西红柿。就这样坚持了数年,终于把这陈年老疾治好了。1955年,我去苏联出差时,冷、热、荤、素都能吃,也没引起肠胃病的复发。

在开滦煤矿任总军代表、总管处主任的这段时间里,我之所以能够坚持原则、遵守纪律,在英方总经理面前保持不卑不亢的民族气节,在复杂的工作环境中坚守艰苦朴素、克己奉公的作风,是因为我没有忘记自己是人民的一个公仆。

1952年12月,党中央将我调离开滦矿务局赴任燃料部副部长。我的任务是协助陈郁部长开拓新中国的煤炭事业。此时,王林同志已先我一步到燃料工业部出任办公厅主任,而王涛江同志则又回到唐山市委,任办公厅主任。

1953年初,毛泽东签署了我为燃料部副部长的委任书。

第八章 "煤缘"左右中国煤炭工业

第一个五年计划

徐达本书于二零零六年

建国初期的煤炭工业为新中国成立时设立的燃料部所属,而燃料部的第一任部长是老革命家陈郁同志。此部的职能相当于"能源部",下设煤炭管理总局、石油管理总局、电力管理总局和水利发电建设总局。尽管陈郁部长统筹管理这四个局,但他主要负责煤炭工业的发展。我刚到燃料部任职时的分工为,一.协助陈部长搞煤炭工作;二.主管煤炭、石油、电力工业的基本建设。

在我到职的前三年,也就是从1949年到1952年,被规划为中国煤炭工业的恢复时期。为了达到此目的,国家共投资三点三三亿。在煤炭系统全体职工的共同努力下,至1952年底,已有83%的国营矿业恢复了生产。全国煤炭年产量从1949年的三千二百四十三万吨增至六千六百四十九万吨。可见,在三年的恢复过程中,煤炭工业有了大幅度的改观,煤产增幅约为105%,达到了历史最高水平,基本满足了国民经济全面恢复对原煤的需求。与此同时,燃料部还有重点地启动了对新矿井的建设。

但是，仅凭短短的三年是解决不了我国煤炭工业的基本建设基础差、科学技术水平低、地质勘探力量薄弱等深层次的问题的。而这些问题的存在，是我们实现中国煤炭工业现代化这一目标的巨大障碍。所以要想开拓一个充满科学性的煤炭事业，我们得脚踏实地的去解决这些问题。

我一到燃料部正赶上计划、实施建国后的第一个工业五年计划（"一五"计划，1953年至1957年）。其目的是为我国的社会主义工业化打下初步基础。当时党中央的意向是，在苏联的援助下集中力量发展重工业，其具体体现为，以完成苏联为我国设计的一百五十六个建设项目为中心，同时实施六百九十四个大中型工业建设项目。具体到燃料部的任务，则是为国民经济的发展和人民生活的需要提供足够的原煤。根据计划经济的核算，党中央、国务院要求燃料部在"一五"计划结束之际，全国的煤产量应为一万一千二百九十八万吨，即比1952年底增长70%。这是一个相当艰巨的任务。

为了完成这项任务，我们首先得制定计划。而编制一个切实可行的"一五"计划的关键，是了解掌握全国每一口矿井的现实状况，包括基建设备、技术水平、人力等。于是，陈部长和我带领各级领导干部，与技术人员和工人们一道，对每一个矿场、矿山进行了实地考察，并对每一口井的日出煤量及其增产的潜力进行了调查。回京之后，部领导与专家们以汇总后的信息为依据，进行了反复的分析、讨论、斟酌、研究，初步拟定了完成国务院提出的煤产指标之计划。前面我已提到，为了部署一个高质量的"一五"计划，我还从黄敬部长那里讨来了一机部的"一五"计划，引以为鉴。终于，我们推出的煤炭工业"一五"计划，受到了中央的褒奖。总起来讲，部领导和煤炭专家们认为，发展中国煤炭工业，基本上应从三个方面着手：

"煤缘"左右中国煤炭工业

一．继续恢复、改建旧矿井。前面我已提到，至1952年底，约有17%的国营矿井尚未得到改建、恢复生产。由于对这类矿井改建的投资相对少且投产快，我们将恢复它们的生产能力纳入了"一五"计划。但即使改建工作完成了，对完成"一五"计划的贡献仍很有限。

二．对生产矿井进行技术改革。在调研时，我们发现绝大多数矿井生产力落后，组织不合理，以至抑制了生产的潜力。所以，我们计划在五年期间，通过实施一些具体措施，如增加设备、推行机械化、强化开拓掘进（掘进与采煤（即回采）必须协调进行。掘进是生产的一个必要过程，它为回采准备"战场"和"原料"，故有"掘进先行，回采丰盈"之言）等等，以提高这一大类矿的煤炭产量（后来实践证明，这一措施是当时增产的主要途径）。

三．积极为建立新矿井创造条件。建立一个新矿井需要较长的时间，尽管绝大多数新井的修建在"一五"期间起动，但不能竣工，所以不能为完成"一五"出力。但新井的建设是从长计议，其威力将会在实施第二个五年计划（"二五"计划）时突现。

这里我要强调的是，完成"一五"计划的重要前提，是各级领导应继续执行"安全第一"的方针。这个方针，是在1949年11月召开的第一次全国煤炭工作会议上提出来的。当时我以开滦矿务局总军代表的身份参加了这个会议。会议认为，新中国与旧中国的本质不同之处，是工人从奴隶的地位，一跃成为了国家的主人，对煤矿工人来说，他们还是矿山的主人。由于煤矿生产是地下作业，工人面临的危险因素甚多，他们的生命常常受到瓦斯爆炸、地下水淹、粉尘爆炸、顶棚塌陷等自然灾害或工程事故的威胁。旧社会时，资本家为谋取暴利而不顾工人死活，矿井基建异常简陋，大小事故层出不穷，伤亡数字惊人。为了扭转这个局面，部领导要求下面各级领导把保护矿工的人身安全和健康放到第一位。于是，会议决定将"安全第一"作为煤炭生产的主导方针，对此，我举双手赞成。

1950年5月，我还参加了燃料部召开的煤炭负责干部工作会议。此会议的一个重要议题，仍是解决当前煤矿生产的最大难题——安全生产问题。会议明确提出"全国煤矿必须做到在安全生产的原则下完成生产任务。各煤矿应迅速建立与健全保安组织，增加安全设备，改善保安设施"。会上还制定了保证安全生产的具体条例。

我个人认为，坚持"安全第一"的生产原则，是确保"一五"计划顺利完成的根本保障。

实施"一五"计划

"一五"计划的顺利进行，取决于众多因素，诸如地质勘探、恢复旧矿井、设计新矿井、扩大矿工队伍、培训专业人员、技术革新、机械化等等。所以，对领导而言，需面面俱到地抓好每一个影响完成"一五"计划的环节。下面我简要介绍一下我们针对几个重要环节所做的工作。

一．煤田勘探是关键

1953年11月，燃料部部党组向中央提交了题为《关于目前燃料工业情况及今后工作部署的报告》的文件，提到地质勘探对煤炭工业发展的重要性——如果没有一个准确的煤炭勘探资源图，一切无从谈起。为了加强煤田勘探，我们将煤炭管理总局的地质室扩大为地质勘探处，紧接又在天津成立了地质勘探局。1954年，燃料部先后在全国范围，成立了直属于地质勘

"煤缘"左右中国煤炭工业

探局的勘探大队。至1955年的上半年，煤炭系统的综合地质勘探队已发展到四十个，其中拥有五百人以上的队为二十个。此外，还成立了六个专业地质调查队、五个地质测量队、两个物理探矿队，职工总人数为二万三千余。

1955年7月，中共中央煤炭工业部（煤炭部）成立后（国务院任命陈郁为煤炭部部长、党组书记；我为煤炭部副部长、党组副书记），煤田地质勘探队伍继续扩大，其专业程度及勘探技术装备进一步得到了提高、充实。我们以原地质勘探局为基础，成立了地质勘探总局，并任命常佩池为局长，王竹泉为总工程师。

同年9月，由于考虑到地质勘探是一切工作的开路先锋，我在全国煤炭基本建设会议上宣布：煤炭部党委对勘探工作制定了新方针（简称为"三、五、十"方针）。我指出，地质勘探是煤炭建设的先行工作，而这个"先行"应有足够的提前量，即地质部门对当年建井项目不仅要提供足够的煤源资料，还应提前三年提供精查资料，提前五年提供详查资料，提前十年提供普查资料。这

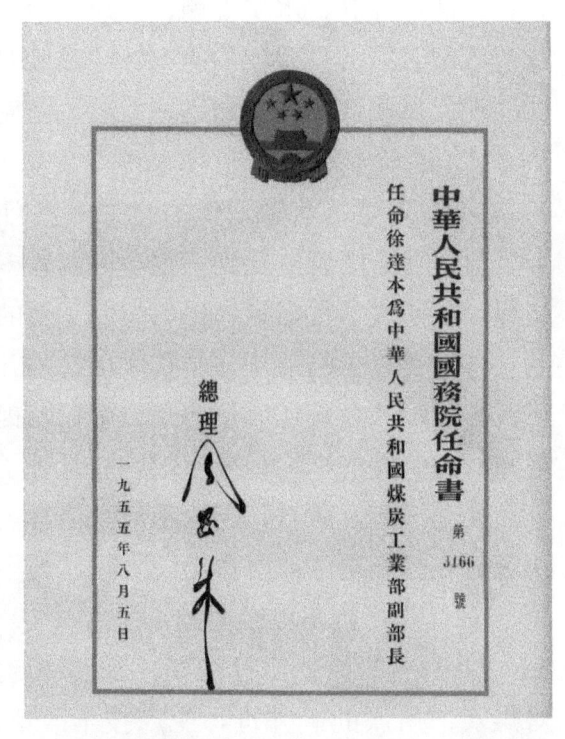

周恩来总理签署任命徐达本为煤炭工业部副部长的任命书。

就是"三、五、十"方针的具体所言。部党委认为，只有认真执行这一方针，才能使年度和长远建井计划建立在可靠的科学基础上。会议之后，实现"三、五、十"方针，成为中国煤田地质勘探总局的基本任务，其目的是从长计议今后煤炭工业的建设与发展。

至实施"一五"计划的末期，煤炭工业的勘探队伍已发展到四万余人；专业技术人员从建国初期的十余人增加到七百余人；并拥有六百二十多台钻机（多为苏联进口）。我们这支年青的勘探队伍，不仅完成了"一五"的预定计划，而且在勘探设计、储量计算、水文观测、煤质检验等方面，积累了经验。这些成绩表明，只要我们的方针、政策对头，实现我国煤田勘探的现代化和煤炭工业的迅速发展，是完全有可能的。

二. 地质资料的清理

在加强地质勘探工作的同时，我们还对积压了多年的地质资料进行了清理，找到了很多因闲置多年而被遗忘了的珍贵史料。科研人员根据这些史料编制了新的煤储图，帮助国家找到了曾经丢失了的煤层，延长了矿井的开采寿命。以全国计，可开采的煤储量从1952年的十三余亿吨提高到1957年的近四十亿吨；而矿井的平均开采年限则被延长了十至二十年，有的甚至还要长一些。所以，无论用何种语言去颂扬清理地质资料之决策对我国煤炭工业所作出的贡献，都不过份。

三. 生产技术的全面改革

"一五"计划实行初期，我们决定用一、二年的时间，对煤炭部所属的矿井进行生产技术改革。例如：改革地质勘探、矿井测量、开拓掘进、采煤方法、运输、通风、排水等技术。以开滦为例，就可以看到这场技术改革对生产所起到的巨大推动作用。改革之前，由于采掘断面狭窄，临近工作面时，

"煤缘"左右中国煤炭工业

只得使用骡马运输,而井口至储煤场的天桥运输是靠人力推车。这些重体力劳务不仅效率低,而且不安全。改革之后,采掘断面扩大,电机车可抵达了,于是骡马运输被废弃,天桥运输也改为自动滑行式。与此同时,劳动组织和行政管理机构也得到了相应的改革。改革的结果是,生产形势发生了巨大的变化——开滦煤矿1956年的生产能力和工作效率比1952年分别提高了197%和97%,而1956年的投资成本较1952年却下降了15%。

又例如,我们将绝大部分靠自然通风的矿井,改造成机械通风矿井,达到了每个矿工每分钟有三立方米通风量的要求,大大地改善了工人们的作业环境,这对促成煤炭产量的提高至关重要。

四. 逐步推行机械化以改善工人劳动条件和提高生产效率

在"一五"期间推行机械化,主要表现在以下三个方面:

1). 回采工作面机械化的起动。回采是涉及一口矿井的产量及寿命的关键环节。在实施"一五"计划期间,我们为原有矿井增加了六十三台联合采煤机(康拜因)、二百零七台截煤机,这对促进生产和解放劳动力,起了积极的作用。但由于技术及资金的不足,半数以上(~56%)的原煤产量,仍依赖于打眼放炮的陈旧技术。

2). 主要巷道运输机械化。至1957年,以全国煤炭运输量计,电机车、无极绳、小绞车及电溜子的运量约占84%,畜力约占2%,人力推车约占13%。运输机械化的实施,不仅节约人力,而且改善了劳动强度,降低了成本。

3). 地面装车机械化。"一五"计划之前,煤炭装车基本靠的是人力。为了降低工人的劳动强度,提高装车效率,我们自制了大、小运输机,其每小时装煤量分别为三百吨、六十吨,与一个工人每月平均装煤量为二百三十吨相比,实为天壤之别。在实行装车机械化后,八台小运输机花一个小时就可以装完一列车(十六个车皮,四百八十吨)。而在过去,完成同样的工作量,则需要一百个工人工作八个小时。至"一五"计划的最后一年,机械装车占装车总额的69%,节约生产成本将近70%。

为了适应机械化发展的需要,1955年8月,煤炭部设立了机电机械制造厂,统一管理全国煤矿机械制造企业。于1957年底,我们已分别在张家口、淮南、鸡西建立了三个煤矿机械制造厂,共有职工七千多人。

煤矿生产机械化,是对旧中国遗留下来的旧矿井技术的挑战和彻底改造。在执行"一五"计划过程中,煤炭企业增加了大量的康拜因、截煤机、装煤机、装岩机、大小运输机等等,总投资为一点六亿元人民币。1957年与1952年相比,煤炭

一九五四年四月在安徽淮南矿务局。燃料工业部副部长徐达本(前左四)和苏联专家(前左五、六)等下井视察回来。

"煤缘"左右中国煤炭工业

部直属煤矿采煤机械化程度从18%提高到35%，运输机械化程度从54%提高到76%，大港运输机械化程度从78%提高到87%，铁路装车机械化从50%提高到90%。此外，我们还大大地延长了原煤回采的工作面，大幅度地提高了产量。

令人刮目的是，采煤效率从平均每一个工人每天生产零点八吨提高到一点一吨，相当于节省劳动力十万个，或节约资金二点三亿元。外加节约的工人工资，节余总额高达约三亿元。这笔钱，大大超过了为增添这些新设备的投资总额。可见，我们的工作方针，是多、快、好、省的方针，它不但改善了工人的劳动环境，节约了大批的人力、物力，而且显著地增加了国家的经济收益。这些成果，更坚定了我始终的认知——促进煤矿生产的机械化，是以科学的方式去成功开拓我国煤炭工业的唯一可行之路。

五十年代初期在唐山。总军代表徐达本与苏联专家和开滦煤矿的工程师们一起开工作会议。

五. 苏联专家对完成"一五"计划的贡献

四十年代末至五十年代初,我们完成了从推翻国民党政权到建立共产党政权的过渡。伴随着新中国的诞生,我们的任务是建设一个人民当家作主、经济繁荣、国富民强的新社会。然而,实现这一任务,受到了各路专业人员奇缺的挑战。

正值此时,苏联政府向我们伸出了援助之手——成千上万的苏联科学家、工程师、教授和各方面的技术专家,纷纷踏上了中国这片陌生的土地。他们本着国际主义精神,把自己的知识、技术和经验传授给了中国人民。他们与我国民众一道,

五十年代中期,煤炭部第一副部长徐达本(前左一)和陈郁部长(前左二)与苏联专家一起交谈。

挥洒汗水,为恢复新中国的经济建设贡献了力量。

在全国工业"一五"计划中,由苏联援建的重点项目为

"煤缘"左右中国煤炭工业

一百五十六项,其中二十五个是煤炭工业项目。在这二十五个项目中,实际开工建设的为十七项,即十二处煤矿,四处选煤厂,一处油页岩矿。其中五个煤矿在"一五"期间竣工投产。它们是:辽宁阜新海州露天煤矿(苏联设计,阜新矿务局自营施工),此为建国后新建成投产的第一个大型露天煤矿;黑龙江鹤岗东山一号立井(列宁格勒煤矿设计院设计并提供成套设备),此为新中国成立后建成的第一个现代化大型矿井;黑龙江鹤岗兴安台十号井(列宁格勒煤矿设计院设计并提供成套设备);吉林辽源中央立井(苏联设计并提供成套设备);辽宁阜新平安立井(列宁格勒煤矿设计院设计并提供成套设备)。

1955年9月,我到了鹤岗东山一号立井所在地,主持了这座新矿井的投产仪式。以苏联煤炭工业部副部长为首的代表团也应邀前往。我代表煤炭部剪了彩,并对参加矿井建设的广大职工,特别是常驻工地指导施工的苏联专家史梅果立、包格莫洛夫等,致以深切的慰问和感谢。对一个年轻的国家来说,鹤岗东山一号立井的投产的确是一个大事件,更何况它是中苏两国人民共同艰苦奋斗的结晶。《工人日报》为此发表了题为《学习苏联经验,加速煤矿建设》的社论。

在实施"一五"计划中,苏联政府先后派遣了一百七十四名煤业专家来华,帮助我们发展尚在摇篮中的煤炭工业。这些专家们的功绩,表现在各个方面和层次,数不胜数。例如,煤炭管理总局一度认为,国内现有的浅部煤层已开采完毕,但因受技术条件的限制,无法开采深部煤层和扩大采掘范围,因此要在1957年以前废弃一百多个矿井。然而苏联专家们认为,如此做将浪费巨大的煤储。他们决定因地制宜地推出各种方案挽救这些矿井。由于他们的努力,大部分的矿井得到了成功地恢复和改建,死矿变成了活矿!在他们的直接指导下,起死回

一九五五年在苏联。煤炭部第一副部长徐达本率中国煤炭工业考察团访问苏联。

生之矿井的生产寿命,被延长了二十至四十年;而低产矿被变成为高产矿!另外,我们根据专家们的建议,在各矿实行了苏联式的新采煤法,使厚煤层的回采率提高了20-30%。

苏联专家们还向我们提供了大量有关矿山基本建设的技术资料和文献。更重要的是,他们在现场、在教室为我国培养了大批的煤矿专家和技术人才,使将来中国矿业的发展后继有人。我也曾于1955年11月上旬,率领中国煤炭工业代表团到苏联各大矿区参观访问,学习那里的先进煤矿管理和开采技术。无疑,来华援助中国建设的苏联专家们,将他们的知识、技术、心血和汗水,毫无保留地倾注于帮助我们恢复、建设和发展建国之初的重、轻工业。

为了感谢盟友对煤炭工业的援助,我们有时组织周末晚会,请在京的专家观看煤炭文工团的文艺演出。夏令时,有关部门还为他们组织一些游览活动,如参观颐和园等著名景地。煤炭部领导和驻部苏方负责人,不但在工作中配合的很好,而在工作之余,也相处的十分融洽。近五十岁的专家组组长列奥年柯和他的太太膝下无子,老俩口儿非常喜欢我们的二姑娘。每次聚在一起,他们总是哄着她玩儿,给她变戏法儿,送她小

"煤缘"左右中国煤炭工业

礼品。这对夫妇还常与我和赵毅开玩笑,说我们有三个女儿,太多啦,不如把老二送给他们当女儿。

遗憾的是,1960年7月,中苏两党的关系突然破裂。苏联政府立即下了一道命令,要求所有在华工作的苏籍专家迅速撤离。苏联政府对中国历时十余年的技术援助,就这样划了一个不欢的句号。煤炭部的专家组当然也不例外。苏联技术

五十年代中。煤炭部第一副部长徐达本(后左一)、爱人赵毅(前右一)与苏联专家在一起。

人员的闪电式撤离,使正在进行的矿山设计、施工、科研人员培训等援助项目不得不被迫终止,给当时和后来的中国煤炭工业的发展,带来了无法估量的损失和创伤。

但是,中苏两党关系的破裂,并不等于两国人民友好关系的破裂。中国人民对苏联专家在我建国初期所作出的贡献,是永远不会忘记的。对我来说,不能忘记的就更多了一些——与他们共同工作时所产生的深厚友情。

"一五"计划之总结

1957年,煤炭部超额完成了国家"一五"计划所规定的生产和建设任务,并在科研、教育、经营、管理等方面,取得了很好的成绩。这里,我将最突出的成绩总结如下:

一.煤炭生产能力有了大幅度的提高。在五年内,建成投入生产的矿井共二百零五处,其设计生产能力是1878年至1942年六十四年煤炭生产的总合。加之改建或扩建的一百零三个矿井,至1957底,全国煤炭产量达到一万三千零七十三万吨,比原计划产值增加了近16%。

二.一支煤炭产业大军的建立。据统计,全国煤炭职工总数从1952年的四十九万,增至1957年的一百零一万,其中很多人受到了多层次、多形式的技术培训和实地锻炼。这批在文化和业务水平上有了很大提高的职工们,组成了一支素质较好的产业队伍。另外,到1957年底,我们已拥有五十四个煤田地质勘探队,七个煤矿设计院。这些队、院的技术装备比较齐全,能够独立地进行煤田地质的勘探和设计工作。

三.煤炭设备制造及维修能力有了大幅度的增长。拥有自己的煤炭设备制造业及维修业,是矿山机械化的先决条件。在实施"一五"计划的过程中,那些旧的、不合理的采煤方法,正在被新技术更新取代。人力背拉煤筐的笨重劳动方式,已成为历史。由于生产环境和安全设施的改善,煤矿的伤亡事故已大大减少。另外,由于生产效率的提高,增加了矿山收益,职工的生活福利也相应有了明显的改善和提高。

陈部长和我对实行"一五"计划时取得的成绩是很感欣慰的,并认为我们的辛苦付出,如愿以偿。同时,我们也知道,这第一个五年,仅是为中国煤炭工业之崛起而铺路的五

"煤缘"左右中国煤炭工业

年,此时距离建设一个大型的、现代化的煤炭工业体系,还差的太远。我们将面临的,是规划、实施第二个五年计划,以及接踵而来的第三、第四、第五等众多个五年计划。所以,我们意识到,此时的当务之急,是坐下来认认真真地查找、总结在执行"一五"计划时尚存的问题和面临的新挑战,以便更好地指导日后的工作。

1957年夏天,陈部长和我组织相关人员,花了一个多月的时间,写出了一个有关"一五"工作的总结报告,并以此为蓝本,向国务院副总理、国家计委主任李富春作了汇报。之后,我根据李富春的意见,对总结报告作了修改,并于同年10月定稿。此报告的题目为《煤炭工业第一个五年计划生产建设中若干问题总结》(《总结》)[16]。这份《总结》及其附件,由煤炭工业出版社汇编成册出版,发至煤炭系统的各层干部。

在《总结》中,部领导检查了六个方面的问题,并对它们产生的根源、内因和外因作了详尽的分析。如今,距这一《总结》的挂笔之日,已是六十年有余。然而,随着时间的推进,人们对这些问题及其产生根源的认识越发地清楚了,从而也就更能体会到这份《总结》的历史意义。下面,我将有选择地谈一谈当时最突出、争议最大的两个问题,以及我目前对它们的认识意见。

一.计划经济的问题

尽管我们超额完成了预定的煤炭生产任务,但从1954年开始,全国煤炭供应出现紧张状态。1956年,煤炭短缺的势态继续发展,至1957年,煤炭供应不足已影响到全国的工业,特别是钢铁、电力、铁路运输等部门的生产。为了缓解这个局面,1957年春节期间,煤炭部党委号召全国煤矿职工坚持生产,不放假,部领导也亲临矿区,鼓励职工增加煤产。同年4

月12日，国务院发出《关于发展小煤窑的指示》，以调动各级地方政府、农业合作社、手工业合作社的积极性，千方百计增产煤炭，以缓和供应紧张的状况。

《总结》认为，煤炭供应短缺现象，主要是由于两个原因造成的：1）是煤炭部在做"一五"生产计划时，没有打出足够的提前量；2）是国务院在"一五"期间对各工业口的投资计划失调。我个人认为，第二个原因，是造成煤炭供应短缺的主要原因。这是因为，国务院对煤炭工业投资呈下降趋势（1955、1956、1957年的投资分别为7.6%、6.43%、6.56%），但对冶金工业的投资则呈上升趋势（1956、1957年的投资分别为10.6%、12.7%），对电力工业的投资也呈上升趋势（1956、1957年的投资分别为5.6%、8.1%），以至造成巨大剪刀差。所以，我们在《总结》中建议，在制定煤炭工业第二个五年计划时，应在产值上布有更大的空间。另外，由于建立一个新煤矿要经过勘探和建设两个漫长的阶段，煤炭生产量的提高，本来就比其他工业来的慢一些，而钢铁业的超计划生产，自然会给煤炭工业造成更大的压力。所以我们还建议，国务院应根据各工业部门的发展特点，调整和协调投资力度，保证煤炭工业的发展能够适应其他部门，特别是大量用煤部门的发展。

在六十多年后的今天，考虑当年的矿井数目、技术装备等综合因素，我认为煤炭部能够超额完成"一五"计划已是相当不容易了。这当然是与各级领导和广大职工的共同努力分不开的。而当时在《总结》中，我们能够指出国务院对工业口一些部门投资上的失调是导致煤炭紧缺的主要原因之一，是很客观的。这种实事求是的态度，随着时间的推移，就变的越发的少了。特别是在"大跃进"时代，坦诚谏言而不遭惩处，几乎为不可能。另外，我当时就认为，国务院发出《关于发展小煤窑的指示》是很短视的，因为这不能从根本上解决煤炭供应短缺的现象。发挥农业合作社、手工业合作社的积极性去开小煤窑，已经很有些1958年"大跃进"的味道了，其关键弊病，是破坏国家资源（详情见后）。作为一个刚刚诞生的国家，急于要在短时间内将自己发展成为一个具有相当实力的工业大国，愿望不错，但太不切合实际。由于党中央、国务院对此缺乏认识，不久就发动了急于求成的"大跃进"，造成中国工农业的大倒退。

二．新建矿井的井型问题

新建矿井的井型问题，系指井内外技术装备标准的高低。在煤炭部的领导层中，对一口新井的装备应高应低，一直是一个争论不休的问题。由于苏联专家的援助，使我国煤炭工业尝到了应用技术的甜头儿。陈部长，我和部长助理刘向三同志一致认为，煤炭工业的发展与机械化的程度是相辅相成的，应该先把苏联的先进技术学到手。当然，这不等于是去简单地生搬硬套苏联模式和经验，而是因地制宜地走中国自己的机械化道路。

但个别部领导（如钟子云部长助理）不同意我们的意见，并在一些具体问题上发生了分歧（如对新建矿井的井型问题）。陈郁，我和刘向三等同志认为，煤炭部应多建一些具有先进技术装备的大型矿井，原因是它们具有近、远两期的优势。从近期来说，大型矿井能确保安全生产，改善劳动条件，提高生产效率；从远期来说，它们出煤潜力持久、丰厚，相对投资并不高。我们不主张大力建造中、小型矿井。尽管此类井对技术装备程度需求较低，起始造价便宜，但致命的不利因素为生产能力的局限性（小煤窑更是如此），若从长计议，投资并不合算。但考虑到能够节约眼下的开支，我们认为不妨少建一些中、小型矿井，但前提是，对它们的技术装备绝对不能过低，应以确保安全生产为限。持以上意见者，被称为"大洋群"派。而钟子云等则认为，目前国家底子薄，上面又要求快出煤，煤炭部应因陋就简，大兴小煤窑，而不是兴建大型矿井。持此意见者，为"小土群"派。在部党委会上，两派意见往往争执不下，吵的不可开交。在这种情况下，设计局局长任弼绍写了一张题为《好难啊！》的大字报，书出了他无可侍从，不置可否的苦衷。后来，基建局局长常佩池告诉我，国家建设委员会主任薄一波（后为国家经济委员会主任、副总理）写了一个条子，说他不支持"大洋群"，而支持"小土群"。尽管这对我来说是一个很大的压力，但我和其他部领导还是坚持原有意见。

即便如此，在实际的矿井基建工作中，燃料部/煤炭部党委，执行了国家以中、小型为主，大、中、小三结合的方针。在实施"一五"计划的五年期间，在煤炭部直属煤矿开工建设的一百一十五处矿井中，大、中、小型的矿井分别为11%、23%、66%，设计产煤能力分别为28%、33%、39%。从以上数字看，小型矿井的修建占绝对优势，但相对而言，它们的产煤能力在当时和后来都绝对不佳。

另外，我应强调的是，在建设大型矿井时，我们的方针历来是以自力更生为主，而不是一味地依赖苏联专家。例如，在全煤炭系统"一五"期间开工建设的一百九十四处矿井中，除六处外，其他全部是我们自己设计施工建成的。例如，河南平顶山矿，就是建国以后我们自己修建的第一个大型机械化矿井基地，其煤储量高达一百五十亿吨，煤田面积广达三千平方公里。

1954年9月，为平顶山煤矿正式破土开建，我亲自去了那里。在开工仪式上，我代表煤炭部党委铲了第一锹土。我为祖

"煤缘"左右中国煤炭工业

国煤炭工业一天天的成长壮大,不知有多喜悦,多激动。值得骄傲的是,从平顶山矿区的规划、矿井设计到洗煤厂、机修厂等配套工程的设计,基本上都是我国的工程技术人员独立完成的。这个矿区具有强大的后劲儿,1975年的年产量突破了一千万吨,跨入了全国千万吨大矿之行列。1996年的年产量又突破了两千万吨。在进入二十一世纪后,平顶山煤矿的年产量还在不断攀升,成为具有重要影响的特大型煤炭企业,步入了全国百强企业的行列。

平顶山煤矿的建设及其发展实力,为"一五"计划期间对新建矿井井型的争论,找到了答案。这一例证,更使我认为,当初"大洋群"的意见是正确的。在精密勘探工作的保证下,我们将煤储富饶的地区,定为建立机械化大煤矿的地方。实践证明,这种煤矿的寿命和潜力都远远超出小煤窑。客观地讲,"小土群"是对煤炭工业的建设缺乏认知的产物,其"打一枪换一个地方"的"游击"性,严重地破坏了我国的煤炭资源。除此之外,所有的小煤窑都患有不安全、寿命短、产量低等种种弊病。

显而易见,建设机械化大煤矿,实为中国煤炭工业应走的"多、快、好、省"之宽广大路。而大兴小煤窑,则为走不通的"少、慢、差、费"之崎岖小路。小煤窑的一哄而起还说明,一些主管中国整体工业和煤炭工业的领导们,在专业知识上的严重缺失,以至使国家和人民付出了沉重的代价。

历史是公平的。如今,我们那份曾在"大跃进"时代被打成"右倾产物"的《总结》,受到了煤炭工业专家们的好评。在《中国煤炭工业二十八年史稿》一书中,他们是这样评价的:"这份《总结》为当代中国煤炭工业的开创和奠基这段历史,留下了翔实的、完整的历史文献。特别是《总结》提出的生产建设中几个重要问题的认识，例如，地质勘探工作十分重要，是决定煤炭资源开发布局的基础工作，是加快煤炭工业建设的先决条件；煤炭生产走机械化的道路，这不仅对发展煤炭工业有重要意义，而且是解决笨重体力劳动、加强劳动保护的重要政策，是社会主义煤矿发展的根本方向；生产矿井的技术改造，即技术的改革、设备的更新、井巷工程的改建等，是挖掘生产潜力，提高技术水平的重要途径，是煤矿建设的长远方针；所有这些都具有重要的现实意义和长远的指导意义。"[17]

与陈郁部长休戚与共

我从开滦煤矿调到燃料部以及组建煤炭部之后，一直是在陈郁部长的领导下工作的。至1957年9月陈部长离开煤炭部时，我与他共同工作的时间是五年又七个月。在这段时间里，我们圆满地实施了新中国的第一个五年计划。而这五年又七个月对我则更具特殊意义，它是我有幸将自己的知识、才智最有效地贡献给我的祖国的黄金时代。

陈部长和我一致认为，如果我们齐心努力、并借苏联专家的东风，在十年或稍长的一段时间里，使我国的煤炭工业接近世界先进技术水平，是完全有可能的。这个共识，是根据我们在解放后几年中所取得的成绩而逐步形成的。在包括三年恢复期的短短七、八年的时间里，中国的煤炭工业走完了资本主义国家所走的几十年的路程。

解放前，我国决大多数煤矿生产技术处于非常落后的状况中，采煤运煤全靠手工作业，仅少数矿井使用汽绞车提升技术；井下清一色地采用自然通风、明火照明等，这些充其量仅相当于十九世纪后期的采煤水平。解放后，经过几年的努力，

"煤缘"左右中国煤炭工业

我们在生产建设、设计、机械制造和科研等方面，已经有了一支初具规模的技术队伍，积累了一些经验。我们参照国外的技术资料，设计和制造了钢丝绳摩擦轮绞车，刨煤机、可弯曲电溜子等，使大多数的矿井生产达到了二十世纪三十或四十年代的国际水平，大大提高了原煤产量。这些都是了不起的变化。

此外，外国资本家都争先恐后地想和我们做生意，这就更有利于我们从别国索取中国煤炭工业所需要的先进设备和技术资料。所以，在有了一定的物质和技术的基础上，设计和制造近代水平的装备，并不是高不可攀。当然，我们也认识到，在实现煤炭工业化的过程中，还会碰到很多困难。比如，当时的科学研究、设计和机械制作等方面的技术水平还比较低，职工的科学素质和管理水平也比较差，材料供应还较短缺等等。但是，陈部长和我信心十足地认为，只要我们敢于正视困难，又不盲目乐观地去攀登科学高峰，煤炭工业的形势一定会越来越好。

对新中国煤炭工业发展的共同见解，使陈郁部长和我在工作时配合的相当默契，这是十分难得的。为了掌握第一手信息，我们两人总是三天两头儿地轮着出差（陈部长出差时，我就守在部里；我出差时，他就守在部里，以便应急），到全国各矿山、矿区进行井上、井下的实地考察，检查工作，听取现场汇报等。这使我们对每一个矿务局的各级负责人、总工程师的分布、以及生产潜力均了如指掌。所以我们能够有的放矢地去解决发生在这里或那里的各类问题，使工作进展得颇为有序、顺利。

在与陈部长共事时，我以为最难得的，是我们对安全生产和机械化重要性的共识，于是对它们的实施成为我们工作的重点之重点。1956年，部党委制定了《第一个五年计划期间煤矿设计技术方向》的提案，意在极力促进煤矿生产机械化，以减轻矿工劳动强度，加强井下基本建设，确保工人安全生产。为了达到这个目的，部领导统一了煤炭系统的采煤技术标准，将大部分的国家投资用于提高所规定的机械化水准，而所有相关器械又是根据各矿厂的生产潜力配备的。这种有计划地促进煤炭生产机械化的策略，对后来的原煤生产和中国国民经济的发展，起了不可忽视的积极作用。

  这时，部里也有一种错误意见，认为中国富于人力，确保工人安全生产不是当务之急。他们的理论是，与国民党打仗，我们牺牲了不少生命，为了产煤，死几个人算个啥！遗憾的是，一些计委领导人也同意这种观点。但陈部长和我认为，这是一种对人民的生命全然不负责任的谬论，对它不予理睬，以至这些噪音没能干扰我们的两项首要任务——安全生产和实现煤矿工业的机械化。

  在陈郁部长的领导下，部级的主要领导干部对开拓和发展中国煤炭工业的认识是一致的。历史证明，正是因为有了这样一个强有力的领导核心，煤炭部才能成功地完成了"一五"计划。然而，在工作成绩显著的情况下，部领导仍保持着清醒的头脑，认识到目前煤炭工业的现状，距离既定的目标相差甚远，客观地讲，此时它仍处于落后状态，工人笨重的体力劳动，仍然占相当的比例。所以我们准备在第二个五年计划期间，在继续提高机械化的过程中，逐步解决这些问题。正在这个当口，党中央决定派陈郁同志出任广东省省长之职。我对陈部长即将离开煤炭部，倍感遗憾，十分惋惜。

  陈部长利用临行前一个月的休假时间，与我和有关人员共同总结了执行"一五"计划时的成绩与问题，并书写成文。这就是前面提到过的、已被永久载入史册的《总结》。陈部长

"煤缘"左右中国煤炭工业

亲自向煤炭系统的各级领导做了"一五"工作总结报告。此报告和在他领导下的工作，都受到大家的一致赞同[17, 18]。

与陈郁部长共事的这段历史虽然为时不长，但令我终生缅怀。作为煤炭部的领导之首，陈部长的最大优点是他为人民主，实事求是，善于听取不同意见，并能统一大家的思想认识。作为第一把手，这些好品质的确难能可贵。最令我难忘和珍惜的，是我们一道工作的和谐气氛和为实现共同目标而呕心沥血所产生的友谊。我们的共同努力，为开创新时代的中国煤炭工业奠定了坚实的基础。在现存的历史文献中，不难找到我们对发展中国煤炭工业的共同理念和道德观，这些共识的正确性和重要性，在以后六十多年的煤炭工业建设史中得到了证实。

除了在工作中建立的友谊，我和陈部长的私人关系也很密切。由于他比我大十二岁，我尊称他为"陈老"。在我刚从开滦调到北京时，燃料部一时找不到安排我一家老少的住房。此时住在西单小酱坊胡同1号的陈老和袁大姐（陈老的夫人），就把他们的二层楼腾了出来，让我们一家人住了进去，成了他们的和睦邻家。陈老去广州后，我们两家还一直有来往。每当赵毅因工作出差去广州时，陈老和袁大姐总是执意留她住在家中。他们不仅对她热情接待，而且亲自陪她到处看看。陈老和夫人来北京开会时，我和爱人也一定得去登门拜访。

煤炭部的"反右"斗争

这里我应提及一下煤炭部的"反右"斗争——我与陈老共事期间所发生的一个重大历史事件。

1956年4月25日，毛泽东在中国共产党中央政治局扩大会议上作了《论十大关系》的讲话，提出了"百花齐放，百家争鸣"的方针。次年5月1日，《人民日报》刊载了中共中央于4月27日发出的《关于整风运动的指示》一文，发起了在全党展开反对官僚主义、宗派主义和主观主义的整风运动。毛泽东还号召党外人士"大鸣大放"，鼓励他们提出对共产党和政府的想法、意见，帮助整风。于是各界人士，主要是知识分子们，开始向党和政府提出意见，有些十分尖锐，这令毛泽东等中央高层领导产生了新中国有可能被"颠覆"的焦虑，于是决定组织力量，全面反击提意见的"右派"势力，彻底打退"坏人"对无产阶级专政的"恶意进攻"。这就是中共历史上著名的"反右"运动。

"反右"运动的结果是，在全国将五十五万余人定为"右派"分子。后来有人说，其真实数字为三百多万[19]。这些"右派"们在精神和肉体上受到了残酷的迫害。

1980年6月21日，在统战部召开的座谈会上，乌兰夫、刘澜涛言，反右实属必要，毛病在扩大化。尽管尚有二十七位著名人士或未脱帽、或虽脱帽却未言戴错，经再作仔细研究后，仍判定五人确属右派（章伯钧、罗隆基、储安平等），此外二十二人皆系当时戴错。

1985年5月，在胡耀邦同志的努力下，最后一轮为"右派分子"平反的工作告一段落。曾经被划为"右派"的五十五万人（99.99%）几乎全部平反昭雪。最终未平反的"右派"，仍是那五名著名民主人士。

幸运的是，尽管我是煤炭部的党组副书记，但由于我的知识分子背景，多少年来都被分工主管业务工作，而不是政治工作，所以煤炭部的"反右"斗争不是由我主持，而是在陈部长（他是党组书记）的领导下进行的。我能体会到他对这场政治运动是非常不感兴趣的，这可能是因为他曾被诬冠为"右派"而遭到过残酷的整肃——曾为中共中央政治局委员的他，不但被开除了党籍，还被发落到苏联当了若干年的工人。我以为，他是硬着头皮去执行上面交代下来的任务。所以，煤炭部的"反右"斗争，不象一些知识分子成堆的单位，搞得那么大张旗鼓，热火朝天。另外，当时全国"一五"计划的实施即将进入尾声，对煤炭口来说，正是向终点冲刺的关键时刻，所以我们的工作重点，是如何增加煤炭生产，解决供应紧缺问题，而不是去搞什么政治运动。

不幸的是，当全国"一五"计划于1957年胜利完成之后，身历"反右"运动中的中央领导认为，在经济计划和工业发展过程中，也必须要克服"右"的倾向。于是，他们无视国家异常贫困的经济现状，抛弃了脚踏实地的工作作风，不切合实际地宣传只要我们的干部能够解放思想、相信群众的力量，就可以在短短几年内"超过英国，赶上美国"。在这种急于求成、违背事物发展规律的思想指导下，导致了接踵而来的"大跃进"和反对"右倾机会主义"的运动。

这回，在煤炭部，我没能幸免。

第二个五年计划与"大跃进"

陈部长离开后不久，党中央国务院决定由张霖之任煤炭部部长。为此我很高兴。这是因为，在1942年北方局调黄敬和我去冀鲁豫边区工作时，我就与他相识了（虽然黄敬取代了张霖之的边区党委书记的职务，但北方局同意了新党委的意见，让他仍留在边区担任党委副书记和组织部长之职）。所以对我来说，当好这个老战友的助手是毫无问题的。当时我相信，与他一起奋斗，应该能在"二五"计划期间，将中国的煤炭工业推向另一个高峰。

1957年2月，国务院要求各部、委、省、市、自治区迅速制定"二五"计划草案，提交人大审议。其实，国家在编制"一五"计划时，还初步草拟了《十五年（1953－1967）远景规划设想》，其中包括全国工业"二五"计划的初步轮廓，以及煤炭部的"二五"计划雏形。另外，在1956年9月15日召开的中国共产党第八届代表大会上（我作为"八大"代表出席了会议），周恩来作了对"二五"计划建议的报告。陈部长也代表煤炭部党组，向代表们汇报了煤炭部实施"一五"计划的情况，并阐述了我们将如何在"二五"期间解决好存在的二个主要问题，即煤炭供不应求和煤炭机械制造业发展滞后的问题。为了解决第一个问题，我们周密计算了国民经济发展和人民对煤炭的需求量，并决定积极发展地方煤炭工业，使煤炭生产水平与国民经济发展和民需保持平衡。为了解决第二个问题，我们将大力促进煤炭机械制造业的发展，为矿山提供更多的机械化设备，增加安全和劳动保护设施，从而提高生产和现代化水平。

根据中共"八大"精神和煤炭工业的实际情况，1957年8月，煤炭部推出了《煤炭工业"二五"计划草案》，将1962年的原煤生产指标定为二点三四亿吨，比"八大"建议的一点九亿至二点一亿吨增加了11-12%。但是，这个草案还没来得及提交到人民代表大会审议，"大跃进"就开始了。党中央和国务院要求我们重新制定一个"跃进"式的"二五"计划。

1957年11月，毛泽东在莫斯科举行的国际共产党、工人党代表大会上提出，十五年后，中国的钢产量要赶上和超过英国。12月，刘少奇在中国工会第八次全国代表大会上，宣布了毛泽东的这个誓言。冶金部部长王鹤寿随即扬言，钢铁业可

"煤缘"左右中国煤炭工业

以用十年的时间超过英国，二十年的时间超过美国。这个雄心壮志受到了毛泽东的褒奖，这就激发各工业部门一个接一个地抛出了"跃进"指标。从此，"超过英国"成为工业战线的口号。为了达标，全国上下，工、农、兵、学、商，竭尽全力大炼钢铁，预在超英、赶美的运动中，打一个"短、平、快"的漂亮仗。

毛泽东从莫斯科回国后不久，于1958年1月11至23日召开了南宁会议。应召出席的，是国务院和部分省委的负责人，共二十几人。在会上，毛泽东大批周恩来，说他犯了"反冒进"的错误。于是，南宁会议清除了对发动"大跃进"的障碍。紧接着，于3月8日，毛泽东又在四川成都召开了中共中央政治局扩大会议。各省和中央有关各部的负责同志出席了会议。毛泽东在会上继续"反冒进"。与会者讨论和通过了《关于一九五八年计划和预算第二本帐的意见》、《关于发展地方工业问题的意见》和《关于把小型的农业合作社适当地合并为大社的意见》等文件，为全面发动"大跃进"做好了充分的思想准备。

以上会议文件也下发到了煤炭部。为了贯彻南宁会议和成都会议的精神，3月25日至4月14日，张霖之主持召开了全国煤炭工业四级干部会议，其目的是在煤炭系统做好开展"大跃进"的思想准备。张部长所采用的，是"大鸣、大放、大辩论、大字报"的整风方式。他要以轰轰烈烈的群众运动形式，大批煤炭部内存在的保守主义和教条主义。会议期间，领导小组为了把批判"引向深入，揭深批透"，对下面的领导进行了反复动员，以至各单位先后共贴出了二万八千多张大字报。这些大字报直指陈部长、我和其他一些领导，批评我们保守主义思想严重，其特别表现在制定计划和完成生产任务上。反对派指责说，由于我们反对"冒进"，只讲可能，不讲需要，强调稳妥可靠，结果压制了生产，导致了煤炭供不应求的现象。他们还说，我们的"一五"《总结》是"右倾"保守主义的产物等等。

会议还批判了我们的教条主义错误。其主要表现在井型、服务年限、机械化标准、生产福利、工作制度（每个矿工每年井下作业三百天）等方面。并指责我们照搬外国的教条，束缚了人们的思想，限制了煤炭工业发展的速度和规模，加大了投资，造成了浪费。会议还认为，过去对安全设施、安全监督和管理制度等要求与规定，是不必要的条条框框，是脱离中国实际的教条。

最令我及众多会议参加者费解的是，张霖之还对"安全第一"的提法提出了批评。他说这也是教条，并认为如果继续执行现有的保安规程，就不可能有"大跃进"。就这样，张部长把安全生产与"大跃进"对立了起来。与此同时，他又把过去的荒唐言论搬了出来：煤矿生产是与地球作战，和打仗一样，死人是不可避免的。对此，我针锋相对地提出了反对意见，并特别强调："原煤是来自于工人们的地下作业，他们很容易受到自然灾害的袭击，所以一定要坚持'安全第一'的方针。我们目前执行的保安规程，是多年来生产实践的总结，也是许多矿工用生命和鲜血换来的。只有执行这些安全措施，才能保证煤炭的健康生产，两者相辅相成，缺一不可。"但是，张霖之对我的意见，不以为然。

也正是在这个会议上，张霖之提出了中国煤炭工业水平要"五年超过英国，十五年赶上美国"的口号，并规划了1962（"二五"）、1967（"三五"）、1972年（"四五"）的原煤产量分别为三点三亿至三点六亿、六亿、九亿。新制定的1962年的煤产量比原规划产值分别增加了41%至54%。到了5月份，这个新生产指标又显得过于保守，于是又被成倍、成几倍地不断刷新。

正如《煤炭工业二十八年史稿》所述："这次会议否定了在执行"一五计划经验中总结的即反保守，又反冒进，在综合平衡中稳步前进的正确指导方针，提出脱离实际的生产高指标，下达了"大跃进"的进军号。"[20]

1958年5月，在中共第八届全国代表大会第二次会议上，党中央制定了"鼓足干劲、力争上游、多快好省地建设社会主义"的总路线。这个会，标志了"大跃进"运动的全面展开。

"大跃进"这一群众运动首先是从农口搞起来的。党中央一声令下，各地雷厉风行，无人甘居落后。为了取悦中央领导，农口负责人为农产品制定的高产指标相继出笼，直接导致了"浮夸风"的泛滥。全国各地，虚报粮产，争放"卫星"。水稻亩产竟然报到了一万三千斤，小麦亩产八千六百斤！对这种"卫星"数字，凡是种过庄稼的人，都不会相信。但可悲的是，在"人定胜天"的一派呼喊中，一些人，特别是我们的领导，竟然"相信"了这些登峰造极的谎言！

与此同时，全国农村迅速成立了"人民公社"，家喻户晓的"三面红旗"（即"总路线"、"人民公社"、"大跃进"的合称）诞生了。举国上下，工、农、兵、学、商，无不高举这三面火红的旗帜。

煤炭系统的"大跃进"

由于冶金部发出了"超英赶美"的誓言，国务院各个工业部门岂敢落后。为了保证全民大炼钢铁运动的"正常"进行，中央采取了一系列的措施。其中一项，就是土法上马。全国各地，到处建起了炼钢铁的小高炉和土高炉，甚至连侵华日军和国民党军队留下的碉堡、炮楼也改造成了炼钢炉。家家的饭锅、门栓都成了大炼钢铁的不可多得的原材料。

炼钢需要煤。为了适应"大跃进"的局势，煤炭部也积极采取了一些应急措施。

一．盲目推广水力采煤（水采）以提高煤产。1958年7月，为了多产煤、快产煤，张霖之提出，煤炭部应大力推广水力采煤的技术革命。水采是1935年在苏联研制成功的一项成套采煤技术，即利用地下水经过高压泵、水枪等喷出的强水流冲击工作面，以达破煤、落煤（采煤）之目的。水采煤再由高压水流、水泵等运出矿井。与传统技术相比，水力采煤的优点为成本低、坑木省、效率高、事故少、所需设备种类少、流程简单等。但一个先决条件是，矿井周围一定要有充足的水源。缺乏水源也许就是这项技术在其他国家发展缓慢的原因。例如，至1958年，苏联只有四个全部水采化的矿井，产量仅占全国总量的5%。

1956年，我们在开滦林西矿和萍乡高坑矿，对水采技术的应用进行了工业性试验。1957年，又在开滦唐家庄矿进行了扩大试验，效果不错。但由于水采对水力的要求甚高，我对它的应用价值仍持怀疑态度。比如，如果开滦唐家庄矿的水源出现走低或枯竭，我们投资的回报即成乌有。另外，由于我国的很多矿山附近没有地下水，我认为，水采技术在这些矿山的普及价值是零。

张部长到煤炭部上任后，对水采工艺发生了浓厚的兴趣。他代表部党组（我和刘向三坚决反对）向中央送了一份题为《关于发展水力采煤的报告》（《水采报告》）的文件，提出在"二五"期间，煤炭部预将60%左右的现有矿井，改建成

"煤缘"左右中国煤炭工业

为水利采煤、水利运输，而50%至60%的新建井为水采井。1958年7月25日，张部长在开滦矿区主持召开了煤炭工业技术革命文化革命跃进大会。届时，贺秉章部长助理作了题为《为实现煤炭工业技术革命的总纲而奋斗》的报告，正式公布了《水采报告》。这一动议引起了各方面的重视。《工人日报》发表了题为《煤炭生产的崭新时代》的社论，国家技术委员会（技委）正、副主任韩光、张有萱在会议的最后两天也赶了来，并下井参观了水力采煤。一个星期后，技委党组给中央写了一份《关于水力采煤的报告》，认为水采是个好方向。8月16日，中共中央对煤炭部、技委党组的报告做出的批示说："水力采煤是煤炭部今年以后所掌握的一个比较全面的执行多快好省的先进技术，凡是有条件推行的煤矿企业都可推行。"遗憾的是，张霖之有选择地将"有条件推行的"这个前提忘掉了，而牢牢记住的是"都可推行"这四个字。就这样，他为在全国煤矿推广水采定了调儿。

同年9月1日，煤炭部将刘少奇主席、周恩来总理请到开滦，向他们展示水采的优越性。我先陪周总理视察了赵各庄矿，随后又与其他部领导陪同刘主席下了唐家庄水采矿。张部长向两位国家领导大谈了水采的优点，并赢得了他们的支持。从此，张霖之在煤炭系统大张旗鼓地将水采工艺推广开来。

就是在这种情况下，我和刘向三同志仍然坚持对水采的意见，即质疑普及这一技术是否合理、合算、可行。我们还提出："既然水力采煤优越性这么多，但为什么长期以来，它未在其他产煤大国推广应用？"的疑问。但这些都被淹没在为"创高产"而击鼓鸣锣的喧嚣中。

继唐山会议之后，仅在二、三个月内，煤炭部完成了一百三十七个水采矿井的设计工作。在现有的十一处矿井中，共有一百五十多个工作面先后以水采方式投产。但很快,这个技术的弱点就暴露出来了。例如,井下煤、泥、水泛滥;运输巷道被煤泥淤塞;工作面回采率低等等。于是,在八处水力化矿井中,五处被定为"不能正常生产"。就连"生产较正常"的唐家庄矿的水采井,在三个月内就损坏了四十二个盘滚珠轴

一九五八年九月一日在唐山。煤炭部第一副部长徐达本(后右二)陪同刘少奇(前左二)和周恩来(前左一)视察开滦唐家庄矿水力采煤技术。

承;投入试验的多种喂煤机、清液提升设备均不能使用;提升到地面的煤炭在煤车中冻结不得卸车等等,问题层出不穷。如是,水采面很快从一百五十多个降至约一百个左右。从事水采的职工们对这种不顾条件,盲目推行水采的做法提出了大量的意见。于是乎致力于在全煤炭系统普及水采技术的愿望之船触了礁。

此时,应该是坐下来认真思考一下失误原因的时候了。

"煤缘"左右中国煤炭工业

但张部长和一些追随者没有这样做。煤炭部于1958年11月11日发出了《关于发展水力采煤的指示》，重申水采是煤炭工业技术革命的中心，坚决批评为难、消极、动摇情绪，进一步大力宣传水采的优越性。由于张等人视而不见眼前已经和正在发生的严重问题，至使情况进一步恶化。水采工作面继续降至六十三个。至1959年，水采的实际年产量为一千万吨，仅是预定指标的20%。

盲目推广水采的后果不堪设想。唐山会议之后，又突击设计、制造了一批水采设备。然而，其中大部分不能使用。例如，生产的各式喂煤机就有二十二种，没有一种能被用于生产，浪费了大量的钱财和人力。为了适应水采的推广，大批旱采被改为水采。由于采煤系统不配套，不少矿井在投产后不久，就被迫停产了。很多新建水采矿因缺水，而不得不"水改旱"。但因按水采设计的井筒直径不够大，在地面为水采系统设计的一些设施和建设物不符合旱采要求，所以必须全面返工，这就更造成了人力和物力的巨大浪费。

二. "小土群"疯起以提高煤产。前面我已提到，在"一五"期间，部里就有人力主大办小煤窑，但遭到陈郁部长和我的坚决反对。所以，这个意见未得以实施。如今，陈老走了，又正值"大跃进"飓风的风尖，钟子云副部长再次力主大办小煤窑。他的大声疾呼，得到了张部长的支持。他们认为，只有在全国各地掀起一个人民公社大办小煤窑的热潮，才能保驾冶金部去实现其天文数字的钢产指标。于是，煤炭部展开了"小土群"运动。其宗旨，是要用分散的小煤窑对应分散的炼钢小高炉，力图做到哪里有千吨钢，哪里就有万吨煤。在煤炭部的号召和协助下，许多地方的党政领导干部，带领群众"勘探队"上山去找煤矿，一旦发现煤源，马上就地开采。其声势之大，前所未有，就连在校的学生和上了岁数的老人，也扛上了镢头，随着浩浩荡荡的人群去挖煤。一时间，十万多个小煤窑遍布于全国。由于这些星罗棋布的小煤窑均为仓促起步，故都是见煤就挖的独眼井，它们既无安全设施，又无专业设备，用的是明火照明，自然通风。出煤全靠没受过任何训练的农民工，他们手刨肩扛，伤亡事故相当严重。

1959年，全民大炼钢铁的运动因其失误而降温。公社劳力的回调，使很多小煤窑被迫停工。而一些"不过夏"的小煤窑在雨季被山洪吞没。还有的小煤窑，因其地处荒山野岭，煤运不出去，也都荒废了。这场土法大炼钢铁、大兴小煤窑的群众运动，不仅造成了人力、物力、财力的极大浪费，还严重地破坏了不少地方的矿产资源。面对这个残局，煤炭部曾提出对小煤窑进行改造的动议，目的是想把"小土群"变成"大洋群"。但由于接踵而来的"三年自然灾害"，这项改造工作未能实现。小煤窑的陨落成为必然。

三．大兴"大洋群"煤矿超产竞赛以提高煤产。在"苦战三、五年，超英赶美"的"大跃进"中，张霖之将煤炭的生产指标也定的越来越离谱了。为了增加产量，"大洋群"煤矿的高产竞赛运动也轰轰烈烈地起动了。这个运动主要体现于加快工作面的推进速度。由于"大洋群"有良好的基建和机械化基础，大幅度的增产实现了。但这对张部长来说是不够的，还要更上一层楼。于是，他号召各矿，一定要有"解放思想、破除迷信、敢想敢干"的精神，大胆进行技术革新、技术革命，以求产量的更大突破。很多矿务局为了达到大大超出原矿井设计能力的产值，大破技术操作规程和生产管理制度，将原来有序、规范、行之有效的工作面循环作业，改为"多循环"作业。这些违章做法，使我国刚刚萌芽的煤炭工业付出了沉重的

"煤缘"左右中国煤炭工业

代价。比如，很多煤矿的掘进、剥离工作（即为采过煤的工作面去除石土，创造新的采煤作业面）明显落后于回采（采煤）；煤炭可采期通常为半年至一年，但此时普遍降到了三个月，甚至一个月，有的已没有正规工作面；安全状况、设备完好率明显下降，甚至恶化；生产技术管理状况混乱等等。

然而，这些都没有打乱张霖之的工作常规。每天早晨，当他一坐进办公室，第一件要做的事就是读各矿报上来的生产报表，然后将这些报表送到主管工业生产的中央政治局委员彭真那里。对没有达到预定指标的厂矿领导，轻者，狠狠的批评一顿，重者，则是撤职。当时煤炭系统借用了农口的口号："人有多大胆，地有多大产！"谁也不容怀疑高产指标是否可以落实，谁认为达标有困难，谁就是"右倾保守主义"。一时间，科室关了门，干部与工人们一道下了井，加班、加点突击生产，以图快产、高产。此外，为了"解除对生产的束缚"，张部长还取消了总工程师监督等制度。在安全无人管理、问津的情况下，矿井事故巨增，生产陷入了极端的混乱，致使很多矿井遭到了严重的破坏。

1959年，我去抚顺煤矿视察。与我同行的有秘书李子文，调研室的工作人员吴百川。我们看到那里的工人只是在原地采煤而不掘进，把巷道两边都掏空了。我马上与负责生产的领班人说："这种生产方式，不是倒退了十年吗？这不仅相当危险，导致塌方，危及工人的生命，而且在没有充分挖掘原煤之前，这口井就得报废，这不是巨大的浪费吗？"领班人回答说："我们这是没有办法呀！就地采煤就是为了快嘛！就这样还完不成上面下来的指标呢！"

从抚顺煤矿，我们又去了沈阳，准备给辽宁省委作汇报（当时的省委书记是黄火青）。刚住下来的当天半夜，北京来了电话，说是部里要召开临时计划会议，李富春、薄一波都要到会，要我立即返回北京。我们连夜启程往回赶。一下火车就直奔会场。

　　在会上，由于各省矿务局报来的生产计划指标比张霖之定的低很多，他把这个情况向主管国民经济年度计划的薄一波同志作了汇报。薄一波表示，作计划应实事求是。于是张霖之降低了他原来预定的指标。但这些指标还是比下面报上来的高不少。在这种情况下，他只好与主管长远计划的李富春商量，寻求解决的办法。李富春提出，只要是国家需要，煤炭部就一定得想尽办法达标。对这种强人所难的要求，我是不同意的。开会时，我把在抚顺煤矿视察时的所见所闻摆了出来。另外，我还特别强调矿井管理不善，工人疲惫不堪等实际困难。当时，我的目的是很明确的，即向领导们讲明，如将生产指标定的过高，则既不现实，又很危险。但是，我提出的问题与当时的形势形成了巨大的反差，大家的兴奋点都集中在"快上、快上、再快上！超产、超产、再超产！"上。相形之下，我的调子则太低、太保守，故乃至根本无人考虑我的意见。于是，在这个计划会议上，领导们为今后的煤炭生产，定下了高不可攀的指标。

　　尽管我所提及的问题没有得到解决，但我并没放弃自己的意见。这时，部里的领导们开始有了不同意见，煤炭部党委内部产生了矛盾和分歧。例如，副部长钟子云、部长助理李建平站到了张霖之一边，而部长助理刘向三、计划局局长丁丹则支持我的意见。

我犯了"右倾机会主义"的"错误"

　　正当煤炭部党委内分歧突起的时刻，毛泽东在党内发动了又一个政治运动，即反对"右倾机会主义"（"右倾"）。1959年7月2日至31日，中共中央在江西庐山召开了政治局扩大会议，出席者为中央政治局委员，各省、市、自治区第一书记，中央和国家机关的有关负责人。会议原定议题是总结1958年以来的经验教训，讨论今后的经济工作。会议前期，毛泽东在概括国内形势时说："成绩伟大，问题不少，前途光明"。他还指出"大跃进"的重要教训之一，是没有搞平衡，指标过高，应该改正。毛在会上提出了涉及各个领域的十八个问题，由大家分组座谈讨论，以纠正在高举"三面红旗"时所发生的错误。

　　7月14日，彭德怀写信给毛泽东，在肯定总路线和1958年工作的前提下，分析了近年来的"左倾"错误及产生的原因，并为纠正这些错误提出了具体的建议。毛泽东向政治局常委提出，要"评论这封信的性质"，并将其印发至各小组进行讨论。没有想到，在讨论时，黄克诚、张闻天、周小舟等许多人，表示支持彭的意见。7月23日，毛泽东指责彭德怀表现了"资产阶级的动摇性"，是在向党进攻，随即展开了批判"彭德怀、黄克诚、张闻天、周小舟反党集团"的斗争。

　　7月31日，本来准备结束会议而下庐山的毛泽东，改变了主意，决定马上召开中共八届八中全会。8月16日，全会通过了《为保卫党的总路线、反对右倾机会主义而斗争》和《关于以彭德怀同志为首的反党集团的错误的决议》等文件，从此，揭开了在全党、全军反对"右倾机会主义"的序幕。庐山会议后期对彭德怀的批判和大规模的"反右倾"斗争，不但使经济工作中的纠"左"努力一度中断，更重要的是，在这个运动中，党中央惩处了一大批勇于说真话，力保国家和人民利益的领导干部，使党内相对正常的政治生活原则遭到了致命的破坏。

我也是勇于说真话的干部之一。在这次庐山会议上，我被辽宁省委第一书记点了名，他指责我批评他号召阜新露天煤矿矿工的老婆、孩子们到矿区参加生产的作法。其实，这是不顾家属安危、违反煤炭系统规定的安全生产章程的行为，应该立即纠正。但是，这位第一书记在会上说，煤炭部有个叫徐达本的，竟然批评我们号召煤矿的家属们对煤炭生产作贡献，这不是和"大跃进"唱反调儿吗？然而，正是以此人为首的辽宁省委，紧跟了"大跃进"的错误路线。后来，一位可靠人士向我透露，在辽宁省农民大办人民公社之后的"三年自然灾害"期间，曾有二十多万农民因饥饿死亡。当然，这一数字比河南、甘肃饿死人数和"人吃人"的惨况，要"好了很多"。

庐山会议一结束，张霖之就回到部里，传达了中央有关反击"右倾机会主义"的精神。1959年8月下旬至10月，在他的积极领导下，反对"右倾机会主义"的运动在煤炭部铺天盖地地展开了。我是首当其冲的"运动"对象。在我的一生中，这是第一次"挨整"。我的错误是，在落实1959年度生产指标的讨论中，极力主张降低生产指标，以便腾出力量抓生产准备工作，保持矿井和露天矿稳定的综合生产能力；另外，我"不合时宜"地认为，目前相当一部分煤矿已处在采掘严重失调的状况，如不迅速解决这些问题，将造成煤炭产量的急剧下滑。张霖之指责我的这些意见和建议，是不支持"总路线"，是对"大跃进"持消极态度，是盲目坚持"安全第一，生产第二"的"保守主义"。据此，他判定我犯了典型的"右倾机会主义"错误。

张霖之给计划司司长丁丹正式带上了"右倾机会主义分子"的帽子。并对他进行了严厉的批判。丁的"错误"是他给党组写了一份有关黑龙江、辽宁、吉林各大煤矿生产状况的工作报告。他指出，煤炭部领导对老矿的面貌，及其生产能力的大小认识不清，故在所定的生产计划中，不能反映生产能力的实际情况。鸡西、鹤岗、双鸭山三个矿务局在1958年"大跃进"中已把老本吃光了，所以不可能完成目前所定的生产指标。他还明确支持我的观点，认为部领导对新老矿的接替关系认识不清。他以为，"煤矿生产并不需费什么力气，生产准备工作无关紧要"的意见是不正确的。他在报告中强调，生产准备工作至关重要，只有做好准备工作，才能正常出煤。可惜，这些中肯的意见，都被张霖之认为是无限夸大伴随"大跃进"这一伟大运动而出现的微不足道的缺点，是歪曲事实，是反对"大跃进"。

张霖之说刘向三也犯了错误，是"右倾机会主义"的边缘人物。其主要表现为对水采有消极、动摇情绪，对我报支持态度等。另外，被我所株连的，还有东北煤矿管理局的副局长蔡斯列、东北抚顺矿务局局长刘XX、副局长袁士先以及矿长等。他们"挨整"的原因是同意我的意见，反对辽宁省委"老婆、孩子一起上"的"大跃进"号召、反对不掘进、反对设备失修等违反生产规程的做法。张部长和部党委确认这些领导同志都犯了"右倾"错误。当时，我对李建平部长助理说："你不要批蔡斯列，批我一个人就可以了。"但他不理睬我的建议，还是公开点名批判了蔡副局长。这些犯了"右倾"错误的同志不但受到了批判，而且还受到了撤职的处分。

刘向三同志的秘书高德贵被整的最苦。这只是因为他说了一句大实话:"煤炭部表面上是满面红光,实际上是患了三期肺病。"其实,此话一点儿不假。"大跃进"这个违背客观生产规律的运动,把我们在第一个五年计划时期辛辛苦苦为煤

一九五九年底在北京。煤炭部第一副部长徐达本因犯"右倾机会主义"错误被迫停职反省,在家写"检查"。

炭工业打下的底子,都给折腾光了!这个人为造成的大倒退,令人震惊、令人心疼!

在大、小会批判我的同时,张霖之勒令我靠边站,在家停职反省写检查。当时,赵毅作为工作人员正跟随李富春一行在上海搞计划工作。我一个人在家里闷闷地呆了三个月。由于自己都搞不清到底犯的是什么"错误",就更与爱人说不明白了。所以,我既没有给她写信,也没给她打电话。后来赵毅告诉我,我"出了问题"的消息,还是陈云的秘书周太合同她讲的。当时,尽管爱人很为我着急,但她确信,是张霖之把事情搞颠倒了。她相信党中央,一定会澄清我的"错误"。

"煤缘"左右中国煤炭工业

同年，刘少奇批准了张霖之对我的处理意见报告。我受到了降职使用的处分。我被从原来主管全国煤炭工业生产的第一副部长，降至管理财务的最末一位副部长，并免去了我的煤炭部党组副书记的职务。同时，我的共产党第八次全国代表大会的代表资格也被取消了。

"停职反省"时的所见所闻

在停职写检查、受批判之余，我能做的，也是我最感兴趣的，就是到下面作点儿调查研究。于是，我叫上李子文、吴百川与我同行。

我们的第一站，是刚开工不久的河南平顶山煤矿。到了河南后，省总工会主席也加入了我们的行列。在井面上，我们见到工人们正在吹着号打着鼓地庆祝"又一次突破了产值大关"，真是好不热闹！可是到井下一看，吓了一跳——到处乱的一塌糊涂！我问采矿区的区长："你们不搞掘进，不怕出事吗？"区长回答说："不行啊！上面下来的压力太大啦！我们没有办法啊！上面说了：'你们必须完成任务，否则拿着检讨来北京！'"我说："你们无论如何要掘进，否则矿井就得报废了，这将给国家带来不可估量的损失！"但回答我的，只是无奈的摇头。

我们刚一离开平顶山煤矿，那里的5号矿井就发生了瓦斯爆炸，乃至形势更为焦头烂额。我们又去了焦作和峰峰煤矿。在焦作，我们见到的混乱，较平顶山煤矿是有过之而无不及。在去峰峰煤矿之前，那里传来了坏消息——煤矿被水淹了。当我们赶到时，所见到的还是一片混乱。当时，作为被停职和接受批判的我来说，对高举"三面红旗"所导致的处处生产杂乱无章，能说和做些什么呢？

在党中央、张霖之"左倾"思想的领导下，正值中国轰轰烈烈的"大跃进"年代，于1960年5月9日下午一点四十五分，发生了一起在中外采矿史上前所未有的惨案，它就是山西大同矿务局的老白洞事件。这个惨案是由于井下突击开采，使原煤的产量猛增到了一百五十余万吨所造成的。此产量远远超出了该矿所能承受的水平（九十万吨）！堆积如山的原煤，滞留于井下，以至煤尘飞扬。后来的调查结果认为，事故发生的原因很有可能是由于一辆运煤车与铁轨打起的火花酿成的。火花引爆了密布的煤尘，导致了恶性爆炸和大火。顿时从数个井口喷出的熊熊火蛇，将九百多名煤矿工人和促生产的干部困于地下。据说事故发生后，大同煤矿党委副书记王蕴心、和愚、副局长田志斌、副局长兼总工程师张继英等局领导马上相继赶到了老白洞矿。煤炭部部长张霖之、副部长李建平、国家劳动部部长马文瑞、全国总工会书记处书记郗占元、山西省委书记郑林、晋北地委第一书记王铭三等领导，连同公安部、卫生部等负责人也迅速赶到了事故现场。

事发时，我正在家中写反省报告，检查所犯的"右倾机会主义"的错误。老白洞的恶讯传来，并未使我震惊，因为这是盲目蛮干、不尊重科学、忽视安全生产的必然后果。当时，我能做的，只是默默地为那些遇难的职工们哀悼，为他们的家属痛心。

后来得知，突击救援工作持续了七个昼夜。当场死亡六百七十九人，连同被救出的二百二十七人中，又死亡五人，共死亡六百八十四人[20,21]。以上数字，直到四十多年之后才被在国外曝光。当时，有关老白洞事件的一切消息仅限于内部极

"煤缘"左右中国煤炭工业

小范围，对外绝对封锁，相关的文字材料都打上了"绝密"的封印。2008年2月，老秘书李子文到家来访时对我说："当时姚燕(子文的爱人)是在部里搞统计工作的，知道具体的死亡数字。由于此数字为"绝密"，她从来没有告诉过我，时至今日也不知道在老白洞矿难发生时，到底有多少人丧了生。"

在这个恶性事件发生之后，为了调查事故的原因，中央组织了一个调查小组，包括公安部部长、劳动部部长、总工会主席、以及煤炭部部长。当时，稍稍有点儿头脑的人，是不会对事故的发生感到惊异的。但在浮夸、虚报成风的"大跃进"时代，一场"反事故、抓敌人"的运动，又轰轰烈烈地展开了。发动这个运动的领导们，把该下井而没有下井的工人、主管事故的工程师，通风、供电、运输段的技术员都查了一个遍，就连事故后回乡的矿工，都被列为重点怀疑对象。

老白洞矿难追查组经过调查，于1961年3月24日起草了《关于老白洞矿煤尘爆炸事故追查工作的结案报告》。报告认为老白洞事故是由煤尘爆炸引起的，并明确指出"反革命直接点火的线索至今尚未发现"。但是，张霖之为了避免承担责任，坚持认为这个事故是阶级敌人破坏造成的。据报导，在大张旗鼓"抓敌人"时，很多无辜的人被卷了进去，导致了七百零九人被批判和斗争；三百九十八名干部被撤换；四百六十二个"不纯分子"被调离[22]。这些数字令人惊叹不已。在经历了一场人为造成的矿毁人亡的大劫之后，幸存者又不得不经历一场残酷的政治"过筛"！不仅如此，老白洞矿原总工程师周子义，因被认为是引发事故的"嫌疑犯"，而被逮捕入狱。大约是在八十年代末或九十年代初，我和赵毅去山西平朔县的露天煤矿参观时，还见到了这位周工程师(他当时是这个露天煤矿的总工程师)。他与我们谈了很久很久，详细地向我们讲述了"老白洞事件"发生的前前后后,以及他本人是如何被冤枉的。但我记不清他是刑满后还是无罪提前被释放的。

  1960年5月10日,也就是老白洞事件发生的第二天,张部长盲目地颁布了二十二项命令(《二十二项命令》)。即在煤炭系统推广二十二项"新技术"。然而,在这些所谓的新技术中,十八项是不成熟、不能被推广和脱离实际的。而命令里所谓的"新采煤法",大多是五十年代已经被淘汰、资源回收率很低、安全生产条件恶劣等落后采煤法的更名改姓。还有的技术,属于长远的发展目标而在短期内是不可能完成的。例如,全国煤炭企业实现煤气化,煤层地下气的工业应用和民用等等。但张部长限期在同年党的生日"七•一"、建国周年"十•一",也就是在他的命令发出不足三、五个月的时间内,将它们在全煤炭系统普及。这些脱离实际的"新技术",在领导干部无知的强制下,或因无条件而被搁置、或在实践中被认为不可行而半途而废,有些即便被勉强实行了,但均以失败告终。

"左倾"错误与七千人大会

  持续了三年之久的"大跃进",给中国人民带来的回报是席卷东、南、西、北、中的"三年自然灾害"。对此灾害的恶性程度,我是有些体会的。当时人们的日常生活必需品,均已成为奢侈品,除了食盐,其他食品以及日用品,如米、面、油、蛋、肉、酱、糖、布等都是凭票供应,其少之又少的限量,大大低于人体和日用的正常需求。

  当时,我的二女儿平平正在上小学,住在育才学校。孩子周末回来说,中午饭常是黑面窝窝,晚饭常是黑忽忽的稀粥,肚子里总是空空的。孩子的食不果腹,令我的岳母心疼

"煤缘"左右中国煤炭工业

地掉泪,而我和赵毅心里也是苦不可当。再看周围的人呢,大部分得了浮肿病,我也是其中的一个。更甚的是,在半个世纪之后我才听说,至少有三千八百万的农民饿死于"三年自然灾害"。显然,当时的党中央没有将这一骇人听闻的恶讯向我这一级干部公布。

1960年8月,中共中央在北戴河召开工作会议,目的是对我国经济发展的极不平衡进行整顿和调整。8月中下旬,国家计委在讨论制定1961年经济计划控制数字时,李富春提出,"应以整顿、巩固、提高为主,增加新的生产能力为辅;着重解决配套、补缺和产品质量问题,以便取得主动。"8月底,国家计委在向国务院汇报时,提出了"调整、巩固、提高"的意见。周恩来在听取汇报时,加上了"充实"二字予以完善,从而形成了"调整、巩固、充实、提高"的"八字方针"。9月30日,中共中央批转的国家计委《关于1961年国民经济计划控制数字的报告》中,正式提出了调整国民经济的"八字方针",并提倡大力恢复农业,压缩基本建设和重工业生产,精简职工和城镇人口。

但此时的国民经济,已是老牛破车了。除了原煤、石油、电力部门之外,钢铁、水泥、粮食、棉花等许多重要工农业产品的产量,都远远低于周总理签署的《关于发展国民经济的第二个五年计划的建议》中的预定值。这使党中央意识到,如果再不刹住"浮夸风",后果不堪设想。

1962年1月11日至2月7日,中共中央在北京召开了扩大工作会议。与会者共七千零七十八人(我是其中之一),故称"七千人大会"。这七千多人是来自党中央、中央各部委、各省市、自治区党委及地、县委、重要厂矿和部队的负责人。这个会议,是有史以来规模最大的中央会议。在会上,国家主席、中共中央副主席刘少奇代表中央，向到会代表作了书面报告，检查了在过去五年里所犯的"左倾"错误。他说："造成当前经济困难，除了'天灾'以外，另一个原因是'人灾'，是1958年以来党在决策上的失误。"刘少奇将党中央的失误归纳为以下几点：

一. 对工、农业的增长速度估计过高，对建设事业的发展要求过急；

二. 对工、农业生产的计划指标定的太高，基本战线拉的过长，使国民经济各种组成比例严重失调，在工、农业生产中犯了"瞎指挥"的错误；

三. 在组织农村人民公社的实际工作中，混淆了"集体所有制"与"全民所有制"的界线，犯了乱刮"共产风"和"平均主义"的错误；

四. 不适当地在全国范围内建立了过多的完整工业体系，未能因地制宜。

报告指出，造成以上四项错误的原因，是党中央缺乏经济工作的经验；不少领导同志骄傲自满、违反了实事求是和群众路线的作风，违反了民主集中制的原则。

毛泽东在会上也发了言。他说："我们这几年工作中的缺点、错误，第一笔账，首先是中央负责，中央又是我首先负责。"……"凡是中央犯的错误，直接的归我负责，间接的我也有份，因为我是党的主席。"就这样，党的主席和国家主席基本上认识到了"大跃进"的失败，并主动承担了责任，这对参会人员来说，是很大的鼓舞。由于在会上，毛泽东制定了"三不"方针，即"不挂帐"、"不打击"、"不报复"，很多与会者畅所欲言。同时，周恩来和邓小平等领导，也在大会上做了自我批评。

"煤缘"左右中国煤炭工业

尽管如此,我已体会到毛泽东与刘少奇之间的紧张气氛。看的出,毛对刘将"三年自然灾害"的起因归结为"三分天灾,七分人祸"的说法,很是光火。所以,在这种微妙的政治环境中,尽管有个"三不"方针,作为"犯了右倾机会主义错误"的我来说,也只是带着耳朵听会,不敢随意直言。

但令我欣慰的是,党中央在会议前后,为反"右倾"运动中被错误批判的大多数敢于荐言的同志们,做了甄别平反。我也是被平反人群中的一员。在大会上,当着七千之众,毛泽东特别点名批评了张霖之,说他在煤炭部推行《二十二项命令》是"典型的瞎指挥"。

其实,自从"老白洞"事件之后,张霖之已经意识到自己在领导上的严重失误。如今又遭到毛泽东的点名批评,心中更加忐忑不安,思想压力重重,精神萎靡不振。他一去北京医院检查,就被戴上了一顶"患了冠心病"的帽子,于是就到外地疗养去了。不久,他又经老朋友柯庆施介绍去华东医院复查,否定了北京医院的结论。

七千人大会后,我在煤炭部的部党组副书记和第一副部长的职务被恢复。对部内其他因"右倾"而受到批判和处分的同志,也做了甄别平反,重新安排了工作。我满以为,中国工农业的建设,即将步入一个拨乱反正的新纪元。

然而,仅仅过了半年的时间,也就是在8月6日至8月下旬,中共中央政治局在北戴河召开了一个工作会议(即"北戴河会议")。会议由毛泽东主持。在会议开幕的第一天,毛讲了话,提出了阶级、形势、矛盾三个问题,并使之成为会议的主要议题。毛坚持认为,阶级斗争将贯穿整个社会主义时期,党内出现分歧,是阶级斗争和修正主义新动向的反应等。此外,与会者还讨论了农业、财贸、城市等方面的问题。毛泽东认为,刘少奇、陈云等人对经济形势的估计,是"不讲光明,只讲黑暗"的"悲观风";邓子恢、陈云等人支持的"包产到户"是"单干风";而彭德怀上书毛泽东和党中央一封长达八万字的"申辩信",是"翻案风"。

一个月后,中共八届十中全会在北京召开。毛泽东在会上发表了著名的讲话:"阶级斗争必须年年讲、月月讲、天天讲。"当时,我对会上所指"阶级斗争"的理解,是很广义的,并没有想到毛的这个讲话为四年以后发动的无产阶级文化大革命("文革"),埋下了理论性的伏笔。

"大跃进"给煤炭工业带来的沉重创伤

我亲身经历了"大跃进",目睹了它给中国煤炭工业带来的重创。多年后,这些累累伤痕才被如实地载入了史册[18, 23]。这里,我仅谈几个致命创伤:

一. 生产安全无保证,恶性事故层出不穷。由于在"大跃进"中,部领导认为"安全第一,预防为主"的方针是保守主义的产物,于是取缔了很多保障安全生产的规章制度,以至违章指挥、违章作业比比皆是,矿工伤亡大增。仅在"大跃进"疯起的前四个月,全国煤矿生产事故死亡人数约为前一年同期的二倍半。据统计,死亡人数以山西(老白洞的粉尘爆炸死亡六百八十四人)、四川(东林煤矿的一次瓦斯爆炸死亡八十二人)、云南、辽宁省为最。1958年,基于"小土群"派力挺,小煤窑风起。但因其设备简陋,进一步使"大跃进"三年间的死亡数字加速膨胀为"一五"五年期间死亡数字的四倍[21, 23]。

二. 采掘超级失调,严重破坏了矿井的综合生产能力。众所周知，这是由于"大跃进"的"浮夸"、"卫星指标"造成的。在历次干部工作会议上，我和一些同志曾多次提出加强开拓、掘进生产准备工作的意见，但都没有受到重视。为了追求产量，煤炭部直属和原直属的部分矿务局的采煤工作面减少了七十四个，掘进长度减少了一万二千米。另外，设备超负荷运转、带病运转相当普遍。1960年下半年煤炭产量的急速下滑，是矿山的综合生产能力遭到破坏的结果。

三. 盲目投资导致的空前浪费。普及"水采"、全民大办"小煤窑"、强制推广《二十二项命令》等等，耗资甚巨，所得甚微，或一无所得。在"大跃进"的三年中，国家投资近六十一亿元，是四个五年计划(1953—1975)期间投资最多的一次，但建成的生产能力是最少的，矿井质量是最差的。可想而知，"大跃进"的负面影响是极其深远的。1962年和1965的煤炭年产量，分别为二点二亿和二点三二亿吨，均大大低于原定产值。

四. 企业管理极端混乱。"大跃进"初期，即1958年5月，国务院要求煤炭部将其直属企业、事业单位(除了在山西、河北、辽宁、云南、贵州、宁夏六个地区的直属企业、事业单位外)全部下放，由地方管理。我认为，将黑龙江省的鸡西、鹤岗等几个大型矿务局改为人民公社制是不妥当的，于是向周总理汇报了我的意见，并赢得了他的支持，纠正了原有方案。因为中央没有为地方制定一个对矿山管理的条令，所以造成了下放企业内部的极度混乱。1960年，国务院又决定将这些下放的单位回归故里——煤炭部，使得企业管理体制处于大幅度的动荡状态。两年中的一放一收，给煤炭部增加了巨大的工作量，让做具体工作的各层领导十分头疼。另外，在领导体制上，中央强调"政治挂帅"，"书记挂帅"。说白了，就是"外行领导内行"、"以政治压科学"的政策，这就严重地束缚了业务干部和知识分子的手脚，使他们不能务实地去考虑计划产量与生产能力之间的平衡。后来，张部长索性公开废止了总工程师责任制，流产了技术管理制度。在"大跃进"的三年中，在煤炭部部内到各个领导层，设置了由政工干部挂帅的"跃进办公室"。正是这群有着滚烫的革命热情而无科学知识的主任们，成为我国煤炭工业的前沿领导。

五. 党的民主集中制原则被严重破坏。"大跃进"的三年，也是批判"反冒进"、"右倾保守主义"、"右倾错误路线"的三年。在从上到下的各级领导层中，不乏"大跃进"的鼓吹者。他们把工作中的不同意见，视为"路线"分歧，把敢于说实话、敢于批评"大跃进"的同志，说成是"反对大跃进"、"反对总路线"，是"自以为是"、"骄傲自满"、"难以共事"的"右倾机会主义分子"等等。然而，正是这些"大跃进"的鼓吹者，践踏了党内、外的民主制度，使"知无不言，言者无罪"的政策，成为聋人之耳。

由于"大跃进"的"极左"思潮始于毛泽东，而党中央的领导们不但没予以制止，反而紧紧追随，甚至大力纵容，欺上瞒下、"左"上加"左"。所以，在这个"起哄"式运动惨遭失败的时候，其创始人及追随者都没有对他们给国家和人民带来的危害和灾难，做一个彻底的自我反省和交代。于是在后"大跃进"时代，"极左"性思维仍在党内占主导地位。

"煤缘"左右中国煤炭工业

何苦相煎太急？

在把张霖之送给我的那顶"犯了右倾机会主义错误"的帽子退还给他之后，我重新主持煤炭部的常务工作。此时，张部长还在外地继续休养。

尽管在1961年煤炭部就执行了扭转"大跃进"败局的"八字方针"，但在进入1962年时，煤炭生产的被动局面仍未见好转。为了解决全国对煤炭的急需，中央决定"开仓保煤"，即为了提高煤产，煤炭部可以从国库、部库、省库，调拨生产急需物资。于是我与华北局书记苏谦益、国家经委副主任叶林一起去了天津，打开了各部的仓库。我们根据煤炭生产的需要，将这些库存物资调配供应给各矿区。"开仓保煤"的措施，不仅促进了原煤的产量，它还给了煤炭部一个喘气的机会，即我们得以从调整煤炭工业的基本建制入手，解决"大跃进"造成的供求矛盾。

直到1962年10月，正值煤炭部筹备召开全国重点煤矿干部工作会议之时，张霖之才从休养地返回北京。这是继"七千人大会"之后，他在部里的第一次亮相。当见到我、刘向三、丁丹等"挨了整"的同志时，他没有表示任何歉意。

会议期间，周总理、薄一波副总理到会讲了话。周总理批评说，煤炭部的高指标历程，比任何一个工业部都长。他还指出，煤炭部在贯彻"八字方针"时，见事迟、抓的慢、执行不得利。客观地讲，在张霖之的直接指挥下，当时的中国煤炭工业已呈一片混乱。为了转变这个败局，他所应该做的，是在会议上做自我批评，统一领导干部们的思想认识，实事求是地制定我国煤炭工业发展的新方向。

但是，张霖之没有这样做。在大会发言中，他只是平平淡淡地、泛泛地批评了一下他把煤炭生产指标定得太高、又没能及时纠正的错误。由于他忠实地贯彻执行了"大跃进"的"冒进"路线,致使煤炭工业在实施"二五"计划期间,不但没有任何进展,反而大幅度地倒退了。为了弥补这种人为造成的损失,他不得不在会议上对"二五"计划最后一年的生产指标,做了一些调整。由于在思想上,他尚未理清如何发展中国煤炭工业的头绪,仅仅靠调整一下过去的生产指标,是无法保证扭转当时的溃败局面的。

周总理曾直截了当地点破了张部长在工作中的潜在危机。记得有一次,总理约张霖之和我到他那里汇报工作。张霖之对总理承诺说:"我们把一切条件都准备好了,就如同房子盖好了,只需要补充内部的设施(即国家向煤炭部的投资)了。"总理立即反驳说:"你的房子是漏的,先得补漏洞!"可见,张霖之还是没有意识到,煤炭部在"大跃进"中受到的创伤。与此相反,他以为只要国家给钱,中国煤炭工业的发展就会水到渠成。在这次汇报会上,总理向我们阐述了他对创建我国煤炭工业的意见,告诫我们,一定要抓好实现矿山机械化和安全生产两个至关重要的工作环节。总理的想法与陈郁和我的意见,真可谓一拍即合,使我感到非常欣慰。我曾向张霖之建议,将周总理的这些建议向部党组成员传达,并进行认真讨论,但他对我的建议置之不理。

全国重点煤矿干部工作会议开完不久,中央于1963年2月召开了工作会议,提出从1963到1965年,将再度贯彻执行"八字方针"。根据这个精神,煤炭部制定了《煤炭工业企业1963年至1965年调整、巩固、充实、提高工作纲要》(《纲要》)。这个《纲要》对继续调整的工作范围、标准、内容和要求等做了具体的规定。例如,哪些矿井应进行延伸开拓;重新核准所有矿井和露天煤矿的生产和安全系统;改造不合理的、不经济

"煤缘"左右中国煤炭工业

的生产技术环节；重建被破坏了的规章制度和制定新条例等等。为了落实《纲要》，煤炭部的领导纷纷到各矿务局蹲点。然而，张部长对这项工作漠不关心。而他关心的，是煤炭部应如何大力学习石油部抓安全的经验。他认为，石油部的安全措施不但详尽而且到位。我认为，此动议确实不错。但遗憾的是，张部长被纠缠在一些细节上不得分身。比如，他一再强调，为了解决井下"小铁道的安全"问题，运煤轨道的宽度误差，不得超出一毫米！为了满足他的这个要求，施工人员在铺轨道时，一定要用尺子去一步一步地丈量，结果是即费工又费时！

为了贯彻中央工作会议精神和落实《纲要》，煤炭部党组决定于1963年8月在北京召开技术工作会议。会议的筹备工作由任弼绍同志负责。此时，我向张霖之建议，会议的报告和文件应事先经过党组讨论通过后，然后再分发给与会者。他认为这太没必要，太烦琐啦，于是推托给我，说由我来定。但在我的坚持下，他才同意由党组审议、通过这些文件。1963年9月6日下午，技术工作会议正式开幕。在会上，我做了《全国煤炭工业技术工作会议报告》，其主要囊括了三个方面：

一. 向到会者详细地介绍了我国煤炭工业的现状；

二. 讲述了我国煤炭工业与世界水平的差距；

三. 提出了如何使我国煤炭工业赶上六十年代世界技术水平的具体措施和方案。

报告的中心思想，是号召煤炭系统的全体职工，特别是工程技术人员，充分发挥自己的积极性和创造性，大力推动对现有矿井的技术改造，为提高采掘机械化水平和加强科学研究工作，为解放生产力而艰苦奋斗。部领导在这次会议上，为在整个煤炭系统贯彻"八字方针"，制定了具体内容和方案。

技术工作会议结束后不久，其精神还未来得及在全煤炭系统贯彻落实，我突然接到了党中央国务院将我调离煤炭部的通知。这个通知，既没有说明调离的原因，也没提及我的去向，令我十分蹊跷。我琢磨着，中央不是刚为我甄别平反了吗？莫不是自己在那里不慎又犯了什么"错误"？想来想去，还是落到了我和张霖之的关系上。尽管我们的私人关系离"称兄道弟"远于十万八千里，但我历来以大局为重，只要他的意见对，我就全力支持，不对，我也会毫无保留地把自己的意见提出来。

当时，针对这次人事变动，中央组织部（中组部）副部长赵汉同志与我谈了话。我直截了当地问起调我离开煤炭部的原因。这使他很为难，故有意地回避了我的问题，只是说："你是老同志了，不要再问了，还是服从组织决定罢！"

虽然我心里对这个决定很有意见，但没做任何努力去改变它。我依依不舍地告别了相处多年的职工同志们，告别了我所熟悉的矿山和矿井，告别了我为之呕心沥血近二十年之久的煤炭事业。

离开了煤炭部后，由于一时无合适的部门可去，我即申请到中央党校进修一年。领导批准了我的请求。

"文革"之后，据一位中组部的知情人张XX告知，1963年中央调我离开煤炭部，并不是因为我工作做的不好，而是基于张霖之的个人私怨。他向刘少奇提出，若不调我离开煤炭部，他就坚决不在那里干了！他向党中央、国务院国摊了牌——在煤炭部，有我没他，有他没我。上级领导满足了他的要求——将我调离了煤炭部。

在我调离之前不久，由于苦于与张霖之共事，刘向三同志主动向中组部打了报告，要求调离煤炭部。1963年初，他被调到中央纪律监察委员会，该委员会派他担任驻水电部监察组组长。

离开煤炭部后的反思

回顾过去,我不仅是煤炭部的主要负责人,而且曾是峰峰煤矿和开滦煤矿的第一把手。在这近二十个春、夏、秋、冬中,作为一个肄业于北洋大学土木工程系的大学生(修完了全部课程,为抗日而放弃了最后半年的毕业实践),我刻苦钻研业务,做了大量的矿山实地考察,至使我对中国煤炭工业的过去和现状有了较深刻的了解,并对今后的发展方向有了较明确的认识。多年来,我与同志们一起,一步一个脚印地启动了对中国煤炭事业的开拓。细腻而辛苦的实践加之对科学的探索,丰富了我对煤炭工业管理和领导的经验,激发了对其创建、发展的献身热情。我一直以为,建设一个现代化的中国煤炭工业,是我这个"煤缘"为之奋斗的终生事业。

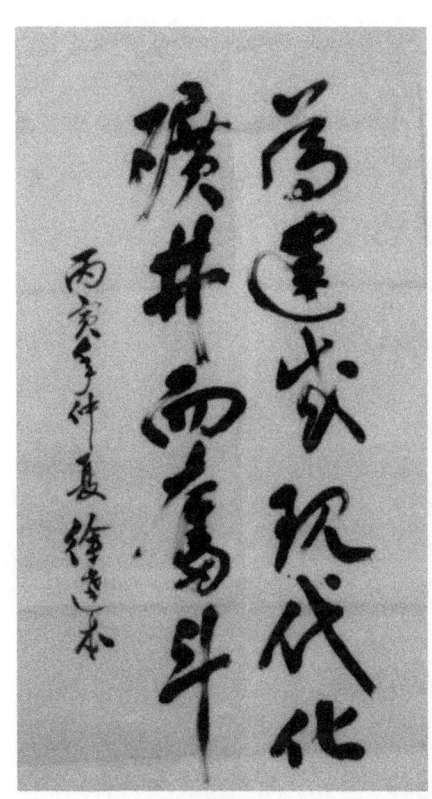

徐达本书

在燃料部/煤炭部工作的十余年里,我克己奉公,时时告诫自己,不要利用职权图谋私利。在"三年自然灾害"的困难时期,煤炭部所属的农场常给部级领导们准备一些农作物、肉类等。这些物品先被送到司机班,然后下班时各自捎带回家。我认为这种做法很脱离群众,所以告诉为我开车的修思珠同志，不要接收农场送来的东西。他确实如此做了。1960年困难时期，妹妹求我在北京为她找份工作，我没帮办，而是从自己每月的工资中，拿出五十元补助她的家庭生活。修思珠的外甥，也来北京找工作，本想求我帮忙。但见我连自己妹妹的事都没有管，也就没再向我提及。但我确曾介绍小弟参加工作。由于他的文化水平低，又没有革命经历，我请石油总局帮忙，安排他成为一名石油部幼儿园食堂的管理员（后改为会计）。由于这个工作收入低，我的弟媳又全日在家拉扯三个年幼的孩子，生活很是拮据。于是，我和赵毅主动承担了他们大女儿和大儿子的上学费用。弟弟一直工作得很努力，曾多次被评为先进工作者。这个工作一直伴他到退休。

既然我在煤炭部的经历是问心无愧的，但为什么将我调离呢？其真实原因究竟是什么呢？其实我当时就很明白，我的离去与张霖之武断、粗暴的工作作风直接相关。我与他共事六年之久的体会，可用一个字来表达，那就是"难"。他曾毫无根据地说："陈郁是一个被徐达本所左右的傀儡部长。"还有一次，我对他起草的一个文件做了一些文字上的修饰，惹得他万分恼怒，愤愤地对我说："你不要把我当小孩子看待！"他还提醒我，不要在文化上小看他，因为在十七岁的时候，他曾在河北南宫县师范讲习所参加过学习班！另外，我们在如何发展中国煤炭工业问题上的巨大分歧，以及我坚持己见的态度也激怒了他。为此，他四处抱怨，说我是一个骄傲自满、不易共事的人。记得薄一波曾说过，部里有"小土群"和"大洋群"之争。此话不假。但有争论并不是坏事，不应将分歧视为是张霖之、钟子云与徐达本、刘向三等的个人之争。这个争论，是"内行"与"外行"之间的争论，它事关如何奠基和发展我国煤炭工业的大计。"大跃进"的惨败和后来的历史都证明，

"煤缘"左右中国煤炭工业

我们的意见离真理更近一筹。

但是，我怎么也不理解，为什么党中央不愿利用我在煤炭工业建设、管理方面的知识和经验，而一定要把我调出煤炭部。其实，早些时候，刘向三就向李富春、薄一波反映过张霖之的工作作风问题。刘向三在他所著《往事的回忆》一书中，抒发了对张霖之给我扣上"右倾"帽子，并将他定为"右倾"边缘人物的不满。他写到："'反右倾'后期，李富春、薄一波副总理找我谈话，要求我顾全大局，与党组同志搞好团结。谈话中，我反映了张霖之部长工作作风不民主等意见，并提出调动工作的要求。"(24)显然，刘向三对张霖之的意见，并没有引起国务院领导的重视，因为在反"右倾"运动中和后来决定调我离开煤炭部之时，竟没有一位领导与我谈一谈，征求一下我的意见。看来，张霖之对我贬伐的舆论宣传工作，是做得很到家的——我的"煤缘"成了"没缘"。

很多年以后得知，王光美、刘源在《你所不知道的刘少奇》(25)中，记载了一段刘少奇与毛泽东关于"走资本主义道路的当权派"的对话，刘问毛："对这个'派'，我总是理解不了。走资本主义道路的人有，但是资产阶级都要消亡了，怎么可能有什么派？一讲到派，人就太多了，不是到处都有敌我矛盾。煤炭部、冶金部，哪个是走资本主义道路的当权派？"毛泽东脱口而出："张霖之就是！"(25)加之毛泽东在七千人大会上说张霖之是"瞎指挥"，这些无不说明，毛对张领导煤炭部的工作是很不满意的。但奇怪的是，为什么党和国家领导人不能以社稷为重，还继续让这样一个不称职的人去领导中国的煤炭工业呢？也许，由于毛泽东自己是"大跃进"罪恶的制造者，所以当他对自己高抬贵手的同时，还顺理成章地将罪过推脱给他最忠实的追随者。

最近，女儿问我："为什么刘少奇不考虑国家利益，把你留在煤炭部呢？"我回答说："大概他们都是老北方局的吧！"的确，毛泽东不是说，党内无派，千奇百怪吗？随着岁月的流失，此话的真切性就越发的凸显了。这个不成文的"原则"，才是党内斗争的基线。于是，我不禁常常自问："'路线斗争'的真实含义到底是什么？是正确与错误的斗争，还是兴帮立威，排斥异己？"

另一个使我受到不公待遇的原因，是我党历来认为，工农干部比知识分子干部（加之我的出身是地主）来的淳朴、阶级立场更坚定、更值得信赖。所以，为了确保社会主义社会的建设的"顺利"进行，无论是在党内还是党外，都奉行了"外行"领导"内行"的政策。尽管这个违背科学的政策，令众多精英无用武之地，大大阻碍了国家各个行业的发展，但在我党相当长的一段历史时期中，它才是坚持无产阶级专政的"英明大略"。

不久，毛泽东冠以绝大多数领导干部（我也是其中的一个）为"走资本主义道路的当权派"，正中了"四人帮"的下怀，为他们夺取党和国家的领导权鸣了锣，开了道。

1967年1月22日，张霖之成了第一个为"文革"殉葬的正部级干部。

第九章 漫长的文化大革命

"文革"前奏

1964年初冬,我从党校毕业。党中央、国务院分配我到第八机械工业部任副部长。

八机部的部长是陈正人同志。他是一位涵养极高、谦虚和蔼的老革命。在我到职之前,原来主持常务工作的副部长黎玉出了历史问题(是老问题,据说最终被甄别平反)。当我到职后,部里的常务工作由我主管。此机构的任务是,建设和发展我国的农业机械化事业。上任后仅一年半的光景,在我还没

六十年代初在北京。徐达本(中排左一)和爱人于兆毅(中排左二)与家人合影。后排左起为:大儿子金柱、二儿子井平、大女儿峰峰、大儿媳淑贞、二女儿平平,最前排:小女儿光光。

来得及熟悉所有的业务时,就遇上了毛泽东发动的"文革"。

在我离开煤炭部前后的一段时间里,毛泽东还发动了另一个政治运动——"社会主义教育运动"("社教")。1963年2月,中共中央在北京召开工作会议,重点讨论如何开展"社教"问题。据后来报道,在这次会上,毛泽东道出了发动"社教"运动的起因:"现在有的人,三斤猪肉,几包纸烟,就被

收买了。只有开展社会主义教育，才可以防止修正主义"。于是，他为如何在全国范围内逐渐开展这一运动定了调儿：在城市，开展"反贪污"、"反浪费"、"反官僚主义"等有利于增产节约的运动；在农村，则为"清帐目"、"清仓库"、"清工分"、"清财物"。这就是历史上著名的"四清运动"（"四清"）。站在第一线领导这个运动的，是国家主席、党中央副主席刘少奇。

尽管我和赵毅都没有参加这个运动，但通过学习下达的中央文件，我们对运动的进展还是比较了解的。在饭桌上，"社教"、"四清"都是讨论的热点。多年之后，我才意识到，这个"社教"运动与"文革"的发动有着密切的内在联系。

运动开始时，无论是在城市还是农村都是发动和依靠最底层的群众去斗争基层领导干部中的腐败分子。结果是，基层组织在其干部大面积"落马"的情况下而陷于瘫痪。刘少奇认为，运动的对象不应是这些小当权派，而是"地、富、反、坏、右"。于是，为了扭转当时的形势，他向农村派出了工作队，并将斗争的矛头转向了以上五类"坏人"。不久，很多地方出现了乱斗争、乱打人、乱搜查、乱扣帽子、乱立罚规、乱扣押等严重侵犯公民权力的违法行为。此时，"社教"和"四清"，不再是具有教育性质的运动，而是"敌"我性质的残酷斗争。

1964年12月至次年1月，中央召开了关于"社教"运动的工作会议。据后来报道，在会上，针对高达20%的人被定为"坏分子"（包括新生反革命）一事，毛泽东质疑刘少奇。毛强调，运动的重点对象是"当权派"，而刘少奇则固执己见，认为应是社会上的五类"坏人"，因为他们是对社会主义体制不满的敌对力量。会上，毛泽东不再掩盖他与刘少奇在运动对象上的

漫长的文化大革命

分歧。但党内最高领导人之间的矛盾被严守于极小的范围内，象我这样不会走上层路线的人，是对其一无所知的。

1965年1月，中共中央发出了题为《农村社会主义教育运动目前提出的一些问题》的文件(即"二十三条")。依照毛泽东对政治形势的基本估计，文件强调农村的"社教"运动的根本目的，是解决社会主义和资本主义的矛盾，并特别提出："这次运动的重点，是整治党内那些走资本主义道路的当权派"。当时我以为，毛泽东所指的"当权派"仅是极少数，没想到在一年半之后，成千上万的领导干部，包括我在内，都成了整治的对象！

同年11月10日，姚文元在上海《文化报》发表了批判《海瑞罢官》一文，其题目是《评新编历史剧〈海瑞罢官〉》。正是这篇文章，揭开了"文革"的序幕。

其实，早在1959年4月，毛泽东就提倡学习海瑞。从那时起，北京市副市长、明代史学专家吴晗就开始创造京剧剧本《海瑞罢官》，并于1961公开发表。此剧本受到毛的极大赞赏。但几年之后，香花就变成了毒草。姚文元把《海瑞罢官》中所写的"退田"、"平冤狱"，同所谓"单干风"、"翻案风"联系起来，说"'退田'、'平冤狱'是当时资产阶级反对无产阶级专政和社会主义革命的斗争焦点。"故《海瑞罢官》"是一株毒草"。其实姚的文章是由江青和张春桥合伙策划的，但党内绝大多数干部对这一内幕则全然不知。很快，全国各报刊转载了姚文元的文章，从此掀起了一个批判《海瑞罢官》的群众性政治运动。

1965年12月，《红旗》杂志发表了戚本禹的文章《为革命而研究历史》，对翦伯赞的"既要重视阶级观点"、"又要注意历史主义"的历史观进行了批判。并给翦扣上了一顶"资产阶级史学代表人物"、"反马克思主义的史学纲领"的帽子。此时，我还是琢磨不清毛泽东大做文字游戏的目的。后来，随着时间的推移，我才明白，这一系列的学术批判，并不单纯是"秀才舞墨"，而是在为毛泽东发动"文革"作好充分的舆论准备。

12月8日至15日，毛泽东在上海主持了中共中央政治局常委扩大会议，毫不留情地批评了总参谋长、公安部部长罗瑞卿，指责他"反对突出政治"，"篡军反党"。为此，罗被革职。这个消息令我震惊。特别是罗瑞卿的大儿子罗箭，是井平在哈尔滨军事工程学院的同学，关系很好，前些日子还到家中做过客。如今，他的父亲出了这么大的政治事故，真不知道这个孩子和他的家人是如何承受这个飞来之横祸的。

1966年2月3日，"文化革命五人小组"成立，由彭真任组长，在他的主持下举行了扩大会议，讨论当时的学术批判中所存在的一些问题。会后，彭真将讨论的内容整理成文，以《关于当前学术讨论的汇报提纲》（简称《二月提纲》）为名向中央做了汇报。在毛泽东圈阅后，此文件下发至全党。我和赵毅也在各自的单位认真地习读了这份文件。我们不约而同地闻到了浓浓的火药味儿，预感到一个"政治台风"即将袭来。

尽管当时毛泽东的调子是清算党内的"走资本主义道路的当权派"，但打倒"地、富、反、坏、右"则是刘少奇的口头禅。这使我和赵毅顾虑重重，闷闷不乐，原因是，我这个部级干部，有一个"地主成分"的岳母。

说到岳母的成分，这里还有一段故事呢。其实，老人家曾是一个穷苦的渔家女。在她十六岁时，就被卖给了赵毅的父亲为妾。当时的主家买卖兴隆。但日本侵华后，我国的民族工业遭到了致命的打击，主家也破了产。在解放初期的土改时，

漫长的文化大革命

为了解救她唯一的儿子,岳母将"地主成分"的帽子戴到了自己的头上。1949年,我们全家进京时,就把她接来与我们共同生活。为了让我们少操心,岳母帮助我们带孩子,洗衣、做

五十年代初在唐山。爱人于兆毅(后左一)与母亲赵瑞兰(后右一)、大女儿峰峰(前中)、二女儿平平(后中)合影。

饭,很是辛苦。老母亲为人宽厚、善良,特别疼爱她的三个外孙女儿。而孩子们与姥姥,也总是难舍难分。她对我和赵毅也照顾的无微不至,使我们能够将一切精力放在工作上。

但是,在一个政治风暴即将袭来的当口,我和赵毅都怕摊上一个"与地主分子划不清界线"的罪名,这将不仅对我们是一个致命打击,而且会断送孩子们的前途。在这种百般无奈的情况下,我们只好请赵毅在天津教书的哥哥暂时把母亲接到他那里躲避一下。于是七十多岁的老岳母告别了恋恋不舍的一家人,跟着儿子走了。但她在"文革"时期,没有逃过"批判、挨斗、剃头、体罚、潜返回乡"的厄运。多亏她身体硬朗,挺了过来。在我"解放"之后,小女儿春光又把姥姥从乡

下老家接回北京。打那以后，她再也没离开过我们。1978年7月11日，老人家辞世。

如今，老岳母已离开我们三十多年了，但我和全家对她的怀念，却有增无减。

吹响"文革"的进军号

1966年5月4日至26日，中共中央召开了政治局扩大会议。毛泽东当时正在外地，会议由刘少奇主持。会的中心内容是宣布彭真、罗瑞卿、陆定一、杨尚昆组成了"阴谋反党集团"，对他们进行批判，并为审查他们的问题成立了专案组。彭真的"错误"，主要是主持制定了《二月提纲》，抵制对《海瑞罢官》的批判；罗瑞卿的"错误"，是抵制林彪的"个人崇拜"，和"突出政治"；陆定一的"错误"，是他的夫人严慰冰，多次给林彪、叶群写匿名信，反对林彪对毛泽东思想"活学活用"的提法，同彭真一起抵制对《海瑞罢官》的批判等；而杨尚昆的"错误"是什么，似乎谁也说不出个所以然来。这四个人都被免了职。对我来说，党内高级干部的被批判、被罢免，是"迅雷不及掩耳"的爆炸性消息。说实话，我对党中央把彭、罗、陆、杨定为反党分子是非常之不理解的。但当时我确信，我们的党终究会实事求是地评价它的每一个党员。

在这个政治局扩大会议上，还通过了《中国共产党中央委员会通知》，（即《五·一六通知》），并宣布撤销彭真领导的文化革命五人小组，重新设立中央文化革命小组（"中央文革"）。这使我"山雨欲来风满楼"的预感，越发的强烈了——一场清除党内"污泥浊水"的政治风雨，看来已不可避

漫长的文化大革命

免。但对风将是多么狂飚,雨将是多么瓢泼,我心里是一点儿底也没有的。

1966年5月28日,中共中央公布了中央文革小组成员名单:顾问康生,组长陈伯达,副组长江青、王任重、刘志坚、张春桥,组员谢镗忠、尹达、王力、关锋、戚本禹、穆欣、姚文元。从此,毛泽东吹响了"文革"的进军号。

5月25日,北京大学哲学系总支部书记聂元梓等人,贴出了一张题为《宋硕、陆平、彭佩云在文化革命中究竟干些什么?》的大字报,提出要"坚决、彻底、干净、全部地消灭一切牛鬼蛇神、一切赫鲁晓夫式的反革命的修正主义分子"。毛泽东称之为"全国第一张马列主义大字报"。他责令中央人民广播电台于6月1日晚向全国播出。几乎是与此同时,《人民日报》发表了《横扫一切牛鬼蛇神》的社论,指出"一个势如暴风骤雨的无产阶级文化大革命已在我国兴起"。社论还提出了"破除几千年来一切剥削阶级所造成的毒害人民的旧思想、旧文化、旧风俗、旧习惯"的口号。这一号召,激起了"文革"初期狂热的"破四旧"运动。

这时,北京市的所有大、中、小学都停了课。学生们被纷纷地"运动"了起来,猛批猛斗本校的"反动学术权威",原本平静有序的校园,昼夜间成为鞭挞无辜的地狱。

6月初,刘少奇、邓小平决定向北京市大学和中学派出工作组,领导各单位的"文革"运动。此后,许多省、市相继向大专院校(包括部分中学)派出工作组。3日,中共中央拟定了《八条指示》,提出要"内外有别"、"注意保密"、"大字报不要上街"、"不要示威游行"、"不要搞大规模声讨会"、"不要包围黑帮住宅"等要求,力图控制混乱局面。

7月2日,毛泽东批准了刘少奇、邓小平有关工交口如何开展"文革"运动的请示信。于是党中央、国务院发出了《关于工业交通企业和基本建设单位如何开展文化大革命的通知》一文。通知指出:"应注意到工矿企业和基本建设单位必须保证完成国家任务的特点","工交企业和基本建设单位(包括设计、施工单位)的文化大革命,要和四清运动结合起来,按照《二十三条》的规定,按照各地原来确定的部署,分期分批地有领导有计划地进行"。22日,中共中央、国务院又发出《关于工交企业和基本建设单位如何开展文化大革命运动的补充通知》,再次强调:"这次文化大革命的重点是文教部门和党政机关"。"在县以下单位、基本建设单位、设计单位以及科研单位,应把文化大革命和四清运动结合起来,分期分批进行。"尽管中央对工交口有这样一个指示,但八机部的部领导对如何分期分批搞"文革",是一点谱也没有的。所以我们采取了观望态度,密切注视着事态的发展。

7月18日,毛泽东从武汉回到北京。在他听取有关工作组的汇报后,在25日接见各中央局书记和中央文革小组成员时指责工作组"起坏作用,阻碍运动",并提出"不要工作组,要由革命师生自己搞革命"。29日,中共北京市委领导召开了大专院校和中学师生"文革"积极分子大会,宣布撤销所有的工作组。

8月1日至12日,中国共产党八届十一中全会在北京举行。在4日举行的中央常委扩大会议上,毛泽东对派工作组提出更加严厉的指责:"这是镇压,是恐怖,这个恐怖来自中央"……"牛鬼蛇神,在座的就有"。他还说:"五十多天里,从中央到地方的某些领导同志……站在反动资产阶级立场,实行资产阶级专政,将无产阶级轰轰烈烈的文化大革命运动打下去"。尽管没有点名,但众所周知,他的矛头直指刘少

漫长的文化大革命

奇。全会通过了《关于无产阶级文化大革命的决定》(简称《十六条》),规定:"在当前,我们的目的是斗垮走资本主义道路的当权派,批判资产阶级的反动学术'权威',批判资产阶级和一切剥削阶级的意识形态"……尽管毛一再强调,运动的实质是"整党内那些走资本主义道路的当权派",但我做梦也没有想到,绝大多数领导干部,不论职务高低(包括我自己在内),不久就都被扣上了一顶"走资本主义道路当权派"的大帽子!

8月1日,毛泽东写信给清华大学附中红卫兵,认为他们的"革命"行动是"对反动派造反有理",向他们"表示热烈的支持",并说:"不论在北京,在全国,在文化大革命运动中,凡是同你们采取同样革命态度的人们,我们一律给予热烈的支持。"瞬时间,几乎所有"出身好"的北京青少年,都带上了红卫兵的袖箍。

8月初,在师大女附中读高一的女儿平平回家说,她们的校长被几个红卫兵打死了!这个消息令我震惊。我不明白,在这样一个堂堂的社会主义国家,怎么能发生这种草菅人命的事情!我自问,中华人民共和国的宪法不是明确讲要保护每一个公民的生存权利吗?我机械地问平平:"这怎么可能呢?你……?"还没等我问完,女儿就又开口了:"这是真的!昨天我和同学杨三白亲眼看见几个初二的学生折腾我们校长来着。她们不仅给她剃了阴阳头,还给她泼了满身的墨水!校长被打的不能动了,她们就把她扔进了一个垃圾车,卸到了学校的垃圾站里。校长一动也不能动,分不清是垃圾还是人。我想那时她已经是奄奄一息了。当时,杨三白拿着一个照相机,想给校长照几张相,可我实在是看不下去了,劝她赶快回家,并拉着她离开了现场。这几个人都是宋彬彬那一派的'红卫兵'……，爸，你放心，我决不会参加任何'红卫兵'组织，因为姥姥虽然是'地主'，但我坚信她是好人！"女儿的一席话，让我又放心又紧张。放心的是，她不会去做那些惨无人道的坏事；紧张的是，她说"姥姥是好人"，这不又要被指责为"与地主阶级划不清界线"吗？我马上叮嘱她："在公共场合，你可千万不要这样讲啊！"

两个星期后，即8月18日，毛泽东在天安门接见了北京市的红卫兵。届时，宋彬彬为毛佩戴了红卫兵袖箍。当毛得知她的名字是文质彬彬的彬时说："要武嘛"，明确寓意革命不能"彬彬有理"。由于毛的推波助澜，北京的一群狂热的孩子们走上了街头，以"武斗"的方式"抄家"、"破四旧"，弄得市民们惶惶不可终日。中西方的古典读物、字画、中国历代的宝贵遗迹，一时间都成了"四旧"，被付之一斧、一炬，成了碎片、灰烬。而一个刺人耳目的反差，则是人们对毛泽东的崇拜和仰慕已经到了颠狂和五体投地的地步——"毛主席的话，句句是真理，一句顶一万句"的呼声，以及颂扬的歌声，昼夜不息地回荡在全中国的上空。

9月5日，中共中央、国务院发出《关于组织外地高等学校革命学生、中等学校革命学生代表和革命教职工代表来北京参观文化大革命运动的通知》一文。从此开始了全国性的大串连。红卫兵在全国鼓动"造反"，揪斗"走资派"，搞乱了地方各级党委和政府。到11月下旬，毛泽东先后八次在北京接见了一千一百多万外地进京的师生和红卫兵。

由于大批红卫兵拥进了北京，八机部党委把认真接待好红卫兵小将，作为当时的中心任务来抓。我也是天天跑上跑下地忙着解决这些"小将"们的吃住问题。同时，还得热情接待来自北京和全国各地"造我们部领导反"的"革命小将们"。

漫长的文化大革命

9月14日，中共中央还发出了《关于抓革命促生产的通知》（《通知》），要求工业、农业、交通、财贸部门"立即加强或组成各级指挥机构"，以保证生产、建设、科学研究等工作的正常进行；职工"应当坚守岗位"，"职工的文化革命，放在业余时间去搞"等。这个《通知》的下达，对八机部的领导们来说是个好消息，起了帮助我们稳定基层单位的作用。

10月5日，中央军委、总政治部根据林彪的建议发出了紧急指示，宣布取消"军队院校的文化大革命在撤出工作组后由院校党委领导的规定"。也就是说，部队院校的"文革"不必在党委领导下进行。此文件为部队的造反派松了绑。更糟的是，中共中央把这一紧急指示转发全党，以至在全国掀起了"踢开党委闹革命"的浪潮。除野战部队的领导机构外，其他各级党委均陷于瘫痪，党的组织活动也就此停止了。

11月16日，党中央指示谷牧、余秋里主持召开五部（冶金、水电、铁道、化工、机械）、七市（京、沪、津、沈、哈、汉、穗）及各大区有关负责同志参加的工业交通座谈会，讨论工交企业的"文革"问题。参加座谈会的同志们在发言中，对工交战线十七年的成绩作了充分肯定；主张分期分批搞"文革"，反对全面铺开；不赞成在工人中建立联合造反组织和在工交企业间开展串连；要求正确处理好革命和生产的关系。会议通过了《关于抓革命、促生产的十条规定》（简称《工业十条》）。我认为这个会议精神是对头的，顾全了国民经济正常发展的大局。

然而，林彪于12月4日至6日主持召开了中央政治局扩大会议，听取了工交座谈会的情况汇报。他说："这次工交会议开了二十多天，会议开得不好，是错误的，思想很不对头。"……"工交战线受刘、邓的影响很大。"他还说，这个"文革"运动,是对全党的批判运动,批判干部的运动。会议一致通过了经中央文革修改定稿的《工业十条》(草案)。12月9日,中共中央颁发了这一草案。其中规定:"八小时工作以外的时间,除了每周一次讨论生产问题外,都由群众自己商量安排,进行文化大革命。"……"工人群众在文化革命中有建立革命组织的权利。"工人群众和工人群众组织之间,"可以在业余时间,在本市革命串连,交流文化革命经验。"……"学生可以有计划地到厂矿,在工人业余时间进行革命串连……,工人也可以派代表到本市学校进行革命串连。"这个文件的下达,使"文革"正式扩及至全国工交财贸的所有基层单位。以至各部门领导遭到了革命群众的猛烈炮轰,而且接二连三地落下马。

我被打翻在地

在这样一个史无前例的"文革"时刻,第八机械工业部自然也不可能是世外桃源。

"文革"运动一开始,"中央文革"就传来了"圣旨",说无产阶级文化大革命是不能以任何其他形式所代替的。每一个领导干部,只能自己解放自己,要相信群众,依靠群众,尊重群众的首创精神。据此,国务院工交领导部门下了指示,所有高层干部要先"排队",然后依次受审查,以达到清理危及党和人民利益的阶级敌人之目的。看来,每一个领导干部,都有可能是"走资本主义道路的当权派",都要"过筛"。

这时,国务院农林口领导部门也下达指示说:"群众必须火烧领导,横扫一切牛、鬼、蛇、神"。当时,尽管陈正人和我绞尽了脑汁去理解运动的起因和目的,但仍是身陷迷雾。

漫长的文化大革命

在这种情况下,我们商定,还是以紧跟上面的指示为上策。于是,部党委要求各级领导们要"大风高温,分层烧透,引火烧身,火烧领导"。部内外,以部内为主;党内外,以党内为主;高层低层,以高层为主。其目的是清查党内"走资本主义道路的当权派",并将其打倒。

但没有想到,这个"紧跟"策略给陈正人和我带来了数不清的麻烦。运动初期,因贯彻上级的"排队"政策,我们错误地批判了一些人,结果被说成是执行了"资产阶级反动路线"。曾经被我们列为重点批判对象的人们,一提及"资产阶级反动路线",就恨的咬牙切齿,一定要把陈正人和我这两个认真执行上级命令的人,打翻在地,以表示对党中央的忠诚。这些人中,有的是部级、司局级和处级干部,但他们一点也不理解我们的处境。其实,谁晓得毛泽东发动"文革"的初衷?谁不在被牵着鼻子走?此时,部里也有少数领导干部参加了"造反派"组织,并以此而洋洋自得。"造反派"们不分析,不调查,大造谣言,反反复复地向不明真相的群众讲述陈部长和我的"罪行",说我们是彻头彻尾的"坏人"。当时,我想起希特勒的一句名言:"谣言说上一千遍,也会成为真理",此话一点儿不假。于是,部分被欺骗了的群众对我们施行了残酷的体罚和批斗。

"造反派"们给我戴了好几顶大帽子——"三反分子"、"修正主义分子"、"走资派"等等。好在我平日一不走上层路线,二不搞帮派,没人指责我是"某某某"的死党。最让我脑火的,是他们诬陷说:"徐达本是'假党员',有'历史问题'。"他们所谓的"历史问题",是由我的一个入党介绍人李啟华的记忆误差引发的。我在大学时,因为长的又高又瘦,同学们送给我一个"鱼杆儿"的外号

漫长的文化大革命

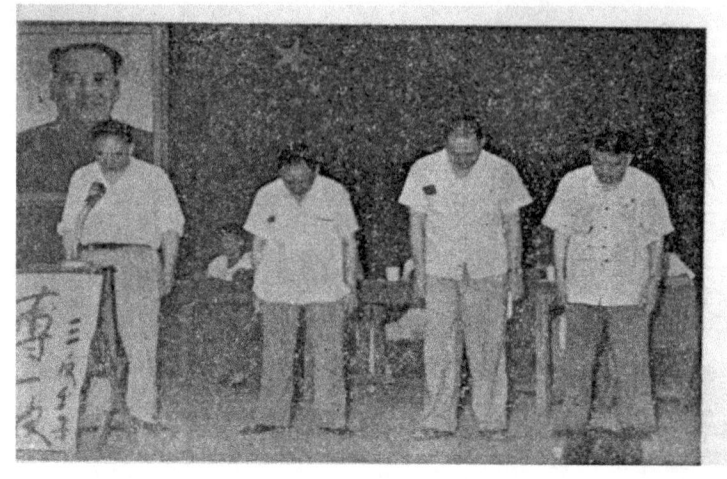

一九六七年九月中,八机部"造反派"召开群众大会批斗国务院、部领导。左起:薄一波副总理,陈正人部长,徐达本第一副部长,黎玉副部长

儿。而在三十年后,李啟华说,当年他发展入党的那个人的外号儿叫"臭鱼"。因为两个外号儿都有个"鱼"字,所以就把他搞糊涂了。另外,据说李有历史问题(问题是否已搞清,我不得而知),在政治上非常胆小怕事。八机部的"造反派"一个劲儿地向他强调我是"罪大恶极的走资派",吓得他写了一份证明材料,说他当年发展的党员不是我!而我的另一个入党介绍人是郝金贵。据说,他后来成了叛徒(是否已平反,我也不得而知)。即使这个"人民公敌"证明我是他发展的党员,也没有任何价值。这个半路杀出来的"历史问题"弄的我很寒心——仅仅由于一个人的记忆误差或政治问题,就可以把另一个人为党、为国、为民奉献的一生否定掉?这不是太不合逻辑了吗?

但我性格开朗,又是个决不轻易折腰的人。所以,我的态度是,决不承认"造反派"对自己的任何诬蔑。我揣摸着,"三反分子"、"修正主义分子"和"走资派"等,都

漫长的文化大革命

是有虚无实、极为抽象的大帽子,是比较容易被推翻的,而要澄清"假党员"这个"历史问题",则难度大一些,需费些功夫。尽管如此,我仍不失信心地认为,这个问题迟早能够搞清楚。由于对自己的清白不存丝毫的疑问,我的内心总是很踏实、坦荡。平日在与"造反派"交锋时,我什么也不怕,心里怎么想,嘴上就怎么说。我的刚直不阿,惹火儿了"造反派",结果使自己吃了不少皮肉之苦。他们愤愤地骂我是"毛厕里的石头,又臭又硬",还说我是个"打不倒的'不倒翁'。"

1966年底,在"中央文革"的鼓动下,全国各地的"造反派"掀起了最疯狂的"夺权"风。各部、委领导、各级基层领导,被迫"靠边站",非法关押和体罚已成为家常便饭。这时,煤炭部的贾林放副部长,带领牛宝印等一群司局长来到了八机部,说是要声讨我在开滦煤矿工作时所犯下的"放走了英国资本家的卖国罪行"。但是,他们对我的批斗,还是很文明的,没让我做"喷气式"(两个胳膊各被一造反派向后牵拉,并被迫向前躬体90度以上)。当时我想,在一个地方工作的时间越长,出错儿的机会就越多,若今日我还在煤炭部上班,还不知会被斗成了什么样呢!多年后,当我重返煤炭部时,我又与贾林放,牛宝印等人一见如故。大家不约而同地提起了"文革"中对我的那个批斗会,说那是一场"遗憾的闹剧",一笑了之。

1967年1月,消息传来说:"张霖之在煤矿学院自杀身亡!"这个恶性事件给了我很大的震动,它是"文革"残酷极至的写照。张之死也给周总理敲了警钟,立即决定把各部的正部长聚集到中南海保护起来。他还规定,如果"造反派"要批斗任一部长,都必须得到他的批准,而且一次不得超过两个小时。于是八机部的"头号走资派"陈部长被总理保护起来，日夜留宿于中南海。而"造反派"则把斗争的矛头聚焦到我这个"第二号走资派"的身上。

初生牛犊不怕虎

1967年1月19日晚，在我经历了"造反派"无休止的批斗之后，回到了家中。当时在国家建设委员会（建委）工作的爱人，早出晚归地接待外地来京的红卫兵，尚未回来。

晚饭后，我坐了下来，一是想缓解一下全天挨斗时弯痛了的腰，二是想清理一下杂乱无章的思絮。

自从"文革"风起以来，部里就乱了套。我的每一根神经都绷得紧紧的，一丝不苟地在领导部机关的"文革"运动。即便如此，"造反派"还是不依不饶地对我喊"打倒"！我历来认为自己是一条铁打的汉子，但在这种从未经历过的"政治高压"下，精神不免沮丧，少言寡语。更糟糕的是，为了掩盖这种低调情绪，为了不使孩子们为我担忧，我常常回避她们，让赵毅去照顾她们的日常生活。但想到自己是全家的顶梁柱，想到作为一个父亲的责任，我鼓励自己，还得振作起来，改变一时对孩子们知其甚少的局面。

赵毅回来时天已经很晚了，问起了孩子们。十一岁的小女儿光光已经睡熟了，而二女儿平平不在家。对孩子们非常心重的爱人看看表，开始紧张地叨叨起来："已经十一点了，外面到处打'派仗'，动不动就抓人，平平不会出什么事情吧？"她这么一说，也把我弄的坐立不安起来。我们立刻摇醒了光光。她迷迷乎乎地说："她和石小岚一帮人出去了。"我们知道石小岚是平平的同班同学，但光光不知道她们去了哪里。

平平是一个聪明、开朗、心地善良的孩子。她最爱读

漫长的文化大革命

书，对大大小小的事总有自己的独道见解。她那个天不怕、地不怕、好打抱不平的倔强性格，常常令我和赵毅担心。如今她一夜不归，怕是出了大事！

第二天一大早儿，赵毅就打电话找石小岚的妈妈。这电话是在新闻电影制片厂宿舍的传达室，传话的人得到里院去叫小岚的妈妈来听电话。时间似乎过的真慢，爱人焦急地等待着。终于，电话的那一头有了回音。我们得到了一个坏消息，即她的女儿小岚、儿子小路、外甥蓝苗昨夜都没回家！我和爱人一下子就蔫了，一种无能为力的绝望感冲上了头。这些孩子们，大的才十七岁，小的才十五岁，都很懂事，都是好孩子。但是，处在这样一个"大革命"时代，如果她们真出了什么"政治问题"，轻则毁了前程，重则受牢狱之苦。这种焦虑，比为我本人被打成"走资派"的焦虑，要强上不知道多少倍。但在爱人面前，我还得强装镇静，劝她说："这些孩子们到底出了什么事，现在还不清楚。这几天，'造反派'正和我叫着劲儿呢！我不能不去上班，你也去上班吧。"

临出门时，我又叮嘱爱人："千万不要向任何人提起这件事，否则是'罪上加罪'啊！"这一天，是我一生中最失落的一天，也是最悔恨自己的一天。悔恨在这个无学可上的年代，怎么就没花些时间过问一下孩子们都在想什么？做什么？

晚上回到家，刚从清华大学去上海出差的大女儿峰峰打来了长途电话，气急败坏地说："爸，你可千万不要让平平出去张贴反对'中央文革'的小报！我来上海之前，她跟我说，她和几个朋友认为，哈尔滨军工的一张《给江青同志提几点意见》的大字报写的很好，要把它张贴出去！她们这样做是很危险的，是要出事的！她们会被当作'反对江青的反革命分子'抓起来的！你快劝劝她，千万千万别犯'糊涂'！"可惜这电话来的太晚啦！但它证实了我的猜测：这些孩子很有可能是犯了"政治错误"而被抓起来了。当时，芝麻粒儿大小的"政治问题"，都是要上挂下连的。大概是作为父母的本能吧，此时哪里还顾得上什么党的"株连"政策？我和爱人一定要知道，到底是因为什么平平和她的朋友们就不让回家了呢？此时此刻，她们被滞留在哪里呢？

很快，我们从峰峰那里了解了一些有关中学生的"文革"动向。据说，在中学，各红卫兵组织已分裂成了三大派别："新红卫兵派"、"老红卫兵派"和"逍遥派"。"老红卫兵派"是由"文革"初期最先组建红卫兵的一批学生组成的，成员多为"出身好"的孩子们，以高干子弟为核心。在1966年末，当运动迅速波及到老干部后，这些干部子弟意识到，自己的父母已成为运动的直接打击对象。于是，一部分人便组织成立了跨校际的"首都红卫兵联合行动委员会"（简称"联动"），喊出"踢开中央文革闹革命"的口号，矛头直指江青、陈伯达等人。1967年初，江青等人下令捣毁"联动"据点，逮捕了该组织的一批领导人。

但是，我和爱人都知道，平平从来没有参加过红卫兵。我们分析来分析去，认为她不可能是什么"联动分子"。尽管如此，我们的焦虑一点儿也没有减轻。是不是"联动分子"已无关紧要，当务之急是找到这几个孩子。但是，我们所在两个单位，运动一天比一天吃紧。部里的"造反派"，已经认定我是"革命的敌人"，正在紧锣密鼓地搜集我的"黑材料"。而赵毅是个大部委的正处级干部，也是个当权派。加之有我这样一个"大走资派"丈夫，她一天到晚小心谨慎，生怕被"造反派"抓到什么把柄，找她的麻烦。不用说，如果我们两个都出了"问题"，是没人能替我们去照顾这几个未成年的孩子

漫长的文化大革命

们的。我们的一筹莫展，一眼就被聪明的小女儿看穿了。她说："爸妈，你们别发愁，我去找平平。如果你们不放心，我叫上李丽和我一起去！"

别看光光才刚满十一岁，她是个遇事不慌的小姑娘。那年，我在西山党校学习的时侯，八岁的她和她九岁的好朋友李丽，决定乘公共汽车到党校看我，然后再与我一同回家。李丽是我的秘书李子文的大女儿。那年她俩不仅都是景山学校三年级的学生，而且还是同班同学。因为我不知道她们来党校，故在她们到达之前就离开了。到家后，没见光光下学回来。后来左等右等，还是不见她的踪影，把个全家老小急得团团转。正当此时，党校的传达室来了电话，说是有两个小姑娘正在找我。当警卫告诉她们我已回家了时，光光接过电话对我说："你们别着急，我们知道怎么回家。"然后就把电话挂断了。两个小时以后，她和李丽各自到了家，这才平息了两家的虚惊！

还有一个发生在1966年秋的小事件。我们的三个女儿神不知鬼不觉地与一群朋友骑车去了天津。待我们发现时，已经太晚啦！由于光光太年幼，我和赵毅是又急又气。北京距离天津有一百公里，骑这么远的路程，对一个只有十岁的小女孩儿怎么受得了？一个星期后，女儿们回来了。我和爱人悬着的心才落了地！但是，为了杜绝今后不再犯类似的错误，我还是把两个姐姐恨恨地训了一顿。届时才知道，她们是死活不想带妹妹去的。但她在后面穷追不舍，甩也甩不掉。无奈，只好让光光发誓，一定得自己骑到天津，否则必须马上回家。妹妹毫不犹豫地起了誓。于是姐姐们只好让她同行。由于骑的是夜路，加之电闪雷鸣，倾盆大雨，光光一到天津的舅舅家就发了高烧。但她说："我这趟没白受罪，因为我见到了姥姥！"

光光的两次"冒险"，使我意识到她是一个意志坚强，殊有主见的小女孩。如今，平平出了事，峰峰又在上海，一时帮不上忙，我和爱人又都是"造反派"穷追不舍的"走资派"……的确无人能去打探平平的下落。在这种走投无路的当口，只有靠我们这个十一岁的小女儿了。想着她刚上一年级时，细细的脖子上就挂着一张月票，每天自己乘公共汽车上学、下学。如今无学可上了，只好无聊地呆在家里。既然她对坐公共汽车不发怵，又有李丽作伴儿，我们就勉强同意了。正当我和赵毅千叮咛万嘱咐："上下车一定要小心！过马路千万看好两边的车辆……"时，她就一溜烟儿地跑掉了。

　　晚上回家时，看见光光正坐在大门外的台阶上等我。我一下车（当时我的专车还没被取消），她就凑上来说："我知道平平在哪了。她在广安门外的北京市公安局看守所，半步桥44号。"待我们进了家门，她就把如何找到平平的经过，一五一十地告诉了我。

　　她和李丽先坐公共汽车到了前门外的北京市公安分局。她对接待她们的民警说："我姐姐几天没有回家了，全家人都很着急，您能帮着查查她在哪吗？"那个接待人员的态度还不错，在问过了姐姐的名字、年龄之后，就开始查了起来。没多久，他就对光光说："你姐姐不在这儿。但别着急，我再问问其他分局。"打了几个电话后，他又对光光说："我找到你姐姐了。她是因故被关在半步桥44号了。那里是北京市公安局的看守所。"那人又加了一句："如果家里想送些东西，是允许的，但是不能见本人。"

　　听了这个消息，我心里真不是滋味儿。仅有的一点点甜味儿，是因为知道了平平的下落，而剩下的，就只是重重的苦辣味儿了，我怎么也想不到，自己的女儿竟成了阶下囚！但又一想，何必为女儿的事苦自己呢？过几天，我也很有可能成为

漫长的文化大革命

阶下囚。这时,光光又开了口:"爸,明天我和李丽要去给平平送点儿牙刷、牙膏、衣物什么的。"我连连说:"好,好,好,你们去吧,只是路上多加小心!"

第二天,光光和李丽去了广安门半步桥44号,把东西交给了那里的工作人员。过了几天,半步桥44号的工作人员给我来了电话说,平平"犯了政治错误",被他们"收留"了。但没有说什么时候可以放她回家。

2月17号,也就是在平平"消失"后的第28天的上午,我又接到了半步桥44号打来的电话,送来了一个日夜盼望的好消息,即要求我午间在家等候,亲自接收女儿。一挂上电话,我马上拨了赵毅的号码,将这个消息告诉了爱人。不到中午,司机修思珠同志就把我送回了家。老修是看着我的孩子们一点点长大的,所以对她们有很深的感情,他也盼望早点儿见到平平。因为时间还早,我和他就静静地坐在客厅里等着……。其实,我心里是七上八下的,怕公安局变卦。因为据说北京三个大学的"造反派"司令部("三司")已经控制了公安局,事态说变就变啊!

突然,门铃响了。进来的是两个穿着公安制服的人,一男一女,平平跟在后面。他们给我敬了礼后说:"我们把你的女儿和她的自行车都送来了,请在这个收条儿上签个字吧!"我机械地在递过来的纸上划上了我的名字。女民警说:"我们这就走啦,还得去送另外几个孩子们回家。"我想,她所说的"几个孩子",恐怕就是平平的朋友了。

待那两个人离开后,我才有机会与女儿面对了面。她本来红白相沁的脸,显的消瘦、白皙,但仍然充满着活力。还没等我开口,平平就兴奋地滔滔不绝了起来:"我宣布,我的检查作废!我没犯任何错误,为什么不能给江青提意见？……"她又对我们讲起了她的狱中生活。她说，对这次遭遇最深刻的体会，是对"自由"二字的真正理解："它太可贵啦！"从她的絮絮不休中得知，小岚、蓝苗、小路和她自己，是与"联动分子"关在一起的。但因为与"联动"的确无关，就把他们提前释放了。

原本，作为家长，作为党的高级干部，我一直担心这个恶性事件可能会给女儿带来精神上的创伤。但没想到的是，从她的举止言谈，我品查不出一点点儿受到挫折的颓丧。这令我心里着实高兴。眼前的平平比我所知道的要成熟的多了！兴许，女儿是对的呢！说实话，目前"是"与"非"的基本概念，已经在全国范围产生了危机，就连我这个身经百战的老革命，不也是理不清谁是"好人"，谁是"坏人"、谁是"正确"的，谁是"错误"的吗？所以，对平平的"过错"，我没作任何家长式的横加指责就返回了部机关。

下午，尽管又受到了一通难熬的批斗，但女儿安然无恙的返回，使我这个做父亲的心，找到了平衡。

几十年后，在美国定居的平平回国探亲。一次她提起了当年被关押的事件，并笑着对我和爱人说："我找到了那张'反江青'的小报啦。它的大标题是树立毛泽东思想的绝对权威，副标题才是给江青提几点意见。现在看，那真是太可笑啦！世上哪有什么'绝对权威'？怎么不能提点儿意见？想当年，我们真是要多傻，有多傻，竟然为了那些愚蠢的政治观点，贡献了我们一生中最风华正茂的二十八天！后来听小岚说，兰苗、小路和她，先后经历了四次渐进式的甄别平反。小岚被单位的人们仰慕为竟然敢与江青作对的'小英雄'。为了褒奖她，单位领导送她去进修英文，为她后来成为一零一中学的英文教师，铺平了道路。"这一席话，使我意识到，时代确实变了，专制意识不能再禁锢人们对自由、民主的向往,而时间,则是"是"与"非"的终裁。

"二月逆流"与"军管"

身处逆境之人,总是盼望着潜含光明的消息,不论它是真是假。

1967年2月,传来了好消息说,政治局在中南海的怀仁堂召开了一个碰头会,到会的几个老帅们和国务院副总理谭震林,对"文革"的错误做法表示了强烈的不满。他们还对江青、陈伯达、康生、张春桥一伙诬陷、迫害老干部、乱党、乱军的罪恶活动,进行了大义凛然、面对面的叱责。听了这个消息,我真是兴奋啊——总算有人站了出来,为大家说句公道话了!

然而,江青等人将此会议的情况向毛泽东作了汇报。2月18日晚,毛泽东召集部分政治局委员开会,严厉地批评了在怀仁堂会议上提意见的老同志,指责他们是"搞复辟"、"搞翻案"。这就是"文革"史上著名的"二月逆流"事件。紧接着,在全国掀起了反击"二月逆流"的运动,越发地打击、迫害党和国家各级领导干部。从那以后,"中央文革"完全取代了中央政治局。我"终结乱世"的希望也随之破灭了。

1967年2月23日,紧跟"中央文革领导小组"的部机关"造反派"组织"北京公社",在其主编的《换新天》上报导说,陈正人和我合伙蓄谋杀害了他们的结合对象——八机部政治部主任、部党委委员赵靖远同志。文革开始时,赵就积极支持余某某领导的"北京公社"。不幸的是,在一天回家的路上他被汽车撞死了。这个事件成为"北京公社"打倒陈正人和我的又一个借口。显然，八机部的"文革"运动已经发展到了令人啼笑皆非的地步。

而全国的"文革"运动，则发展到了对国民经济无人问津的程度。也许，毛泽东意识到，这种无政府状态已使全国经济陷入了岌岌可危的境地，于是，他求助于军队。1967年3月19日，中央军委根据毛的指示，发出了《关于集中力量执行支左、支农、支工、军管、军训任务的决定》一文（即《三支两军》）。此文件立即得到了执行——仅在1967年前五个月中，解放军各总部、各军兵种、各军区已对全国七千多个单位实行了军管，并对两千多个单位实行了警卫保护，其中包括中央各部委、银行、报社、铁路局等。

其实在这之前，党中央就已经下令，对广播电台、粮食和物资仓库、监狱等要害部门实行军管，随后又扩至民航系统。然而，由于各单位的"当权派"一个接着一个地被打倒，"造反派"又互斗不已，需要"管制"的单位就越来越多了。于是，"军管会"便成了"和平"时期的独特产物——它是党中央、毛泽东用来控制全国动荡局面的尚方宝剑。

当然，八机部也不例外。以周特夫为主任的军管会进驻了部机关。自军管之日起，原部领导仅是徒有虚名了。军队领导要求广大群众集中精力斗争一小撮"走资派"，批判他们的"资产阶级反动路线"，揭发他们"破坏无产阶级文化大革命"的真面目。换句话说就是"打击一小撮"，"解放一大片"，支持和壮大"左派"力量，划清"阶级阵线"，肃清"阶级敌人"。在军管会的领导下，八机部组成一个由革命军人、干部、群众参加的新"三结合"领导班子——"革命联合委员会"（简称"革联"）。其实，对发生在身边的一切，我心里是很明白的，他们所谓的"一小撮走资派"、"资产阶级反动

漫长的文化大革命

路线的执行者"，"破坏无产阶级文化大革命的阶级敌人"，就是陈正人和我。于是，我主动请示军管会领导，允许我靠边站，接受群众的审查。但他们不置可否。

尽管我主动要求"靠边站"，但不等于承认自己犯了错误。当时，我对"文革"运动极不理解，故对运动的领导当然很不得力。另外，运动开始不久，我就被"造反派"定成部里的"第二号走资派"，受到不容分说的狠批狠斗。然而，在倍受肉体和精神的磨难时，我没有放弃和改变自己故有的道德观念。即堂堂正正地做人，决不苟且偷生。我告诫自己，不该说的，绝对不说，不该做的，绝对不做。在每一次批斗大会上，我给自己定的原则是，咬紧牙关，不无端揭发各级干部，不承认"造反派"们为我编造的种种莫须有的"罪名"。我始终相信，党中央终究会还我清白。

3月25日，《换新天》又发表文章说，我是陈正人在"文革"中的"头号帮凶"。随后又贴出大字报，指责在我写的"交代"材料里，找不到"打倒陈正人、打倒谭震林"的字句。这是因为我不知道将他们打倒的原因和事实。作为一位老共产党员，我为人公正严谨，绝对不讲没有事实根据的话，也不做无端损害他人的事。

3、4月间，在"中央文革"的号召下，全国掀起了揭发、批判"二月逆流"的政治运动。陈正人和我又被莫名其妙地指控为"二月逆流"在八机部的代表人物，可谓欲加之罪，何患无辞！"北京公社"和"革联"连续开大会，斗争我俩。为了不给我的上一级领导谭震林惹麻烦，我没向部里的干部和群众传达他在运动前期批评"造反派"的讲话。在批判"二月逆流"的巅峰时刻，无论"造反派"如何对我拳打脚踢，我也没有把"文革"初期给干部排队的"名单"交出去，以至保护了一大批群众，因为"造反派"是决对不会轻易放过陈部长和我认为是好同志的人们的。

我被再踏上一只脚

"文革"之前，我的常务工作之一，是将直属的拖拉机厂、内燃机厂和配件厂归总合并，组成一个实业公司。公司成立后，我兼任党委书记，副部长杨立功兼任总经理。为了做好公司业务，我曾带领八机部的一批干部到上述工厂蹲点，做调查研究。

"文革"开始时，我刚从山东潍坊的柴油机厂蹲点回来。我对这个厂的情况，可以说是很了解的。该厂是山东省学习毛主席著作的先进单位，工人们的生产热情非常高涨，生产任务完成的相当好。

回来后不久，潍坊柴油机厂的一部分"造反派"来部里告状，要求我撤消厂长兼党委书记李健生和副厂长的职务，原因是，他们都是"走资派"。来上访的"造反派"还要求部领导取消工人李贤杰的"学习毛主席著作积极分子"的称号。紧接着，北京内燃机厂、天津拖拉机厂、洛阳拖拉机等厂的"造反派"也来到部机关，要求撤消他们的厂长和党委书记的职务。我办事历来很认真，特别是在处理党的干部变更的问题上，更是慎之又慎。于是，我要求"造反派"摆出这些领导是"走资派"的事实根据，以便将他们的意见向中央组织部汇报。他们对我的态度十分恼火，说我是"老滑头"，叫我"四花十五"（这是形容机件加工后，其光滑度极高的专用名词），与我纠缠不休，以至我的日常工作成为专门接待进京来访的"造反派"。有一天，他们再也忍受不了我的"不卑

漫长的文化大革命

不亢"的态度，愤怒地把我和农办副主任梁步庭一起扣押了起来，誓言若不答应他们的要求，就不放我们回家。

司机老修同志，为了避免我再被扣押，每天上班时不把我送到部里，而是让我在南河沿的一条小胡同里下车。顺着这条小胡同往里走，就能见到一个小门，这就是"造反派"不知晓的八机部小后门。从这里进到部里，就可以躲避早就在大门口等候我的"革命群众"。为了避免"造反派"到家中找麻烦，老修还常把我拉到他自己的家或住在西便门国务院宿舍的三哥家。在"文革"的头一年，这两个地方是我的临时避风港。

在部里，关心和信任我的同志也大有人在。他们都知道我这个当领导的日子实在是不好过，很是同情。如部办公厅研究室主任李晓山同志不怕"造反派"的刁难，不怕被扣上一顶"保皇派"的帽子，也曾经将我藏到他家，以躲避"造反派"们对我的磨难。对这些曾经保护过我的同志们，我至今怀有深厚的感激之情。

另外，为了避免引起群众斗群众，我从不表态支持或反对任何一个群众组织，对遇到困难的干部和群众，我能帮就帮。1967年4月，北京农业机械学院的一伙学生把教育司司长宋敏之同志抓走了。他是1928年入党的老党员，也是我中学时代的校友。此时，尽管我已是无职无权，但还是找到保卫处的孙青同志，请他到农机学院与学生周旋，终于把老宋接了回来。当我见到他时，特别叮嘱他一定得躲在家中，千万别来上班。

4月15日，"北京公社"召开了为赵靖远同志伸冤的控诉斗争大会。在召开大会之前，我正在一号办公楼。当一群"造反派"呼啦啦地拥到楼里，呐喊着要揪我这个"罪魁祸首"到会时，激怒了很多有正义感的群众。由于双方的反感和抗争，导致了武斗。"造反派"对这些群众大打出手。食堂炊事员王士坤同志的小手指被打伤，至今失去正常功能。此时，赵靖远的一个二十几岁的儿子，手持皮带地也闯了进来，举起皮带就向我抽过来。为了躲开他，我被一些保护我的干部拥出了大楼。但赵的儿子穷追不舍，在部机关的院子里追着打我和周围的群众。

最终，我被"造反派"押到了会场，并见到了被迫下跪的陈部长。在申冤和控诉大会上，不少人上台揭发、批判陈正人和我，其中有部党委委员刘湘屏——公安部部长谢富治的夫人，"文革小组"的座上宾。她和"造反派"们异口同声地叫喊："陈正人和徐达本都是地地道道的反革命两面派！是迫害赵靖远的罪魁祸首！"在她的蛊惑和怂恿下，一些司局级、处级干部也都纷纷站出来亮相，表示坚决支持革命"造反派"对我们的声讨。

其实，事实并非如此。当下班骑自行车回家的赵靖远被车撞倒后，公安局马上派人赶到了出事现场。经验证后，宣布他是被路过的行车碰撞致死的。陈正人和我与他的死亡毫无关联，更谈不上负什么责任。但是，"北京公社"的"造反派"非说，造成车祸的原因，是因为我们取消了赵靖远乘坐的专车，迫使他骑自行车上下班。实际上，陈部长和我从来没有涉及取消专车之事。相反，是"北京公社"通知司机班的"造反派"，取消陈正人和我的专车。但他们错误地理解了这一旨令，取消了所有副部长和政治部主任的专车，以至于我和赵靖远一样，也是天天骑车上下班。可见，指责我们阴谋陷害他，实在是哗天下之大稽。

在整个大会进行的过程中，"造反派"勒令陈正人和我跪在赵靖远的灵前，对我们拳打脚踢。赵靖远的爱人张某某，

漫长的文化大革命

还怒冲冲地打了我好几个耳光。但"造反派"们还是不解恨，又强迫陈正人和我趴在地上直到大会结束。我是一个饱经沧桑的老党员，能顶住这种非法的人身攻击和凌辱。当时，最令我担心的，是年迈体弱的陈正人同志，不知他是否能顶得住这种惨无人道的百般折磨。

4月27日，《换新天》报导说，"X处长认识了自己的错误，他从思想上和立场上彻底地转变了，决定支持'北京公社造反派'的行动。"同一天晚上，"革联"召开了处级以上的干部会议，要求枪打出头鸟。一部分部党委委员、司、局级干部，当场表示要狠批、狠打谭震林，陈正人和我。接着，部政治部X副主任奋起"造反"，贴出了大字报，其结束语为："打倒谭震林，打倒陈正人，打倒徐达本！"

5月16日，刘湘屏贴出了一张大字报，标题为《陈正人、徐达本和黎玉副部长是如何篡党夺权的》。由于与"中央文革"小组的特殊裙带关系，她在八机部是一个被刮目相待的通天人物。大家都知道，她的消息来自最上层，是运动走向的风标，所以她的煽动性不同寻常，迷惑了许多不明真相的群众。她的这张大字报明确指出，我的问题是"敌我"矛盾，没有任何调和的余地。

5月29日，交通部、一轻部和八机部的几个"造反派"组织，在八机部的大院内，联合召开了对彭真、薄一波、安子文等中央领导同志的批判、斗争大会。"造反派"把他们揪到了台上，并把陈正人、我和黎玉也押到台上陪斗。"北京公社"的头头儿余XX主持了这个批斗大会。"造反派"用尽力气，将我们的头压得低低的，俗称是做"喷气式"。对如此野蛮地对待我和所熟悉的领导同志，我是非常反感和愤慨的。八机部的几个司局级干部，先后上台发了言，揭发批判彭、薄的"叛徒"行为。我对彭、薄二人还是很了解的，因为在我从事地下党工作的时候，在抗日战争、解放战争和新中国的建设时期，我都是在他们的领导下工作的。把这样老资格的同志，当成"叛徒"来批斗，实在是从何谈起？面对这种局面，我只能以沉默表示内心的不满。当"造反派"们逼我举手和呼喊"打倒叛徒彭真、薄一波"的口号时，我拒不举手，也不呼喊。当时，我已习惯于"造反派"的暴行，不怕因为不举手，不呼喊，而吃皮肉苦。同台的薄一波也意识到我的举动，八十年代见面时，他还向我提起了这次批斗大会，对我的所为，表示赞许和感谢。

6月5日，刘湘屏又帖出了一张大字报，题为《揭批谭震林曾向她布置的任务》。这张大字报进一步挑拨了领导和群众的关系，导致了群众斗群众的恶局。她说："谭震林让她做三件事情，一是参加三结合领导班子；二是积极支持'保守派''红色造反兵团'的领导人彭桂兰和宋树友同志；三是瓦解'北京公社'。"几天之后，她又在群众中散布小道消息说："江西省委副书记刘俊秀同志对我说：'你们部的陈正人挨斗了，1月份，毛主席说'薄一波是坏人，陈正人也是坏人……'主席原想挽救陈正人，但他拼命往茅坑儿里钻。这次运动，一定要把他斗倒、斗臭。"对这些小道儿消息，我是非常反感的，并认为这是她的"上级""四人帮"（即王洪文、张春桥、江青、姚文元）的指示。这些人，心怀叵测，惟恐天下不乱。

"谢大爷"和"修叔叔"是我的莫逆之交

1967年6月16日，军管会正式宣布撤消我的党内外一切职务。随之而来的惩罚，是停止向我颁发工资。此外，还冻结了我全家老小的存款，其中包括我二女儿攒存在银行里的十五

漫长的文化大革命

元零花钱。我上下班所用的专车也被正式取消了。军管会还决定，将家里所有象征着资本主义生活方式和带有资产阶级情调儿的家具和物品，如沙发、软床、地毯等，都一股脑儿地搬到了部机关。同时，撤回部里派到我家的公务人员谢伯周同志。军管会规定，我个人和两个女儿（平平和光光）所需要的生活费用，每月从我被冻结的工资里发放。于是一到每月发工资的日子，我们的大女儿就到部财务部门为两个妹妹领取四十元的生活费（每人每月二十元），而她本人的生活费，则由我的爱人负担。

谢伯周是一个千载难逢的好人。因为他与我的全家有过千丝万缕的亲密关系，我一定要在这里写上几段儿有关他的故事。

五十年代初，比我年长十岁的谢伯周同志被燃料部派到我家工作。他的老家是老革命根据地——河北省任丘县，1942年他就在那里参加了共产党，是一个地地道道的老革命。因为孩子们都叫他"谢大爷"，我、赵毅和岳母也如此称呼他。他的主要工作是做饭，同时兼管家务，如峰峰和平平在育才学校住校时，每个星期六、日，他就乘公共汽车接送她们回家和返校（我不允许用公家配给我的专车接送她们）。

如果用"超勤劳、超忠诚、超慈祥"的贤言去形容谢大爷，也是绝对不过份的。例如，有一次，井平的养父、煤炭部办公厅副主任李谨亭对我说，他的儿子平分不久前转学到了育才学校，与平平在一个年级，眼下就要放暑假了，学校让把行李拿回家，问我是否能派车去接一下两个孩子，并把行李一并运回家。我对李说："峰峰、平平历来都由谢大爷接送，不用公家的车，这次也还是如此办吧。我可以跟谢大爷商量一下，看他能不能帮着把平分的行李也一起带回来。"当我向谢大爷

漫长的文化大革命

六十年代中在北京。第八机械工业部第一副部长徐达本（前右一）在家中与秘书李子文（前左一）、公务员谢伯周（后左一）和司机修思珠（后右一）一起合影。

提起此事。他马上说："没问题，别说是两个孩子的行李，就是三、四个孩子的，我用一条扁担就对付了！照上公共汽车嘛！"于是，在学校放假的那一天，谢大爷挑着行李走在前面，两个孩子提着各自的洗脸盆跟在后面。他们先上了五路公共汽车，然后在换乘二十路公共汽车后，谢大爷就把平平、平分送到了煤炭部。李谨亭家住在鼓楼方砖厂，离我家不远，下班时，孩子、行李和我一起回了家。

平日，我和爱人的工作非常忙。赵毅在位于三里河的国家建委工作，每天骑自行车上班，来回的路上得花两个多小时，回家后还要尽女儿和母亲的职责，很是劳累。另外，她还常常加班、出差。在这种情况下，爱人只好拜托谢大爷代她管家。每个月，我把发下的工资都交给爱人，由她把一个月所需

漫长的文化大革命

的生活费交给谢大爷，全权安排家中的日常消费。每逢月底，他将记得清清楚楚的支出账单，交给"赵同志"（这是"谢大爷"对我爱人的称呼）。赵毅是个非常节俭的人，但对谢大爷这样一个超级管家，是再满意不过了。这主要是因为谢大爷把我们的家当作他自己的家，把我们的孩子当作他自己的孩子，而孩子们也把他当亲大爷。其实，她们对他比对我们还亲呢。这也让我和赵毅又高兴，又遗憾。高兴的是，孩子们有一个贴心的大爷，我们放心。遗憾的是，我们不可能象他那样与孩子们沟通、朝夕相处。谢大爷心疼孩子们，孩子们也心疼他，家里有点儿什么好吃的，总得留一些给她们的谢大爷，在学校得了好成绩，第一个被告之的人，还是她们的谢大爷。

当谢大爷接到"革联"的"必须马上离开徐达本家"的通知后，心里很难过。但他不得不服从组织的命令，恋恋不舍地走了。但他时常骑着自行车回来看看我、"赵同志"和孩子们。而孩子们，也非常想念谢大爷，不断的去看望他。当"造反派"得知谢大爷在我家呆了十多年时，就不断地找他谈话，逼他揭发我的问题，但都被顶了回去。后来，因为他不主动与我划清界限，"造反派"不顾其六十五岁的高龄，将他发配到河南干校，接受劳动改造。在干校时，尽管我是"走资派"、"三反分子"、"假党员"，他还是常常来看我，打听"赵同志"、峰峰、平平和光光的消息。我知道，他很惦念她们。

后来，我被"解放"了，组织上安排谢大爷回北京退了休。唐山地震时，我不在京，家里临街的东墙被震塌了。当时，年近八旬的岳母已从天津返京与赵毅同住。谢大爷知道我家住的是上百年的老房子，恐怕经不住这么强的地震，于是在余震不断的情况下，蹬上了自行车飞速赶到了我家。果然不出所料，整个东墙倒塌了，整个四合院儿已经与外面的街道通了气儿，而岳母和"赵同志"正急的不知如何是好呢！见此情景，他决定留下来，一边与岳母和爱人作伴儿，一边照看东房里的家物，直到东墙被修复。

"谢大爷"对我全家老小的恩情是说不尽的。我们对他的感谢，也是无法用语言来表达的。也可能是他一辈子做尽了好事的缘故吧，他在人间度过了一百个春夏秋冬。在他的暮年，两个定居国外的女儿，只要回国来，就一定要陪我和妈妈去探望谢大爷。一次，在我们离开时，已经是九十五岁高龄的他，一定要送我们到楼下！我和平平怎么劝也劝不住，到头来，他陪着我们下了四层楼！临别时，他拉着我的手，边说边淌泪："徐部长，你可一定多保重！多保重啊！"这是我第一次见谢大爷如此伤感，身边的女儿也抽泣了起来。我急忙应着："好，好，好！你也多保重！快请回吧！"由于心酸，在我离开这位老人时，没再回头。

谢大爷的儿媳妇常常对我们说："我家老人，明白的时候，总是念叨峰峰、平平、光光，糊涂的时候，就更是'峰峰'、'平平'、'光光'不离嘴啦！有人敲门时，也总以为是你们来看他呢！他对你们一家真是太有感情了！"是啊，月月年年的朝夕相处，亲亲切切的相互关注，使我们全家人和谢大爷的感情，已经不再是一般同志式的感情，而是父老兄弟的手足情。如今，我一直为能结知这样一位善良的老人而感慨——那是我一家人与他的缘分吧。

在这里，我再一次代表我的家人，向这位淳朴、与世无争的老共产党员表示深挚的感谢。感谢他所赋予我们的太多关照，感谢他所给予我的孩子们的精心哺育。

谢大爷在走完了一个世纪长的路程后，离开了我们。我的全家将永远怀念他！愿他在天堂安康幸福！

漫长的文化大革命

写完谢大爷的故事之后,我还要花些笔墨,说说另一位与我和家人有着千丝万缕联系的人——他就是我在前面几次提到过的司机修思珠同志。我与他的相识要追溯到1949年。

早在中国解放之前,修思珠就是旧开滦煤炭驻京办事处的一名司机。我在开滦任总军代表时,常常到北京出差。去火车站接我的是他,拉我去办公务的还是他。在闲聊中,我得知他比我小十岁,是山东人。从外表看,他十分英俊、沉稳;从言谈中,我能体会到他的忠诚和友善。1952年底,我被调到燃料部工作,部里为我配了专车。我问修思珠是否愿意到燃料部为我开车,他表示没意见。从那以后,我们的工作关系一直延续到"文革"期间时专车被取缔。

修思珠和他的爱人王燕华、儿子修先庆,与我家在一个院落里共住了十年之久。和谢大爷一样,他和燕华眼见着我的三个女儿一天天长大成人。孩子们热爱她们的"修叔叔"、"王姨"和"小庆弟弟",同时最佩服修叔叔任劳任怨和忠诚的品性。

由于煤炭部的工作性质,我常常深更半夜接到电话,说某个矿井出事故了,要我马上赶到现场。在这种紧急情况下,我就马上叫醒修叔叔,他二话不说,马上出车。凡是小车能跑到的地方,他都连夜把我送到出事地点,否则就把我送上火车。

1959年,我因直言犯下了所谓的"右倾机会主义"错误,被勒令在家停职反省写检查。赵毅在上海出差,尚不知我出了"政治事故"。这是我参加革命以来,第一次写违心的检查(我从心底认为自己根本就没犯什么错误),倍感烦躁和郁闷。由于全家人早已习惯于我的"为工作永远不着家"的忙碌作风,所以对我突然的"家蹲儿"感到十分诧异。但此时,我是有苦不能言的。而家中最明底细的，只有老修一个人。虽然他不便与我说什么，但我能体会到他对我的深切同情。

既然是党中央说我犯了"右倾"错误，检查是一定得写的，否则是过不了关的。我琢磨着，如何在作自我批评的同时，阐明自己对煤炭工业发展的观点，希望这些观点能使审视这份检查的领导们意识到它们对国家发展的价值。其实，我想要写的，是一份申诉性的、牵强附会的"检查"，它也是一份难度颇大、令我极度伤脑筋的"检查"。

为了给自己解除烦恼，我琢磨着一定得干点儿与写"检查"毫无干系的事。想来想去，还是养几条金鱼吧。我把这个想法告诉了老修。他一听就说："好，好，好！我先去找个大瓦缸，然后咱们去北海公园买几条金鱼。"我说："先别忙，咱们先去北海公园的金鱼师傅那里讨点儿经验。"

北海公园离我家只有两站地，我们一溜达就到了。在向一位金鱼师傅问了一大串问题之后，我买了几条小金鱼儿（有红帽儿、泡眼、珍珠和黑绣球），并小心翼翼地把它们捧回了家。看着小金鱼无忧无虑地在水中戏游，我就暂时把自己的烦恼忘记了。我和老修都喜爱它们，希望它们快快长大。根据养鱼师傅的建议，老修一大早就去小河沟捞活鱼虫喂它们。由于吃的是活食，这几条小金鱼儿长的真快！到了第二年春天，几条母鱼要甩子啦！为此，我们又到鱼师傅那里去取经。我俩都是好学生，于是一下子得了上百条金鱼娃娃！看着这些小鱼苗儿，老修乐的不行。而我呢，更是苦中取乐，受益匪浅。

后来在七千人大会上，毛泽东终于认识到自己犯了"左倾"冒进的错误，并为一大批勇于谏言的好干部平了反。我也是其中的一员。随之而来的，是我被官复原职。于是，为了做好本职工作，我又是忙的不可开交了。我和老修一起经营了近

漫长的文化大革命

三年的"金鱼业",也就"关了张"。

1964年,我被调到八机部,老修也与我同行。在我被打成"走资派"、"三反分子"、"假党员"时,他不但拒绝揭发我,反而挖空心思保护我。为此,"造反派"骂他是"铁杆保皇"。这时,他已在离我家不远的黑芝麻胡同分了房,不与我们同住了。为了躲避"造反派"的批斗,他常把我送到他家,喝杯热茶,打个盹儿,让我恢复一下体力。老修是工人成分,按照政策,本不属于"改造世界观"之列,是不应该去依兰"五·七"干校的。但是,就因为他是"铁杆保皇",与我划不清界线,他和一家人都被发配到了依兰干校。他的任务是给军代表开车。但他始终没有忘记我这个"人民的罪人"。每当出车到县城,他总要买几个苹果回来,让儿子小庆送给我。

后来,他的一家又随大队人马从依兰迁到了河南。在河南干校,他找到了酷爱的乐趣——去附近的小河沟钓鱼。有一次,他一下子钓了十二条鱼,最大的一条有七寸长,这下可把他乐坏啦。老修知道我最爱吃鱼,于是,他就让爱人把最大的

五十年代末在北京。煤炭部副部长徐达本在家给鱼换水

那条鱼炖好，放在一边，差小庆来叫我这个"走资派"大爷快到他家去吃鱼。这使我十分感动，因为这个五香鱼的待遇，不仅仅是为他们的老朋友改善一下伙食，而是表达了这一家人对我的同情和信任。对我来说，这个待遇，不论是在背着"走资派"、"三反分子"、"假党员"的黑锅之时，还是被冠以干校副校长的头衔之后，都享受到了。

"文革"后期，我离开了八机部。从此在工作上与老修分了手。但我们两家的友谊一直持续至今。由于老修是以工人身份退休的，他的医疗待遇远不如一位公务员。不幸的是，自七十岁初头，他就身缠数疾，经历了多次手术。而赘积累累的医药费，使他家的生活水平受到了影响。我和赵毅除了常去看望他一家人外，还给以经济上的帮助。在我们年迈走不动了的时候，大女儿峰峰就代表我们去看望修叔叔。定居国外的女儿们每每回来，都要去探望她们的修叔叔，也给以财力上的支援。

2008年的春末和2009年的春节，老修自我感觉不错，居然在一家人的陪同下，两次乘着公共汽车来到我家！八十五、六岁的老修，八十一、二岁的王姨和我这个九十五、六岁的老翁、八十八、九岁的老伴，为半个多世纪的友情所牵，聚集一堂。朋友们要叙的，真是永远也叙不完啊！

2010年4月21日，修思珠病故。我为又失去了一位知己而悲痛。

"抄家"与"游街"

1967年8月31日，刘湘屏又贴出了第三张大字报，《揭发资产阶级个人野心家，老修正主义分子徐达本的真面目》。

漫长的文化大革命

接着,她带领部机关的一帮"造反派",以搜查"黑材料"为名,闯进了我的家。在刘湘屏的指挥下,这群人把床上的被褥、柜子里的衣服、抽屉里的物件,一古脑地扔到了地上,就连女儿们装衣服的箱子也不放过,把整个家翻了个底朝天,就象失了盗。"造反派"没有找到任何"黑材料",而找到的,是平平收藏的古今中外的名著。他们说,这些书都是才子佳人和小资产阶级味道十足的"四旧",于是就把它们没收了。"造反派"还说,大门外那对石头狮子门墩儿也是"四旧",与社会主义革命气氛格格不入,于是用利器将它们的头打掉了。只可惜,这些从清朝遗留下来的宝贵文物,一瞬间便成了"革命者"的牺牲品。

本世纪初在北京。徐达本(左三)和爱人于兆毅(左二)去看望老司机修思珠(左四)和王燕华(左一)夫妇。

不仅如此,这群人还在我家的院墙内外贴满了记述我的"罪行"的大字报。为了避免"造反派"找麻烦,我嘱咐家里人,一定要加倍小心,千万不能碰坏了这些大字报。

"造反派"不仅把我的家翻腾了一个遍,同时还派了另

漫长的文化大革命

一队人马杀到了我的秘书李子文家里。子文自50年代就是我的秘书，他为人正直能干，是我一生中遇到的又一位人品高尚的挚交。"造反派"们歇斯底里地冲他大喊大叫："你把徐达本交给你的'黑材料'藏到哪里去了？"子文辩解说："徐部长没给我任何'材料'，我搞不清你们说的'黑材料'是指的什么。"这群狂人一看子文不配合，就又七嘴八舌地喊叫起来："徐部长都黑到底啦，你竟然还敢保他？算啦，算啦，没工夫与你罗嗦，我们自己来找！"结果是，他们把子文家的里里外外象清理头发中的虱子似地篦了一个遍。当我听到这个消息时，心里很不平静，对子文因我而受到牵连而感到非常抱歉、恼火。如今，四十多年过去了，我还是没搞清楚，他们所谓的"黑材料"到底指的是什么。但是，有一点是无可非议的，即"造反派"的胡闹行为，无疑侵犯了中国公民生存的最基本权利，是违反《中华人民共和国宪法》的暴力行为。

从那以后，我的日子就更难过了。我每天必做的"公事"，就是一大早向"造反派"报到，然后接受批斗。"造反派"对我又打又骂，在这种非人的压力下，我没有说过任何无根据的话，以开脱自己加罪他人。我的所作所为，不仅赢得了普通群众的同情和尊敬，也打动了一些来自农机学院的"造反派"。在他们当中，有些还是掌权者。后来，老修告诉我，在"文革"初期，一些农机学院的"派"头头儿对我的为人深表钦佩，决定暗中保护我。他们在开批斗大会之前，特意找到修思珠，让他把车事先准备好，并私下与他讲好，一旦大会结束，他们表面上连推带揉地把我拥上车，说是要到另地继续批斗，其实是让他把我马上送回家。看来，尽管是在极端的"阶级斗争"环境中，真、假、虚、实还是可以被有良知的人们辨别出来的。

漫长的文化大革命

还有一件事，使我终身不得忘记。一次，我被拽上一辆大卡车，游街全北京市。我的胸前被挂上一个又大又沉的牌子，上面写着"我是走资本主义的当权派和假党员！"。身后站着两个"造反派"押着我，作了一路的"喷气式"。卡车的颠簸，使我趔趔趄趄，精神恍惚。在游斗了长长的东西长安街后，大卡车特意在我曾工作过的煤炭部大楼前停住，向熟悉我的人们宣告我已被彻底"打倒"。之后，卡车又开到了位于农业展览馆附近的农业部，因为八机部和此部是同属国务院农口管理的兄弟单位，故在运动中常常互通有无。当车在农业部的大门口停定后，"造反派"又对我发动了新一轮的批斗。直到具有满腔"革命热情"的"造反派"们也感到精疲力竭了的时候，司机才授命掉转车头，一路没停地开回了八机部。

这时，我已是又渴又饿，浑身一点儿气力也没有了。当我被拽下车时，两条腿软的就象棉花套，一屁股坐在了地上。不知道是谁，往我手里塞了一个小纸包，我马上将它塞进了裤兜儿里。过后，我趁没人注意时打开了小包儿，里面竟是几片饼干！万万没有想到，在这种黑白颠倒，鱼目混珠的年代，竟有如此好心的人，敢来关心和帮助一个"黑透了的阶级敌人"。当时，我的感激之情，是无法用语言来述说的。很久以后才知道，给我送饼干的人，是老红军戴发生同志的爱人，部劳资司干部王敏同志。不知是谁向"革联"和"造反派"告发了她给我送饼干的事情。他们怒冲冲地指着她的鼻子，破口大骂她是"不可救药的、臭气熏天的保皇派！"

如今，四十多年已悄然失去。然而我对王敏的感激之情，却有增无减，时时感慨："世上不乏好人啊！"

关押在"牛棚"/劳动在"农场"

因为陈正人和我被指责在"文革"初期执行了"资产阶级反动路线",于1967年9月11日,八机部又召开了批判和斗争我们的大会。我实事求是,合情合理地作了检讨,承认当时对个别同志的批评有些过激。几天之后,"造反派"将我俩分别关进了部"革联"设在东平房的"牛棚"(此时周总理已失去保护陈部长的能力)。从此,我们失去了人身自由。

当今的年轻人,恐怕不知道什么是"牛棚"。总体讲,"牛棚"是"文革"时期各单位,如机关、团体、学校、工厂、村镇、街道等,自行设立的拘禁该单位"牛、鬼、蛇、神"的地方。被拘禁者包括地、富、反、坏、右、叛徒、特务、走资派、资产阶级反动学术权威等有"政治问题"的人们。它是极度无视国家法律的产物。

"造反派"勒令陈正人半天打扫厕所,半天写认罪书。其他有"问题"的部领导,则由"牛司令"看管。"牛棚"里的规矩数不胜数。例如,被看管的人,不论是要解大便还是小便,都要请示"牛司令"才能领取卫生纸;由"牛司令"监督列队去部机关食堂买饭;一律拒绝家人探视等等。

在这种严加看守的情况下,我连孙子的出世都不知道。为了把好消息告诉我,小女儿乘我去食堂吃中饭的当口,溜进了"牛棚",把事先写好的一个小纸条儿,偷偷放在了我的枕头下面。无意之中,我发现了这张条子,才知道我又得了一个孙子。我穿的鞋子被磨破了,请示"牛司令"是否可以让家里人给我送一双旧鞋来,但遭到了严厉拒绝。后来,不知是谁将消息传给了赵毅,她辗转托人,才给我送来了一双鞋。一次在早晨起床时,我由于血糖低突然休克了,待醒来后,被送到了

漫长的文化大革命

医院。押送我的"造反派"对大夫说:"这是我们部里的第二号走资派。"大夫马上警觉起来,把已开好的安眠药从处方上勾掉了。我想,他可能是怕我象很多人那样去"畏罪自杀"吧。还有一次,我右手的中指患了腱鞘炎,因为是"走资派",一个中医草率地为我做了手术,使我手指残废,至今不能弯曲。

　　由于参加革命的多年阅历,我对政治运动中出现的"左倾"现象和过火行为是有思想准备的,但对非法关押是一点儿思想准备也没有的。自打参加革命的那一天起,我就下定决心,为中国人民的解放事业贡献自己的一切力量。哪里会想到,如今自己却成了无产阶级专政的对象?!但我鼓励自己千万不能失去信心,并为自己树立了两个精神支柱,一是坚信自己的清白;二是相信终有一天党中央和毛主席会为我做出正确结论。这两个支柱确实很起作用。当群众审查我的历史问题时,常喊出很多不实事求是的口号,对此,我从来不紧张不着急。但是,我对军管会的一些领导,不但不制止"造反派"们的非法行为,反而还给以暗中的纵容和支持,让他们无法无天地闹腾是非常不理解的,对违背党的原则的刘湘屏,以及少数别有用心的"造反派",则更是打心眼儿里反感。

　　1968年4月,"造反派"将在"牛棚"里关押的"牛、鬼、蛇、神"们转移到部属的小王庄试验农场(位于北京北部的立水桥)。另外,一些刚毕业的大学生也到这个农场接受劳动锻炼。这年的年景非常好,一眼望不到头的红薯秧子绿油油地覆盖着大地。"造反派"分配这群大学生干翻红薯秧子的轻活儿,而让我们这群年近或超过六旬的"走资派"们干麦收和秋收的重活儿。麦收是个急茬儿活,就怕下雨把麦子打烂在地里。抢收麦子时,大家天不亮就出工了,直到天黑才收工。当时,尽管我身体没什么毛病,但毕竟已是年近六十的人了,且多年蹲坐办公室,对干卖力气的活儿已不大习惯。一天干下来,我早已是累得精疲力尽,只想一头栽倒在床上,睡他个白天黑夜。但一想到自己是一个无人身自由的大"走资派",只好拖着两条铅重的腿,与其他"走资派"们排成队,机械地走到饭堂前面,履行每天的常规,即每人从兜里掏出必带的小红宝书毛主席语录,由当天的值班人任选一段儿,大声朗诵。在我们齐声高呼"毛主席万岁!万岁!万万岁!"后,才列队走进饭堂,排队购买自己的一份饭菜。之后,我们围着一张专门为"走资派"准备的饭桌儿坐下来,闷头吃自己的饭。想来每个人都记得"祸从口出"的警世通言,所以彼此犹如陌生人。偶尔,有人受不了这种尴尬的沉默,说上一两句有关天气等无关痛痒的话,但绝对不谈政治。饭后,回到"集体牛棚",在床上躺一躺,缓解一下一天的疲惫。

　　每晚睡觉前,我们像全国人民一样,要向毛主席汇报一天的所作所为。当在毛主席的肖像前垂直站好后,我们背诵着清一色的开场白:"敬爱的毛主席,在向您做了早请示之后,我向您汇报今天……"当述说完一天的流水帐之后,人人的结束语不外乎为"祝您老人家万寿无疆!"

　　麦收后的天气越发的炎热了。有时在中午饭后,"造反派"允许"走资派"们排着队到农场的人工游泳池去洗个澡。这是我最盼望的时刻。冰凉的水似乎能把大家从恶梦中激醒。顿时,游泳池里有了欢笑声。我历来酷爱游泳,趁这机会,伸伸胳膊,蹬蹬腿,好不惬意!在池子里游上几圈儿后,我就仰浮在水面上凝视着碧蓝的天空,它的宽阔无垠领人心旷神怡。此刻,我忘记了对家人思念的愁苦,忘记了对自己未来的担忧……

　　令我最兴奋的,是女儿峰峰、平平突如其来地出现在农

漫长的文化大革命

场。按"造反派"的规矩,家里人是不能来看我们这群"走资派"的。但她们不管那一套,横竖就骑着自行车来了。自从我被关进"牛棚",这是我第一次见到她们。见到久别的孩子们,我喜出望外。"造反派"头头儿见此情景也不好阻拦,宽容了两个小时,允许我与孩子们坐在一棵大树下说说话。要不是女儿们提起说,给我带来了几块月饼,我还不知道中秋节马上就要到了呢。她们怕"造反派"把月饼没收走,让我当时就把它们都吃掉。我已经很久没吃到糕点了,品着这月饼,别提多香啦!几块月饼一转眼就没了!孩子们告诉我,她们生活的不错,让我别担心,照顾好自己是头等大事。但我怎么能不担心呢?她们每人每月只有二十元的生活费啊!她们还说,妈妈也还好,很惦念我。但她们没告诉我,此时,妈妈已被无端地打成了"现行反革命分子"。

吃中饭的时间到了,我必须归队。我依依不舍地与孩子们告别。临别时,平平悄声地对我说,趁大家去吃饭时,要把一些家产的核桃偷偷放到我的枕头下。吃完饭回到宿舍后,枕头底下真有十几个大核桃!我会心地笑了。我能想像,平平趁大家都去吃饭的当口,偷偷溜进宿舍的模样。她是一个天不怕,地不怕的好女孩儿。

关于把爱人打成"现行反革命分子"的事,我是后来才知道的。事情的起因,既离奇又可笑,当然也可愤。在赵毅上班的地方,不晓得是谁,用印有毛泽东头像的北京晚报当了厕纸。这在当时是一个不得了的反革命事件,引发了一个马拉松式的"交代"会。军代表发了话:"今天如果找不出这个诬蔑毛主席的人来,谁也不许回家!"在会的人谁也不吭声,眼巴巴地闷坐着。再看看表,已经十点多了,有些同志家中还有小孩子,急需回家照顾。一个喂奶的女同志,前襟都被奶水打湿了，真令人心焦！爱人想，自己是处长，是领导，不能不让大家回家啊。于是，她鼓足了勇气说："天已经这么晚了，大家也该回家了。既然没人承认，那我就承担下来吧！"哪里想到，她的话音还没落，军代表就厉声对她说："那你就是诬蔑伟大领袖毛主席的现行反革命！"这时赵毅才意识到自己做了一件多么愚蠢的事！但话已出口，追是追不回来了。然而幸运的是，当天晚上军代表还是让她回了家。一路上，爱人一边骑车，一边落泪。一进家门，她就站到了毛主席的像前，哭着说："毛主席啊，毛主席，我一辈子跟着您老人家干革命，我怎么会侮辱和反对您呢？"平平和光光见妈妈如此伤心，只好一味相劝。她们开导妈妈要想开一些，并坚信这件事早晚会被搞清楚。后来，爱人被发配到江西清江县樟树镇的建委"五•七"干校，带着这顶"现行反革命分子"的帽子，劳动改造了五年之久。"文革"结束后，随着时间的推移和形势的好转，这件事就不了了之了。这些就都是后话了。

　　秋天到了，八机部农场的秋收工作开始了。其主要是收获老玉米棒子和红薯。这活儿对我来说也不轻松。任务完成后，我们又被送到农业科学院的附属农场，帮助那里的秋收工作。

　　没几天，也就是10月5日，毛泽东发布了一个只有五十个字的文件，号召广大干部下放劳动。这个文件以编者按的形式出现在当天的《人民日报》上。为了响应这一号召，各单位普遍开办了"五•七"干校，把原党政机关、高等学校的绝大部分干部和教师送到那里劳动，改造他们世界观。而这时所言的"五•七"干校，实为"牛棚"在全国之普及。

漫长的文化大革命

劳改在干校

八机部的"造反派"紧跟毛泽东10月5日发表的最新指示,勒令有"政治问题"的"坏人"、需要"被改造"的干部和群众迅速作去干校的准备。在经过五天的匆忙准备后,我们被发配到了设在黑龙江省依兰县的部机关"五·七"干校。于是,我这个"走资派"、"三反分子"、"假党员",便成了依兰干校第一连的职工,继续接受审查和劳动改造。

这年冬天,依兰冷的出奇。过膝盖的积雪一冬也没化,除了升华没有一丝解冻的迹象。干校职工过着一成不变的日常生活——接受政治改造、干活儿、吃饭、睡觉。早、晚饭前,我们摸黑排好队,读完毛主席语录和他的最新指示后,方可进入食堂。为了惩罚我们这群"走资派","造反派"不准我们吃肉,只许吃窝窝头、馒头。

由于正值冬天,天短夜长,早上出工和晚上收工时,都已是伸手不见五指。每天一大早,大家就趟着积雪,到十几里地以外的山上敲打石头,然后再把碎石块儿拉回来,用于建工房的地基。东北兴睡大炕,但我的炕太短,睡觉时伸不开腿,只好圈着睡。由于每夜都睡的很累,搞得我一天到晚疲惫不堪。

尽管生活和工作条件非常恶劣,但大家相处的相当和睦。连里有个杨某某,是八机部政治部副主任的爱人。文革初期,因为贯彻执行国务院农口领导"给每一个干部排队"、"层层烧透"的指示,部党委误伤了一些人,她是其中的一个。部领导曾误认为她有政治问题,让她靠边站,交代问题,使她受了委屈。为此,我觉得很对不起她。于是,实事求是地向她作了检讨,道了歉,得到了她的谅解。所以在一起劳动时，我们处得十分融洽。记得有一次，我把家里捎来的饼干送给赵某某（她才十五岁，是干校里最小的一个"五·七"职工）。当时她很犹豫，不敢吃我这个第二号"走资派"给的东西。她问杨某某："阿姨，我能吃徐达本伯伯给我的饼干吗？"杨回答说："徐部长送的东西当然可以吃！"这句话令我十分感动和欣慰，意识到，我们之间的隔阂已经被化解消除了。

劳动时，我总是严格要求自己，抢重活干。一次，为了抢运盐包，干校职工火速赶到了松花江边。我们的任务是将一个个二百多斤重的盐麻袋装上船。虽然这是壮小伙儿干的活儿，但我不顾自己已是近六十岁的老人，主动要求去扛盐包。由于不怕苦不怕累，我这个在政治上有问题的"坏人"竟受到了连部的表扬。

转眼一年快过去了，但"革联"对我的审查仍无任何头绪。我心想，急也没有，还是耐心等待吧，总有一天，我的"问题"会被澄清。

1969年是中苏关系日趋紧张的一年。我从报纸和广播的报道中，嗅到了火药味儿。苏联武装部队不断在中苏边境进行武装挑衅，并向远东和蒙古地区集结兵力，似乎战争迫在眉睫。考虑到苏联对我国的军事威胁，毛泽东在同年4月召开的中共"九大"会议上，多次强调"要准备打仗"。时至国庆节前后，战备的呼叫声越发的急促了。

依兰县离中苏边界很近。为了防止我们这些"牛、鬼、蛇、神"跑到苏联"叛变投敌"，上级下令，立即关闭依兰"五·七"干校，并将这里的所有人员转移他方。五天后，我们被装进了闷罐子火车，直趋北京。到京后，"革联"说允许大家回家打点一些必要的行装准备上路。出乎意外的是，我们一群"走

漫长的文化大革命

资派"也竟然被放回了家!

我兴冲冲地蹬上了八路公共汽车。一想到就要见到久别的爱人和孩子们了,我更是大步流星地冲进了家。没想到,仅仅两天前,爱人带着小女儿离开北京去了江西建委的"五·七"干校。在家的,只有平平一个人,她也正在做上山下乡的准备。此时,袭我而来的,是"人去楼空"的凄凉。独自一人站在院中,仰望着两棵全家合栽的核桃树,茂盛而果实累累。这些圆楞楞的青核,使我忆起当年孩子们上房摘核桃的欢笑声……我自言自语:"她们怎么不等等我就走了呢?"

三天之后,我带着平平帮助打点的一些衣物,回到了部机关。当天,我这个有"政治问题"的人与大家一道,又登上了火车,前往八机部设在河南省信阳县的"五·七"干校。

为了防备苏联以谈判为由对中国发动突然袭击,林彪于10月18日发出了"全军进入紧急战备状态"的命令,即"文革"史上著名的《一号命令》。这个命令对全国人民的震动,非同小可,不仅使全军,而且使全国进入了紧急战备状态。由于此时我和赵毅已经分别到了河南信阳和江西清江,可见八机部和建委的战备工作都走在了《一号命令》的前面。

信阳"五·七"干校的前身,是一个名副其实的劳改农场。由于它曾是改造真正犯人的地方,其设备、环境都极端之差。我被编到一连一排当小兵,排长是苏连贵同志。陈正人被编到二连当小兵,二连的连长是彭贵兰同志。我和陈正人被分配到住房条件最差的一座小山头上。我住的地方,称不上"房子",非屋非窝,而且屋顶的瓦片儿没了不少。天好时,我能从屋里看见夜间的星星和月亮;下雨时,外面大下,里面小下,床铺常常是水嚓嚓的;下雪时,外面漂着大雪花,里面漂着小雪花,融化了的雪花,也打湿了被褥。此外,这里一是没

漫长的文化大革命

有自来水,二是没有路灯,一到晚上,外面是一片黑灯瞎火,什么也看不见,出门时,须用手提煤油灯或手电筒照明。而我们的日常用水,则取自于山下的池塘,这水总泛着一股牛尿的臊味儿。

我每早六点钟起床,为了供大家用水,先得下山担两桶水回来,打一个来回,大约有四、五里路,时间久了,右肩上磨出了厚厚的一排𦙫子。早饭后,我就和大伙儿一起到地里去干活。当时是"造反派"管理生产,他们故意给"走资派"们加大了劳动强度,用我们代替水牛在水田里拉犁平地。我、项南等人的肩上套上了粗粗的麻绳,绳的另一端,系在一块大横木板上,木板上压着重物。我们在水田里顶着大太阳,来来回回地拉这块大木板,为的是把地压平准备播种水稻。这是水牛干的活儿,人干太劳累。由于我个头高,主动拉位于最前面的主套,是最吃劲儿的一个。尽管我对"造反派"的这种恶意处罚非常反感,但也不敢表露出来。我不断地告诫自己,一定要咬紧牙关,尽最大努力把分配的活干好。

当轮到去炊事班干活时,我还是干最重的活儿——揉面。我学会了蒸馒头,用大铁锅做几百人的米饭等。因为是"走资派",每当不小心把饭做生了、做糊了的时候,我都受到"造反派"的训斥。为了少受屈辱,我细心观察和向大师傅们学习,掌握了米与水的比例和对火候儿的使用等规律。此外,我还学会了一招儿——在米饭煮过头了的时候,如何去糊味儿。那就是将切好的大葱段儿,插到米饭里闷一会儿,再揭锅时,糊味儿就闻不到了。这招儿使我逃避了多次的呵斥。可见,在"劳改"的过程中,我真是收益匪浅,不但学会了育稻秧等种大田的技术,还成了一个技能不赖的做大锅饭的炊事员。

此外，我还有一个不期的收获。一天，当我正和临屋的"五•七"干部们漫步在田埂上时，突然发现那牛蹄印大小的水坑里的水在动荡。我蹲下细看时，发现水里有活蹦乱跳的小鲫鱼！这个偶然的收获可把大家乐坏了。尽管修思珠一家时不时地给我送些炖鱼来，但多年来，很多同志没能尝到一点儿鱼腥味儿。于是，我们就一个不剩地把小鱼捉了回去，用清水煮一煮，为大家改善了一次伙食。后来我们找到了吃鱼的窍门儿，即鼓励当地百姓的小孩儿们到田里去抓黄鳝，然后这些小鬼以一斤两毛钱的价格将鳝鱼卖给我们。大家对能吃上黄鳝是再满意不过啦。

其实在干校时，我最大的一个意外收获是，体力劳动使我又能吃又能睡，并治愈了搅扰多年的浮肿病。我在前面曾经提到过，这病始于"大跃进"引发的"三年自然灾害"时期，是由于营养严重不良造成的。多少年来，它曾是医生多次为我治疗不愈的顽疾。

我被"解放"了，爱人则"罪上加罪"

我在信阳"五•七"干校时，军代表徐军任校长，直接领导校内的党、政事务，并兼管专案组的工作。这个同志很不错，是按照党的政策对待"走资派"和下放劳动的干部们的。他常对八机部的原领导们说："你们这些同志都是由周总理管着的"，对解决我们的"政治问题"持积极态度。

我是1936年入党的老党员，从投身学生运动那天起，就相信只有中国共产党，才能将日本人赶出中国，才能建立一个没有剥削、没有压迫，充满自由、民主的新中国。为此，我心甘情愿地将自己的一生贡献给了党的事业。没想到，"文革"

时的"造反派"非说我是"假党员",预将我三十多年的党龄一笔勾销。他们的粗暴作为,把我推入了愤怒而痛苦的深渊。为了挽救自己的政治生命,我以理据争,坚决要求党组织将我的党籍还给我。徐军校长对此表示积极支持。为了搞清我的历史,他曾与我一起到河南鹤壁,访问了我的入党介绍人郝金贵。郝证实,他是我的入党介绍人之一。然而,由于他本人被认为有历史问题,以至他的证明也被打上了问号。这使我十分失望。但幸运的是,那个外号叫"臭鱼"的人的档案终于被找到了!他的入党介绍人既不是李啟华,也不是郝金贵!这个事实,唤醒了李啟华的"陈旧"记忆。就这样,"假党员"这个压在我头上多年的大山,被搬掉了。

于是,信阳干校党委宣布,有关我党籍的悬案有了结果,决定恢复我的党籍。而我的"走资派"、"三反分子"等政治问题,也不了了之了。我欢呼,我流泪,在经过了漫长的审查后,终于将这千斤重的精神枷锁,从身上卸了下来。我从枕头底下抓了一把钞票,飞奔到几十里地以外的县邮电局,发了两份电报——一份是给在江西清江县"五·七"干校劳改的老伴儿,另一份是给在京的女儿们,峰峰、平平和光光。电文只是一句话:"感谢毛主席,我被解放了!"

提到光光在北京,这里还有一段故事呢。1969年10月,由于她才是一个十三岁的孩子,被打成"现行反革命"的爱人只好带着她一起前往江西的"五·七干校"。因为妈妈是"坏人",没人敢搭理她们。在大宿舍里,"造反派"只分配给她们娘俩儿一张单人床,而别的母子则是一人一张床。刚去的时侯,与其他干部的孩子们一样,光光在临近的清江镇小学上六年级。后来,听说干校的领导决定,干部的子女一旦小学毕了业,必须回干校劳动,不得继续读初中。这下可把光光急坏

漫长的文化大革命

了!她把这个坏消息写信告诉了在北京的两个姐姐。姐姐们给她出了个主意——逃回北京。

为了自己的前途,她听了姐姐们的话。她与妈妈什么都没说,就悄悄地从褥子底下拿了足够买火车票的钱。为了不让妈妈着急,她到住在镇上的三大爷家打了个卯儿说:"如果妈妈问起,就说我回北京了。"三大爷就是我的三哥,是建委的高级工程师。"文革"中也因所谓的"历史反革命问题"被发配到江西清江"五•七"干校。由于他年老体衰,受到了领导的照顾。我的三嫂是小脚女人,被免于干农活,并允许住在镇上。听到光光如此讲,老人们马上劝她说:"你可千万别偷偷离开妈妈,否则妈妈要急死了!"然而,对光光的话,老俩口儿还是半信半疑——她如此小小年纪就想独自远路出走,莫不是在开玩笑?

光光告别了这对老人后,去车站买了张回北京的直达快车票。在火车上,正赶上她十四岁的生日,于是给自己买了一碗面条儿,以示祝福。一路上,她总是提心吊胆地怕干校的领导派人来捉拿她,神经紧张到了极点。三十多个小时之后,列车终于驶进了北京火车站。她三步并两步地跳下了车,又蹦上了四路无轨

一九五八年于北京,三哥徐瑞书在家中

漫长的文化大革命

电车,风速地到了家门口。是平平姐姐应了急促的门铃。光光一边回头儿张望着,一边一个箭步跨进了大门,嘴里叨叨着:"是不是有人在跟着我,要把我抓回去!"姐姐看她紧张到这种程度,马上安慰说:"到家了,什么也就不怕了!谁也不能把你抓走!"

为了不让被建委的"造反派"再把自己抓回江西干校,光光不敢在家住,而是住到我的老朋友赵子尚("赵伯伯")的家里躲了好几个月。多亏是"赵伯伯"费了九牛二虎之力,才使小女儿就近入学于地安门中学。

后来,赵毅告诉我,女儿的"逃跑"给她带来了更大的灾难。由于爱人有严重的"政治问题",三大爷哪里敢把光光回京的事通报给她?所以,妈妈对女儿的出走一无所知,全然被蒙在了鼓里。但"造反派"非说是她把女儿放跑的,白天黑夜地斗争她,逼她交代"新罪行"。干校的领导们说爱人本来就是个"反革命",这下可好,更是"罪上加罪"了!赵毅在干校的连长("文革"前仅为副处级干部),曾是最严酷迫害她的人。奇怪的是,此人竟在"文革"之后,越级加封晋爵为交通部的副部长!每当爱人在文天津街俱乐部见到这位"幸运儿"时,总要钩她忆起当年在干校的惨淡经历。她常对我和孩子

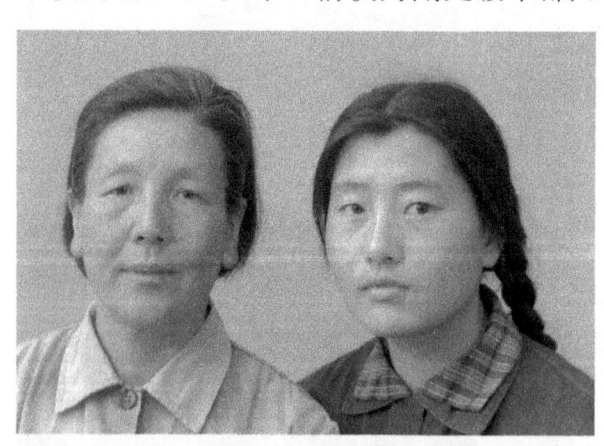

一九七零年摄于江西清江镇。大女儿峰峰去看望在"五·七"干校接受"再教育"的妈妈。

们说:"他是整我斗我最厉害、品质最恶劣、既无功底,又无资历的人!他的精明之处在于给建委的关键头头儿拍马屁,于是让自己乘上了直升飞机。在我与这个没良心的人打照面时,我扭头就走,连个正眼都不给他!"

为了保护光光,姐姐们不敢给妈妈写信。由于不知道小女儿的去向,爱人的心,痛的呼天唤地。每当夜深人静,她任泪水涌流,无声地嘶喊着:"光光呀,你在哪里?你在哪里啊?"。这种精神上的折磨,是任何一个母亲所承受不了的!她的精神被推到了崩溃的边缘!

至今,每当爱人提起这段往事,总是止不住泪水,实在令人心碎。我极力想把这悲惨的一页,从她的记忆中彻底抹掉,但终未如愿。

我任干校的副校长

1970年春天,也就是我被"解放"后不久,干校决定迁往河南博爱县的磨头农场。在搬迁之前,校党委任命我为博爱干校的副校长。我的工作分工为主管后勤,兼抓农业生产。尽管成了副校长,我还是与同志们一起生活,一起劳动,而唯一不同的是,干校给我配备了一辆老式吉普车,但我很少使用它。我给这辆车派了用场——送得病的干部及家属去县医院看病。

被"解放"后,组织把几年扣发的工资全部补偿给我。过去,我总是将每月的工资交给爱人,由她负责管理家务。此时,爱人不在身边,面对这么一笔补发的工资,对我这个兜儿里历来不揣分文的人来说,的的确确不知道该如何处置才好。于是,我决定把这些钱放在宿舍桌子的抽屉里,用它为生活困难的干部们和干校的发展做点儿事情。

　　一位湖北籍的干部李昌全，与爱人长期分居，下有两个年幼的孩子，上有两位体弱多病的老父老母，夫妇两人的经济状况非常吃紧。一次，在回京开会路过石家庄市的时侯，我以这位干部的名义，给他的爱人寄去了比其月工资高一些的汇款。我反复请求同行的人不要将此事告诉当事人。小李的爱人收到钱后很是纳闷儿，来信问丈夫："哪来的这么多钱？"爱人的疑问，使丈夫也成了一个"丈二的和尚"。后来，和我一路去北京的张耀华将实情说了出来。于是，小李特意找到我说："你是我一生中最知心的朋友。"当看到他眼中的泪水时，我又是欣慰，又是尴尬，不知该说些什么才妥。后来，李昌全回到老家襄樊市的统计局工作，但他与我的联系从未间断过，每逢春节，他不是寄贺年卡就是打电话给我拜年，并祝愿我和老伴儿健康长寿。

　　老司机修思珠的岳母去世了。爱人王燕华想向组织借点儿钱，为母亲办理丧事。我劝她不必向组织借款，而是从自己补发的工资中拿出二百元送给了她。唐秀琴同志来河南干校时，把两个年幼的孩子留在了北京上幼儿园，以至令她月月超支，成了困难户。于是我也给了她一些经济补助。为原八机部副部长李济环开车的付德林同志，不小心把一个月的工资全丢了。小付的家住在农村，生活很困难，为了帮其之难，我用自己的钱弥补了他丢掉的工资。我对他说，这是党组织给他的救济，以避免令人尴尬的道谢。

　　另外，我还用补发的工资，解决了个别连队的劳动工具不足的问题，并自费携带慰问品，率队走访了周边县政府、公社、农场及焦作煤矿的领导同志们。我向他们介绍了博爱干校的情况，并请求各方对干校的发展给予关照、指导和支持。

漫长的文化大革命

例如，每逢农忙季节，附近的公社和农场总是及时地派人来干校，指导农作物的播种、灌溉和收获。他们还协助我们打机井，解决了干校灌溉的老、大、难问题。公社民兵连的"玉米培育基地"与干校五连的玉米地离的很近，于是我要求五连的职工向民

一九七一年在河南。"靠边站"的八机部第一副部长徐达本在博爱"五•七"干校接受"再教育"

兵们取经，其受益匪浅——我们废弃了异花授粉的低产技术，改播抗病能力强的玉米种，大大提高了年产量。另外，为了帮助我们精耕细作，焦作矿务局还支援了近百把铁锹和镐头等小农具。

与此同时，干校也尽力帮助邻居克服困难。记得一年正月十五，博爱县的花灯会发生了安全事故。我听说后，立即做好了在干校安置伤员的准备工作，并派干校医护人员前往参加抢救工作。此外，每逢农忙季节，我都派干校的同志们带着小型拖拉机、收割机和各种机械化农具，帮助邻家公社、农场、大队抢收、抢种。于是我们不仅在物质上对附近的农民们给以了援助，并向他们展示了农业机械化的优越性，这对日后大田

作业的改造，寓意尤深。另外，干校还定期开放浴场，欢迎附近的农民们来洗澡。

由于密切了周边关系，博爱干校的农业生产较在信阳干校时，有了很大的改变，不再有过去农忙时节杂乱无序的现象。邻居们的大力协作，促进了我们的生产，使干校做到了粮、菜自给。尽管如此，干校领导尚未满足群众对副食的需求。记得一天，我在田里与柴油机厂的高级工程师洪宝顺闲聊，他说："在北京时，是要命不要肉，可现在，是要肉不要命了。"是啊！自打1967年以来，我们就在"牛棚"和干校过着清苦的日子，天天参加强体力劳动。别说是我们这帮已过中年和上了岁数的老人们，就是年青人也会被拖垮了。所以，确保大家的身体健康不再迅速下滑，成为我的工作的当务之急。我决定要为干校的干部们增加必须的营养。做出这一决定的另一个原因是，我深信他们都是国家的宝贵财富，终有一天，会被重新启用。

为了把群众的生活搞上去，我首先组织人力到博爱、沁阳两个县城买猪肉、熟鸡和牛肉等，同时还买了一批小猪崽儿，建立了养猪场。不久，每人每月就能吃上六、七斤肉。例如，经我提议，食堂每隔一、二天就供给每人一碗鸡块，或米粉肉，或半斤全肉包子。另外，干校领导不再阻止大家到附近的农家园买桃子、杏子、苹果等，以至大家收工回到宿舍时，可以吃上水果。我还鼓励大家在房前屋后种上了黄瓜，长势好时每三天可摘一茬，又鲜又脆的黄瓜，多的连全宿舍的人都吃不完。这些在生活和管理制度上的改变，使同志们感到身心舒畅，觉得不再像过去那样受管制了，终于过上正常人的生活了。其次，我还允许个人、家庭到县城去自行选购各自喜欢的熟制食品。每逢节假日，博爱、沁阳两县城镇便成了大家必去

漫长的文化大革命

的地方。一时间，县城里集市热闹非凡。沁阳县的卤鸡店，一下子从一家猛增至数家。河南博爱"五·七"干校的"高级劳改犯们"，成了两县的主要消费者，结果是带动了那里的商业发展。

不久，八机部的军代表交给我了一项更重要的政治任务——解放干部。我告诫自己，一定要实事求是地做好这项工作。首先，我着手解决在依兰"五·七"干校整党时"革联"领导给大批党员下了错误结论的问题。这个事件发生在1969年11月。当时的领导执行了陈伯达的指示，即凡是在"文革"中站错了队的同志，必须承认自己当了国民党兵，否则，不能恢复党籍。此外，每一个"国民党兵"的整党总结，被装进了个人的档案袋。我以为，当时的做法是非常错误可笑的，是一派胡作非为。我和军代表研究决定，把当时整党的全部材料，退还本人，并向大家宣布，党组识不再索求这些材料。这样一来，压在很多党员心口上的一块大石头终于被搬掉了。由于丢掉了政治包袱，被打成"国民党兵"的党员们，很自觉地带头做好了各项日常工作。

在不到半年的时间里，我们就基本上把八机部"造反派"在"文革"中颠倒的是非，又颠倒了回来。把在五年期间被打倒的"叛徒"、"特务"、"走资派"都从地上扶了起来。只有个别人的问题，因为缺乏材料没有得到解决。

另外，因为我是八机部"文革"运动的亲历人和见证人，所以对每一个机关干部的表现了如指掌。我知道，在批斗我的时候，是哪一个"造反派"打过我，骂过我。但我告诫自己，绝不能以其人之道，还治其人之身。因为我相信，决大多数侮辱过我的人，是被少数极"左"分子误导的好人。所以我对他们和"保守派"的同志们一视同仁。无论是什么派别，只要有能力，我就派他们到连里担任领导职务。对有专业特长的人，则派他们担任技术指导，以充分发挥他们的知识和才干。不久，部机关需要一部分人回京工作，我客观地向部领导推荐了一批好同志。

正当我抓紧落实党的政策，解放干部的时侯，又传来了一个爆炸性的消息，即林彪叛逃并摔死在蒙古的温都尔汗。这就是历史上著名的"九·一三"事件。林彪是毛泽东亲自选定的接班人，他弃国而去的内幕，对我们下面的干部来说，是一无所知的，至今是一个谜。在当时，谁若反对毛泽东，谁就是反革命。针对这个突发事件，党中央马上下达了文件，揭露林彪反对毛泽东的罪行，并号召全党、全民共诛之。在干校各连队组织讨论、揭发批判林彪时，我强调一定不能上挂下联。对部机关内与林彪集团有关的人和事，要仔细分析、重证据，不能一概而论。对在"文革"中犯错误的少数坏头头，也要做思想工作，注重教育。通过对林彪集团的批判，"文革"造成的派性得到了一定程度的缓解，同志之间的紧张关系也有了改善。

还有一件事令我非常担忧，即长年的精神压抑和艰苦劳动，损害了很多人的身心健康。例如，原政治部副主任、老党员宋敏之同志，在经历了五年的审查批判劳动改造后，已变得老态龙钟，消瘦不堪，难于行走。更严重的是，他已便血六、七个月了。由于当地的医疗条件太差，干校党委决定让他回北京治疗。他的爱人李更新同志，向其所在连队的党支部提出申请，要求陪丈夫回京治病，但被驳回。由于我不是负责人事工作的副校长，对她回京之事也帮不上忙儿。可怜这位病入膏肓的老人只好独自回京。幸亏送他去火车站的那位司机同志，临时在车上找了个好心人，一路照顾他到了北京。

由于宋敏之是当时北京市市长吴德同志的老校友,吴就与八机部领导取得了联系,要求李更新同志回京照顾老拌儿。部领导同意了这一请求。正值此时,北京传来了坏消息说,医院诊断老宋患了直肠癌,需要立即手朮治疗。李更新与连支部堵气说:"我不回去了!"我得知此情况后,到连队找她谈话,督促她一定要尽早回到老宋的身边,帮助他度过生命的难关。我还请黎玉同志的秘书张又新,帮她提着行李,送她乘上了回北京的火车。

陈正人部长的"解放"与冤逝

"文革"疯起后不久,部机关主要造反派组织"北京公社"把陈正人部长封为"第一号走资派",而我则为"第二号走资派",除此之外,我们共享的另一个罪名是,"三反分子"。

1967年初,党中央要求各部委的领导对刚刚兴起的"文革"运动表态。陈部长贴出了一张大字报,揭露"北京公社"的"打、砸、抢"行为,道出了人们想说而又不敢说的心里话。为了支持陈部长,我也写好了一张大字报。正值此时,"北京公社"一伙儿"造反派"贴出了反击陈部长的大字报。经有关同志劝说,我没有把表态的大字报张贴出去。于是,老部长成了"北京公社"重点打击的出头鸟。这让我对他的处境倍加担忧。

1967年9月15日,我被关进部内东平房的"牛棚"时,在一起的还有其他副部长、司局长等数十人。"造反派"为每一个被无故关押的人设立了专案组(我的专案组组长是刘仪顺)。专案组的成员可以随时随意地提审我们这些徒有虚名的"犯人",这种作为,当然是实实在在的政治迫害。2000

年6月，曾是我的专案组成员的牛立志同志，根据她的亲身经历，对当年审查我的"错误"和"历史问题"做了反思，并将其书写成文后交付于我（见附件1）。此文的题目为《关于徐达本同志在"文革"浩劫中遭受迫害情况的回忆》。我以为，它的字里行间浸满了一个有良知的人对我无辜遭遇的无限同情。

由于周总理对各部部长的保护措施之流产，陈部长也没能逃脱与我同样的噩运。更甚的是，他被单独锁进了"牛棚"，这使我对他的处境非常担心。于是我打问难友们，是否有谁知道他被关在了哪里。尽管答案是无人知晓，但大家心里都明白，他的处境要比我们差得多，因为"大牛棚"难友多，可以相互照顾，相互通通消息，不寂寞。虽然"牛司令"勒令我们不准系腰带，不准带针线包，大小便需打报告，但下面的人只是照章办事罢了，不太难为我们。

因为陈部长是部里的头号"走资派"，其专案组的人则更是紧锣密鼓地对他轮番批斗、审问、甚至殴打，使老人受尽了屈辱，吃尽了皮肉之苦，日夜不得安宁。可见陈部长受的罪，比其他部领导要多的多。由于他年老体弱，又患有心脏病，我总为他提心吊胆，不知他是否能挺过这一关。

1968年4月，陈部长也和我们一起，被押送到北郊小王庄试验农场，接受劳动改造。他对参加集体劳动，兴致勃勃，非常努力。由于过重的体力劳动，一天夜间，他的心脏突然停跳，情况异常严重，被马上送到北京医院进行抢救。多亏处理得及时，他总算醒了过来，大家这才舒了一大口气。后来陈部长又闹了一次心脏病。这两次事件，使我意识到，他已经是一个弱不禁风的老者了。

令人欣慰的是，陈部长在依兰农场没再闹心脏病，与我们一起度过了十一个月。在执行林彪发布的《一号命令》时，

漫长的文化大革命

他随我们一起转移到了河南信阳"五·七"干校。由于他心力已衰,领导允许他干些轻活儿。他先是被分配到茶场工作,任务是品尝、鉴别干校所产茶叶的质量和味道(不合理的是,他得花自己的钱买被品尝的茶叶)。后来,他又被派去看守桃园。他工作得很认真,一旦发现有小孩子们偷桃子时,就先讲道理给他们听,劝他们不要犯偷桃子的错误。有的小孩子不理睬他,摘了就跑,他就紧着追。他那个岁数,哪里追得上?我劝他千万不要追,否则可能触发心脏病。但他哪里肯听?他那执著的责任心,弄得我十分不安。

1971年的秋天,军代表向全体干部传达了周总理关于"解放"陈正人的指示,并派我负责完成这项工作。

自从"文革"开始后不久,陈部长就一天到晚地反省自己的"错误",写了一篓又一篓的检讨,但无人搭理。如今,为了尽快落实总理的指示,我马上派人帮助他整理和修改这些检讨,将它们压缩成三、四千字。我还要求,把"造反派"凭空为他捏造的所有罪名,一笔勾销。另外,据陈部长说,陈毅的夫人张茜同志已经告诉他,毛主席说"'文革'初期的'二月逆流'事件不要再提了。"于是,我们把他对"二月逆流"的检查也删掉了。当准备工作完成后,我马上召开了全校干部职工大会。到会的四百多人听取了陈部长做的不到半个小时的检讨。会后,经过大家讨论,绝大多数群众赞同并通过了他的检讨。我立刻宣布:"陈正人部长被解放了!"

"解放"后的陈部长别提有多高兴了。各连队的"五·七"干部们也兴高采烈,同声庆贺。老部长爱吃狗肉,同志们就跑到县城把狗肉买回来,由彭贵兰炖好了给他送去。他还亲自把这热呼呼、香喷喷的狗肉端到我面前,连声说:"真香!真香!快趁热吃!快趁热吃!"他那热忱而诚挚的眼神,至今还能真真切切地浮现在我的眼前。

陈部长"解放"后，我决定为他办三件事：一是向周总理汇报陈部长的情况，并请总理考虑为他从新安排工作；二是将他的人事关系，从干校转交给八机部（当时一机部和八机部已经合并，总军代表是李水清），并由部机关党委直接与中央组织部联系，决定对他的行政管理；而最重要的是第三件事，即由于陈部长有心肌梗塞的病史，且北京医院存有他病例，在干校医疗条件太差的情况下，我向干校军管会建议，立刻派校医护送陈部长回京体检。这个建议，得到了校领导的同意。不料，以李水清为首的部机关党委，竟然拒绝接收陈正人的行政关系，推说陈去医院检查身体一事，应由干校负责为其联系。这让我们百般无奈，只好按照部党委的指示办。

离开干校前，陈部长问我，是否在京需要他的帮助。这时，我的小女儿光光才十五岁，初中毕业后被分配到位于广安门的第二机床厂当学徒。我家离工厂太远，为每天上下班，光光要在路上花上两、三个小时，这使我十分担心她的起居、安全。因为陈部长家住在羊坊店，离工厂比较近，于是，我问陈部长是否能让光光暂住他家。陈部长连连说："行！行！行！"于是，光光住进了"陈伯伯"和"陈妈妈"的家中。

陈部长回到北京后，又接到通知，要求他写一个三千字的检讨，准备送报党中央。1972年4月5日的深夜，正在忙于写检讨的陈部长又犯了心脏病，被急送到北京医院。医生们将他抢救过来，并建议留院观察治疗。但是，北京医院的军代表认为，陈部长是"五·七"干校的学员，以干校不是他们的合同单位为借口，拒绝收他住院。这种无理的吹毛求疵使陈部长十分气愤，他不顾家人的劝慰，拒绝到其他医院寻求住院治疗，坚决回了家。

漫长的文化大革命

凌晨,他的心脏病再次发作,被送到附近的复兴医院,但因抢救无效,于4月6日与世长辞,享年仅六十五岁。部机关党委把陈正人同志逝世的消息压了下来,不准通知河南干校党委。但是,光光当夜跑到了北京电报大楼,将这个噩耗电传给我。我马上责成干校总务组与部里联系。开始时,部值班室还坚持对我们封锁消息。这种态度着实令人愤怒。于是我和其他干校领导坚决要求值班人员立即请示部领导。最后,在不得已的情况下,部领导终于将陈部长逝世的实况告知我们,并通知我带领陈部长的专案组人员,到部里研究办理善后之事。

我们即刻赶到了北京。李水清告诉我,陈正人同志的一段历史问题尚未查清。我马上派郭洪泽等同志乘飞机去江西,找到了这段历史的见证人张凯同志。张说,很早以前他就写了材料,证明陈正人的这段历史是清白的。但是,以军代表周特夫/李水清为首的部领导,毫不介意地将这份材料压在了某个地方,再也找不到了。我这才明白,正是因为这人为拖下来的"历史问题",使部机关不接受陈正人的行政及组织关系。这种对一位老干部的政治生命毫不在意的态度,致命地阻止了为陈正人同志彻底平反的进程,使他不能享受应有的医疗待遇,以至在其生命垂危之际,被无情地拒绝于北京医院的大门之外,含冤而去。可见,陈部长的离去,是由八机部(一机部)的军事领导们一手造成的。如今,"文革"已被彻底否定了,我可以直言不讳地说了:"陈正人同志的冤逝,是一起恶性政治事件。对此事件负有推卸不掉之责任的,是'文革'的发动者和当时的部领导。"

陈部长去世时,周总理正在外地。他指定曾山部长为陈正人同志追悼会的组织人,并特意告之,要等他回京亲自参加追悼会。我代表干校的所有群众,并作为他的亲密同僚,在追悼会上向他深切致哀，光光与陈妈妈及家人一道，向陈伯伯躬身致哀。并目睹了上至周总理、下至普通干群对这位老革命家的悲悼之情。

在陈部长逝世后的第十天，又一个噩耗传来。即曾山同志因心脏病突发，与世长辞了。由于周总理曾指定曾山参与研究起草陈部长的悼词，在对陈的评价问题上，他与极"左派"们进行了激烈的冲突，他的死可能与过度激动有关。4月11日，在陈的追悼会上，当周恩来询问老同志们的身体状况时，曾山还曾拍着胸脯说："没问题！"但五天之后，他就走了。在短短几天的时间里，毛泽东在井冈山时代的两个老相识相继离去，这使周恩来更加痛心。于是，他不顾江青等人的阻挠，指示卫生部一定要尽快解决老干部的医疗问题，并要求疏散到各地的中央党、政机关副部长（含副军级）以上干部回京进行体检，改善患病者的医疗条件，保证给予认真治疗。

周总理的指示得到了贯彻执行。在不到一个月的时间里，卫生部指定在京的十

一九七二年在北京。徐达本的爱人于兆毅刚从江西"五·七"干校回到家中与丈夫和孩子们团圆。

家医院，为近五百名副部级以上的老干部做了体检。为了体检，我也被召回北京，并从此永远告别了"五·七"干校。

周总理这一人道举措，把很多无辜的老干部从"牛棚"和"五·七"干校"释放"和"解放"了出来。当时，我品尝到了"文革"趋于尾声的味道，很是喜悦。几个月后，赵毅也被允许回归北京——分离了五年多的老伴儿，在饱经磨难之后，终于在故居与我和孩子们团聚了！

我去郑州铁路局工作的历史背景

时飞似箭，转眼已是1973年。

每天，我在家里读读书，看看报，养养花儿，一闲就是一年多。这是我投身革命以来，头一次过上的消停日子。虽然到年底，我将满六十周岁，但自觉精力饱满，深感应用这余热为党和国家做点儿事情。这种愿望，也受到了当时形势的鼓舞。

此时已是"文革"的第八个年头，其狂暴程度大有好转的标志是邓小平的复出。

林彪倒台之后，被迁址江西的邓小平，先后于1971年11月6日和1972年8月3日，两次致信毛泽东，大批林彪和自己，承认犯了"同刘少奇一起推行了一条反革命的资产阶级反动路线"的错误。他说："无产阶级文化大革命揭露我和批判我，是完全应该的"。"无产阶级文化大革命是完全必要的、非常及时的"。他还一再保证"永不翻案"，并且希望出来工作。

1972年1月，毛泽东在陈毅的追悼会上，放出重新启用邓小平的风声，明确表示，他与刘少奇不一样，是人民内部矛盾。8月14日，毛针对邓的来信批示说："邓小平同志所犯错误是严重的"，但是"应与刘少奇加以区别"，说他曾经是"毛派的头子", "没有历史问题", "有战功", "没有屈服于苏修"。1973年3月9日,毛泽东批示同意恢复邓的党组织生活和国务院副总理的职务,参加中共政治局重要政策问题的讨论。在8月的中共第十次代表大会上,邓再次成为中央委员。

在国务院,虽然邓小平只是正在生病的周总理的助手,但对我来说,他的复出是一个鼓舞人心的好兆头,预示了"文革"乱世的转机。此外,我相信,众多老干部也将陆续走向工作岗位,力挽疲软不堪的国民经济。

我是一个致力于工业建设的知识分子干部。"文革"对我国经济冲击之惨重是可想而知的。当"文革"全面爆发后,大多数工矿交通企业,甚至农村的生产受到了极大的干扰,很多企业的生产陷于完全停顿的状态,国民经济处于崩溃的边缘。为此,早在1966年9月7日,《人民日报》就根据毛泽东的指示,发表了题为《抓革命,促生产》的社论。12月9日,中共中央政治局扩大会议讨论通过的《关于抓革命、促生产的十条规定(草案)》(《规定(草案)》)指出:"开展无产阶级文化大革命,就是为了促进人的思想革命化,带动生产的发展。"中央强调要"坚持八小时工作制,遵守劳动纪律,完成生产定额","力求产品高质量";并提出,由群众选举产生的领导班子应对生产负全部责任。但是,这个《规定(草案)》并没有得到真正的贯彻实施。"抓革命,促生产"仅仅是"文革"中的一个口号而已。在《人民日报》的社论发表后的一、二年里,党中央又提出了"抓革命,促生产,促工作,促战备"和"狠抓革命,猛促生产"等口号,但均未能奏效。

1968年10月,在"大联合"的喧闹中,各地才纷纷建立起"三结合"的革命委员会(革委会),并在初步完成"吐故纳新"的整党建党运动后,全国的政治局势才逐步趋于稳定。

漫长的文化大革命

这时，应该是抓经济的时候了。但不幸的是，在不久召开的中共中央九届二中全会上，陈伯达因鼓吹"天才论"和主张设国家主席而受到毛泽东的严厉批评，并在全党掀起了批判陈伯达的运动（"批陈整风"运动）。于是，抓经济的工作又被搁置一边。更糟糕是，不久又发生了林彪事件，毛又发动了批判林彪、孔子的运动（"批林批孔"运动），对国民经济的残局就更无人问津了。

这个局面使周总理非常焦心，他认为整顿经济工作决不能一拖再拖了。1973年初，当党中央派邓小平协助他工作时，总理才有了新的信心，决意要下大力气恢复全国经济的元气。为了达到这个目的，总理决定启用老干部。于是，一批已被"解放"了的老同志，相继走上了工作岗位。我也是其中的一个。

1973年9月初，我突然接到李先念副总理办公室的通知，说李副总理要找我谈谈有关我重新工作的问题。这个消息使我非常兴奋，并盼望能回到我所熟悉的煤炭系统。

从抗日战争、解放战争、到新中国建设时期，李先念就是我的老上级。但自从"文革"开始后，我就再没与他见过面。据说，他有着别人没的幸运——在"文革"中没挨整。此时，他任国务院副总理兼财政部长。

1973年9月10日，我一到国务院就被引进李副总理的办公室。李正在与河南省委的同志谈煤炭生产问题。一见到我，他就马上站起身来，走出很远与我热情地握手，向我问好，我只轻轻地回说："我很好"。他请我坐下来一起听会。当时我以为，国务院又要派我继续搞煤炭工作，心里很是高兴。

散会后，他对我说，他是通过煤炭部把我找到的。我向他直言，由于曾在煤炭行业工作过多年，要求回煤炭部工作。

但他不置可否，只是说"咱们先去吃午饭吧，然后再谈。"到了饭堂，他拉我坐在他的身边，然后谈起了工作："我请你来，是想与你谈谈你的工作问题。"我还是向他直言，要求回煤炭部。他对我说："中央已经定了，不让你搞煤炭，决定让你去郑州搞铁路工作。当前的紧急任务，是要畅通郑州铁路枢纽，扭转长期完不成运输计划的局面。郑州铁路枢纽长期堵塞，严重影响了国民经济的发展，党中央、国务院的领导们为此非常焦虑。所以，抓紧整顿郑州铁路局，实际上是对确保国民经济免遭进一步损失的关键。"听了这一席话，我心里直打鼓——这是一个相当棘手、难度极大的任务，因为我不仅对铁路运输业务不熟悉，而且对当地的情况一点儿也不了解。当时，我真想和老领导多说几句自己的意见。但话还没来得及出口，只听李先念说："你身体还好，干吧！明天由纪登奎同志和你详细谈谈那边的情况。"

提起纪登奎，我与他在历史上还有些关联，因为听说1943年时，他曾是冀鲁豫边区第一地委的委员、民运部部长，所以我曾经还是他的老上级。当时一地委所在地冠县，是边区党委和政府发动群众的试点地区。但是，在边区工作时，我不记得与他见过面，故素不相识。

"文革"风起时，他曾是河南省"造反派"支持的地、市级领导干部，受到了毛主席的称赞，将他越级提拔为河南省委书记处书记。在中共第九次代表大会上，他被选为中央委员。在九届一中全会上，他又当选为中央政治局候补委员，如今的他，已是中央政治局委员了。1969年6月，纪登奎奉调进京到中央工作，最初主要是解决各省、各部、各大型企业的派性问题，并协助周恩来处理一些政府方面的事情。1970年，他成为中共中央宣传组成员、国务院业务组成员，并协助李先念

漫长的文化大革命

领导工业部门的生产,同时仍兼任河南省省委书记之职。

1973年9月11日,也就是与李先念谈话的第二天,纪登奎与我谈了话。在他向我简单介绍河南省"文革"的情况时说,几年前,在省委第一书记刘建勋同志的支持下,河南省的革命造反派"二·七公社"夺取了各级领导权。因为"二·七公社"是毛主席、周总理肯定的革命派,刘的行动为自己赢得了这个群众组织的全力支持,而更重要的,是赢得了毛主席的喝彩,肯首其为革命的老干部。接着,他又向我介绍了郑州铁路局的情况,说自"文革"以来,郑州路局已被下放到河南省并由省委直接领导。交通部(当时的交通部由交通部、铁道部、邮电部于1970年7月合并组成)只管运输的调度、指挥、车皮配给等业务。所以,他要求我一定服从河南省委的领导——因为我的顶头上司是刘建勋。然后,他单刀直入地说,"文革"的动乱使郑州铁路局长年堵塞,完不成运输任务。如今,路局问题之严重,已经到了非整顿不可的地步了。他明确指出,我的任务是在短期内畅通枢纽,完成运输计划。另外,他还介绍说,火车司机唐歧山是"二·七公社"在郑州路局的领导人。此人曾受到过周总理的接见,并得到好评。总理说他是革命派,是一个老老实实的铁路工人。由于主席和总理的赏识,此时的唐歧山,已是中共中央委员、河南省委常委、郑州铁路局党委书记。

随后,他明确地对我讲,党中央、国务院任命我为郑州铁路局党委第一书记兼革委会主任。他还提到,由于我的级别高、资历深,应在河南省委挂一个革委会付主任的职务(但这只是他口头上的承诺,我始终没有见到任命书)。他一再强调,我要服从河南省委的领导,支持和配合省委工作,与唐歧山合作好。在我们分手之前,他对我说,党中央和国务院信任我的工作能力，并全力支持我去完成这项任务。他还说，郑州铁路局的第五次党代会即将召开，希望我尽量早日启程赶上这个会。

  我的第一个印象是，纪登奎的话具有相当的分量，使我感到郑州路局局势的严重性和扭转这一局势的紧迫性。他的一席话，使我这样一个渴望工作的人，不再考虑自己的顾虑、得失，于是当即表示，尊重和服从党的需要，接受这项艰巨任务，尽自己的最大努力去完成它。

  说实话，在与纪登奎谈话之前，我对"文革"中河南省的情况是一无所知的。既然已向中央表态同意赴任，我就开始从一些旧《人民日报》中寻找有关河南省的消息。纪登奎所言，一一得到了证实。在"文革"初期，刘建勋紧跟毛泽东的《我的一张大字报》，也写了一份《我的一张大字报》，得到毛主席的高度赞扬。"二·七公社"是支持刘建勋的群众组织，是毛主席、周总理认可的革命派。

  尽管如此，我对"文革"中的派性之弊，还是深有体会的，故打定主意，羁守以往的原则，即为了避免挑起群众斗群众，决不表态支持任何派别的群众组织。我到郑州铁路局工作的目标是很明确的——尽最大努力发动全路局的职工，打通枢纽，完成运输生产任务。

郑州铁路局第五次党委扩大会议

  由于我是党中央管理的干部，中组部下达了我为郑州铁路局党委第一书记兼革委会主任的任命书。由于任务紧急，于1973年9月中下旬，我带着简单的行装和秘书蒋益斌同志（原八机部的干部）一起登上了开往河南郑州的列车。一路上，我琢

漫长的文化大革命

磨着如何努力工作,把在"文革"耽误的时间补回来。

一九七三年九月在郑州。郑州铁路局革委会主任徐达本(前左一)与交通部革委会主任杨杰(前左二)正在听取路局同志介绍情况。

我们一到郑州,就先下榻于省委招待所,并在当天见到了刘建勋等省委领导同志,同时还见到了先我一步到达这里的交通部革委会主任杨杰同志(原为交通部军管会主任)。他是特意为了帮助解决郑州路局的问题而来的。省、部领导热烈欢迎中央派我到郑州路局工作。

郑州路局的长期堵塞和完不成生产任务的问题,使省委和交通部的领导们感到压力越来越大,非常着急。为了扭转这个局面,在我到达之前,省里已经派了以王大海同志(河南省委常委兼秘书长)为首的工作组进驻了郑州铁路局。所以一到路局,我就见到了工作组的王组长及其成员,如刘光祖同志(河南省委办公厅主任,他为路局做了大量的具体工作,是与我相处时间最长的一位同志。)。王大海向我介绍说,河南的革命"造反派"，是毛主席在1967年7月25日表态时肯定的。此表态被刊登在当天的《人民日报》头版头条的位置上，并首次使用了"'二•七公社'是无产阶级革命派"的字眼儿。他还说，唐歧山是"二•七公社"在路局的代表人物，他不仅是这个群众组织的领导，还是"第九、十次路线斗争"的正确代表。他又说，周总理说过，唐歧山是个好样的，是火车司机，而且是老老实实的司机。对我来说，既然毛主席、周总理对河南的造反派已经有了明确的态度，我当然不会有其他意见。

  由于我动作快，赶上了局党委召开的第五次扩大会议。此次会议是在军管人员撤回部队后，由省委责成王大海同志亲自筹办的。杨杰主任及省委工作组成员参加了这次会议。会议的主要精神是，结合"批林批孔"运动解决本单位的问题。例如，贯彻1972年党中央关于解决河南问题的四十二号文件；贯彻省委关于刹为王新翻案（简称"刹妖风"，即所谓翻"文化大革命"案的妖风）的指示；调整路局、及下属各分局的领导班子等。在会上，省委宣布我为郑州铁路局的党委第一书记、革委会主任。在此之前，我曾向省委领导提出，待我花些时间了解路局的情况后，再宣布这一任命。但我的意见未能奏效，所以对我来说，会议的所有议题都是摸不着头脑的新鲜事物。

  在宣布我的职务后，王大海即刻将会议的主持权交给了我。此时，我只能按照原定方案继续开会，宣布了对路局、及下属各分局领导班子的改组和配备。其实，这些都是事先由省委领导和杨杰主任商定好的。由于我是刚到职的党委书记，他们曾向我简单汇报了在组建领导班子时所采取的原则，例如，包容各个派别，采取老、中、青三结合的模式等。这些原则与当时"文革"运动中的"抓革命，促生产"、"大联合"的大形势是相符合的。大概是出于对我的尊敬吧，省、部领导征求

漫长的文化大革命

了我的意见，问是否要对某些人事安排加以改动。但此时，我是不可能有任何异议的，因为：一. 我初来乍到，在铁路局没有一个认识、了解的人（除了我的秘书外，同与会者都是第一次见面），因此对谁称职谁不称职，根本提不出个一、二、三来；二. 我对铁路运输是外行，在业务上摸不着一点儿边际，对基层领导干部的配备是否得当，是无法和无权提出自己的意见的。在这种情况下，我所能做的，只能是信任省委和部领导们（他们都是久经考验的老同志）并同意他们的意见，照本宣科。

就是在这次会议上，路局"二·七公社"的一些领导人，如邢某某、李某某、王某某等人被省、部领导提拔进入了新乡、郑州、洛阳等分局的领导班子，但担任的都是副职。当然，其他一些派别的领班人（其比例少于"二·七公社"）也当上了副职领导，而路局、各分局的正职，都由老干部担任。尽管我对各路人员的底细一无所知，但对老干部挂帅这个格局，还是满意的。于是在路局党委会上，我们顺利地讨论通过了原定的人事调整和配备方案，并呈报省委组织部批准。由于组织部早就同意省、部领导的这个方案，很快就将其批了下来。

就郑州铁路局领导班子的组成来说，有懂运输业务的胡逸平同志（老干部，革委会副主任，负责抓生产），以及其他数位书记或副书记。例如，唐歧山（老工人，因其身兼数职，在路局没有具体分工）、张建业（老干部，负责党务工作）、王志庭（路局"二·七公社"的领导，协助张建业搞党务工作）等。作为第一书记，我本应负责总体工作，但因打通枢纽和把运输生产搞上去是当务之急，我把主要精力灌注在抓业务工作上，而政工方面的事务，则责成熟悉路局人事和"文革"运动的张、王两位书记负责。

这里我要特别谈一下有关省委发起的"刹妖风"运动。在我到达郑州路局之前，这个运动就已经在全省展开了。那时，几位路局级领导如胡逸平、范立中同志已经受到了批判。他们被说成是"右倾保守主义"。我到路局后，由于对各方面的情况都不了解，所以不能对正在进行的运动下车伊始，评头品足。尽管我跟着省委的调子批评过他们，但历来认为，不能以"政治问题"为借口将人一棍子打死，于是我组织人力帮助他们写检查，在大会上保他们过关。在调整路局党委班子时，我主张不更动胡的原有职务，并推荐范任路局党委常委兼工会副主席。我的意见得到了局党委和省委的同意。1975年4月，在铁道部（1975年1月，铁道部从交通部分离出来）研究调整郑州路局党委班子时，曾打算将胡调离。我以为，他熟悉业务，是路局抓运输生产不可缺少的领导，极力要把他留下来。为此，我找到省委书记戴苏理，商讨之后，正式向铁道部提出建议并得到部领导的同意。

　　1973年10月，也就是我刚到任不到一个月的时侯，河南省委根据党中央"吐故纳新"、"老中青"三结合的指示，召开了组织工作会议，届时我也到了会。在会上，省委组织部部长董万里说："'造反派'的觉悟比党员的还高，有必要将他们吸收入党，并把他们提拔到重要的领导岗位上去"。他的话，对全省发起的"吐故纳新、提拔干部"运动（即突击入党、突击提干的"双突"运动）起了很不好的影响。对董部长的这种讲法，我是不同意的，因为他将"造反派"和共产党员混为一谈。所以，在随后召开的局党委会上，我将自己的这个意见提了出来，并提交与会者讨论，以至党委做出了不向下传达董万里有关"造反派"比党员觉悟高的那句话，也不印发他的讲话（当时，各地、市委都印发了董的讲话）的决定。另外，

漫长的文化大革命

在而后召开的路局组织工作会议上，在贯彻省委组织工作会议精神时，我特意强调，各级党组织应坚持省委的政审规定，按照党章标准发展党员和提拔干部，不能把"造反派"、"运动的积极分子"与无产阶级先锋分子等同起来。

"双突"运动进行到次年的4月份（即我到任六个月之时）。后来据说，在"双突"时，有些不符合条件的人进入了基层领导班子，有些不够条件的人被吸收入了党。对此，作为路局第一书记的我，是有责任的。但在这里，我也要申明一下郑州路局固有的组织条例，即对分局以上干部的任免，由路局党委成员讨论同意后，报省委、省委政治部审批；而对站段以下干部的任免，则由分局党委和站段党委审批，然后报路局党委备案。前面我已提到，由于对路局人、地两生，我请张建业、王志庭两位同志主持政工事务。基层干部的任免、升迁问题，由他们把关决定。

客观地讲，象郑州铁路局这样的大企业，要想掌握其人事情况，不花一段相当长的时间，是绝对不可能的。在头六个月中，我虽然结识了一些人，但对他们的真正了解还差得太远。所以，我从来没有以个人的名义，对任何一位干部、工人的提拔做过决定。至于对新党员的吸收，则由党支部、党总支、站段党委和分局党委审批，也不经过局党委。

此外，在工作中按党的组织原则办事是我的一贯宗旨。由于唐歧山是毛泽东、周恩来认可的好干部、新干部，作为一个老干部，我当然有义务帮助、教育他。对他不符合党中央指示精神的言行，一经我发现，就帮其纠正。例如，1973年7月，毛泽东在对王洪文、张春桥的谈话中指出，林彪同国民党一样，都是"尊孔反法"的，而法家在历史上是向前进的，儒家是开倒车的。据此，毛把批判林彪和批判孔子联系在一起，发起了"批林批孔"运动，以防"复辟倒退"、"否定文化大革命"。1974年初至同年6月，此运动在全国展开。在运动期间，"四人帮"不仅要"批林批孔"，还要批"走后门"、批"经验主义"，即所谓的"三箭齐发"。毛泽东认为，"批林批孔"是他的主张，是工作的中心，但不主张批"走后门"和"经验主义"，故批评了"四人帮"。与全国各单位一样，郑州路局党委根据党中央的部署，也发动了这个运动。在运动中，局党委坚持"抓革命，促生产"的方针，抵制了"四人帮"企图分散注意力、搅乱局势的"三箭齐发"。此外，为了稳固郑州路局刚刚好转的形势，局党委还纠正了唐歧山等人认为"批林批孔"是"第二次文化大革命"，是"解决九、十次路线斗争遗留问题的运动"等不利于抓运输生产的言论。

不满三个月，成绩初现

1973年9月的河南省已渡过了"文革"初期的大动乱。支持省委第一书记刘建勋的"二·七公社"派早已掌握了全省的大权。相对而言，河南的局面还算稳定，有利于"抓革命、促生产"。国务院的领导也如此认为，并对这里的工作持肯定态度。例如，1976年7月24日，李先念在接见河南省委、铁道部、郑州铁路局负责人时曾说，河南省一直比较稳定，对它过去的工作要有一个正确估计。

我初到郑州时，就与刘建勋书记有过不少次的接触，从他的言谈中，能体会到河南省委急于把生产搞上去的意愿。刘对郑州枢纽长期堵塞的问题深感头痛，并为此承受着巨大的压力。所以，他对党中央、国务院下达的指示和要求，采取积极执行的态度，并对中央派我来主持郑州铁路局的工作，甚表欣

漫长的文化大革命

慰，并给予大力支持。另外，杨杰主任也一再向我表示，交通部一定会积极与省委和我配合，一同把运输生产尽快搞上去。

在我到职之前，郑州铁路局连续十多个月完不成任务，日平均装车不仅只有二千八百辆，而且常常堵塞。这种问题成堆的局面，当然与全国"文革"的混乱形势和多年来派系之争所积累的恩恩怨怨直接相关。所以我意识到，要想把生产搞上去，作为第一把手，一定不能被搅进你争我斗的派性中去。

在我到职后，大大小小的群众组织代表曾纷纷找上门来，希望我表态支持他们。对此，我一概回避，并请蒋益斌秘书婉言将他们劝走。由于对派性的厌恶，我除了知道在路局内闹出了名的几个"二·七公社"的领导人之外，对这个组织的内部情况以及它的"革命纲领"，不了解也不想了解。对其它各派的情况，我知道的就更少了。最近，女儿曾问我："你知道河南有个叫党言川的吗？"我说："不知道。"她听了哈哈大笑："爸，您这个所谓的'支派分子'，真是当得不够格！当得真冤枉！凡是中年以上的河南人，无人不晓得这个大名鼎鼎的党言川，他是'二·七公社'最大的头头，是唐歧山的上级！"

省委和交通部对扭转郑州局运输的被动局面催的相当紧。这对路局党委和省委工作组都是极其沉重的压力。在这种情况下，我们的工作重点相当明确，即共同努力，迅速排除堵塞，把生产搞上去。然而，当时很多领导（包括我自己在内）对大力抓生产很有思想顾虑，怕被扣上"唯生产力论"、"以生产压革命"的大帽子。但是，如果生产搞不上去，我是无法向党中央、国务院交代的。于是我代表路局党委，大胆地提出了"把运输生产搞上去，路线才正确"的口号。

另外，根据多年的工作经验，我深知只靠领导喊口号是不行的，发动群众和依靠群众，是完成任务的关键。具体到眼前，就是要把路局的广大群众发动起来，一同扭转败局。于是，党委要求各路职工，不论是"二·七公社"的成员，还是其他"派"、或无"派"别的群众，都应在政治上求大同，存小异，以"抓革命，促生产"为基点，维护"安定团结"，共同出力把运输搞上去。局党委的这种不偏重任何一"派"的态度，受到了各分局、站段职工们的拥护，大家充满信心，一定要扭转长期运输生产混乱的状况。

　　做好工作的另一个关键，是把好钢用在刀刃上，即局领导一定要调动有经验的业务干部们的积极性。于是，我把抓日常生产的工作，交给了熟悉业务、熟知人事的革委会副主任胡逸平同志。他在党委和革委会领导们以及各级业务骨干们的大力协助下，把广大职工的极积性调动了起来。而我则为了尽快成为一个名副其实的、熟悉运输业务的第一把手，虚心地向胡逸平和其他同志们学习、请教。

　　为了使我们的工作做的扎实而不走过场，在我的提议下，局党委建立了两项制度——领导干部的例会制和值班制。例会制即为局党委的书记、付书记，革委会主任、付主任，包括我、胡逸平、唐歧山、张建业、王志庭等，一定要参加每晚六点钟召开的运输调度例会，目的是总结当天的运输情况，并检查是否已为转天的运输生产做好了准备工作。由于路局生产情况复杂，事物繁多，每晚的例会常常开到深夜一、二点钟。而值班制，则为所有局领导要轮流值夜班的制度。如此，我们能够及时处理发生在夜间的运输问题。每每遇到情况，不论是深夜还是凌晨，我都要跟着胡逸平等同志赶到现场，了解事发的原因，并亲自参加制定解决的方案，尽快恢复车辆的正常运营。

漫长的文化大革命

一九七四年冬在郑州。郑州路局革委会主任徐达本(前左二)和职工们一起参加装车大会战。

在河南省委的领导下，在交通部的大力协助下，局党委、局革委会和省工作组的同志们因势利导地团结了各派群众，充分调动和发挥了他们的工作热情和积极性。由于广大干部和职工们夜以继日的奋战，在我到任不到三个月的时间，就疏通了堵塞了十三个月的郑州交通枢纽，并完成了国家分派的1973年12月份的装车任务。

众人皆知，在当时"四人帮"横行霸道的年代，路局党委能在短短的时间里取得这样的成绩，是相当不容易的。郑州路局长期梗阻和完不成运输任务局面的结束，是与我和其他路局领导日以继夜的辛苦劳作分不开的。

"单机牵引"在我局首试成功

我在郑州路局工作时，面临两个最令人头疼的问题是，空车车皮和机车供应之不足。据说，这些问题并不是我到职后才出现的，而是由来已久。在"文革"期间，尽管中央将各铁路局下放到了其所在的省、自治区管理，但很多具体的业务项目还是由交通部直接控制。例如，拨给各路局的空车车皮、机车的用煤量，以及机车的维修等，都是交通部/铁道部说了算。这是计划经济的具体体现，弊病丛生。

对上面不给够车皮，我们还能对付着解决。然而，要想解决机车燃煤供不应求的问题，可就不那么容易了。当时我想，还是把这个让人伤脑筋的困难提交给局党委成员，请大家一起出主意解决。在一次会议上，张建业对我说，他知道有一个叫郑义明的同志，现在机务南段工作。此人一直想用节省机车、能源、人力的"单机牵引"运营法，取代目前使用的"双机拖拉"法（又称"双机重联"法）。我一听就断定这是个好主意，于是马上让张建业把这个人找来谈一谈。

通过与郑义明的谈话，我得知他曾是一名火车司机，后来作为调干，被送到人民大学的新闻系学习。毕业后，他又回到郑州路局工作，并兼任局报社的记者。此人在"文革"期间没参加任何"造反派"系，只是一心一意地钻研和主持内燃机"单机牵引"的民间试验。他对我解释说，目前中国的火车

运行都使用两个机头推拉，成本太高，如果能将现行的方法，改革成只用一个机头的牵拉法，就能为国家节省一半的机车、

一九七五年在郑州。郑州路局革委会主任徐达本(右二)和秘书蒋益斌(后左二)正在听取郑州分局集中检测室同志们的汇报。

能量和人力。但他面带难色的对我说，目前他们只能在私下里进行一些小规模的试验，如要做大规模试验，没有路局党委的支持是不可能的，所以希望我能大力支持他们的技术革新，并提供必要的人力和物力。他一再向我强调，有了领导的支持，这项革新才有可能成功。

听了这番话，我认为局党委应该大力支持郑义明同志所致力于的事业。为了达到此目的，我想把他提拔成为机务南段的党委书记兼革委会付主任，以至能更有效地领导和完成这项革新任务。当我把这个想法在党委会上提出来时，没想到一些领导对此很有顾虑，说他不是"二·七公社"成员，不是革命派。面对这种情况，我就找有顾虑的党委成员谈话，向他们讲

清启用郑义明同志的重要性。终于，功夫不负有心人，他们同意了我的意见。于是，经省委组织部门批准，路局党委正式任命郑义明为机务南段的党委书记，主管技术革新工作。此举大大地激励了在机务南段热衷搞"单机牵引"试验的同志们。

根据国外资料报道，如果用现有功率为一千八百马力的内燃机车牵动列车，一定得用"双机重联"的方式。然而，机务南段的同志们敢于破除迷信，认为这个清规戒律是可以被打破的，并确信仅用一台现有机车就能够使列车正常运行。当时我认为，内燃机车是现成的，不妨去验证一下这个设想。于是局党委为机务南段提供了机车和列车，并为"单机牵引"的试车，作好了各方面的准备工作。

革新小组的同志们把即将试行的内燃机车命名为"东风3型"，并请杨某某为驾驶司机。当我得到通知说，试验的一切准备工作已就绪，即马上赶到了现场。我去现场有两层目的，首先，这个试验是我国铁路史上开天辟地第一回，一旦成功，就是历史胜绩，我要一睹为快。其次是去压阵，以确保试验工作的顺利进行。我被告之，"二•七公社"的一些人，想力导这次试验，因为革新小组里有他们的社员，如果试验告捷，成果应归属于"革命派"。对此我持反对态度，因为这个试验是纯技术性的，不应带任何派性的痕迹，它的成功将属于郑州铁路局的全体干群。为了防止任何可能的派性干扰，我一到现场，就登上了"东风3型"内燃机车牵引的列车，并与郑义明同志坐在了一起。为了证实内燃机车富有足够的牵引力，司机小杨将列车开到了在路局界内坡度最大的鸡公山地段。然而，这段上坡行驶并没给列车造成丝毫的减速，说明一台"东风3型"机车的动力是足够牵引一列火车的！于是，此次运营标志了这项技术革新的初步胜利。

漫长的文化大革命

接踵而来的，应是多车次试验，以便积累列车正点数据。反复测试所取得的结果证实，由一个内燃机车牵拉的列车之出发、运行和到站的正点率都达到了百分之百，标志了"单机牵引"试验的成功。路局党委认为，这项技术革新对中国铁路运输业作出了重大贡献，即刻把这一喜讯汇报给了李先念副总理。他和我们一样兴奋，并批准将这个好消息，以《郑州机务南段内燃机车单机牵引试验成功》为标题，作为头版头条刊登在1974年7月9日的《人民日报》上。文章说："试验证明，列车出发正点率和运行正点率达到百分之百，机车乘务人员和检修人员节省一半，燃料节约五分之二，为我国铁路运输多快好省地实现内燃机化提供了经验。"

试验成功后，路局党委下一步的工作是全力以赴地将这一新技术在全路局迅速普及和推广。然而，不知道为什么，交通部主管铁路工作的领导不支持我们的这项动议。对此，在1974年夏天交通部召开的工作会议上，局党委书记张建业同志代表郑州路局党委向部领导提出了意见，并再次要求交通部支持我们在全国范围推广"单机牵引"的技术。另外，他还要求有关领导，按国家计划为我们配备空车，特别是装煤的空车。出我所料，这些意见引起了交通部某些人的不满，并抱怨到国家计委。8月，省计委根据国家计委的电话批评，说我们向交通部"发难"、"告状"，要求郑州路局党委做检查。我对此很是吃惊。当时我的第一个反映是，要想做点儿工作可真难啊！我认为，交通部的某位领导没有将真实情况反映给国家计委。为了澄清事实，我马上给省委和在北京的刘建勋写了一份纪实材料。在此材料中，我直言不讳地对在交通部主持铁路工作的领导提出了批评。

尽管我们在工作中碰到了一些人为造成的困难，但在路局党委和全体职工的共同努力下,"单机牵引"技术在全局得到了普及,其结果是生产效率有了显著的提高。新技术的应用,成为保证郑州铁路枢纽畅通,超额完成国家运输任务的关键。

表1. 郑州铁路局一九七三至一九七六年货物发送量、日均装车量统计表*

	1973	1974** 增长率(%)●	1975** 增长率(%)●	1976 增长率(%)●
货物发送量(万吨)	4908	5308 (8.15)	5163 (-2.73)	4128 (-20.05)
日均装车量(车)	3022	3269 (8.17■)	3083 (-5.69)	2429 (-21.21)

* 此数据由原铁道部政治部主任张某某提供。
** 郑州铁路局从1974年起到1975年上半年先后将12台特备机车支援了上海、济南、乌鲁木齐铁路局。
● 以前一年为基数计。
■ 1974年全国铁路日均装车较1973年日均装车下降5.3%(既,-5.3%)

图1a. 郑州铁路局一九七三至一九七六年货物发送量示意图

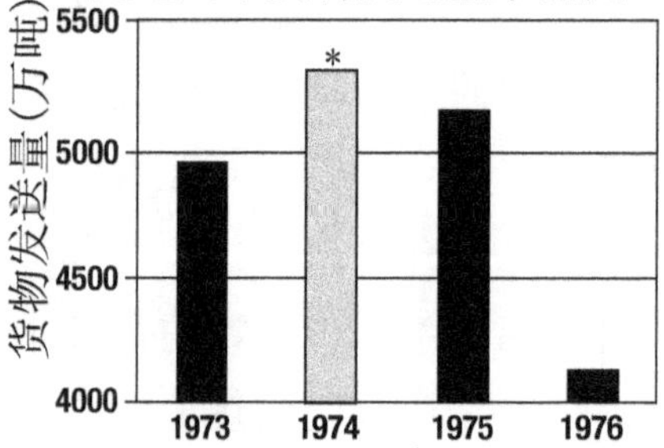

图1b. 郑州铁路局一九七三至一九七六年日均装车辆示意图

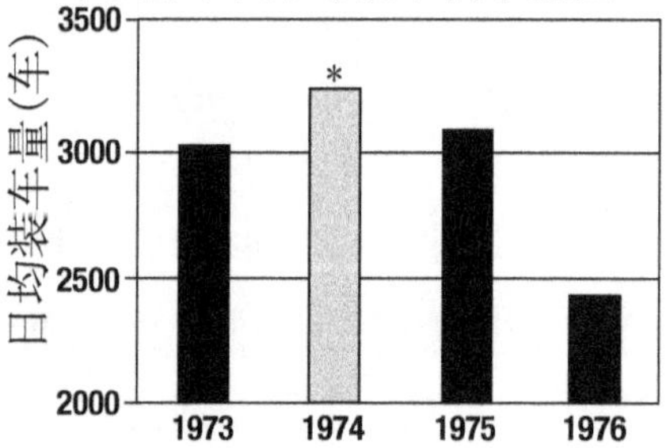

*一九七四年全年我在郑州铁路局工作

例如,郑州路局1974年的货物发运量约为五千三百零八万吨,1973年约为四千九百零三万吨(见表1,图1a、图1b),即后一年较前一年增加了8%以上。另外,我局1974年的日均装车数为三千二百九十六辆,1973年为三千零二十二辆,即后一年较前一年增加了8.2%。这些成绩,在"文革"的动乱时代是很罕见的,并与全国铁路范围的同比统计数字形成了鲜明的对照。例如,以全国铁路的日均装车数计,1974年较1973年,不是上升,而是下降了5.3%。换句话说,郑州路局的日均装车量比全国铁路的日均装车要高出13.5%。

　　内燃机"单机牵引"技术在郑州铁路局的应用，不仅使本局的生产蒸蒸日上，而且为促进全国的铁路运输做出了贡献。我局于1974年的下半年至1975年的上半年，将省下来的十二辆机车头，分别支援了徐州、济南、上海和乌鲁木齐铁路局，改善了这几个路局的运输生产。

　　在铁路局运输工作趋于稳定，生产上升的情况下，我以为，中央交给自己的任务已基本完成，希望离开郑州铁路局。这种想法的产生，当然还有其他原因。例如，我无意在一个人生地不熟、对业务不摸门的地方久留，而是渴望到自己所熟悉的部门去工作；路局、河南省的人际关系太复杂，对一个"外省人"来说，实在是"剪不断，理还乱"，最怕卷入各派之间的恩恩怨怨；另外，我已是年过六旬的人了，象这样没黑没白的干，长期下去，身体是吃不消的……。为此，我于1974年底，给刘建勋写了一封信，希望他能向上面反映我的意见，调我离开郑州铁路局。但是，他从来没有向我提及对这封信的意见。

七五年的正月大雪与卸煤车事件

　　1975年元旦一过，周总理主持了中共十届二中全会。在会上，邓小平被钦定为中共政治局常委和副主席、军委副主席兼总参谋长。1975年1月13日，又召开了第四届人民代表大会。周总理做了《政府工作报告》，重申要在中国实现"四个现代化"的强烈愿望。在这个大会上，邓小平又被钦定为第一副总理。

　　为了便于"抓革命，促生产"，国务院决定将交通部分为交通部和铁道部，并于1月18日，任命万里为铁道部部长。前面我曾提到，四十年代中我在冀鲁豫边区任行署副主任时，万里任二地委的组织部长，但不记得与他见过面。解放后，也未与他共过事，故对其为人不了解。如今他在业务上是我的领导，与他配合做好郑州路局的工作应不成问题。

1975年1月19日，也就是万里就任铁道部部长的第二天，一场罕见的特大暴雪覆盖了中原，郑州地区没能幸免。由于郑州北部的暴风雪来的最凶猛，造成了路局北站枢纽堵塞。此时，如果交通部/铁道部按疏通计划控制进出我局的列车流量，堵塞的情况会缓解一些。但他们没有这样做，至使滞留于我局的列车竟高达九十六辆！面对这个局面，每一个局党委成员都心急如焚。我马上召集了局党委会，研究如何尽快疏通枢纽堵塞。

当时大家一致认为，造成堵塞的起因是暴风雪。我们的结论在三十二年后得到了证实。2006年1月18、19日，河南省连续遭遇到暴雪的袭击，导致郑州路局枢纽堵塞长达三十个小时[26]。为了搞清造成堵塞的原因，中国铁道建筑研究所的一位轨道专家，专程前往郑州路局对其铁路建制进行了实地考查，并于1月23日，向《新京报》的记者公布了调查结果说，堵塞是由铁轨的基本构建之缺陷造成的，其表现于暴雪导致的道岔结冰，而股道间形成的障碍物造成了行车困难。此外，大雪还影响了电路信号的传输。目前，中国和法国的火车信号都是以钢轨为导体进行传输的，对钢轨的绝缘性要求甚高，否则，冰雪的积集可能会使雪水渗进两个钢轨之间，造成短路。这位专家说，由于我国东北地区经常遭遇大雪，在对大雪导致的灾害处理上，经验相对丰富一些。那里常常采取对道岔的钢轨进行加热的方法以促使冰雪尽快融化。加热的方法有两种，

漫长的文化大革命

一是用热水浇,二是用特殊气体引火加热,两者都是过时的技术。现在很多国家的铁轨都备有融雪装置,清理起来方便快捷。这位专家还说,目前我国的一些东北属地已备有这种装置。但由于河南地处中原,大雪天气并不多见,故不设有这些装置[26]。可见,1975年1月19日的枢纽堵塞,确为天灾所至,而不是象后来有人指责的那样——是我们的领导失误造成的,或派性造成的。

为了畅通轨道,我们唯一能做的是尽快清除积雪。但是,此时北方来的客、货车,仍源源不断地驶进河南,而往南去的车辆又滞留不动,至使堵塞越来越严重。这里我要特别指出的是,对进、出河南车量的控制,权力在交通部/铁道部,而不在郑州铁路局。如果上级机关确实想协助我们打通枢纽的话,最有效的办法就是指示河北铁路局,减少对郑州局的发车数量,同时指示湖北路局尽快接郑州局的车,但部领导却迟迟不采取这些措施。在这种情况下,为了避免更严重的堵塞,局党委不得不建议本局的行车指挥人员与两个临省铁路局协商,是否可以暂时实行"一对一接车"的应急救援,即郑州路局送出一列车,才能接进一列车。但遗憾的是,在后来的年月中,正因为这个动议,我被扣上一顶"大搞本位主义"的帽子。

在紧急召开的局党委会上,有人提出,由于列车堵滞,无法将空车送往平顶山煤矿装煤,所以很有可能造成煤炭积压导致的被迫停产。另外,在信阳以北被困的货车中,有七列(共三百三十四车皮)装有国家调给湖北青山电厂和武汉钢厂急用的原煤,此煤如不到位,后果将是工厂停产。在这种紧急的情况下,我与懂业务的胡逸平同志商量,如何将被动变为主动。我们考虑,是否可以将这些煤先卸下来,转送到急等煤用的信阳发电场(其用煤也由国家调配),并将倒出来的空车送到平顶山煤矿装煤。当煤车返回时,枢纽也该打通了,可速发湖北青山电厂和武汉钢厂。出于慎重,我们把这个想法提交到局党委进行讨论。在反反复复地研究了这个方案的利弊之后,大家一致认定此措施可行。于是局党委马上将此意见报河南省计委审批。

  我们的意见很快就得到了省计委的批准。为了抢时间,我们连夜调动了尽可能多的人力,打了一个卸车、装车的大会战。实践证明,这个举措体现了一举多得的英明——卸了煤的车被送到平顶山装煤,减轻了枢纽堵塞的压力;避免了煤炭积压可能造成的煤矿停产;由于煤炭的及时补充,信阳电厂不再

一九七四年在郑州。郑州路局革委会主任徐达本(左一)和铁路职工一起参加装煤大会战。

面临即将停止发电的威胁;在载着新煤的七列车返回时,枢纽刚好开通,它们顺利地、及时地抵达湖北省,保证了青山电厂

和武钢生产的正常进行。可见，临时卸煤的应急措施，不仅施益于疏通枢纽，而且把"死"车变成了"活"车，即节约了时间，又提高了效率，使多方受了利。

但是，在处理七列车煤的问题上，我们也有失误的地方——在紧急情况下没有及时将这项应急策略向交通部/铁道部汇报，至使某些人产生了"郑州铁路局擅自扣押国家物资"的误会。路局党委因此受到了批评。针对这个误会，我马上向杨杰主任做了汇报、解释和检讨。杨主任在了解了情况后表示，我们的紧急措施很好，很有效。由于当时正值铁道部从交通部分出，我认为仅向杨主任说明卸煤车的原委还不够，还应向新的铁道部部长作汇报，于是决定在有机会见到万里时，再当面向他做汇报和检讨。

七五年除夕向万里汇报工作

1975年的春节邻近了。凡是搞过铁路运输的人，都知道这是最叫劲儿的时段——人员流量剧增导致的杂事繁多、治安混乱，是春节铁路运输的特点。更不凑巧的是，今年又碰上了特大雪灾，造成了自我任职以来的第一次枢纽大堵塞。可想而知，春运对我的压力是前所未有的。

尽管枢纽堵塞已在尽可能短的时间内被打通，但我每天还是和路局的领导们泡在一起，东跑西颠地解决各色各样的问题。就在这个忙的不可开交的时刻，我接到了铁道部的通知，要求我于2月10日(即大年三十)到京向万里汇报工作。由于要做的事情太多，我一直忙到了年根才乘上9日的夜车，于10日清晨赶到了北京。

我和秘书蒋益斌一下火车，就直奔铁道部。我们是首批来到万里办公室的人，寒暄之后，他对我说还要等几个人才能开会。闲暇之际，他递了一份材料让我看，说是替中央起草的。由于我尽在想如何向他汇报工作和解释卸煤的事情，仅草草地浏览了一下这个材料。我当时的印象是，文章谈到打算将全国的铁路管理权从地方收回。当我将它还给万时，他问我对其中的内容有什么意见。由于我没有足够的时间细读这份材料，故无法形成任何意见，便回答说："我没有认真考虑过。"后来才知道，这份材料就是中央九号文件的前身。而在当时更没想到的是，日后万里对我的这个回答进行了充分的恶性发挥说："徐达本反对中央九号文件"（详情见后）。

　　人到齐后，我将郑州铁路局的运输情况向万里作了详细的汇报。我特别陈述了卸煤车事件的前因后果，并对未能及时请示交通部/铁道部做了检讨。在听了我的汇报后，万表示，我的解释已经澄清了过去"郑州铁路局擅自扣押国家物资"的误会，卸煤车事件从此不必再提了。他还说，为了让国务院也了解此情况，他会把我的汇报内容上报给李先念副总理。他的态度很和缓，打消了我原有的思想顾虑，并相信他会遵守承诺把郑州路局党委为了排除阻塞，提高工效而卸煤的良好动机，以及如愿以偿的成功如实地汇报到党中央和国务院。

　　向万里作完汇报的转天，正是大年初一。我和爱人、孩子们共度了一天春节。初一晚上，我和秘书蒋益斌又乘上了火车，连夜赶回郑州铁路局。

　　多年之后我才发现，万里违背了他的诺言，这是我万万没有想到的。在这里，我就他的失信谈谈本人的意见。

　　我之所以得出"万里违背诺言"的结论，是因为读了1998年出版的《聚焦中南海》一书中的第十二章[27]。这个以《是谁喊出：'万里万里不讲理'？》为题目的一章，由张广

漫长的文化大革命

友所写。此人曾为新华社记者，自1976年初，就跟上了时任铁道部部长的万里。1977年秋，当万成为安徽省委第一书记时，张即尾随至安徽。1980年，万回北京任国务院副总理时，张又尾随进京，并得到《农民日报》总编辑之职。他花了大量的时间，一倾心肺饱泼笔墨，为万里立碑造传[27, 28]，以至成为万的挚交。他在第十二章第六节《三下郑州》中写到："郑州路局……，搞以我为核心，有时连铁道部的运输调度命令也不执行，多次造成人为的运输严重堵塞，甚至不择手段地把国家调运给湖南、湖北、广东、广西的过路物资随意扣留下来，归为己有。一次，国家计委调运给湖北青山电厂、武钢和武汉市的7列车共330多车皮急用煤，竟被他们全部扣下留用，险些造成武钢和青山电厂停产。"[27]

这里我想问张记者的是，既然郑州路局"多次造成人为的运输严重堵塞，甚至不择手段地……归为己有"，既然这些煤已被"全部扣下留用"，但为什么是"险些造成武钢和青山电厂停产"而不是造成了武钢和青山电厂停产？显然，张记者所言不能自圆其说。当然，对历史失真报道的责任可能不该由张承担，而应归咎于万里的"健忘"。他"忘"了，我曾向他本人做了汇报以及他对汇报的认可，他"忘"了，他本人的意见——由卸煤引起的"郑州路局擅自扣押国家物资"的误会已澄清，从此不必再提。无怪，他提供的"宝贵、真实信息"令张将雪灾造成的枢纽阻滞，诬写成"人为造成"，把路局紧急卸煤车的积极措施，诬写为"不择手段"。其实，张很容易避免这些错误——在提笔之前，对我这个主要当事人做个采访便是了。如此做，至少能给自己提供一个避免偏离客观、玷污一位记者必备的职业道德之机会。

此外，万里还向张记者提供了很多其他不真实的信息，

348

使张记者对我在郑州路局工作的描述，充满不实之词。对此，我将在后面的章节，一一加以澄清。

还有一件事，令我很感奇怪。在2007年8月23日的环球网

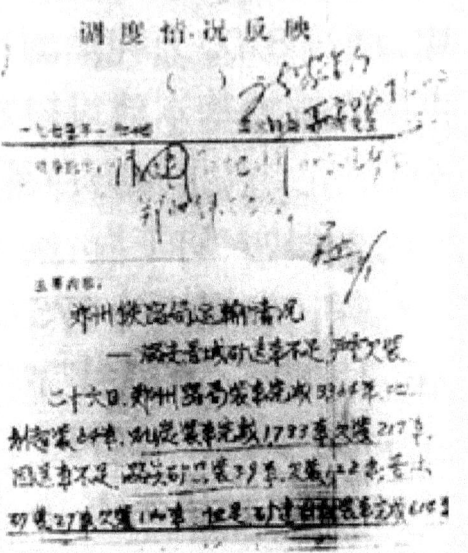

扫描文件：一张说明不了问题的环球网贴

上，出现了一份于1975年1月27日发出的《调度情况反映——郑州铁路局运输情况》扫描文件（见扫描文件）说："潞安、晋城矿送车不足，严重欠装。二十六日，郑州路局装车完成3386车，XX（字不清楚）超装86车。煤炭装车完成1783车，欠装217车。因送车不足，潞安矿只装39车，欠装122车，晋城矿装27车，欠装140车。但是，矿XXX（字不清楚）装车完成616车……"在此文件的上方（不是文件的原文），加有这样的字样："国家计委关于反映郑州铁路局存在严重问题的报告"。我以为，这个在大雪后的第七天做出的调度情况反映，仅是一个纪实报告。事实上，就当时的标准来讲，"郑州路局装车完成3386车"这一数字，是国务院求之不得的好数字。国家计委是不可能以此数据为由做出"郑州铁路局存在严重问题"之结

论的。显然，它出自外行人或对当时的铁路运输形势知之甚少之辈。另外，国家计委对郑州路局遭遇大雪的袭击是了解的。而潞安、晋城两煤矿正值北部地区，那里雪下得最大，灾情最严重。所以，即使我们有足够的空车，也是送不过去的。"送车不足"的另一个原因，是我们没有得到足够的空车。而空车的调配，是由铁道部控制的，是与我局毫无干系的（前面我曾提到过，交通部/铁道部常常不给足郑州路局计划内的空车。）。

《调度情况反映——郑州铁路局运输情况》的报告在二十二年后出现于环球网一事，令我十分费解。也许我坚守事实的立场和执著的申辩使一些人不那么舒服吧，所以，他们一定得处心积虑地挖寻"旁证"，以示万里和张记者所言纯属"事实"。可惜的是，这个"旁证"并不支持他们的"事实"。

"整顿"前后的郑州路局形势

我在郑州路局工作期间，仅1974年是我任职的一个整年，也是我把全部的精力和时间都花在路局的一年。我的付出，得到了很好的回报。与全国一样，我们在这一年里搞了半年的"批林批孔"运动。但是，由于郑州铁路局党委对运动的正确引导，保证了路局的稳步发展，使运输生产持续上升，在全年内没有发生大的枢纽堵塞，保持了所管辖铁路线的畅通无阻。而"批林批孔"运动以及"四人帮"的干扰，使周总理主持中央日常工作以来所出现的全国局势好转遭受挫折。相形之下，郑州路局的生产势头比其他路局好的多。我也曾向万里汇报过这一突出成绩。

最近，《北京晚报》连载了谷牧同志所写《痛心疾首忆文革》一文[29]。他写到："1975年的整顿是从工交系统开始的，工交系统的整顿又是从铁路运输入手。因为前一年的"批林批孔"中"四人帮"破坏生产建设，造成徐州、南京、太原等铁路局的运输严重堵塞，危及全国，特别是一些大中城市的生产和生活。"请注意，他明确指出，1974年"批林批孔"导致了"运输严重堵塞"，并点了三个"受灾"路局的名，但就是没有提及被称之为"中国铁路真正心脏的郑州铁路局"。这说明，谷牧是实事求是的，是尊重历史事实的。在这里，如果用代数中的反证法的话，人们可以推出"郑州路局的形势不错或很好"的结论。这个结论与我前面所言是一致的。

1975年2月初，周总理病情恶化，毛泽东决定由邓小平主持党中央和国务院的日常工作。一个月之后，邓决定在全国各个领域进行整顿。在工交系统，他首先从事关国家经济命脉的铁路运输着手。3月5日，中共中央发出了毛泽东圈阅的关于加强铁路工作的中共中央九号文件，其大意为，在毛主席提出的"还是安定团结为好"的方针指导下，全国铁路又回归铁道部统一管理。文件要求，地方党委要继续加强对铁路工作的领导，铁道部要依靠地方党委，树立同地方商量办事的作风等等。对我来说，这是"文革"以来，第一份体现了中央要下大决心抓国民经济的文件，是一件求之不得的好事。

1975年3月9日，万里首先去徐州铁路局视察，并从那里打来电话，让我到徐州向他汇报郑州铁路局的运输情况。我立即赶到徐州，向他讲述了自我任职后如何扭转了郑州路局堵塞的局面，和如何创造了运输生产持续上升的形势。

1975年4月，万里到洛阳车辆制造厂解决问题。届时我又赶到洛阳向他汇报工作，并陪他沿路视察了洛阳分局和几个站段。他目睹了枢纽畅通和运输流量上升的好局面，高兴地离开了郑州到湖南去了。

不久，在铁道部召开的铁路运输工作会议上，我又向万里汇报了郑州铁路局的运输情况。他对我们的工作仍然很肯定。由于郑州局地理位置的重要性，他曾与我商量如何加强局领导班子等事宜。

万里上任后，听取了我的几次汇报，并表示郑州局的工作做得不错，是一个对整个铁路工作有指导意义的好典范。他敦促我把详细情况尽快写出来交给他，并准备由铁道部出简报向下属单位发行，以传播我局的经验。

我前面曾提到，交通部杨杰主任对我们的工作是很支持的。然而，在交通部主管铁路工作的是郭鲁副部长（"文革"前他是铁道部运输局局长），他对郑州铁路局的工作，历来就支持的不那么好。例如，路局长期得不到足够的空车和机车，也得不到国家计划内的装煤车皮等。常言说："巧妇难为无米之炊"，这是铁打的事实。如果交通部拒绝给某个路局派足空车，哪怕一个智商不高的人都能料到，这个路局是说什么也完不成国家分配的总装车指标和煤炭装车任务的。自铁道部从交通部分出之后，也就是"整顿"开始之后，这种不顾大局而与地方路局作对的情况并没好转。然而，铁道部长期对郑州局不友善的原因，我不得而知。

由于时间紧迫，我无意对过去的恩怨刨根问底。我的当务之急是把运输搞上去，特别是要保证对煤炭的供应，以保证国民经济的正常运转。于是，在煤炭空车配给不足的情况下，局党委只能开动脑筋，土法上马。我们把本局的平板运输车都调集起来，加上了车帮儿去拉煤。这一措施使1975年第二季度的日均煤炭装车量达到了一千九百六十多车。而1974年最后一个季度的日均煤炭装车量约为一千七百四十车（见表2、图2，

漫长的文化大革命

数据由郑州铁路局提供)。可见,我们的"土法上马"使装煤车量增加了12.6%。我曾将这项在"整顿"中获得的成绩向万里做过汇报。

表2. 郑州铁路局部分年月的日均装车/装煤车辆统计表 △
(见下页相关图三)

年、	01月	02月	03月	04月	05月	06月	07月	08月	09月	10月	11月	12月
日均装车(车)												
1974										3137	3305	3252
*1975	**2919	**2898	3127	3412	3444●	3528	3514	■2768	2916○	2940	3048	2848
1976	2676	2454	2239	2177	2621▲	2515	2335	□	2427	2635	2377	2601
日均装煤(车)												
1974										1698	1759	1769
*1975	**1724	**1674	1766	1997	1934●	1951	1791	■1506	1557○	1949	1781	1759
1976	1644	1489	1295	1222	1368▲	1251	1251	□	1143	1450	1225	1339

△ 此数据来源:郑州铁路局统计资料及相关档案。
* 1975年下半年(8月不计,详情见■)的装车、装煤量较上半年均有下降(1、2月不计,详情见**)。下降百分数分别为-11%、-9.88%。而上半年正点率呈上升趋势,下半年正点率呈下降趋势。
** 特大暴雪造成郑州北站枢纽短时堵塞,对1、2月运输生产造成付性影响。
● 我被免撤职,离开了郑州铁路局。
■ 京汉干线南段遭特大水灾,对8月运输生产造成付性影响。
○ 从10份起,有外局三十台特备机车在郑州铁路局助勤。
▲ 我再度被派回郑州铁路局。
□ 抗震(1976年7月27日,发生在唐山的大地震)救灾,运输生产有所提高,但缺该月的统计数字。

图2. 郑州铁路局部分年月的日均装车/装煤车辆示意图

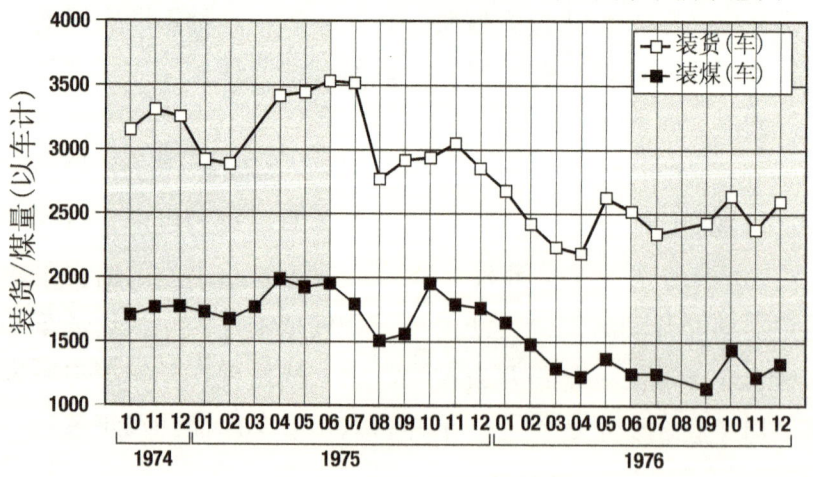

灰色区代表我在郑州铁路局任职期间。

漫长的文化大革命

为了说明郑州铁路局积极地支持了中央的"整顿"工作，我想在这里对1975年上半年的工作做一个粗略的总结。年初之大雪引发的枢纽堵塞，不仅影响了当月的运输生产，而且也对下一个月的工作产生了负面影响（表2、图2）。但在全局干群的努力下，路局的运输生产很快又赶了上去。据统计，1975年1月至6月的日平均装车数量分别为，二千九百十九，二千八百九十八，三千一百二十七，三千四百十二，三千四百四十四和三千五百二十八。6月份的日均装车辆较1974年的日均装车辆（三千二百九十六）大约上升了7%（表1、图1a、图1b，表2、图2）。另外，列车正点率和运输流量，都接近了历史的最佳水平（表3、图3，数据由郑州铁路局提供）。

表3. 郑州铁路局一九七五年客运/货运正点率统计表△

1975年	客运正点率(%)	货运正点率(%)
1月	59.8	44.4
2月	68.5	51.9
3月	67.9	56.5
4月	85.7	64.6
5月	91.8	67.0
6月	93.0	67.6
7月	91.8	63.0
8月	89.5	65.8
9月	85.5	62.0
10月	87.1	54.6
11月	86.5	56.0
12月	78.8	52.8

△ 此数据来源：郑州铁路局统计资料及相关档案。

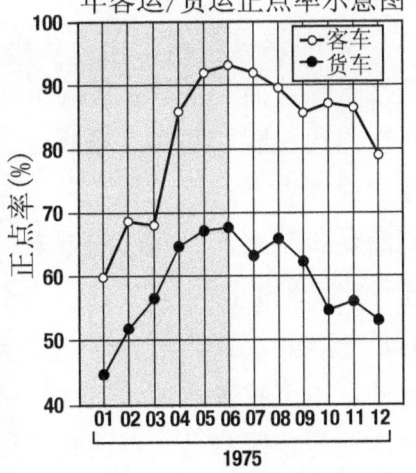

图3. 郑州铁路局一九七五年客运/货运正点率示意图

这些数据说明，郑州铁路局1975年的工作较头年更上了一层楼。这些数据还说明，在我担任郑州铁路局领导的一年零八个月的时间里（从1973年9月至1975年6月），郑州铁路局逐渐改变了"问题百出"的局面。

我的这个结论，与邓榕所著《我的父亲邓小平"文革"岁月》一书所讲是一致的。她在第四十章《整顿铁路的较量》中提到，由于邓小平整顿了全国铁路系统，"到了4月，堵塞严重、问题成堆的几个铁路局，相继打开局面，铁路畅通，生产上升。全国二十个铁路局，除南昌局外，都超额完成计划。煤炭装车辆五年来第一次完成了计划运输指标"(30)。此外，谷牧在其《痛心疾首忆文革》一文中，也谈到1975年4月时的全国铁路形势："4月，几个严重堵塞的路局全部疏通；创历史最高水平，列车安全正点率也大为提高。铁路形势的好转，不但带动了煤炭、电力等行业的生产建设，而且鼓舞了全国的人心。"(29) 这进一步证明，郑州铁路局是形势很好的一个局。这些好成绩之取得，应归功于以我为第一书记的郑州铁路局党委的集体领导和广大干群的辛苦劳作。

前面我已提到，在"文革"期间，各铁路局不再受中央直接管辖，而是下放到各局所在地，由地方党委领导。所以，我在路局任职期间常常提醒自己，无论遇到什么问题，都一定要向河南省委汇报，尊重和听取省领导们的意见，并与他们共同商量和制定解决问题的方案。另外，我还提醒自己，一定不能卷入当地的派性中去，一定不参于省委和省革委会领导之间的是是非非。我的宗旨是，尽最大努力做好自己的本职工作。此外，由于我曾常犯"右倾"错误，为了避免再在政治上出差错，总是督促自己认真地阅读和理解毛主席所圈阅过的中央文件。

当时，毛主席提出的口号是"抓革命、捉生产"、"安定团结"。为了贯彻这些指示，上级领导要求我们在肯定"造反派"正面性的同时，也要对其他派和无派群众加以肯定，目的是调动广大职工们的积极性，发动运输生产的群众性大会战。这个策略的实施,使我们改变了郑州局的落后面貌。然而,这个策略与当时"文革"的基调,是背道而驰的。众所周知,"文革"的时尚,是人人"造反"。不"造反"则"逍遥",而"逍遥者",要么是没有远大抱负的政治"懦夫",要么是建设"社会主义"的"绊脚石"。但我认为这些都是"极左"思潮。为了把生产搞上去,我坚持启用了优秀的、有工作能力的"逍遥派",例如,前面提到过的郑义明同志。他所组织的"单机牵引"技术革新的成功,为中国的铁路建设和发展树立了丰碑。这个实例更使我在党委会上一再强调:"'抓革命、捉生产'的关键,是领导应对所有的职工一碗水端平,发挥每一个人的积极性,决不能以派划线。"

但是,作为路局的领导,我又不得不面对现实。即这里的很多铁路工人是"二·七公社"社员,是"造反派"。因为"二·七公社"是一个受到了毛泽东、周恩来支持的群众团体,我应尽量与他们相处好。尽管如此,我至今也没有搞清有关河南省的"文革"历史。回想我在八机部挨整时,支持陈正人和我的一派群众被指责成"保皇派",揪斗我们的那一派才是响铛铛的"造反派"。在河南,这个逻辑被颠倒了,保刘建勋的"二·七公社"被说成是"造反派",而反对他的竟成了"保皇派"!

"文革"以来,我早就领教过"造反派"的脾气,不能惹,也不敢惹。所以我奉行与他们敬而远之的策略。中央把我派到郑州铁路局的目的,是打通枢纽把生产搞上去,为达到此目的,我得靠这里的群众,我得与各派群众组织合作,包括"造反派"。"二·七公社"在局党委的代表人物是唐歧山,他对此组织的成员很有号召力。另外,他还是中央委员和河南省委常委,在省里也很有影响。如果我不与他和平共处,别说是打通枢纽、完成运输任务了，就连维持一个相对稳定的局面也是难以想像的。在这种务实思想的指导下，我决定与唐歧山保持一个不卑不亢的工作关系。同时，我在彼此之间画了一条分明的线，即我决不参加，也不支持他带有任何派性色彩的组织活动。

再有，在唐歧山违反党的原则时，作为资深老干部，我总是直截了当地向他说明本人的反对意见。例如，1974年8月，在全局整顿党的纪律时，有人举报说，新乡分局革委会副主任、"二·七公社"的领导人之一邢某某，有违法乱纪的行为。为了查明事实，局党委组成了以张建业为组长的工作组，对他进行了调查。当唐歧山得知此事后，很生气地质问我："是谁批准给邢某某立案的？"我对他解释说，这是局党委做的决定，目的是要查明邢在工作中是否真的犯了错误。如果举报属实，我们还要查清错误的程度和性质。由于这些都还是未知数，所以还没到成立专案组对他进行审查的程度。唐歧山听了我的一席话后，同意了党委有关查清邢某某问题的方案。

再如，在省委决定开展"双突"活动时，唐歧山有拉本派人入党、优先提干的打算。我发现他的意向后，马上明确地向他讲明，这种想法是不符合党章条例的，局党委决不同意他搞"派性入党和提干"。唐歧山只好同意了我的意见。但后来得知，在"双突"问题上，由于我对他坚决不让步，他对我十分反感。另外，我也听到过有关唐歧山生活作风有问题的反映。由于当时"文革"的特殊产物是派性，我搞不清这些反映是真还是假。但我还是本着对组织、对群众、对个人负责的态度，将群众的反映向省委领导刘建勋、耿起昌作了汇报。

这里应提及的是，我曾应唐歧山之邀，参加过一次全省"二·七公社"领导人的聚会。他们在食品、酒水饮料上花了不少钱。想到中国的贫穷落后和众多百姓的缺衣少食,使我对所目睹的浪费现象感到十分惭愧和尴尬,它与我简朴的生活作风格格不入。于是,我很快就离开了现场。唐歧山意识到我的反感,以后就再没有邀请我参加类似的活动。

万里的无名火

1975年3月5日发出的中央九号文件,吹响了大刀阔斧整顿铁路系统的号角。5月份时,我突然听说新上任的万部长计划树立两个力挽狂澜、标新立异的"典型"。但令我万万没有想到的是,这两个"典型"之一,竟然是郑州铁路局!另一个,是徐州铁路局。对徐州的事,我不清楚,不好妄自评论,但他把郑州局定为"烂摊子",显然是搞错了。当时我想,这个消息多半儿是传错了,更何况,二个月以来,我不知向他汇报了多少次,他对郑州路局的情况是了解的嘛!他曾向我表示,对我们的工作是满意的嘛!其实,如果万里真心想帮助郑州铁路局的话,他的目标应是使其再接再厉,更上一层楼,而不是为一个"烂摊子"改头换面。

但是,从万里对我态度的突然改变,证实了这个消息并没被错传。

事情是这样的。5月上旬,由于铁道部没有按国家计划给我们派够空车,人为地使郑州局陷入有可能完不成任务的困境。为了避免这种可能性,我给万部长打电话,要求他给我们派足空车。我对他说:"如果你能派一些空车过来,我们就能完成5月份的运输任务。"出我所料,他避而不谈空车之事,而是气哼哼地喊叫："你等着，到月底我要跟你算总帐！"说完就把电话挂断了。我一下就愣住了，不明白他为什么不给我们派足空车，更不明白他要跟我算什么总帐。这是我第一次领教万里的无明火。他对我无端的发脾气使我很懊恼。当时蒋秘书正在身边，我就将万里的话告诉了他。他相当震惊地对我说，他从来没见过这样的领导，本来完全可以帮助下级完成生产任务，却反其道而行之，故意层层加码，制造困难，不让你去完成任务！我对他的牢骚，很感共鸣。

其实，有类似经历和想法的还有其他人。如原甘肃省委第一书记冼恒汉和河南省委第一书记刘建勋。冼恒汉在其自述生平《风雨八十载　冼恒汉自述》一书中[31]，叙述了当年他对万里"整顿"兰州铁路局时的意见，以及他与刘建勋的一段对话。他在《一年翻了两次烧饼》一章中这样写道：

"铁路的问题，我们省委很伤脑筋，曾向中央发过两次电报请示，并上报了几个方案，中央既没有批也个作答复。1976年12月15日，华国锋又把我叫到北京，第二次解决兰州铁路局的问题。

说句老实话，在解决兰州铁路局的问题上，一年两个政策(指1975年)，上半年这样搞，下半年又那样搞；今年翻过来，明年翻过去，叫谁搞谁都没有办法搞。我承认，在兰州铁路局的问题上，省委、省革委犯了支一派压一派的错误，但我们不是决策人，而是执行人，把这个责任都归到我一人身上，我是负不起这个责任的，也是不公道的。

另外，铁路局在生产方面一直都是铁道部管的，如，机车车辆的大修、车皮调动、机车用煤的分配等都归铁道部直接管理。我也常听到省计委讲，铁路局反映，机车年久失修、机车用煤分配不足等，这些因素直接影响了铁路运输……

漫长的文化大革命

就在这次,河南的刘建勋同志也被同时叫到北京解决郑州铁路局的问题,我们两人同住京西宾馆。郑州铁路局和兰州铁路局的问题差不多,由于心里郁闷,闲暇我俩也坐在一起发发牢骚。

刘建勋这个同志很开朗,思维敏捷、健谈,说话也很幽默。当时他讲:'铁道部一贯支派,谁不跟他,他就整谁。他们整人有一套办法呢,先把你的屁股眼堵上,然后硬往你嘴里塞东西,最后逼得你运输堵塞、铁路瘫痪,让你犯错误,再反映到中央去解决。中央两次叫我来北京解决郑州铁路局的问题,就是这么回事。前些天,铁道部把武汉搞畅通,硬往郑州塞,堵上了就把我叫到北京来了。你们兰州也是这么回事吧?'我讲:'你这个比喻很形象,兰州铁路局也是这么回事。铁道部就是一贯搞派性,谁反对省委,他就支持谁,谁跟省委,他就整谁。甘肃文化大革命一开始,铁路局的造反派反对汪锋,铁道部积极支持。省革委会成立后,铁路局同省委一致,他们也不向省委通知,就直接派人下来整顿,结果搞乱了,铁路不通了,就让省委来解决。'刘建勋同志说:'对、对、对,郑州也是这么回事,只要你听他的,运输就通畅,啥事也没有,否则就堵塞,这是他们的历史传统做法。'

虽然是些牢骚话,但确实道出了我们当时的心情和真实思想。当然,你位在省委第一书记,有些事情由不得你,上面叫你这么做,你明知是个火坑,也得去跳。跳了,出了问题,只有把你舍去,说你另搞一套。当时我对这种'权术'实在不懂,想都没有想过,后来有人说我:'搞了一辈子政治工作,其实并不懂政治是怎么回事,难怪被人整了!'我不赞同,如果政治就是阴谋诡计,那还叫什么共产党。"[31]

这里我之所以引用了两个省委第一书记的牢骚话，不过是想反映历史的另一个侧面。这些牢骚话使我认为，铁道部与这两个省的矛盾由来已久。但我不明白的是，作为党的干部，为什么不能把国家和人民的利益摆在第一位？

自打万里对我大发雷霆的那天起，我一直琢磨，他如此做的目的是什么？他回避我向他要空车的话题，说白了，是不让郑州局完成任务。但他说的"算总帐"，又指的是什么？怎么个算法？对此，我百思不得其解。

我被万里无端免职

1975年6月2日，在没有通知郑州铁路局党委的情况下（当时我仍是路局的第一书记，革委会主任），万里部长在铁道部副部长李新（他是二七机车厂的"造反派"头头，进了部领导班子）的陪同下，突然怒冲冲地去了郑州铁路局新乡分局，说是要亲自处理邢某某搞派性、"破坏生产"的问题。一听说万里到了新乡，我就给他打电话，请示是否需要我到新乡向他汇报解决邢某某问题的情况。他回答说："你不用来，我处理完新乡问题，即来郑州开局党委会。"

万里一到新乡分局，马上召开了全体职工大会。在会上，他很愤怒地说："徐达本不处理邢某某的问题，我来亲自处理！"他宣布，开除邢某某的党籍，撤消他的党内外一切职务，交群众批斗。当时，我在郑州局的分会场听会。听到他如此讲，预感到大祸即将临头：除了自己要遭殃外，还要在全局引发派性斗争，导致不稳定局面。其后果不难预料，好转了一年半的运输生产，以及刚刚取得的"整顿"成果将受到重创！

万里所谓的"徐达本不处理邢某某的问题"，到底是怎

漫长的文化大革命

么一回事呢？

1974年8月，有些群众举报新乡分局的领导邢某某、王某某有违法乱纪的行为。在当时派性十足的情况下，这类的举报是很多的，而且有真有假。但我以为，局党委应该大力倡导党员干部消除派性，以国家和人民的利益为重，遵守路局的各项规章制度和纪律。于是，郑州路局党委决定，在全路局开展整顿党纪的活动。我们也向邢某某和王某某传达了群众的反映，并申明，如果这些反映属实，他们应该立即向局党委交代并改正错误。对此他们很不满，认为党委偏听偏信，是"整新干部"。

不久，省委发出了<74>三十二号文件，意在批判资产阶级派性，揭发坏人坏事，于是群众揭发的问题就更多了。路局党委在组织群众批派性的同时，对少数坚持不改的派头头（如洛阳机务段和车辆段的派头头）作了组织处理，调动了工作。同时，为了核实群众对邢某某、王某某、李某某（原洛阳公安处副处长）和李某某（原晋北地区党委副书记）等问题的举报，路局党委责令张建业同志组成工作组，开始了对他们的调查工作。前面我曾提到，唐歧山对此是很不满意的。但尽管如此，路局党委没有停止这项工作。另外，调查的阻力还来自省委、地、市委某些领导人（他们在"文革"初期受到过"二·七公社"的支持和保护），至使我们的工作进展缓慢。我对此并不见怪，因为在"文革"期间，这些领导与曾经保过他们的"二·七公社"成员产生了生死攸关的情意。当然，这些私人情感本不应该被带进工作中。

1975年3月党中央九号文件下达后，路局党委进一步领导全局批判资产阶级派性，并与省委商量对邢某某的处理意见。我们认为，在调查期间，他不适合担任新乡分局革委会副主任之职。在与省委领导多次协商后,省委终于于4月份,同意免去邢在分局的一切职务,并决定先调他进河南省委党校学习。在学习期间,路局党委工作组将对他继续进行审查,最终的处理意见,将以审查结果定夺。这个处理意见,是在克服了来自多方的阻力后才争取到的。另外,我们把对邢的初步审查材料和处理意见,上报给了铁道部的政治部,并于5月份得到了"同意"的批复(此正式批文,是由蒋益斌秘书签收的)。路局党委还遵照铁道部政治部的要求,及时地向他们汇报对邢的调查情况。此外,局党委对其他几个人的问题,或在调查中,或正准备处理。

前面提到,我们也曾得到了一些针对唐歧山的举报。由于他是中共中央委员,省委常委,郑州路局无权对其进行调查,只能向上反映。但是,省领导对我们的多次反映从未表过态。在这种情况下,路局党委只能将唐的问题搁置一边。

我认为,路局党委是根据中央九号文件的精神处理邢某某的问题的。文件明确指出:"铁路运输仍然是国民经济的一个突出薄弱环节,它不仅不能适应工农业生产发展的需要,也不能满足加强战备的需要。所以,各级领导应以'安定团结'为基点,大力促进和改善铁路运输的现状。文件还强调,为了确保'安定团结',对犯错误的领导同志,应先免职、调离,然后再清查处理"。我们正是这样做的。至今,三十多年过去了,我仍认为万里当时对郑州路局党委处理邢某某问题的指责,是无视事实、武断、和不公正的。

在万里对邢的问题进行了再处理之后,他与李副部长等从新乡来到了郑州,并主持召开了路局党委会议。尽管我小心翼翼地向他汇报,但还是得实话实说。当我谈到本局的运输生产是上升的,形势大好时,万里立刻插话说:"形势不是大

漫长的文化大革命

好,是大坏!"他这么讲,与邓榕所著《我的父亲邓小平"文革"岁月》一书中所讲[30]、与谷牧所书《痛心疾首忆"文革"》一文所言[29]、与我所知道的事实,都是非常矛盾的。所以我对万里这种固执己见、听不进不同意见的态度,是相当震惊的。

当我谈到路局党委和省委在4月份已对邢某某的问题做了处理,并得到铁道部政治部批准时,他插话说:"你用省委来压我!"我试图解释说:"局党委之所以这样做,是由于中央发了九号文件……"没等我说完,他就又插话说:"你拿九号文件来压我!你执行的是典型的、标准的刘少奇路线!"当路局副书记苏华谈到应尽快补上阶级斗争这一课时,万里说:"我讲了几次(指阶级斗争),就是郑州局不执行,消极抵抗,两面派,阳奉阴违!"……对他这种不容人讲话,乱扣帽子的行为,我从心底反感。

在这里,对万里给我扣的这顶"执行的是典型的、标准的刘少奇路线"的帽子,我还想多说两句。党中央在1980年2月23日至29日召开的中共十一届五中全会上,为前中共中央副主席、中华人民共和国主席刘少奇同志彻底平反昭雪了。显然,万里当年对我的指责是错误的。遗憾的是,在后来的日子里,他不但没对我表示过任何歉意,反而变本加厉。当然,这些都是后话了。

当李副部长提到路局的生产应顾及质量时,万里指责说,路局党委是用"一条修正主义路线作指导",是"不敢依靠群众向资产阶级作斗争",是"右倾机会主义"。于是他得出的结论是:"你这里有问题……权掌握在修正主义、资产阶级或资产阶级分子手里。"我当时认为,李是从鸡蛋里面挑骨头——故意捣乱。他不提我们把生产搞上去的事实,而是在质量上找茬儿,帮万里为我缝制了一个又一个的政治大帽子。此时,我深深感到,要想做点儿工作,可真难啊!

在局党委会上,有人提出,由于更换了新乡分局的领导班子,那里的运输出现混乱,导致生产下滑。万里大声回答说:"不怕乱,乱了散蛋!""散蛋"是他山东老家的俗语,意为"坏蛋"。他的粗暴态度,令我目瞪口呆!他又说:"对资产阶级(指路局党委)来讲,搞他个不安定,不团结!"他要求我向下传达他的指示:"发动全局职工给路局党委提意见,要搞大鸣、大放、大揭、大议、大字报。"他说:这样搞"机关会乱一阵子,乱就乱,不乱不行","无产阶级和资产阶级斗,怕什么?让他们闹去,乱了敌人,乱而后治。"我实在搞不清,他一肚子的气到底从何而来?他口不离"斗争专政"。这些年,难道阶级斗争、无产阶级专政搞的还少吗?就是这一味的"斗争专政",把人心都搞散了,把生产也拖垮了。大家都知道,当时造成全国形势混乱的根子,是"文革",是"四人帮"。如果万里能把斗争我的蛮劲儿用到抗争"四人帮",那才是"英雄"有了用武之地。

另外,局党委常委、革委会副主任季洪恩(主管运输)在会上一再要求铁道部支援抢运詹东线上的积煤。万里对他说:"现在不能。越支援越坏,等路线(斗争)解决后再说。"对我来说,运输生产是关系到国家和百姓生计的头等大事,但万里却置此于不顾,一定要与我做不懈的斗争。为了达到此目的,他一口咬定我支持派性、走资本主义道路、是资产阶级分子。我实在不明白,为什么他一定要跟我过不去?!

后来我想,万里的愤怒也许是由处理邢某某问题的误会引发的,于是就想办法去打消这个误会。为此,我曾请求万里去与省委书记刘建勋谈一谈。这个请求,更令他火冒三丈!他

漫长的文化大革命

大声喝道:"你又拿省委来压我!"当我提到九号文件要求中央干部要"牢固树立同地方干部商量的作风"时,他就更怒气冲冲地对我说:"你又拿中央文件来压我!"当局党委常委、革委会副主任李克基对我说:"你应该检查对待九号文件的态度"时,万里说:"是对待毛主席的态度,是对中央的态度!我告诉你,徐达本!我是用最大的努力,最大的耐心来教育你,挽救你。这是最后一次!我最早把九号文件给你看,你说'不必要'。这是对中央的态度。不把这个问题挖出来很危险!"其实,我既不知道匆匆过目的草稿就是后来的中央九号文件,也没说过"不必要"。我不知道,他的愤怒究竟从何而来?多年之后,我读了张广友所写的《三下郑州》,他将万里当时对我的恶劣态度大大地淡化了:"万里和徐大本(张误写了我的名字,作者注)同是冀鲁豫出来的干部,过去就认识"……"万里好言相劝:'我们是老伙计了,意见提的尖锐是为了帮助你嘛!'"[27]。首先,万里从来就没有如是说。另外,他也不可能对我如是说。因为虽然我们都曾在冀鲁豫工作过,但那时他是二地委的组织部长,我是行署副主任,从未见过面,根本不认识。怎么张记者却说我们"过去就认识",是"老伙计"呢?显然,为了把自己勾画成一个"温文而雅、治病救人"的"良心人",万里不得不借用"文学"来为自己"抛光"。

万里不顾事实、绝不饶人的态度使我明白,要想说服他去平静客观地评价郑州局党委的工作,已不可能。无奈之际,我和省委工作组组长张学清只好求助于刘建勋,希望他能向万里讲明,省委和路局是如何共同解决邢某某的问题的。同时,我希望刘书记能勇于承担责任,如果真是出了差错,也不能都算在我这个执行人的身上。没想到的是,刘建勋对我们说:"万里不找我，我也没工夫找他，我要去乡下视察了。"从他的态度不难看出，在对处理邢的问题上，他对万里很有意见。一个是河南省委第一书记，一个是新上任的铁道部部长，彼此意见不小，各有各的牛脾气，谁也不尿谁。但这下可好，把我这个做具体工作的人夹在了中间，上也不是，下也不是，左右为难。此时，刘建勋找了个下乡视察的借口，躲开了是非之地。而我呢，只好硬着头皮，面对万里，设法解决本来不是问题的问题。

　　局党委会从6月4日开到了9日。会开的很艰难。对万里强加于我的指责，说什么我也是不能接受、让步的。我明确地对他说，路局的第一把手是我（我是资深老党员、老副部长，级别也比局级干部高不少），不是唐歧山，所以不是派性当家。在这次会上，由于万里的打击对象是我而不是"二•七公社"的领导人，唐歧山一直保持沉默，没与万里争吵。

　　我的坚决不退让，使气愤的万里宣布休会。接下是开小组会。我们几个书记被编在一个组，由李副部长主持开会。在会上我提出，为什么万里动不动就把事情提到路线的高度？并为自己的蒙冤做了辩护。我再度明确表示，坚决不同意万里的意见，原因很简单，我尽了最大努力，才把郑州路局的被动局面扭转过来，没有功劳，也有苦劳嘛！而万里把我的工作说的一无是处，让人实在无法接受。更不能让我接受的，是他气势凶凶的作派和充满了来者不善的霸气，这些在部级干部中是很少见的。

　　小组会结束后，万里通知我："我已经请示了李先念、纪登奎，免去你在郑州铁路局的一切职务。你愿意留在河南，还是回组织部，由你定。"他没有向我解释如此做的原因。当时，我对这个突如其来的决定是没有任何思想准备的。由于思

漫长的文化大革命

绪纷乱，我没质疑他的这种做法是否符合党的组织原则。但我很快就意识到，万里违背了党和国家的组织行政纪律——我到郑州铁路局任职，是由组织部下达了正式任命书的，撤我的职也应有组织部的文字命令，而他仅口头"请示"了李先念、纪登奎两个人就擅自做出了免去我职务的决定。

其实李先念、纪登奎对我是如何被派到郑州路局以及我在这里的工作情况是了解的一清二楚的。所以我不明白，为什么这两位领导竟会听信和支持万里，同意撤消我的党内外一切职务。显然，李先念、纪登奎宁愿让我受委屈，也不愿意得罪万里。这也许是因为他与邓小平有着非同小可的密切关系吧。

1975年6月10日，在郑州铁路局全体干部会议上，万里说，郑州铁路局领导班子派性严重，必须从组织上采取措施予以纠正，于是宣布：

一．免去我的郑州铁路局党委书记、革委会主任以及在局内的一切领导职务，由河南省委和中央组织部另行安排工作；

二．由苏华同志（党委第二书记，不久前从兰州铁路局调来的老干部）代理郑州铁路局党委第一书记职务，主持党委的日常工作，并由胡逸平同志负责郑州铁路局革委会的工作。张广友对此也有记载[27]。

此时，万里还是没有讲明免除我一切职务的具体理由，只是笼统地讲我有派性问题，"执行了典型的、标准的刘少奇路线"。就这样，在路局运输生产接近历史最佳水平的节骨眼儿上，他撤了我的职。

对万里不顾事实的态度，我当然很是愤慨，认为此人得"理"不让人，很有些顺我者昌，逆我者亡的"胆略"。我不尽自问，这是否应归属于"造反派"的脾气呢？更让人心寒的是，他竟然如此粗暴地对待一个老党员、老知识分子、几十年前的老上级（虽说当年没见过面）。我不断自问，为什么万里不惜把路局搞乱也要把我拿下？

面对这样一个人，我很清楚，继续与他论理是全然不可能的，于是当即表示，在保留个人意见的前提下服从组织决定。为了好好地恢复一下已经是疲惫不堪的体力和心力，我决定回组织部等待分配工作。

尽管受到了万里的严厉打压，但我并不沮丧，而且对自己走过的路是满意的，是问心无愧的。回想在过去一年半的时间里，为了疏通堵塞的车辆，我与工人们一起，在风雨中，在冰雪中，加班加点搞会战；为了把生产搞上去，我起早贪黑，与懂业务的干部们一起推敲和制定可行的运输生产方案；为了发动群众，我利用周末的时间，和工人们一起清洗车身，到工人们的住所了解他们的生活状况；为了节约和有效地利用时间，在去离郑州较远的站段听取汇报或解决临时发生的问题时，尽管是在寒冬，我和秘书也还是在夜间乘坐维修机车的工具车赶到那些地方……，说实话，我在郑州局工作的每一天，都是在紧张与忙碌中度过的。记得那是1974年的8月份，女儿平平被所在单位的群众推荐去北京大学深造，在新生报到之前来郑州看我。但我忙得连和她一起吃顿晚饭的时间都没有，更不用说与她长谈了。

然而，我的辛苦和付出，换来了预期的回报。堵塞的枢纽畅通了；生产节节上升甚至能超额完成任务了；技术革新成功了；郑州路局出现喜人的局面了。但是，万里对这些成绩视而不见，反以我按照中央九号文件和党章规定处理一个被告之为犯了错误的干部为由，无端吹毛求疵，诬我"支持派性、包庇坏人"。尽管他本人在"文革"中受到了残酷迫害，饱尝牢狱之苦，但在再度得志后，却好了伤疤忘了痛。这也是党内历次政治运动遗留的弊端——对持不同意见的人，一贯是"打棍子"、"扣帽子"、"制造事端"、"上纲上线"，以至同志之间，上下级之间无法正常对话。面对这种颓丧局面，我只好将自己的不满情绪深深地埋在心底，决定按照党章规定向党中央、国务院、以及河南省委讨回自己的清白。

被万里免职后，我并没有马上回北京，而是在省委的第二招待所住了一段时间。在此期间，我与郑州铁路局的任何人都没有接触。8月份，我根据路局党委常委会上的纪录，整理一份材料，实事求是地向国务院副总理纪登奎、河南省委书记刘建勋报告了万部长免去我在郑州铁路局党内外一切职务的经过。同时，我还给党中央写了自我检查，谈到工作中的错误与失误。在做自我批评的同时，我直言不讳地对万里的行为提出了意见，用事实指出他将我免职的决定是何等之错误。

万里的"大乱"没有导致"大治"

依万里所说，他到郑州路局搞"整顿"的目的，是"反对资产阶级派性，从而达到无产阶级专政下的安定团结"。在这个思想的指导下，他亲临现场，"整顿"了新乡分局、郑州铁路局和其他基层的领导班子。万里很清楚，"二·七公社"的领导人唐歧山，对他大刀阔斧地打杀新乡分局革委会邢副主任是非常不满的。但奇怪的是，高举反对派性大旗的他，别说是撤唐歧山的职了，就连批评也没有一句。相反，他却气壮腰粗地把我这个一贯反对派性、埋头抓生产的第一书记撤了职。这种作法，自然是本末倒置。也许，在当时的政治大环境中，万里对唐歧山的温良恭俭让，是情有可原的。众所周知，由于毛泽东、周恩来对唐歧山的支持，使他从一个普通工人，一跃成为中央委员、河南省委常委、郑州路局党委书记。在唐的政治背景异常强悍，党内职位又比自己高的情况下，尽管他是派头头，万里还是很识实务、很知趣——连唐的一根毫毛也没敢碰。

前面我已多次申明，我视唐歧山为幕僚，但抵制了他任何带有派性的活动，所以不象万里那么不守原则。但不合逻辑的是，我的所为反被说是犯了"支派"的"错误"，以至成了整顿的对象，而万里的所为，却是"执行了正确路线"，成了整顿的先锋！

后来听说，在我被万里撤职后，填补职位的苏华没能压住阵，路局马上乱了起来。另外，万里还撤下了数百名"二·七公社"在各基层的领导（即历史上所谓的"翻烧饼"），引起这派群众的强烈不满，这是导致运输生产大幅度下滑的又一原因。显然，万部长"乱了散蛋"、"先乱后治"的承诺未能兑现。

郑州路局的新危机令国务院伤透了脑筋。为了解决这个难题，1975年7月24日下午，李先念、华国锋和吴德同志将铁道部、河南省委、郑州铁路局的负责人召集到国务院。他们是铁道部部长万里、副部长李新、河南省委第一书记刘建勋、河南省委秘书长赵俊峰、郑州铁路局党委第一书记苏华、局党委书记张建业和唐歧山、局党委副书记王志庭、局革委会主任胡逸平。我因已被革职，没参加这次会议。然而，在张广友所写的《三下郑州》一文中，不仅说"郑州局的主要领导人徐大本（张误写了我的名字，作者注）……参加"了这次接见，而且还"抢先发言"[27]。这个全然不属实的报导，对我本人和历史都很不负责任。

后来得知，在这次会上，万里向领导们汇报说，他去河

漫长的文化大革命

南处理郑州铁路局的问题时，是依靠省委的，并得到了省委书记刘建勋同志的"大力支持"。刘建勋也发言说："省委和铁道部的意见是完全一致的，对破坏团结的人，我们一定要查办。"他还说："攻击万里同志是非常错误的。"这两个人，在中央领导人面前，在众同志面前扯下了弥天大谎，令我震惊！此时，万部长竟成为与刘书记"意见始终一致"的人了！其实，在场的郑州路局的同志们，对当时他两人的"顶牛"态度知道得清清楚楚。但遗憾的是，在万、刘在场的情况下，谁都没有勇气道出事实的真相。其实，仅在几个月后，刘建勋就推翻了自己在这个会议上的"违心"发言。

由于万里和刘建勋都没有如实地向中央反映情况，我向中央所写关于我被万里撤职经过的纪实报告，便成了一篇"搬弄是非的谎言"。中央领导们的被蒙蔽，也可以从李先念的一段讲话中体现出来。他说，现在有那么一些人在制造省委与铁道部的矛盾，想从这里捞油水，挑拨省委与铁道部之间的关系，在造谣破坏……。从此次会议的谈话记录中不难看出，党中央、国务院的领导们"一致"认为，万里在郑州路局的所作所为是"正确"的。可见万里对地方领导的施压，以及他一手遮天的伎俩，相当老道、成功。

无须说，对事务的处理持不同意见，是党内生活中的正常现象。党章明确规定，党员在有意见分歧时可以在会议上提出，并通过讨论协商的办法去解决分歧。在双方争执不下的情况下，任何一方均可向上一级领导呈报。我正是如此做的，但却被不点名地说成是"破坏团结"的人。看来，对一些人来说，不论是在和平时期，还是在动乱时期，维护自身的权势和利益，远比坚持原则、真理更为重要。

对我来说，无论是在万里将我撤职之前还是之后，都真诚地请求中央领导与我谈谈以了解事实真相。但我的期待落空了。由此足见党内民主的缺失。

朋友们说，我是当时路线斗争的牺牲品。其实，我是路线斗争掩盖下的个人争雄的牺牲品。从表面上看，我的"牺牲"是起因于对工作的不同意见。但实质上，可能是起因于我有一份不错的工作成绩单。而这份成绩单在昏天黑日的"文革"时代是很少见的。这种荒唐和毫无意义的争斗，在党内时有发生且未受到遏制，乃至强权凌弱地满足了某些人扭曲的心理。最近有人对万里的脾性做了些勾画——"争强好胜"和"殊具虚荣心"(32, 33)。据说与万里打桥牌和网球时，再高明的对手都得佯装真的败下阵来，否则就得饱尝他的一脸怒气(32, 33)。

万里对我个人的伤害事小，但他对郑州路局、乃至全国铁路系统(郑州路局是公认的全国铁路心脏)的伤害事大。自1975年的7月初至同年年底，不仅新乡分局运输生产下滑的局面没有扭转，还拖累了整个郑州局。与上半年相比，下半年装车量明显走低(表2、图2，见327、328页)。1975年的上半年(我尚未被革职期间)，特别是在3、4月份，由于局党委认真贯彻了中央九号文件精神，路局超额完成了国家计划。5月份，在万里拒绝向郑州路局发放计划内的空车时，我们不得不被迫"土法上马"去克服人为的障碍。结果我局距完成上半年的运输生产任务仅差约1%。由此可见，如果没有万里的不顾大局(或用他的说法是"打击派性")，郑州路局能够轻而易举地超额完成上半年国家分派的任务。不出所料，他用自己炮制的欠产1%为借口，大做文章，指责路局没完成上半年国家计划的任务。而强加于我的罪名则是"支持派性"、"破坏生产"。

事实证明，自我担任第一书记后，郑州路局的生产形势是上升的，万里将我撤职后，运输生产是下降的，而且郑州局

漫长的文化大革命

又出现了严重的枢纽堵塞。另外,路局于1974年下半年至次年上半年支援外局的机车,也因运输生产疲软而被取消。相反,在万部长的大力支持下,自1975年的10月份起,铁道部从其他路局调了三十台机车到郑州局驻勤,以支援苏华领导的郑州铁路局。尽管如此,仍无济于事(表2、图2,见327、328页)。

我认为,在处理郑州铁路局的问题上,万部长武断盲目地以个人感情取代了党的政策。在客观上,搞乱了路局,葬送了1975年上半年"整顿"给郑州局和全国铁路系统带来的成果。

当然有人说,万里在郑州局"整治"了派性,大方向是

一九七四年在郑州。周末之余,郑州路局革委会主任徐达本(左一)与工人一起清洗列车。

正确的。我对此持不同意见。我一再强调,郑州路局的第一把手是我,不是唐歧山,局党委的一切决议,都是经过集体讨论决定的,而唐一个人的意见是不作数的。在路局党委对新乡分局的邢某某做了恰当的处理之后,万里又画蛇添足地做了再

处理。说实话，对万里"整顿派性"的真实用意，我是搞不清的，但有一点是毫无疑问的——他错整了我这个无辜。

另外，应该如何对待"文革"期间凸现的派性问题，我也有自己的认知。党的十一届六中全会明确指出，毛泽东同志发动"文化大革命的主要论点既不符合马克思列宁主义，也不符合中国实际。这些论点对当时我国阶级形势以及党和国家政治状况的估计，是完全错误的。"我党能正面指出毛泽东的错误，值得庆幸。毛泽东发动"文革"的目的，是为了拿掉刘少奇。为此他利用了广大学生、工人的革命热情，导致了派性泛滥，造成人民群体之间无理智的"争斗"、"厮杀"。头脑稍微清醒一些的人都知道，问题是出在上面而不是下面。这些无理智的群众同样是"文革"的受害者（当然，触犯刑法者另当别论）。对他们，应以人为本地进行教育，而不是恨之入骨，更不能使用"无产阶级专政"的强制手段支一派打一派，造成多次"翻烧饼"的混乱局面，引发民间的更深积怨，使派性越发的不可收拾，为本来已经是灾难深重的民族和濒于崩溃的经济，雪上加霜。

前面我曾提到，在八机部的"文革"运动中，我被"造反派"扣上了一大堆大帽子，并在"靠边站"长达七年的时间里，饱尝了体罚、挨打、挨骂、批斗、关"牛棚"和"劳改"之苦。但为了不挑起派性，我没表态支持任一群众组织。在我被"解放"后，我不但没去找整过我的"造反派"算帐，却按照中央制定的条例，为他们落实了政策，了断了过去个人之间的恩怨。这种做法，符合与人为善的道德论理。如果我党的领导干部，能以大局为重，客观、历史地看待事物，善解人意，并施与他人更多的民主权力，事情就会好办的多，就不会制造出累积如山的冤、假、错案。

批邓，反击右倾翻案风

1975年夏末，我从郑州返回北京，并去中组部的"三处"（调配局的前身，负责干部的工作分配，当时张长庚同志任处长）报了到。每周，我到"三处"过一次党组织生活，剩下的时间则是在家里等待分配工作。由于没有改变对万里处理郑州路局的意见，闲暇之际，我继续书写材料，向党中央提出申述。

1975年8月14日，毛泽东在评《水浒》一书时，批评了书中的人物宋江，说他是投降主义，是修正主义等等。尽管在党员生活会上，大家都批判宋江，但我对毛泽东的寓意是搞不懂的。后来才知道，这是毛泽东为批判邓小平（"批邓"）而发出的第一个信号。不久，毛泽东病重，与外界的联系只借助于侄子毛远新。11月1日，"四人帮"通过毛远新，向毛泽东传递了邓小平企图"推翻文化大革命"的消息。毛肯定了侄子说法："有两种态度，一是对文化大革命不满，二是要算账，算文化大革命的帐"，促使毛做出反击邓小平的决定。

1975年11月3日，吴德在清华大学主持传达了毛对清华大学党委副书记刘冰反映党委书记迟群、副书记谢静宜存在种种问题的信之批复："清华大学所涉及的问题不是孤立的，是当前两条路线斗争的反映"。毛还认为，邓小平将刘冰的信转给他，说明邓是袒护、支持刘冰的。

11月20日，在政治局会议上，传达了毛的提议，即由邓小平作一个肯定"文革"是"七分成绩三分错误"的决议。但被邓婉言拒绝。惹恼了的毛泽东立即决定不再让邓小平统管全面工作，而是"专管外事"。几天之后，党中央召开了由一百三十多名党、政、军机关负责人参加的"打招呼会"，宣读了

漫长的文化大革命

毛泽东《打招呼的讲话要点》一文，正式将邓小平的举动定性为"这是一股右倾翻案风"。11月26日，中央向各级领导下发了这篇文章，并要求对其展开认真学习，标志了"批邓、反击右倾翻案风"运动的开起。

12月14日，中共中央转发了《清华大学关于教育革命大辩论的情况报告》说："今年七、八、九三个月，社会上政治谣言四起，攻击和分裂以毛主席为首的党中央，否定无产阶级大革命，翻文化大革命的案，算文化大革命的帐，这是一股右倾翻案风。"中央对这份报告的批示是"很好"[34]。

组织部的负责人在党组织生活会上，向我们传达了各种有关"反击右倾翻案风"的文件，使我预感到一个大的政治运动正在孕育之中。前面我曾提到，考虑到"文革"和反复无常的"政治运动"给国家经济带来的破坏，我举双手赞成邓小平对各个领域的整顿，并盼望叫停无休止的"你争我斗"。但由于万里以"整顿"为借口，把我当成靶子打，因此希望党中央勇于正视万里在郑州铁路局的行为，并指出他的错误。当然我更希望的，是党中央对我在郑州铁路局的工作成绩予以肯定，并为我甄别平反。

1976年1月8日，传来了周恩来去世的消息。我和全国人民一样悲痛万分。在电视里，见到北京的市民们在凛冽的寒风中列队直至八宝山，目迎目送载着总理遗体的缓缓灵车，心中就更不是滋味，想着如今总理走了，不知中国的政局将会糟成什么样子。

2月份，女婿张新华从云南部队回京探亲。他和战友们对周总理的逝世非常痛心。临行前，大家叮嘱他，到了北京后一定要代表他们到天安门广场的人民英雄纪念碑前向总理致哀。新华到京后的第一件事，就是去为悼念总理买一束鲜花。第二

漫长的文化大革命

天一大早，女儿峰峰就与丈夫出了门。回来时，已是晚上十点多钟了。

峰峰把她目睹的事，讲给我和妈妈听。离家后，他们东找西寻，才在一个位于崇文门的小店铺买了一捧鲜花（为此，女婿用去了自己大半个月的薪水）。孩子们抱着这束鲜花一径去了矗立在天安门广场的人民纪念碑。

此时的纪念碑周围已摆满了悼念总理的花圈，而前来哀悼的人们仍络绎不绝。新华满眼泪水，将花放在了碑台的中心。这时，一个公安人员对他生硬地发问（为了防止"闹事"，北京市委增派出了大批警察）："你是哪个部队的？叫什么名字？把证件给我看一下！"新华流着泪说："我从云南的山沟里来到北京，代表千里迢迢的战友们向总理致哀。"他边说边掏出了证件。公安人员对新华的无端质疑，激怒了周围的群众。他们七嘴八舌地质问那个保安："人家解放军是来祭奠总理的，为什么要看证件？"也有人愤愤地说："不给他看……"还有几个人大喊："向解放军致敬！"这时，一个小伙子骑到他人肩上，把新华的那束花，放到了更高的石台上，让它更贴近总理。

听上去，当时纪念碑旁的气氛有些紧张。政府似乎对百姓们致哀总理和表达对他的怀念感到惧怕。对此，我是很不理解的。但是，我为孩子们对总理的真切怀念并去天安门表达他们对总理的哀思，感到欣慰和满意。

总理的离去，当然免不了人事的变迁。2月3日，毛泽东任命华国锋为代总理，全面主持国务院的工作。2月5日，党中央向全民公布了《打招呼的讲话要点》一文。2月6日，中共中央决定，停止贯彻执行邓小平、叶剑英在1975年6月24日至7月15日召开的军委扩大会议上的讲话精神（7月14日，邓小平在会上就军队整顿和"消肿"问题，作了讲话；叶剑英在发言中，揭露了江青插手军队、妄图搞乱军队的恶劣行径。他说，中央军委是毛主席领导的，今后不论是谁，凡不经过军委直接向部队发指示、送材料的，各级领导都有权抵制，都可以不执行，一定要听毛主席的话等。）。

"反击右倾翻案风"和总理的过世，搅乱了全国人民的心，使国家更加动荡。由于铁路运输形势的进一步恶化，于1976年2月14日晚，华国锋、王洪文、纪登奎、吴德等中央领导人召见了河南、甘肃省的第一书记刘建勋、冼恒汉，铁道部临时领导小组成员，以及郑州、兰州铁路局领导。华国锋代表党中央、国务院讲了话。在谈到郑州路局的问题时，华说，党中央把去年"处理郑州铁路局问题"定为"右倾翻案风"的一个具体范例，并明确指出，铁道部领导对这个错误负主要责任。由此不难推断，万里对我的惩罚是错误的。

也正是在这个时候，毛泽东在四个文件上签署了"同意"的批示。它们是：《刘建勋、唐歧山同志关于解决郑州铁路局问题的意见》、《冼恒汉同志关于解决兰州铁路局问题的意见》、《中共铁道部临时领导小组关于解决郑州铁路局问题的报告》、《中共铁道部临时领导小组关于解决兰州铁路局问题的报告》。前两个文件明确指出了万里的错误。而在后两个文件中，万里承认自己在处理这两个铁路局的问题上犯了错误，并做了检查。

后来，从张广友的有关报导中，我了解到《刘建勋唐歧山同志关于解决郑州铁路局问题的意见》（简称《意见》）的一些具体内容。由于这些具体内容与我相关，我在这里多花些笔墨对其加以陈述。在《意见》中，刘建勋、唐歧山向中央列举了万里所犯的主要错误："一是，把郑州铁路局的形势

漫长的文化大革命

看反了,否定主流是好的";"二是,把郑州铁路局的主要矛盾搞错了,背离了党的基本路线";"三是,没有严格区分和正确处理两类不同性质的矛盾";"四是,否定无产阶级文化大革命中涌现出来的革命新生事物和新生力量"。他们还写到:"铁道部和苏华搞的这一套,省委是完全反对的,并且一再指出过"(27)。显然,刘建勋对万里的批评,与他在1975年7月24日中央领导接见时所说:"我是支持万里同志工作的,始终是这样。有人造谣,说我反对万里,我回去查"是完全不一致的,并证实了我向党中央、国务院反映刘建勋和万里在处理郑州铁路局问题上有分歧,是客观和真实的。

其实,我认为邓小平想翻"文革"的案,是顺应民意的。他在党的十一届六中全会上正式完成了这一夙愿。但是,在1975年的政治环境中,在"四人帮"横行之时,为了达到否定"文革"的目的,邓小平未免操之过急。当时,由于路局的杂务缠身,我对全国范围的整顿成效并不了解。但我认为,前一阶段的整顿在郑州局是很成功的。然而可惜的是,整顿给路局运输带来的好兆头和初期成果,却被万里彻底地断送了。他以派性反对派性的错误做法,使郑州局的整顿彻底翻了车。比如,跟随万里左右的,是被提拔起来的"造反派"头头李新;他们把一批"二·七公社"派的基层领导撤了下去,把与其对立的另一派人放了上来,激化了恩怨,引发了更大的混乱和不必要的反复。这种人为造成的混乱,在铁路系统屡见不鲜。如兰州路局、太原路局等都深受其害。实际上,正是万里的胡折腾给邓小平惹了祸,也为"四人帮"提供了可抓的辫子,他们轻而易举地给邓扣上了一顶"右倾翻案"的帽子,以至毛泽东一声令下,掀起了大力反击"右倾翻案风"的运动。这种政治风向一百八十度的反复转换,在个个层次造成了"你得再下去，我得再上来"的势不两立的敌对情绪，给国家和人民带来的损失之大，无可估计。我以为，党和国家的上层领导应以社稷安危为重，尽可能地打消个人私怨，客观地、历史性地善待群众和党的干部，以避免重蹈前人犯过的错误。

1976年2月25日，华国锋主持召开了各地方、军区第一把手会议，并传达了毛主席的重要指示："对邓小平同志的问题，可以点名批判"。华国锋说："当前，就是要搞好批邓，批判邓小平的修正主义路线。在这个目标下，把广大干部、群众团结起来。"此后，全国各家媒体纷纷发表社论和文章，全面否定邓小平1975年以来实行的各项措施，将邓小平定为"不肯改悔的党内最大的走资派"。于是，邓小平被公开定为"右倾翻案风"的风源，第二次被打倒。

1976年3月，为了得到一个对我在郑州铁路局工作的明确说法，我给华国锋代总理写了一份报告，向他介绍了我在那里工作的前前后后，并提出了对万里将我撤职的不同意见。

我的一封信、一个发言

1976年4月5日，由于广大群众不满对邓小平的第二次被打倒，借悼念周总理之名，在北京天安门广场发起了"四·五"运动。我的几个女儿背着学校、单位参加了这场运动。

中共中央在毛泽东的指示下，将此群众运动定性为"天安门反革命事件"，并认定邓小平是这一活动的总后台。4月7日，根据毛泽东提议，中共中央通过了《关于撤销邓小平党内外一切职务的决议》（《决议》）。《决议》宣布："邓小平问题的性质已经变为对抗性的矛盾。根据伟大领袖毛主席提议，政治局一致通过，撤销邓小平党内外一切职务，保留党籍，以

漫长的文化大革命

观后效。"之后,以"梁效"为代表的全国各地的批判组,一举对邓小平要"否定文化大革命"、"算文化大革命的帐"的"右倾翻案"行为展开了大规模的批判。

4月中,一个朋友对我说,他从河南省委那里听到了有关分配我到即将成立的华北协作区工作的消息。尽管我在郑州铁路局受到了很大挫折,但并不气馁,总是想着,即便自己已是年过六旬的老人了,只要身体力行,还很希望为国家和人民做点儿事情。所以,这个消息弄的我这不愿"家蹲儿"的人很是兴奋。

就在这个时候,也就是1976年4月23日,唐歧山在京读书的女儿找上门来,说她妈妈得了病,想来北京治疗,但她对北京的医院不熟悉,故来打探我和爱人。赵毅是个热心人,马上向她推荐了几家好医院。由于我曾与这个孩子的父亲共过事,如今他的爱人染疾,当然应表示同情和问候。此时,郑州铁路局党委已被取消,原局党委书记苏华正在受批判,日常工作由临时组成的以唐歧山为首的三人(唐歧山,张学清,胡逸平)领导小组负责。显然,党中央对唐是很信任的。再有,我很关心自己的工作分配问题,唐是省委常委,很可能知道有关分配我去华北协作区工作一事,不妨向他打听一下。于是,我当即写了一封便信,托他的女儿带给他。在信中,我问候了唐的爱人,询问了我的工作分配传言和"批邓,反击右倾翻案风"运动在局内进展如何,并提到邓要"翻文化大革命的案"。然而,唐歧山并没有给我回信,打听我工作分配之事也就不了了之了。

后来,因为这封信,有人指责我"反对邓小平",并毫无根据地把我与"四人帮"挂在一起。其实,不是我反对邓,而是党中央、毛主席反对他。客观地讲,在"文革"中有谁没跟着党中央、毛主席说过错话呢？另外，如果我与"四人帮"有关系，怎么解释我在"文革"中受批斗、受审查、被关"牛棚"、被劳改长达七年之久的遭遇呢？显然，这种企图是十分可笑和不合逻辑的，是无稽之谈。此外，如果中华人民共和国宪法确实能有效地保障每一个公民之权力的话，那些无知或别有用心的人们，是不可能以这么一封信为借口，对我大肆问责的。遗憾的是，在历次政治运动中，尤其是在"文革"期间，我国的宪法仅是一个摆设。我不尽要问："写这样一封信，何罪之有？"多年之后，一位老朋友开玩笑地说："徐达本说邓小平要翻'文革'的案，不是很对吗？邓的确如此做了。我们还没有达本同志的先见之明呢！"

在党中央决定撤销邓小平的党内外一切职务之后，"批邓，反击右倾翻案风"的运动在全国各层次更加轰轰烈烈地展开了。与历次政治运动一样，每个党员都要向组织表明自己坚决拥护党中央、毛主席的立场。于是在5月份，组织部的李副部长（老干部）召集我们开了一个党小组生活会。在这个会上，他动员每一个党员对当前的运动表态。到会的人一个接一个地发了言，都表示坚决支持党中央发动的这场运动。由于在此之前，华国锋已经明确讲，去年万里在郑州路局的所作所为是错误的。对此，我由衷的赞成。我始终认为，万里的"整顿"（至少时在郑州路局）与邓小平的整顿，似乎是风马牛不相及的两件事。

在会上，我根据自己的亲身经历，向与会者讲述了万里是如何不顾大局拒绝派给郑州路局空车、如何对局党委处理邢某某吹毛求疵、如何不顾运输生产再度下滑而将我撤职的情况。由于这次生活会的目的是批判"右倾翻案风"的风源邓小平，所以在我结束发言时提到，万里之所以敢在郑州局肆无忌惮，是因为邓小平支持他。

事实证明，我当时说的是一句实话。邓小平支持万里一事，在张广友所写有关万里的多本书中得到了证实。他曾写到，邓与万有"朝夕相处"的关系。由于"全面整顿，铁路先行"，邓小平就把他最信任的人万里，推到了铁道部部长这个"风口浪尖"的位置上[27, 28]。

但是，随着时间的推移，我逐渐对邓小平是否真正了解当时我在郑州局工作的情况，产生了怀疑。这是因为，越来越多的事实证明，为了达到整倒我的目的，万里煞费心机，多次欺上瞒下，是一个不讲诚信的、地地道道的政客。

后来得知，我在组织部党员生活会上的这个发言，惹恼了中组部后来的一位S部长，当然更激怒了万里等。其实，对此事件做个实地调查，是这位S部长的职责。如果他能客观地听取我的意见，就会得出我在郑州路局的工作做得很好的结论，就会感受到我在失去话语权时的无奈与苦恼，就会对我的无咎被黜感到震惊和愤懑，就会对我的发言表示支持。

而真谛在于，做为一个党员，我有权在党的生活会上讲明事实真相，我有权阐述个人的观点和不同意见。至少，我的发言是"阳谋"而不是"阴谋"。但遗憾的是，我的发言没被当权者认为是"党内的不同意见"，而是被指责为反对某位大人物。这些无不表明，当时党内的民主生活已经极不正常。

硬着头皮，二顾郑州铁路局

1976年6月上旬，我接到国务院的通知，说中央领导同志要去我开会。我揣摸着，这大概是要重新为我分配工作了。

我记不清具体是哪一天开的会。到会的有国务院副总理孙健、中央组织部部长郭玉峰和国务院业务组成员袁宝华同志。首先，他们向我传达了党中央的决定。孙建付总理宣布："万里处理郑州铁路局的事情是错误的，他取消了郑州路局党委，将徐达本撤职也是错误的。因此，党中央决定为徐达本甄别平反。"虽然在此之前，在我不在场的情况下，华国锋曾明确说过类似的话，但如今我亲耳听到国务院领导对万里的批评，心情很不平静——我在郑州铁路局的工作，终于得到了公正的评价。我从心里感谢党中央还我于清白。孙接着说："党中央认为，你是受邓小平反革命修正主义路线迫害的。"我当时想，既然中央认为邓小平是"右倾翻案风"的风源，将万里的错误与邓小平挂在一起，也是历次政治运动上挂下联，深挖根源的惯例。但令我仍然怀疑的是，万里是否如实地向邓汇报了我在郑州路局的工作。

孙建接着对我说："中央决定恢复郑州铁路局党委，并恢复你的党委第一书记的职务。"在场的领导们也三令五申，以上的决定是党中央在认真考虑研究之后做出的。对中央领导的明确态度，我是欢迎的。即使是事隔几十年的今天，我仍认为，我在郑州路局工作时，成绩是主要的。当然，缺点、错误肯定也是有的。

当天下午，中央政治局委员吴德，国务院副总理纪登奎和组织部长郭玉峰又一起同我谈了话。他们说，在座的诸位领导一致认为，目前郑州铁路局枢纽的再度堵塞，严重影响了全国铁路运输系统，我应尽快赶到郑州铁路局，迅速解决堵塞问题。

说实话，党中央的决定使我在心理上倍感矛盾。我满意中央终于对我的工作做出了公正的评价，纠正了万里对我的错误惩罚。但是，我对再次返回郑州路局工作，感到非常为

漫长的文化大革命

难。其原因再简单不过：1973年9月，我两眼一摸黑，单枪匹马去了郑州铁路局。在我费了九牛二虎之力后，终于把枢纽打通了，把生产搞上去了。但得到的回报是，被万里不分青红皂白地撤了职。去年万里到那里翻了一次"烧饼"，今年在"批万里、批苏华、批邓，反击右倾翻案风"时，又翻了一次"烧饼"，路局的形势被搞的越来越复杂混乱。郑州路局已经真的是一个名副其实的"烂摊子"了。我很清楚，如果不停止"你死我活"的政治斗争，其实是"派系之争"，不论派多精明强干的领导去，都无法收拾这个"烂摊子"。

想到这里，我向领导陈列不愿再回郑州路局的理由：一. 省委的领导不欢迎我回去。1973年9月我刚到职时，那里的领导对我很热情，还说我是个老副部长，应在省里兼个职务。后来，可能是我对"二七·公社"不卑不亢的态度吧，他们对我变得冷淡起来，省里的职务也不再提了。1975年6月，万里处理郑州路局的问题时，刘建勋避开了，根本不同他见面，更不用提与他商谈了。而我则被夹在中间，架上了火头。我被万里撤职后，刘建勋不愿承担任何责任，又怕我向中央露了他的底，极力动员我尽快回北京。但为了申冤，我还是在省委招待所停留了一段时间，向党中央、省委写了纪实报告。这当然令他很不满意；二. 我听说，刘建勋对处理搞干扰破坏的"造反派"头头太手软(因为"二·七公社"支持他)。在这种情况下，仅靠我一个人去排干扰，把运输生产搞上去，是非常困难的；三. 我对铁路运输是外行，如今上了年纪，到基层大企业工作已是力不从心。基于以上众多顾虑，我向在座领导提出派我到所熟悉的部门(系指煤炭部)或即将成立的华北协作区工作。此时，纪登奎问我愿不愿意到铁道部工作。我当即明确表示"干不了"。

在这种情况下，纪登奎对我提出的困难一一作了解释，并要求我对这些困难采取克服态度。他强调党中央决定我再次到郑州铁路局工作，是基于工作的需要，不便更改。他还说，到路局后的工作，一是"大力批邓"，二是把运输生产迅速搞上去。在坐的中央领导，都连连点头表示同意他的意见。另外，他们还一再对我说，党中央的这个决定确实不好更改。于是，只给我留下了一条可走的路——二顾郑州铁路局。我心里很明白，这是逼我上刀山。面对这个局面，我向在座的领导提出："我的孩子们都在北京，爱人不能再随我去那里工作（在我第一次去郑州路局任职的一年后，爱人也被调到那里工作。），请领导考虑在北京为她安排工作。"在座领导们一致表示，这个要求很好解决，马上就可办到，让我尽管放心速去郑州路局赴任。这下，我就更没什么话可说了。

　　在回家的路上，在到了家中，我还是翻来覆去地自问，"去？还是不去？"但久久得不出结论。我只好去征求老朋友煤炭部副部长赵子尚同志的意见。我刚向他说明情况，他就马上说："不要再去了，那里'派性'太严重，环境太复杂，你只身一人，无帮无派，谁的人也不是。若去，一定是凶多吉少！"。虽然我不敢象他那样直言，确实也是这样想的，如今老朋友如是说，更令我心中七上八下。

　　当时，我的几个孩子已长大成人，我也想听听她们的意见。于是，我把她们叫到身边。孩子们早已悟出了"文革"的实质所在，又深知父亲永远学不会那套"结党营私，拉山头，搞宗派"的把戏，所以为我再次单枪匹马二顾郑州铁路局，去收拾那个被"翻了几次烧饼"而搞乱了的"烂摊子"更是捏了一把汗。她们希望我能找个借口，把重返郑州局的事推托掉。

　　全家人绞尽了脑汁也找不出一个合适的借口来。当时，最好的理由是推说身体不佳。不管怎样，我也是六十多岁的人啦，再象上次那样干，身体怕是吃不消了。于是，我抱着"检查出点儿毛病"的希望，去了北大医院。一个星期后，结果出来了——别说有什么大病了，就连一点小毛病我也没有呀！

在找不到任何借口的情况下，我只好服从党中央的决定。但同时我也在精神上给自己打气——我是一个老共产党员，记得自入党那天起，就宣誓把自己的一生献给党。只要是党的需要，就不应有私心杂念，不应为自己留有任何推托的余地。话虽这么说，我仍深深地陷入在难解的矛盾之中。

然而，这项任务来的如此之急迫，不容我有太多的时间考虑再三。于是，我不顾纷乱的思絮，也不再考虑亲朋的劝阻，做出了再次返回郑州路局的决定。孩子们得知后，只好希望我加倍小心。她们向我建议，为了避免犯错误或少犯错误，在处理每一件事情之前，一定要向河南省委汇报，征得省领导的支持，事事照省委的意见办，千万不要自作主张。我一一答应了。但她们知道，在毛泽东和"四人帮"领导的"文革"年月，不犯"执行"错误的领导，是根本不存在的。

"旧官"上任，再抓运输生产

1976年6月17日，我再次带着组织部的任命书登上了开往河南的火车——复任郑州铁路局。此时，由河南省委领导的"批邓，反击右倾翻案风"运动，在路局已进行了四个多月，提出的口号是"批邓、批万里、批苏华，反击右倾翻案风"。

自从"反击右倾翻案风"的运动在全国掀起之后，以苏华为首的路局党委已被以唐歧山为首的"三人小组"所取代(我复职后，此小组自行取消)。此时，郑州路局的运输生产急剧下降，堵塞严重，影响了大半个中国的经济。我历来是一个重业务的知识分子干部，面对这样一个从来没有经历过的恶性局面，我的神经紧张到了极点。我清楚地意识到，如不把运输搞上去，是无法向上面交代的。所以我把所有的精力都放在了排除干扰，抓运输生产上。

另外，为了扭转路局的形势，国务院在我到职之前，就已向路局派出了帮助组。在我到路局后的第三天，就与帮助组付组长崔修范、栗占华，省委工作组组长张学清和原三人小组组长唐歧山开了一个联席会议，讨论如何大力抓运输的问题。大家一致认为应该先调整、充实路局、新乡和洛阳分局的领导班子。由于与会者们对这里的人事情况比我熟悉的多，所以由他们提出人选并向我做具体介绍，经过共同研究之后，确定了调整方案。由于这次调整涉及到路局党委主要领导和分局级干部的任免，故我们将此方案报到省委审批。

联席会议的第二天，我和张学清、栗占华、唐歧山一起到河南省委汇报工作。汇报会由刘建勋主持。到会的省委领导对我们的方案做了进一步的研究讨论。从省委回来后，我们将省领导的意见向路局党委常委作了传达，在根据这些意见对人事调整方案做了进一步的修改后，呈报省委批准。不久，省委组织部向有关人员下达了任免通知书。由于这次人事调整是在"反击右倾翻案风"的大形势中完成的（此时，"二·七公社"又占了上风），所以在任免某些人时，难免会受到派性的影响。但其中是否有什么私人交易，我是无从知晓的。我的指导思想一向是很明确的——调整领导班子的目的，是为了打通枢纽和把运输生产搞上去。

这里我要强调的是，为了达到促生产的目的，我和一些局党委成员以及省委工作组的同志们，是对派性坚决不让步的。我回到路局后遇到的最突出的问题是，派性干扰运输生产的正常进行。派性的突显，与万里去年6月初"解决"郑州路局的"问题"和当前"批邓，反击右倾翻案风"制造的混乱直接相关。万里不仅把已经被停职审查的前新乡分局革委会副主任、"二·七公社"领导邢某某开除了党籍，交给群众批斗，同时还撤了一大批基层领导。为此，刘建勋、唐歧山、"二·七公社"派的群众认为，他打击了革命新生力量。在党中央明确指出万里在郑州路局犯了错误时，很多人认为他所做的事应被纠正。于是，唐歧山、崔修范等要求局党委为邢某某平反，并让其重返工作岗位。

我和张学清同志认为，当初路局对邢某某的处理意见，是河南省委、路局党委依照毛主席圈阅过的中央九号文件精神办的，是符合党的组织原则的，所以决定维持原处理方案。但是，我们还认为，如果今后的调查结果证明他没有违反组织纪律，则应将以前的处理决定予以更正。在把这个决定传达给唐歧山时，他表示同意，但仍认为，邢某某是被诬陷的，而万里在没有核实对他的"举报"之前，就将其开除党籍、无情打击，是毫无道理的。对此，我无异议。

另外，我们还以为，郑州路局再也禁不起"你上我下，我上你下"的"折腾"了。目前哪里是诉说恩怨的时候？局党委的当务之急，是集中精力抓运输。在这个思想的指导下，路局领导也没有同意唐歧山几次提出的要把"二·七公社"的人调整到郑州机务北段、机务南段、装卸机械厂党委的建议。

为了把运输搞上去，我把主要精力集中在排除派性的干扰上。在局党委会上，我们决议撤掉了派性严重的郑州分局革委会副主任李某某、洛阳分局革委会副主任王某某。此外，由于洛阳分局是派性干扰的重灾区，我于7月份专门到那里蹲点解决派性问题。在蹲点时我发现，局党委在上月调整这里的领导班子时犯了错误。例如，不应调动洛阳分局党委书记张自新同志的工作。于是，我马上建议局党委改变原决定；又如，当我发现新提拔的分局党委常委陈某某在常委会上支持"造反派"王某某闹事时，我立即对他进行了批评。多年之后，当我回想起这些失误时，仍不知该如何避免它们的发生，因为我这个"外来户"被禁锢于当时既定的历史环境之中——对路局的人事情况不了解，所以不得不依赖于对情况熟悉的党委成员和省委工作组的同志们，并相信在调整领导班子时，他们都是从大局出发去决定正确人选的。另外，我还以为，在调整的过程中若有纰漏，最终的把关者——省委，也会将其纠正。

　　在蹲点期间，我和胡逸平、张学清等同志用了近两个月的时间，帮助洛阳分局党委排除干扰，狠抓运输生产。在此期间，我们召开了包括站段领导参加的分局党委扩大会议，目的一是为了团结大多数人，号召他们以国家利益为重，投身运输生产；二是孤立少数派性严重的人。我们还处分了极个别抵制抓生产的党员干部。当时，省委是很支持唐歧山的，认为他是安抚闹事的得力人物，因此在我们去洛阳分局时，也把他叫上。我的印象是，他对我们治理派性的工作并不那么感兴趣。由于他身兼数职，在洛阳解决问题时几次被省委叫走了。当然，没有他，我们照样按原计划行事。

　　从洛阳分局回来后，听到下面反映说，一个叫罗某某的"二·七公社"成员在郑州分局"阻碍抓生产"。为了解决这个问题，9月4日我又去了郑州分局。在我两次向省委领导耿起昌等汇报了此人的问题后，省委做出将其拘留的决定。唐歧山对此很生气地说："他们尽抓我的人"。这就是"文革"期间派性的具体体现吧。

漫长的文化大革命

另外,反复地"翻烧饼"导致了基层领导班子的极度混乱。例如,有的站段有两套领导班子;有的缺第一把手;有的第一把手工作能力太差等,这些都对抓运输生产极为不利,急需改正。

前面提到"翻烧饼"也把太原路局搞得一团糟。中央根据山西省委解决太原路局问题的经验,发了一份文件。我们根据这个文件精神,对二十二个主要站段的领导班子做了必要的调整。其程序为,先由分局党委常委开会讨论调整方案,然后再报局党委常委讨论批准。应该指出的是,此次调整是根据党中央精神办的,即在大批"右倾翻案风"的形势下,涉及到了一些对运动不理解而"转弯子"慢的同志。

我到路局时,根据党中央的指示,"转弯子"的工作已进行了四个多月。对唐歧山是否逼一些同志"转弯子",我是不清楚的。但对在运动中"犯了错误"的干部,我的态度是很明确的,即诚心地帮助他们"转好弯子"。局党委一再强调,"转弯子"慢的老干部,不是调整领导班子的对象。由于我忙着抓运输业务,对这项工作接触的也很少。但我知道,受到批判的老干部,大部分原职未动,被调整的,多数是在保持原职位的情况下,调换地方或调换单位,不安排工作或降职的是极少数。

尽管纪登奎一再强调,我回郑州局的任务之一是"集中火力批邓",尽管铁道部、河南省委决定在郑州路局"批万连邓",但由于当时路局的运输生产实在是焦头烂额,我把搞政治运动的任务交给了路局的政工部门,而我则不是到这个分局,就是去那个站段跑东颠西地抓业务。到头来,我没参加过一个"反击右倾翻案风"的群众大会,更谈不上什么大会发言了。

漫长的文化大革命

在全国"批邓"的形势下,我的确发过"邓小平整我是第二次了"的牢骚话。第一次是指在"大跃进"期间,我被定为犯了"右倾机会主义"错误一事。当时,邓小平是中共中央总书记并主管工业。张霖之在煤炭部的大会、小会上批判我,撤消了我的党组副书记、常务副部长的职务。1962年我被正名后,张霖之又向中央闹着吵着说:"在煤炭部,有我没他,有他没我!"于是,党中央决定把我这个"老煤炭"调离了煤炭部。若读者有兴,不妨读一读《当代中国丛书——当代中国的煤炭工业》的第一、二章[35],以及《中国煤炭工业——二十八年史稿》的第二至第四章[36],便可以大概了解一下当时"大跃进"和批"右倾机会主义"的运动是多么之错误,给国家和人民带来的损失是多么之骇人听闻。

第二次,系指1975年6月我在郑州铁路局被万里撤职一事。张广友报道说:"1月28日,万里刚刚上任10天,邓小平就召见万里听取情况汇报"[27]。在整顿铁路的过程中,邓也少不了把万里招去听汇报。万里是否将我的真实情况反映给邓,我不好说。但对我这样一个党内高级干部的罢免,没有邓的认可万里是拍不了板的。

于是,两件事的共同特点有三:一. 邓小平是听取汇报的领导人,也是决策人;二. 被践踏的人是我,同一位党的资深干部;三. 在听取汇报后,没向本人了解真实情况,使我蒙受了不白之冤,受到了不公正的惩罚。对此,我自然有怨气,在大张旗鼓"批邓"的历史条件下发了牢骚,此乃人之常情。

其实,我的遭遇是党内严重缺乏民主的具体实例。无论是当时,还是当今,我都殷切希望,党的领导应以国家和人民的利益为重,公正地对待自己的每一个干部和人民,避免冤案发生。

发生在我重返路局之前的"四·三"案件

1976年4月3日,我正在北京等待分配工作。据说,郑州铁路局部分职工举行了悼念周总理的活动。两天之后,即4月5日,北京市民也举行了悼念周总理的大规模群众活动。然而,党中央,毛主席将北京的活动,定为是"攻击伟大领袖毛泽东"的"反革命事件"("四·五"天安门事件)。在这个大前提下,纪登奎授意刘建勋、唐歧山将郑州路局职工的悼念活动,也定为"反革命案件"("四·三"案件),并要求对一些"肇事者"进行追查。后来听说,由于大搞逼、供、信,导致一至二人死亡,数人受伤(有关此事,我至今也没搞清楚)。六月二十四日(即"四·三"案件发生了二个半月之后),也就是我复任后的第六天,局党委听取了关于此案件的汇报。会议结束之际,我代表党委要求专案组抓紧时间将事件的原委调查清楚。

1976年8月12日,在抓运输生产的百忙之中,我又主持了一个局党委会,专门讨论"四·三"案件的性质和对"肇事者"的处理问题。除了党委常委外,出席会议的还有国务院帮助组副组长崔修范、栗占华、省委工作组组长张学清、以及省公安局的负责人等。由于我对案件的来龙去脉一无所知,只是听会。在讨论时,各方领导一致认为,它是少数人借悼念周总理为由挑起群众斗群众的"反革命事件"。既然大家都如此认为,我当然也无异议。在这个前提下,几方领导又讨论了对参加"四·三"案件的刘某某、程某某两位同志(我回郑州路局前,他们已在押)的组织和行政处理意见。与会人员一致同意将他们开除路局、党籍。会后,局党委将这些意见上报了省委,不久获得了批准。"四人帮"被打倒后,"四·五"天安门事件的得以平反,"四·三"案件和受其牵连的人,也就随之被平反了。

这里我想进一步探讨本人误认"四·三"为"反革命"案件的主、客观原因。主观原因,是因为我常犯"右倾"错误,为此吃了不少苦头,故不断告诫自己,一定要相信、紧跟党中央和毛主席,于是犯了盲从、迷信领导的错误。客观原因,是陌生工作环境的局限性,以及两次被派到郑州铁路局当领导的不连续性。我在1973年9月第一次到任时,一下火车就碰上了对各级领导层的调整和配备。当时,我对路局的情况一无所知,只能同意省委和交通部领导们事先定好的调整方案。为此,万里指责我"把'造反派'放到了领导岗位上",并以此为据,给我扣上了一顶"支持派性"的帽子。第二次来郑州路局时,又碰上处理"四·三"案件的遗留问题。由于案件发生时我不在路局工作,对它的前因后果一无所知。复职后,我得到的信息全部来自他人之口。更重要的是,党中央、毛主席为"四·五"天安门事件定了性。在这个框架下,河南省委自然跟着走——早在我回郑州之前,就把"四·三"案件定成了"反革命事件"。在这种政治环境中,我盲目地随了大流。当然,要想与大形势唱反调,我倒不是没有这个魄力,但得花时间了解掌握事实呀!在我为畅通运输而忙的团团转的当口,哪里有一点点时间去调查一个陈案?于是我同意了各路领导们的建议。

华国锋一举粉碎"四人帮"

1976年9月9日,毛泽东与世长辞。根据他生前颁布的旨令,接班人华国锋成了中国的统帅。一代天骄的永垂,使投鼠

漫长的文化大革命

忌器的忧虑烟消云散,以华国锋为首的党中央,决定清算"四人帮"。10月6日,中央政治局采取断然措施,将江青、张春桥、姚文元、王洪文实行隔离审查。我当然坚决支持华国锋的英明决策。此后,中央分批、分期召开了"打招呼会"。据说,每次会议都是由华国锋主持,华国锋、叶剑英作讲话。

很快,我也听了对党中央"打招呼会"的传达,得知华国锋在讲话时手中拿着三份毛主席的手稿:一份是"慢慢来,不要着急"、"照过去方针办"、"你办事,我放心";另一份是"江青干涉太多了。单独召集十二省讲话";再一份是关于江青要求印发"风庆轮"问题的材料(在华国锋为此向毛主席写了请示报告后,毛批示:"不应该印发。此事是不妥的。")。华在"打招呼会"上着重讲述了毛主席写第一份手稿的历史背景:"……'慢慢来,不要着急'和'照过去方针办',我在此后召开的政治局会议上作了传达,'四人帮'当时都在场。'你办事,我放心'我没有传达。毛主席逝世后,'四人帮'急于篡党夺权,他们密谋策划,把毛主席写的'照过去方针办'的工作指示,篡改、伪造成'按既定方针办'的毛主席临终嘱咐,在报纸上大造反革命舆论。"

10月18日,中共中央发出《关于王洪文、张春桥、江青、姚文元反党集团事件的通知》,即中央<76>十六号文件。粉碎"四人帮"反革命集团的胜利,标志着历时十年的"文化大革命"内乱的结束。对此,我求之不得。

由于"照过去方针办"是毛泽东的嘱托,华国锋认为"批邓、反击右倾翻案风"是毛泽东生前定下的"方针",应完全照办,故在各种场合下,华仍然强调要把"批邓、反击右倾翻案风"的运动继续下去。所以,郑州路局党委除了掀起了揭发、批判"四人帮"的运动外,其他工作无大变动。

"四人帮"倒台后，根据党中央<76>十六号文件精神，路局党委决定把在洛阳分局闹事的王某某拘留起来，并对邢某某、李某某等人实行了隔离审查。但是，由于省委在传达党中央"打招呼会"精神时没有谈及"四人帮"在各省的"代理人"，故揭批"四人帮"将如何在省内落实的问题，尚无明确答案。但当时已有人质疑唐歧山紧跟"四人帮"的问题。

10月15日，在省委传达党中央关于揭批"四人帮"文件的群众大会上，唐歧山出现在主席台上，使我一时搞不清应如何对待他，于是认为还是请示省委为好。10月19日，路局党委准备开一个广播大会，向全路局传达党中央关于揭批"四人帮"的文件。开会之前，我和张学清因应如何对待唐歧山的问题请示了省委领导。刘建勋说，中央没有指示，唐歧山应照常工作，并要求我们请唐主持这个大会。在局党委会上，我们拟定了大会的讲稿，委员们也讨论了由谁主持大会的问题。根据历次开全局大会的惯例，或者是由我主持大会，唐歧山讲话，或者是由唐歧山主持，我讲话。根据刘建勋的意见，党委决定由唐歧山主持会议，我讲话。但党委委员们的心里对此安排有些打鼓，预感到这可能会给揭批"四人帮"的群众运动带来负面影响，故在大会后，没有让唐参加群众游行。

不久，路局里出现了群众给唐歧山张贴的大字报、大标语。就此，局党委又请示了省委。刘建勋说，为了集中精力批"四人帮"，这些大字报、大标语应被覆盖。局党委执行了这一指示，以至群众指责我们"包庇"唐歧山。其实，党委绝没有这个意思，我当时认为，党中央和省委对揭批"四人帮"的运动是有部署的，应谨慎地按上级指示办事。

后来，由于考虑到群众的要求和情绪，我和张学清同志又多次请示省委应如何对待唐歧山的问题。11月1日，省委对

漫长的文化大革命

唐实行了"留省学习",在此期间,刘建勋要求路局党委给他刷大标语。由于上级领导没有讲明大标语的具体内容,这使局党委很为难。于是,在我、张学清以及路局政治部的同志一起商议之后,拟定了八条标语,由政治部发到各单位。结果是,群众说局党委"别有用心"地束缚了他们的手脚。

11月16日,在路局党委常委扩大会议上,刘建勋等主要省委领导人到会讲了话。他说:"路局的整个工作是好的,成绩是主要的,和唐歧山是有斗争的。"同时他还讲了两个区别:"要把唐歧山的问题和路局党委区别开来,要把唐歧山的问题和广大新干部区别开来。"对刘的讲话,我是很赞成的。会后,路局党委常委对大会的精神进行了讨论,一致认为郑州路局深受"四人帮"之害,集中火力揭批"四人帮"和唐歧山是当前的大方向。在运动中,群众给路局党委贴了大字报。我认为,路局党委与"四人帮"毫无瓜葛,而这种做法干扰了当前斗争的大方向,故给与了批评。为此,有些人抱怨我压制了群众。

1976年11月19日,李先念等中央领导同志要求郑州路局加强党的统一领导,加强组织性、纪律性,在揭批"四人帮"的斗争中使日均装车量达到三千车。对我们来说,这个任务相当沉重。为了急于完成这个任务,我、张学清、局党委书记龙一兵马上到了形势最差的洛阳分局。分局党委汇报说,该局调度所的部分职工,违反调度纪律,在值班时擅自离开调度台,严重影响了运输生产的正常进行。为了纠正这一现状,我们召开了分局党委常委会,经讨论研究后,做出改组调度所领导班子和责令支部书记等六人离职检查的建议。这项建议立即被报到郑州路局党委,在得到常委同意后,又报到了省委并得到批准,并由局党委书记郭文学宣布了改组方案。后来,我们的努力被指责为"打击革命派"。

尽管我们的努力没有换来所期待的运输生产之反弹，但阻止了其进一步的下滑。应该指出的是，当时全省大部分的国营工厂已陷入瘫痪状态，这对我局的工作是一个相当大的负面影响。路局12月份的装车仅为二千六百辆，以李先念要求的月装三千车的指标计算，完成了86.7%。对不了解情况人来说，此数字很糟糕，但我以为是不错的。因为在当时，只有我们这些为了完成任务而日夜奔忙的局领导、省委工作组的同志们，才能体会到"束手无策"和"无能为力"的真实含义。大家都清楚，路局积重难返的局面，不是一个徐达本，一个张学清使尽浑身解数就可以扭转得了的。我很明白，无论怎么拼命，在短期内换不来我第一次到郑州铁路局工作时所取得的成绩。这个败局，是"文革"各派你争我斗的必然结果。

1976年12月底，党中央决定派铁道兵付司令员郭维城同志军管郑州铁路局。随他而来的，是支援郑州路局工作的大批官兵。对此，我非常欢迎，因为本人总算可以离开这个"风口浪尖"，结束历时仅六个月的二顾郑州铁路局。

在与郭维成副司令接交完工作之后，我对他说的最后一句话是："一定要把运输生产搞上去！"

我又被调回中组部。

回到北京后，我再次到中组部的"三处"报了到。（当时"三处"的处长仍是张长庚。后来他被调到铁道部任政治部主任。"三处"随之改名为调配局，由孟连昆任局长。）

我第三次寂守家中，等待分配工作。

第十章 文化大革命的惯性

我再次遭到残酷批斗、多年审查

华国锋、叶剑英顺应民意,粉碎了"四人帮",在理论上结束了漫长的十年动乱。当时,我相信新的党中央能够重整旗鼓,团结各级干部和全国人民,重建家园。

"四人帮"倒台后,党中央马上在全国开展了揭发、批判"四人帮"的罪行,清查"文革"中与"四人帮"有牵连的人和事,清查各派群众组织中"三种人"(指"文革"中造反起家的人、帮派思想严重的人和打砸抢分子)的"揭、批、查"运动。

为了控制局势,华国锋信守毛泽东"照过去方针办"的嘱托,继续推进"批邓、反击右倾翻案风"运动,拒绝给邓小平平反,表示要"集中批'四人帮',连带'批邓'"。他的这种做法,不符合全国人民和党内很多领导干部及党员的意愿。

1977年3月14日,华国锋在中央工作会议上再次拒绝了陈云、王震等提出的请邓小平复出的要求。但是,以叶剑英为首的大批军队和老资格领导人,纷纷表态支持邓小平,以至华国锋无力阻止邓小平的再度复出。

巨大的政治压力,使华国锋对"反击右倾翻案风"的态度,突然来了个一百八十度的大转弯。这可以在冼恒汉所著《风雨八十载》一书中略见一斑:"就在1976年9月毛主席逝世,我到北京参加吊唁活动,遇到华国锋时,我还请示他说:'兰州铁路局可能要出点麻烦'。华国锋当时说:'兰州铁路局问题是今年2月定的,是经过中央政治局通过的,毛主席同意的,还要继续执行。有人找麻烦,还是照此办。'纪登奎还插话说:'中央作过结论的问题,绝不能翻,如果要翻,就是右倾翻案风,坚决给以回击。'

10月,在粉碎"四人帮"的打招呼会上,我再次请示华国锋、纪登奎,铁路局的案能不能翻,怎么办?纪登奎同志当着我的面问华国锋:'老冼问,这次铁路局的案能不能翻?'华国锋明确表示:'不能翻!'并再次强调,铁路局的案是经毛主席批准的,不能翻[31]。

……

可是没过几个月,华国锋的态度却发生了一百八十度的大转弯,将他原先的指示和表态全盘矢口否认……"[31]

这个变化,是与当时党内高层的政治气候分不开的。因为我无帮无派,对党内高层的权力演变是一无所知的。1977年7月21日,党中央十一届三中全会作出决议,恢复邓小平中央政治局常委、中共中央副主席、中央军委副主席、国务院副总理、中国人民解放军总参谋长等一系列职务,并正式宣布了"批邓、反击右倾翻案风"运动的结束。在这个会上,追认华国锋为中央军委主席。此时,尽管党、政、军大权集华于一身,但他在党内权力的天平上,却无足轻重。

由于邓小平的复出,万里出任了安徽省委的第一书记,段君毅出任铁道部部长。

据说,郑州铁路局在经过了一段军管之后,又恢复了路局党委,任命了新的局党委书记和革委会主任,由他们领导肃清"四人帮"流毒的群众性清查运动。但我怎么也没想到,本人竟然成了这次清查运动的对象!而这个运动对我身心的摧残,与"文革"相比,是太有过之而无不及了。

1977年6月,郑州铁路局的政工人员闯进了我的家说,我

文化大革命的惯性

在河南犯了"滔天大罪",还说他们已经请示了中组部,同意我回路局"说清问题"。紧接着,我被勒令立即同他们前往郑州。对此,我没有一点儿思想准备。当时,只有我和爱人在家,在忙乱之中,爱人把几件换洗的衣物塞进一个小包里,让我带着。她问这些陌生人将如何与我联系。他们愤愤地回说:"你就等通知好了"。临行前,爱人对我说:"孩子们都长大了,你放心去吧,我相信一切都会说清楚的!"我无言的点点头。我也坚信,党中央一定会对我在郑州的工作做出正确的评价。

上了停在家门外的轿车,我被直接拉到了北京火车站,登上了去郑州的火车。到了郑州后,我被关押在省委招待所的一间小房里,由三个人轮流看管——我失去了人身自由。我被告之,不许家人探视,但可以与家人通信。

这时,郑州铁路局成立了审查我的问题的专案组。同时,中纪委的两案审理办公室(专为审理林彪、"四人帮"反党集团而设,简称"二办")也组成了审查我的问题的专案组。后一个专案组的成立,对我是一个巨大的精神压力,因为只有在"敌我矛盾"的情况下,才受到"二办"的审查。我不断自问,在郑州铁路局一味地"抓革命,促生产",换来的就是被列入"二办"的审查名单?这岂不是天大的笑话?!但我心里很明白,是有人执意要整我。尽管如此,我还是相信党中央在了解事实真相后,会为我恢复名誉。

其实,让我回郑州铁路局"说清问题"只是一个文明的托词而已。自从到了郑州后,我每天都在重温着曾在"文革"时所饱尝过的经历——无休止的批斗和逼我承认莫须有的"罪行"。在近十个月的时间里,我被频繁地押送到各个铁路分局、站段接受批斗,一斗就是大半天。这还不够,我还被押到所属单位批斗,例如,路局所属的大学、专科学校、甚至小学校!从孩子们的眼神中,我能体会他们幼小心灵的困惑——为什么这位慈祥的老大爷受到了如此的残暴待遇?在批斗会上,发言的人们无不为我编造了太多"罪行",并大声向我吆喝:"徐达本!我说的对不对!?你承认不承认你的罪行!?"每当此时,我都会大声回答:"你说的不对!我不承认!"

与对待"文革"时八机部"造反派"为我组成的"专案组"一样,我的态度仍是你说你的,我说我的,信守自己的一贯原则——不畏打压,实事求是,绝不接受胡乱扣在本人头上的各种"帽子"。于是,我再度成为"死不低头认罪、死不悔改的走资派"。

但这里我要说明一下,"专案组"的成员和看守我的人,对我还是很客气的,不与我"找麻烦"。周末时,在看守们的监视、"陪同"下,我被允许去附近的自由市场转一转。记得一次,我买了一双布鞋,他们说我年纪大了,还帮我提着。可以看出,他们对我没有任何恶意和敌意,只是在执行领导交给的任务罢了。遗憾的是,这双布鞋有点挤脚,但为了不麻烦看守们,我只好将就着穿了。

尽管允许我去自由市场,但对亲朋来访可就控制的非常严了。在省委招待所在押期间,儿子井平曾想来看我,但他的请求被"管事人"驳回。最后,他费了九牛二虎之力,不知找到了哪位"省委大人",才被允许见到我。

而老朋友赵子尚,可就不吃那一套啦。他对大门口的警卫简言说,他是从中央来的,要见徐达本。门警一看他大腹便便,像个大首长,似有来头,就放了行。子尚一进楼,就操着浓浓的平山腔大喊"徐达本!徐达本!"正在三楼软禁的我,听见吆喝声,马上迎了出去。老朋友突然出现在我身陷囹圄之时，瞬时的反应是又惊又喜，但即刻袭来的是无言的屈辱。我冲过去，紧紧握住了子尚早就伸出来的双手，悲喜交集，喉哽语噎，止不住夺眶的泪水。

由于有看守在旁，我们不便多谈。我对子尚说："我是一个问心无愧的老共产党员，党中央迟早会还我清白。"

批斗大会的规模比"文革"时还甚

深秋的一天，专案组人员通知说，我得与他们一起去一趟北京。这个消息使我异常兴奋，于是马上提笔给爱人写信，让她将这个好消息转告所有的家人，盼望着，或许能有机会与妻子和儿女们见上一面。由于不知道赴京的理由，我也暗暗揣摩，不知此行，是凶还是吉。

这天终于盼到了。

大约是晚间九、十点钟，一群公安人员前拥后推地将我押进了一辆轿车。我坐在后座上，一边一个武装警察。坐在前排座椅上的，也是一个武警，并不断地用无线步话机与什么人用暗号通话。通话中，我知道我的名字被数字取代。显然，这些人把我当成了"罪犯"。也许是怕我逃跑吧，我所乘坐的车，被夹在一队车的中间，浩浩荡荡地直趋印满了我的足迹的郑州火车站。

我们的车队直接开进了月台。当车刚一停稳，我就马上被两个武警架着押进了车厢。这是一个软卧间，车窗被厚厚的窗帘掩盖着。我一屁股坐在了床铺上，而两个武警则坐在了对面的床上，毫无表情、目不转睛地盯着我。我想，这下子他们是要熬夜了。此时已近夜半，我躺了下来，想着不知将迎来的是一个什么样的明天。但很快，火车的隆隆声渐渐远去，我沉

文化大革命的惯性

沉地入睡了。

第二天早晨八、九点钟，列车驶进了北京站。车停定后，武警们勒令我不要动。只听见外面一片呼叫，然后我又被前拥后推地架下了车厢。一、二秒钟后，我已被塞进了事先停在月台上的一个轿车的后座上，又是一边一个武警，将我紧紧地夹在中间。后来，女儿平平对我说，她为了要见我一面，向我问个好，早早地就到了火车站，在月台上等候时，目睹了这个如临大敌的阵势。就在我被推进汽车的一、两秒钟的瞬间，女儿看到了我。目送着扬长而去的车队，平平立即返回家中，给铁道部打电话寻求我的下落。接电话的对方说："你父亲是反革命，你得和他划清界线！"平平哪里听他吆喝，马上反驳说："我爸爸是好人！你才是反革命！"随即挂断了电话。

我们的车队在西郊体育馆门前停了下来。我被一群保安人员拥进了体育馆。体育馆的前厅里贴满了大标语，大多起始于"打倒×××"、"大批、大揭×××"的字样，也不乏看到我的名字，有的还是倒着写的。到处喊"打"的场面，我在"文革"中经历的太多了，但如此大的规模，对我来说还是第一次，我意识到，这场所谓对"阶级敌人"的"清查"运动比"文革"更为严酷。

此时我意识到，一个规模可观的批斗大会即将召开。而从远道被押送到这里的我，则将是众目睽睽的被批斗者。对我来说，倍受凌辱已是家常便饭，但这个大会的形式和地点，确不寻常。我不禁自问，本人到底做了哪些对不起党和人民的事情？得到的答案仅是一个硕大的"否"字。在远离家人，只身将全部心力倾注于力挺郑州路局的运输生产时，我得到了满意的回报。为此，赋予我的不是褒奖（我没期待任何褒奖），而是残酷的批斗！但面对如此扭曲的现实，我却很是坦然，因为"没

文化大革命的惯性

做亏心事，不怕鬼叫门"。

但是，确有一个疑问不断在我的脑海里回旋着：为什么万里无视我的工作成绩，一定要以我惩治邢某某不得利为借口对我穷追猛打呢？从表面看，我所面临的一系列困境，仅仅是由于我没有遵照他的旨意而已——将邢开除党籍，交给群众批斗。

面对即将召开的万人批斗大会，我的心很平静，同时想着，还是既来之，则安之吧，利用这个机会，也好听听万里又强加给我了一些什么新的"罪名"。

下午两点，批斗大会宣布开幕。

被批斗的我和其他人一起被押了上场，在一片"打倒×××、×××……！"声中，一列地站在了场地的中心。大会主持人是新上任的铁道部部长段君毅。记得与黄敬同去冀鲁豫边区工作时，尽管组织决定由我取代段君毅行署副主任的职务，改任他为二地委的党委书记（即他成为万里的顶头上司），但我与他保持了很好的工作关系。在主席台上就位的，还有"文革"之前的老铁道部部长吕正操，副部长刘建章等。想当年在冀中区工作时，黄敬是区党委书记负责党务，吕正操是军区司令员兼行署主任负责军务，我是行署副主任负责政务。党、政、军三个负责人合作的相当好，工作搞得很不错。谁会料到，在近四十年后的一天，也是文革结束后的一天，当年的老战友、老部下竟相见于对我的人格侮辱至极的斗争大会！这一切都是为了什么？是为了协助某人与我"算总账"吗？

此时已是安徽省委第一书记的万里没有出现在主席台上。是啊，由别人做"钟馗"去打"鬼"，不是更客观，更有效，更万无一失吗？

和我一起被斗争的，还有前铁道部副部长郭鲁，前中央

文化大革命的惯性

委员、河南省委常委、郑州铁路局书记唐歧山，柳州铁路局局长、兰州铁路局局长等。当然，这些人都各有各的"罪行"。

我的罪名还是在郑州批斗时听腻了的老一套："四人帮的走狗"、"四人帮的爪牙"、"支持派性"、"执行了典型的刘少奇路线"等。尽管当时党中央已正式宣布"文革结束了"，但这次批斗大会恰恰表明，会议的组织者们还在自觉或不自觉地走在"文革"的老路上，沿袭着"造反派"的作风——不问青红皂白地将一个无辜打翻在地，再踏上一只脚。

大会进行了大约三个小时之久后，在一片"打倒×××、×××……"的呼声中宣告结束。我又被推搡进了一辆备好的轿车。根据这个批斗会的架势，我渴望与家人相见的念头，已消失的无影无踪。果然，"北京火车站"几个大字出现在眼前。我知道，自己又要被送回郑州，重温那囚禁与挨斗的日子。但我不知道的是，这种难挨的日子，几时才能了？

后来，爱人告诉我，全家人、亲戚和朋友们都明白我是"好人挨整"，无不在为我的处境担忧。后来得知，那是一个纪录实况的拉线大会。段君毅在全国铁路系统设立了众多的分会场，与会者共计几十万余。听很多老朋友说，段还邀请了中央各部委的负责人到现场为他新官上任三把火的盛势助威。我怎么也没想到，段君毅竟被谎言埋没得如此之深。

八机部的一个朋友，在实况转播时见到了我。他马上给还蒙在鼓里的爱人挂了电话，气急败坏地说："铁道部在开大会批斗徐部长！我看他穿的太单薄，你一定得给他送些过冬的衣物啊！"这个突如其来的消息，使赵毅的脑子炸了锅。她万万不能相信，这个段部长、多年的老相识，竟然对老徐如此无情！谁说"文革"已经结束了？不还是先把人斗倒了，再做理论！她不假思索地连连说："谢谢，谢谢，好，好，好！"

当爱人挂上电话后，才想起忘了问那人的名字。她定了定神，自言自语地说，"我们老徐可是个好人，你们斗他，天理不容！"

从箱子里翻出了为我过冬的衣物。赵毅一刻不耽误地跳上了公共汽车，去了中组部调配局，请求尽快将这个包裹交给我。

据说，"文革结束"之后，开数十万人批斗大会的仅有两家——铁道部和卫生部。也许是因为这种场面太易唤起人们对"文革""极左"的恐惧吧，从那以后，党中央下令，禁止各部委召开类似的批斗大会。

因病被"释放"，耐心接受审查

回到郑州后，我又被关了起来。

1978年初，我的脖子两侧日益肿大起来。在我的要求下，我被押送到郑州铁路医院检查肿大的原因。结果是我的甲状线出了毛病，而且不排除恶性腫瘤的可能性。医生建议，尽快去北京的大医院做进一步检查，必要时应做切除手术。

3月中，郑州铁路局将我的健康情况向中组部做了汇报。中组部同意了医生的建议，允许我回北京就医。由于我有"政治问题"，不能享受副部级医疗待遇，要想马上住院是相当不容易的。这可把爱人急坏了。她到处托人找关系，费了许多周折，终于让我住进了北大医院一间可容纳六十人的大病房，并说好由外科主任李通大夫为我做检查。李主任确诊我患了甲状线瘤，认为无论是良性还是恶性，都应马上摘除。

我和家人都明白，这病起因于身心的饱受折磨。在手术之前的几天里，为了使我心静，家人都只字不提与郑州路局

文化大革命的惯性

有关的任何话题。在宁静之中，我能体会到爱人和孩子们的焦愁，而回旋在我脑子里的，只是一个念头——我必须活下去，讨回自己的清白。

在手术台上得到的是好消息——瘤子是良性的。医生说我会很快恢复健康，这使合家如释重负。一个星期后我出了院，遵照医嘱，在家中静静养息。

一听说我已出院，郑州铁路局党委马上派人来到北京，准备押我回去继续接受批斗。这个"非人"的动议，遭到了中组部的拒绝。后来方知，中组部早在二月中下旬就接到了河南省委组织部的介绍信说："中央组织部：徐达本同志在郑州铁路局的问题已讲清，现介绍回去，请接洽。此致，敬礼，中共河南省委组织部（公章），1978年2月21日"。就这样，我幸运地被河南省委和中组部保了下来。

郑州铁路局作罢之后，我的组织关系从河南省委组织部正式转至中组部的调配局，并在那里过组织生活。同时，"二办"的专案组继续负责清查我在郑州铁路局工作时出的"问题"。为了方便组织了解真实情况，我写了很多材料，并对工作中失误的地方，做了多次书面检讨。我是一位老党员，老干部，深知在"四人帮"倒台后的大规模群众性清查运动中，很容易出现过左行为，。而历行十年之久的"文革"，把"殘酷斗争"、"无情打击"视为"时髦"的"革命手段"，所以在它结束之际，那些侮辱人格，践踏人性的"造反派脾气"尚有极大的市场。所以，我对施于自身的过火行为，持宽容态度，并明确向党组织表示，本人一定会坚持实事求是的态度，耐心接受审查。

1977年12月，胡耀邦同志任组织部部长。1978年秋，他批准了调配局向组织部提出的申请，送我去中央党校高级班学

文化大革命的惯性

习一年。毕业后,我又回到了中央组织部调配局,继续等待弄清"问题",分配工作。

没想到,对我的审查一下子搞了六年多!在这期间,铁道部政治部、郑州铁路局党委先后为我编制了很多份有关我的"错误"或"罪行"的材料。例如:

1979年5月9日,铁道部政治部派人送来了没有机关签署的《徐达本同志主要错误事实》;

1979年12月,郑州铁路局党委编制的《关于徐达本同志所犯严重错误和罪行材料》;

1980年10月14日,郑州铁路局党委编制的《关于徐达本同志犯严重错误的材料》;

1981年2月13日,郑州铁路局党委编制的《关于徐达本同志犯严重政治错误的材料》;

1983年4月23日,郑州铁路局党委编制的《关于徐达本同

八十年代初在北京家中。徐达本正在撰写有关在郑州铁路局工作时的材料。

文化大革命的惯性

志所犯错误的审查结论》（《审查结论》，见附件2）。

说实话，在每一份文件里，都充满了"文革"中无限上纲上线的火药味儿。对此，我是绝对不能接受的。我拒绝在任一份材料上签署"同意"的字样，以示保留自己的不同意见。与此同时，我还立刻针对每一份材料，提出了书面意见，用事实驳斥了其中的无稽之谈，并将它们一事三份，送到中纪委的"二办"、河南省委和郑州路局党委。另外，我也将有关材料，送到铁道部政治部。如果读者感兴趣的话，在本书的《附件》部分，可以详细了解我对《审查结论》的不同意见(附件3)。

此外，还有一件事令我不可思议。1978年12月18日至22日，在党的十一届三中全会上，纪登奎做了一个上推下卸的"痛心检查"。在他谈到郑州铁路局的问题时说："更为错误的是处理徐达本的问题。徐达本在郑州铁路局搞派性，本来1975年把他调出来我是同意的，但1976年又把他派回去了。崔修范、唐歧山和徐达本几个人结成一伙。郑州铁路局越搞越乱。"纪登奎如此讲，只能证明他是一个不敢面对事实、不敢承担责任的懦夫。但正是这个"痛心检查"，使纪登奎很容易地过了"关"。

我前面曾经讲过，在党中央、国务院第一次派我去郑州路局工作时，继李先念与我谈话之后，纪登奎将河南省的情况向我作了介绍。当时他反复对我说，刘建勋是毛主席、周总理肯定的革命干部；唐歧山是毛主席、周总理肯定的革命"造反派"，是淳朴忠厚的老火车司机，是革命的新生力量。纪登奎多年来在河南省工作，是"二•七公社"力保的地、市级干部，我理解他与河南"造反派"结下了生死存亡的情谊。但对"河南盲"的我来说，他的一席话只是上级指示而已。其实，对河南的派性，唯有纪登奎知道的最清楚，他也是最

文化大革命的惯性

维护"二·七公社"的中央领导之一。遗憾的是，在三中全会上，他将我和唐歧山绑在一起是很不合乎情理的。因为他明知道，是他指示我"要团结唐歧山做好工作"的，如前所述，我与唐仅仅是工作关系。1975年6月，万里反对资产阶级派性时，纪登奎同意万撤我的职，不正说明我对唐歧山的支持是苍白无力的吗？是令他不满意的吗？否则，他怎么会忍痛割爱我这个"羔羊"？

其次，纪登奎指责我与崔修范、唐歧山"结成一伙"把"郑州铁路局越搞越乱"，就更是牵强附会、不合逻辑了。

俗话说："世上无难事，只怕有心人"，我自信是一位"有心人"。幼年的家教和青年时代的校训，造就了我知难而进、万事不苟、向困难决不低头的品性。自参加革命时起，我辛苦本分地为党和人民工作着，对交给我的每一项任务，就是不吃不睡，也得想尽办法去完成。与我一起工作过的同志们对我的这种工作作风无不熟悉，都说我是一个脚踏实地、吃苦耐劳、精明强干的业务干部。令他们更钦佩爱慕的，是我敢于为维护国家和人民的利益坚持己见、不畏打压的良知。当中央再次派我到郑州路局时，我本能地向那里的混乱局面挑战，与国务院帮助组、省工作组的同志们一起日夜操劳，废寝忘食，稳定住运输生产不再下滑的局面。在当时能做到这一点，绝非容易。对此，纪登奎是很清楚的，他对我的指责，不过是既骗自己，又骗他人罢了。

于是，在党的十一届三中全会上，我再度成了"替罪羔羊"。其实，纪登奎因毛泽东的赏识步步青云的"文革佳话"家喻户晓。他的高位，使其一举一动、一言一行都纪录在案。我希望终有一天，这些历史档案将被公布于众，对他在三中全会上做检查的历史背景，或可能的政治交易，给出一个详尽的

文化大革命的惯性

交代。

我始终认为，纪登奎为了迎合个别人的需要，为了保住自己的官位而嫁祸无辜的做法，是很不正派的，其灵魂应受到鞭挞，其良心应受到谴责。

1983年，"二办"审查我的工作终于在第七个年头结束了。此时，我已是七旬的老人了。"二办"主任刘鸣九同志（我在冀鲁豫边区行署工作时，他是那里的交通局付主任，故对我的为人很是了解）与我谈话说："你的情况已经调查清楚，犯的是一般性错误，即认识上和执行上的错误，我已打了报告，拟由中组部分配工作。"这个意见，是符合党中央的精神的，因为早在1980年2月23日发出的中纪二办密字<1980>25号文件中，就已经对揭批"四人帮"斗争中受审查人员的定性处理问题做出了明确规定。文件指出："受审查人员中属于说了错话，做了错事的，只要把问题说清楚了，认识错误，接受经验教训，可不作审查结论，不给纪律处分。"

刘鸣九的一席话，令我如释重负，想着，万里所谓的与我"算总帐"终于到此结束了。但没想到的是，中组部始终没为我分配工作。

刘鸣九主任离休后也在文津街俱乐部活动，相遇时我曾问他："你对我说过，你将我的事情送交中组部处理，为啥没实现呢？"他说：""二办"向中组部调配局打了三次报告，请他们为你分配工作，但都未能奏效。因为万里批示'不同意'"。

在我又一次与他闲谈时得知，由于听说河南省"揭、批、查"运动搞得太"左"、太"扩大化"（当时，由于刘建勋领导此运动不得力，已被段君毅和刘杰取而代之（两人先后为省委第一书记或省长）），七十年代末、八十年代初，胡耀

文化大革命的惯性

邦曾派他到河南省做些调查研究。于是刘主任去了他的河南老家——范县。他在那里不乏熟人，经过历时半年的蹲点调研，取得了大量的第一手材料。回京后，他给胡耀邦写了一份总结，报告了在河南时的所见所闻，证实了那里"揭、批、查"运动"扩大化"的传闻。

使我不能忘记的，是刘鸣九在去逝前不久对我讲的一句话："你的问题，一直拖着未能解决，是因为有人阻拦，对此，我很遗憾。"虽然这次他没有点破此人的名字，我心里自然明白，他指的是万里。其实，不光我自己，就连我的很多朋友，都是如此认为的。有些朋友曾劝我："俗话说，'大丈夫能伸能曲'，你不如去敲敲万家的大门，当面给他陪个'不是'，请他'多多包涵'，这灾兴许就躲过去了。"对这个好心的劝告，我仅抱以一笑，它不是我的伦理道德所能接受的。

1990年9月27日，刘鸣九带着对我的同情，到另一个世界去了。他的离去使我非常悲痛——我失去了一个善解人意而又直言的战友。我们的党，失去了一位诚恳、坦率、与人为善的老党员。

祸从"天"降

在无端对我进行审查的七年中，党中央的人事和政治风向发生了翻天覆地的变化。例如，在1980年2月召开的十一届五中全会上，中共中央主席一职被取消，恢复了中央书记处总书记的职务。会议选举胡耀邦为中央委员会总书记，万里为中央书记处书记。由于华国锋继续肯定文化大革命的理论和政策，提出了"两个凡是"（即指"凡是毛主席作出的决策，我们都坚决维护；凡是毛主席的指示，我们都始终不渝地遵

文化大革命的惯性

循"），被指责为"执行了极左路线"。同年9月，华国锋辞去国务院总理之职。

在1981年6月27至29日举行的十一届六中全会上，与会者一致通过了《关于建国以来党的若干历史问题的决议》，肯定了毛泽东的历史地位和毛泽东思想，评价了建国三十二年来的功过是非，彻底否定了"文化大革命"和"无产阶级专政下继续革命"的理论。全会一致同意华国锋辞去党中央主席和中央军委主席职务的请求。从此结束了为时不到五年的"华国锋时代"，同时选举赵紫阳、华国锋为党中央委员会副主席；邓小平为中央军事委员会主席；万里仍为中央书记处书记，并晋升为中央政治局委员。

然而，对"文革"的否定仅仅限于文字，对共产党固有的专制体制，没有任何实质性的改变。

1984年2月24日，我到中组部参加党小组学习。孟连昆局长让调配局办公室主任杨致海给我看一份手抄的文件（原件是中央"两案"审理领导小组下达的中央纪律检查委员会二办发字〈84〉18号文件，我从未得到此原件），全文为："中共河南省委：经中央书记处讨论决定，给予徐达本开除党籍的处分。落款是：中央两案审理领导小组，一九八四年二月九日，抄送中央组织部"（后来得知，中央书记处的决议日期是1984年1月26日。）。当读完这个仅有一句话的决议（简称《处分》）时，我火冒三丈！万万没有想到，中央书记处（当时的书记处书记为：万里，习仲勋，邓力群，余秋里，谷牧，陈丕显，杨勇，胡启立，姚依林）只用了二十二个字，就把一个有着四十八年党龄的老共产党员的政治生命，送上了断头台！

这个突如其来的消息，使我的思想陷入了极度的混乱。在近八年的等待中，我倍受屈辱，而最终等来的，不是甄别平

文化大革命的惯性

反，而是这样一个既无原因又无事实的极不正常的《处分》。此时，我自然会想到正任书记处书记的万里，是他所在的中央书记处违背了党的章程，将我这个有着近五十年党龄的老党员开除了党籍！我至今不知道，究竟哪几位书记参加了这次会议。多年后，一位资深老干部问胡启立为什么当年同意开除我的党籍时，他竟然不知道徐达本是何许人也，可见他那天没有到会。记得在1975年5月，我向万里要空车时，他就莫名其妙地扬言要与我"算总帐"。十年之后，中央书记处又莫名其妙地为我打造了一个《处分》，岂不是在帮万里与我结"账"？

更为本末倒置的是，我在郑州铁路局工作时的领导，国务院副总理纪登奎、河南省第一书记刘建勋，竟未遭到与我相同的噩运！相反，纪登奎还以"优秀共产党员"盖了棺，定了论。想到这里，我感到不可遏制的愤怒，让杨致海马上去把孟连昆找来。

孟局长很快就来了。我问他："中央书记处做出这样一个决定，凭的是什么？！"他回说，不知道，得问中纪委副书记王鹤寿。于是，他马上到另一个房间打电话找王副书记打问情况。片刻之后，他回来对我说："电话没有挂通"，这当然是推托。因为任何明细党章的人都知道，中央书记处在没向当事人、及其所在支部做出任何解释的情况下就做出这样的决定，是违背党的组织原则的。所以，没有任何一位领导能为书记处的决定做出一个合理的解释。此时，孟只好对我说，他要继续寻找王鹤寿把情况摸清楚，并承诺一定把我的意见向上反映。

1984年2月24日，是我一生中最痛苦的一天。四十八年前，当我入党时，绝对没有想到会有今天的结局。我，还是四十八年前的我，我的信念，还是四十八年前的信念，一点儿没

文化大革命的惯性

有变嘛！回到家中，我独自一人在院子里踱步良久。当夜，我翻来覆去，不得入睡，怎么也想不通，只因为在工作中与万里持不同意见，更贴切地说，仅是对一个干部处理意见的些微不一致，竟然衍生到为我上纲上线、大肆批斗、立案审查多年、剥夺工作权力、最终开除党籍的极端地步！

尽管对党内那些以整人为乐为生的人们之暗箱操作心知肚明，我还不免苦苦思索自己可能的失误。在这之前，根据学习整党文件的初步体会，我针对自己的错误又写了一份书面检讨。我自问，怎么自己的认识和这个处分决定差距如此之大？我的问题和错误到底是什么？从1977年春天以来，除了在郑州铁路局接受群众批斗、与郑州路局专案组的同志核对错误事实材料并提出意见外，河南省委从来没派任何人与我核实过材料，也从没有针对我的不同意见、检讨给予任何批评和帮助。1983年4月，我看了郑州路局党委为我做的《审查结论》，除了对来的同志讲述了我的不同意见外，还马上写出了书面意见，送给了郑州路局党委，同时报送中纪委"二办"和河南省委。路局的来的人当面对我说，他们一定会把《审查结论》、我的不同意见，同时报送河南省委。

此后，曾有朋友帮我催促河南省委第一书记刘杰同志，请他抓紧解决我的问题。但得到的回答是："徐达本的问题由铁道部处理，河南省不管。"如果此话当真，为什么铁道部党委没有对《审查结论》提出任何意见？为什么没派人来听取我对《审查结论》的不同意见？这种不明不白的状况，曾使我非常彷徨、苦闷，不知到底是哪个组织负责解决我的问题。尽管如此，我还是相信正在进行的整党运动会有力的推动各级党组织按照党章条例办事。我耐心地等待着党组织澄清我的不白之冤。

文化大革命的惯性

　　自收到《审查结论》后，一晃十个月过去了。我没等来与我谈话、征求意见、指出具体错误事实的人们，反而等来了党中央书记处仅有一句话的处分决定！且不论这个处分是否"公道"，仅以书记处所运用的组织程序而论，就是极其错误的。党章说，给以一个党员开除党籍的处分，是一项异常重大的事件，应与当事人所在的党组织认真讨论，并向本人讲明开除其党籍的原因和根据。但是中央书记处没有这样做。难道党的最高一级组织，就可以不按党章的纪律条例办事，而如此草率地、不负责任地将一个老党员赶到党外？这哪里有民主可言？

　　我相信，这个仅有一句话的"判决书"，一定也会让调配局的同志们感到震惊。当然，它更会让"二办"的同志们瞠目结舌。因为它与"二办"的意见极其矛盾、背道而驰。

　　后来得知，中央书记处责令"二办"为这个处分决定制备通知书，并将其主送河南省委（我的组织关系早已不在那里）。而中组部调配局得到的，仅是手抄件。待通知书的原件发出后，孟连昆才让杨致海向我传达。当中共河南省委接到原件后，于2月23日给郑州铁路局委员会下达了一份没有附加任何意见的"文件"，即豫发<1984>33号文件。其内容为："接中央两案审查领导小组通知，经中央书记处的讨论决定给予徐达本开除党籍的处分。请宣布执行。"3月3日，郑州路局派两个人来京，向我出示了中纪检委二办发字<84>18号原件和豫发<1984>33号手抄件。我问他们："省委对此是什么态度？"他们回说："省委没有态度"。是啊，刘杰曾说，我的事情不归河南省委管，而归属铁道部。如果刘杰所讲是真，省委怎么会有什么态度呢？而二办发字<84>18号原件，应被主送铁道部（郑州铁路局是其下属单位嘛！）。似乎在处理我的"问题"

文化大革命的惯性

上，大家都很"谦让"，能躲就躲，不愿沾边儿。

事实是，我被调离郑州铁路局已有八年之久。在后七年，我的组织关系一直在中组部调配局。我的家就住在中组部的所在地北京，但为了将一个违背党的原则的决定送到我的手里，竟然兜了这么大的一个圈子。这种在组织形式上的"踢皮球"，实在无法解释，经不起推敲。至于给我处分的理由和根据，则更说不清了。就连中纪委副书记王鹤寿这个当事人，也不敢理直气壮地去为万里打圆场。

为了卸掉心中的苦恼，我把这个噩讯告诉了家人和几个挚交。孩子们早已把人治之弊病体会的淋漓尽致。她们说："父亲蒙冤，是因为有人借'专政'制度，行小人之道。其所作所为，不仅羞辱了党的名誉，而且在其丑陋的嘴脸上烙上了一记不光彩的印记。历史终究与真实相伴。在日益走向民主的中国，言论终将趋于自由。千秋功罪，已不再是'谁人予以评说'而是'众人定以评说'了。尽管有人可以目无国法、党纪、压制民主，以强权排斥异己，但他无法篡改父亲为国、为民肝胆涂地的一生。"

我天生是个有肚量的人。面对这个来势凶猛的处分，很快就冷静了下来，捉摸着，接踵而来的可能是更加意想不到的劫难。对这个猜测，爱人显得尤其平静地对我说："孩子们都已长大成人了，我们也没什么可牵挂的了，就是天塌下来也不怕！"

但尽管如此讲，我们随时都能感到笼罩在头顶上的厚厚阴云。

第十一章 我之坦荡、阔达、延年

胡耀邦：我的"一切待遇不变"

1984年5月，孟连昆向我传达了胡耀邦总书记对我待遇问题所签署的意见。即我的副部长职务及其一切待遇不变。我、爱人和孩子们都深深地舒了一口气。

孟连昆随即征求我的意见，是否愿意回煤炭部离休。我当时想，尽管我在煤炭系统工作过多年，人事熟悉，但毕竟很多老朋友对我后来的遭遇不了解，可能不欢迎我回去。于是，我回他说："这恐怕不容易。"他说："试试看"。很快，他找到了煤炭部部长高扬文。高说，他得征求一下老部长们的意见。不久，老部长们的意见回来了——大家都没有意见（后来知道，他们中绝大多数对我的遭遇是很同情的）。于是，孟局长为我办了转关系和离休的手续。他还问我，是否愿意担任煤炭经济研究委员会副理事长的职务（简称"煤经会"，原煤炭部副部长贾林放为理事长）。对一个闲了这么多年的人来说，能为国家做一些力所能及的事，我是在所不辞的。于是，我这个"无党派"人士，成了煤经会的副理事长（相当于副部级）。

另外，还有一个现实问题急需解决，即我这个"无籍"人士，能看部级的文件吗？当时我以为，这些打着"机密"印戳的文件，是不会让我看的。孟局长说，他得请示上面。不久，批示就回来了——我可以看所有的部级文件。虽然他没告诉我这个决定是谁做的，但我猜想又是总书记胡耀邦同志。因为这是一个非常特殊的问题，只有他才敢对此决定拍板。这个批示，使所有的老朋友都诧异不已："你被开除了党籍，但一切待遇不变，这岂不是咄咄怪事？！"

我之坦荡、阔达、延年

据我所知，在中国共产党的历史上，是找不出另一个人与我有相同的遭遇和待遇的。显然，胡耀邦从刘鸣九主任那里得知我在郑州路局工作的真实情况。但我至今不明白，他为什么没能阻止中央书记处给我这样一个不公道的处分。一种解释是，那些无视党纪的人们根本就没把胡总书记放在眼里，拒绝听取他的忠告（后来听说，万里曾警告胡说，徐达本的事你不要管！）；另一个可能性是，他自己的政治生命正面临着重大危机。在这种情况下，他对我做出了力所能及的保护——保证我能过上安逸的离休生活。一个是"开除党籍"，一个是"一切待遇不变"，其反差之刺眼，凸现了党内高层领导对我的处分存在迥然不同的意见。但不幸的是，邪恶占了上风。

由于当时胡耀邦的改革政见，使他正面临着潜在的政治危机。1982年9月，胡耀邦在中共第十二次代表大会上，作了《全面开创社会主义现代化建设的新局面》的政治报告。他提出了新的历史时期的总任务为："团结全国各族人民，自力更生，艰苦奋斗，逐步实现工业、农业、国防和科学技术现代化，把我国建设成为高度文明、高度民主的社会主义国家。"同时，他还提出了从十二到十三大党代会五年时间的具体任务："大力推进社会主义物质文明和精神文明建设，继续健全社会主义民主和法制，认真整顿党的作风和组织，争取实现国家财政经济状况的根本好转，实现社会风气的根本好转，实现党风的根本好转。"胡耀邦在这次代表大会及同届的一中全会上均被选为中共中央总书记。

胡总书记清楚的认识到，为了实现"全面开创新局面"之目的，一定要进行全面改革。为此，1983年1月20日，胡耀邦在全国职工思想政治工作会议上发表了《四化建设和改革问题》的长篇报告。报告提出："要搞四个现代化建设必须进

我之坦荡、阔达、延年

行一系列的改革,改革要贯穿四个现代化建设的整个过程,这应该成为我党领导四化建设的一个极为重要的指导思想。"耀邦批评了农村要改革,城市不一定要改革,经济部门要改革,政治、文教部门可以置身事外的思想。他强调:"一切战线,一切地区,一切部门,一切单位都有改革的任务,都要破除陈旧的,妨碍我们前进的老框框、老套套、老作风,都要钻研新情况,解决新问题,总结新经验,创立新章法。"在这个报告中,胡耀邦首次提出:"要以是否有利於建设中国特色的社会主义,是否有利於国家的兴旺发达,是否有利於人民的富裕幸福,作为衡量我们各项改革对或不对的标志。"这就是人们今天已经熟知的"三个有利於"的最初版本。但遗憾的是,这个报告被压了下来,没能公布于众。

假如胡耀邦的上述讲话能够公开发表,并且付诸实行的话,不仅当时的城市体制改革能够更加顺利的进行,而且政治体制改革、文化教育体制改革也将会不失时机的同经济体制改革同步进行。这就有可能避免或大大减少後来畸形的独腿经济改革所造成的许多社会问题。

后来,胡耀邦同志被党内的一些人扣上了几顶铅重的政治帽子。其中一顶标记着醒目的"资产阶级自由主义"的字样。从那以后,他就被迫辞去了党中央总书记的职务,在冤渊中永远的飘离而去。但中国人民永远怀念他。我和我的全家,也深切地怀念他。因为他在我一生最黑暗的时刻,给我,也给我的爱人和孩子们送来了一线光明。他为我的待遇所做出的决定,纪录了他勇于爱护和保护老同志的胆识,以及他与人为善的道德观念,同时,也意会了他对我遭遇的隐隐同情。

与申冤为伍

离休生活开始之际，也是我决心向党中央和中纪委讨回我的清白之时。我申诉的中心议题是，要求中央书记处按党章规定，讲清楚给我处分的根据；复审我在郑州铁路局的工作；实事求是地为我甄别平反。

多年来我以理据争，上书不计其数。每当党中央换届，新的领导上任，我都要向党中央和中纪委提交申诉，再次陈述我的三条要求。但这些申诉，犹如石沉大海。

1994年2月，我得到通知说，党组织和中纪委的同志要与我谈谈，为此我很激动，因为十多年来，中纪委的同志要与我面对面的交谈，还是第一次。1994年2月22日，"二办"信访部付主任张明泉和鲁正同志（当时在场的还有煤炭部纪律检查组的纪洪德、刘国祥同志）与我谈了话。我明确地对他们讲了我对十年前中央书记处给我处分的不同意见，并要求书记处阐明将我开除党籍的依据和为我所犯的错误做出结论。张明泉同志回去后，给煤炭部打来电话说，中央对我的处理是有结论的，即1983年4月郑州铁路局党委会编制的《关于徐达本同志所犯错误的审查结论》（即前面提到过的《审查结论》）。他还说，此《审查结论》曾送交过本人和"二办"。不错，我确实看到了这个《审查结论》，但其中有太多的不实之词。当然，基于刘少奇的甄别平反，指责我"执行的是典型的、标准的刘少奇路线"已从最后的版本中"漏掉"了。我立刻对那些不实之词一一做了驳斥，并送交有关单位，但此后再无回音！

再说，如果这个《审查结论》是给我处分的依据，为什么当年的中央书记处没以文字的形式加以说明，并记载在"二办"所发的<84>18号文件中？而1983年"二办"刘鸣九主任代

我之坦荡、阔达、延年

表组织与我谈话时,为什么明确地讲,我的问题已查清,即犯了认识和执行的错误,不予处分,并要求给我分配工作?书记处为什么选择了《审查结论》,舍弃了"二办"的意见?做为党的最高领导机构,如此违犯自己所制定的党章原则,岂不是太随心所欲?这不是以人划线,又是什么?!不是人治,又是什么?!

但我没泄气,继续申诉。无人理睬,仍继续申诉。

2004年3月,国家安全生产监察总局(当时煤炭部已并入此局)纪律检查组副组长王武奇向我传达了一个月前中纪委"二办"对我申诉的复文记录稿。复文说:"鉴于徐达本这次申诉与以往申诉的内容基本相同,其错误事实没有变化,经研究,仍执行1998年4月10日中纪委常委会的决定,维持中央书记处1984年1月26日对徐达本开除党籍的处分决定不变。现函告你们,请与徐达本谈话做思想工作,对徐达本今后内容相同的申诉不再受理。"

读完这份短短的复文,我只觉得浑身的热血一瞬间射入了两鬓,我能听到心脏狂跳的轰轰声。一种不可遏制的愤怒,趋我拍案而起,冲着王武奇喊到:"这纯粹是岂有此理!把赵岸青组长给我找来,我有话要问他!"赵组长马上出现了,他的一大堆套话更让我光火!二十年来,这是我第一次在官方人员面前,倾泻了多年压抑在心头的冤与恨。这个简单的"复文"说什么"无事实变化,维持原处理决定",纯粹是无理的脱辞。既然提到了"事实"二字,我不尽要问:"你所言'事实'是否存在?多年来,我所有'申诉'的中心议题,不就是请党中央向我讲清给本人处分的'事实'和根据吗?"而在二十年已失的今天,仍无人理睬。显然,无人敢去纠正某些大人打杀忠良的错误,无人敢来为我平反!

我之坦荡、阔达、延年

后来，我把发脾气的事情告诉了老朋友、前地质局局长靳耀南同志。他说："你不应该对赵岸青发火，他一定是接到了上面的指示，只能按上面的精神办。"这话确实有理。我马上给赵岸青的家里打了电话表示道歉。接电话是他的爱人，她连连说："没啥，没啥！"

由于给我处分的文件没有下发到各省及中央机关党委，故只有当时的中央书记处、中纪委和中组部的个别有关人员以及煤炭部的新老领导知道我被开除党籍一事。这种把知情者的范围缩到了小之又小的"留面子"做法，使我很感蹊跷。后来，听原煤炭部副部长钟子云的秘书J某某说，钟曾两次追问万里有关处分我的事情。第一次，是他和J某某在电梯里偶遇万里时问起的，但万拒不回答。第二次，是他和J某某到万里家时问起的。万回答说，他不清楚。他的两次回避，不免令人感到奇怪——象他那样有着强悍政治背景的人物，竟然也有理不直气不壮的时候！可见他对我的迫害，实在是耻于启口。

此时，我悟出了一个道理，即整个事件的精心运作，并不是什么给我"留面子"，而是给违反党纪的人们留面子。万里在冀鲁豫边区工作时，曾担任二地委的组织部长，对党的组织原则了如指掌。他心里很清楚，作为中央书记处的书记，应秉公执法，应尊重相关党支部的意见，应征求当事人的意见，而不是以仅有的《审查结论》做为惩罚我的"依据"（其实，看过此文的人，都会认为它是东拼西凑、牵强附会的一纸空文。），更不应置"二办"的调查材料和处理意见于不顾。但他没有这样做。为此，他遭到了众人的质疑。也许是对自己和中央书记处的行为拿不出一个完美的解释吧，万里采取了佯装不知的态度。但在全国人民和全体党员历经了"文革"的浩劫之后，在向往民主法制的思潮一浪高似一浪的形势下，少数人

我之坦荡、阔达、延年

说了算的时代终将结束。我希望有一天，1984年1月26日的中央书记处会议的记录能被解密，届时人们就会判断，是否这个会议是一个起哄式的政治闹剧。

更据讽刺意味的是，在《赵紫阳——软禁中的谈话》一书中，编者宗凤明写到："七人小组（由薄一波牵头的党内元老）在征求老同志意见时，坚决反对万里进常委（这里指政治局常委，本书作者注）。姚依林说：'万里如果进常委，国家一旦出事，他就会带头起哄。'陈云也反对万里进常委……这时邓就找万里谈话，批评他：'你是怎么搞的，人事关系搞的这么紧张。'"(47)这说明万里是不大容易与他人和平共处的人。书中还写到："……邓与杨尚昆、万里关系疏远了，据说，他们都不能见到邓，根本与邓说不上话了。让杨、万二人靠边站了。"……书中还提到："万里下来之后（系指人大委员长的位置，本书作者注），曾对其亲近的人松了一口气地说：'自己总算是安全着陆了'"(48)。遗憾的是，他的政坛惊险，并没促其反思他施与我的不公待遇。至今，他仍是我平反昭雪的阻力之源吧？

不乏同情人

在过去很长的一段时间里，我对自己的蒙冤保持沉默。这主要是因为我确信，无论是谁为我打造的冤案都禁不起推敲，党中央将会很快纠正它，因此我对揭露造事者诬良为盗的荒诞毫无兴趣。于是除了一些天天走动的挚交外，我很少向其他老朋友，老部下提起被不幸诬陷一事。

前面我曾提到，在八机部工作时和在"文革"的劫难中，我与陈正人部长结下了深厚的友谊。当他的生命在"文

我之坦荡、阔达、延年

革"中被悲惨地夺走之后,我们两家仍然常常走动。他的夫人彭儒,是一个资格甚深的老党员。当陈正人在江西跟随毛泽东上了井冈山的时侯,彭儒则在湖南跟随朱德也上了井冈山。陈、彭二人在山上喜结良缘。而后,他们转战南北,在风风雨雨中相伴了近半个世纪。

二十一世纪初在北京。徐达本与爱人于兆毅到原中纪委委员彭儒同志家作客时的合影

如今,彭儒是唯一健在的井冈山时代的女红军。"文革"结束后,她于1979年被当选为中纪委委员,同时任"二办"副主任、机关党委委员,对我受审查的情况很是了解。她对我讲,她和另一位中纪委委员刘丽英同志(刘从我的老朋友、前煤炭部副部长许再廉同志那里了解到我的情况,对我的遭遇深表同情。),对中央书记处给我的处分持不同意见,并向中央反映了她们的意见。然而,不但无人搭理她们,不久,彭儒同志的中纪委委员之职,以"离休"为托词被撤消了。彭儒为我伸张正义而给自己惹了麻烦一事,使我的内心深处充满了内疚。我万万没有想到,就连同情我的老同志也受到了打击报复!

从那以后,一年,两年,三年,五年,八年,十年……,都在等待中消失了。如今,我已是一个仍在等待中的沧桑老叟。人之生,不用说几个十年,就是几个五年,也是屈指可数啊!

我决意不再继续沉默下去。每逢机会,我就把与万里在

我之坦荡、阔达、延年

郑州铁路局的共同经历，讲给亲朋好友听，让他们了解我是如何被一个人，一个权力在握的人，抛入了逆境。其实，世上哪里有不透风的墙？他们中的不少人对我的冤屈多多少少早就听说了一些，但为了避免惹烦恼，与我只是避而不谈罢了。如今，见我打开天窗说了亮话，他们也就没什么顾虑了。大家对我之"天不时，地不利，人不和"的遭遇给以了莫大的同情，也对万里的所作所为非常愤慨。很多朋友还想方设法帮我拨乱反正。

一个曾在晋察冀边区四分区工作过、后来在总参政治部任职的老朋友冯某对我说："万里指责你与'四人帮'有关系。我就把所有与'四人帮'有关的材料都翻了个遍，就是没看到与你有关的一件事，更找不到你的名字。显然，万里是毫无根据地诬陷你！"接着，他很同情地对我说："你实在是好人挨整啊，冤枉啊，冤枉啊！"他还多次对我的孩子们说："你爸爸可是一个好人啊！你们一定要帮助他申冤啊！"这位朋友只要一有机会见到胡锦涛总书记，总要替我喊冤。他还多次为我和我的孩子们送申诉信，但遗憾的是都没有回音。最近，这位朋友已因病离世。在这里，我向他对我的诚挚支持和帮助，表示深切的感谢。

为了促成解决我的政治问题，在数不清的春夏秋冬中，我先后给党中央的领导们直接写过很多封申述信。九十年代中，我的老领导薄一波同志为了帮助我，曾写了两封信。第一封信，是写给煤炭部党组的，我是在部机要室见到它的。因为不准给我复印件，也不准我抄写，我只能用心记下了只言片语。其大概内容是，徐达本是个好同志，可惜我不清楚他在文革中的表现。但如是他所说，应该恢复他的党籍。

第二封，是写给当时的政治局常委胡锦涛、和政治局

> 中共中央办公厅
>
> 锦涛、健行同志：
>
> 送上徐达本同志最近给我的信，请阅。
>
> 徐达本是位老同志，现过八十，他衷心拥护以泽民同志为首的党中央，对文革中政犯错误，已做过多次检讨。建议请中央考虑恢复他的党籍。
>
> 此致
> 敬礼！
>
> 薄一波
> 二〇〇〇年三月三日

薄一波写给胡锦涛、尉健行的亲笔信

常委兼中纪检书记尉健行的。我在煤炭部副部长濮洪九那里看到这封信。还是同样的规矩——不准我复印，也不准抄写。这封信的字句大约占了一页纸，其大意是，徐达本是个老同志，建议恢复他的党籍。读了这信之后，我很兴奋，认为有薄老的帮助，我的问题终归快要解决了。多年之后，即2010年，我的大女儿终于在他人的帮助下获得了此信的复印件。

但我左等右等，也没等来盼望了多年的好消息。

1999年，曾庆红上任中央组织部部长，按照以往的惯例，我又向新领导呈上了一份申冤的"状子"。

我的二儿子井平在一零一中上学时，与曾庆红是同班同学，也是好友。另外，他还曾受到过我的好友陈正人和彭儒夫妇的养育。我以为，这些总该是解决我的问题的有利因素吧，故对解决自己的问题，又多了点点希望。但万万没有想到，就

我之坦荡、阔达、延年

因为这张"状子",由井平的同窗、陈/彭"养子"领导的中组部,竟吊销了我历年参加春节团拜的请柬(截止到1999年,每逢春节,我都收到去人民大会堂集体团拜的请柬)。当时,我已是一位八十六岁的老人,而这一剥夺我团拜权力的决定一直延续至今!

1999年10月1日,是建国五十周年纪念日。以曾庆红为首的中组部,又剥夺了我——一个六十五年前就投身抗日的老革命参加国庆阅兵典礼的权力。对他们这种勒紧打杀缰绳的行径,我是绝对理解不了的。更何况,这种惩罚是发生在我被错误地开除党籍的十五年之后!当然,我不知道曾庆红本人是否直接参与了这件事。这里应该强调的是,我是通过正常渠道向组织部门提出申述的。不要说是中组部的部长,就连一个普通党员都明白,中央书记处对我的处分是违背党章条例的。我不禁要问,党的最高行政组织机构为什么不能秉公缉私地去履行自己的公职,为我的甄别平反做些努力呢?哪怕是做一点点调查研究也好嘛!当时,我对中组部剥夺一个古稀老人春节团拜权的不人道、刻薄、狭隘,感到失望和震惊。但我仍然希望,那些因为向万里示好而对我不公的人们,最终能以此自惭,并希望他们能认真学习前老部长——胡耀邦同志的与人为善、客观宽宏、爱护干部的好品质。

弄权者、御用文人与"历史"

人在逆境中,一定会倍受各种凌辱。

众所周知,如实地报道一个事件的发生,是一个记者最基本的职业道德,否则,他就丧失了良心,置信誉于不顾。

前面我曾提到,由杨筱怀主编的"史料"书籍《聚焦中南海》于1998年问世。张广友在其执笔的第十二章《万里要火车开向哪里》中申明："本书以当事人或亲历者的回忆与记述为主要内容"[27]。因为他在书中多次提到我，按照他本人的定义，我应该是想当然的"当事人"或"亲历者"。但是，他从未与我见过面，更没向我索取过点滴史料，所以凡是与我有关的内容均来自万里，既片面又不真实。

在读了他对我的诬蔑之后，我立即写了《真实情况——读〈聚焦中南海〉第十二章〈万里要火车开向哪里〉中〈三下郑州〉后所想》一文予以驳斥，并将其送交中纪委第一书记尉健行，要求他责令张先生纠正强加于我的一切不实之词。

尉健行对我的申明做了批示，大意为，请我将对张广友的驳斥提交新闻总署出版部，交涉处理方案。后来，我还找了中央党校学习班一部的主任杨长春同志，他也与新闻总署出版部做了交涉。但遗憾的是，张记者仍没有来与我核对事实，可见，他以为历史仅属于佼佼者，或说一不二的政客。

为了纠正张广友"偏听则暗"的错误，作为一个被"遗忘"了的当事人和亲历者，我在此向读者陈述历史的另一个侧面。

在书中，张广友指责郑州路局党委说："不按照中央九号文件精神有针对的进行治理整顿，迅速扭转铁路运输的落后局面，而是从他们的派性利益出发，进行消极抵制"，以至路局的形势"每况愈下"，"拖了全国铁路运输的后腿"[27]。这种说法与事实非常矛盾。前面我曾提到，正是由于局党委认真贯彻执行了中央九号文件精神，致使1975年4月、5月，6月成为路局运输生产最好的几个月。

张广友又用"文革"式的笔锋写到，郑州铁路局的领导，对新乡分局领导邢某某的处理是"阳奉阴违，当面讲好话，背后搞鬼，继续按兵不动，采取拖延战术"[27]。这些指

我之坦荡、阔达、延年

责,不过是万里无视事实的托词而已。前面我已将路局党委对邢某某问题的处理,做了详尽的说明,这种处理是稳妥的,是顾全当时运输生产之大局的。

最近听女儿说,她们在北京晋玉饭庄与邢某某和他的朋友们共进了晚餐,席间邢讲述了自己的痛苦经历。原来,万里痛打邢某某,是项庄舞剑,意在沛公,即意在打掉徐达本。邢对女儿说,他曾被无端判刑十七年,但在第十个年头上,在没有任何"说法"的情况下被释放了。不久,他通过关系见到万里。邢向万表明自己是无辜的。出乎意料的是,万同意说:"我知道你是无辜的,当时那样处理你,是为了政治斗争的需要。"万对邢说,他无法助其恢复党籍,但可助其恢复公职,保证一个月200元的生活费。万随即写了一张字条,让邢交给郑州路局人事部门。回郑州后,邢将万的手谕交给了路局的人事部门。但在他与众亲朋磋商之后,决定追随当时的经商热潮,不再复职郑州路局。据在座朋友们说,此举绝对正确,邢经商可谓有道有成。女儿在2007年的互联网上,曾见到新乡地方报刊有关邢的简讯,表扬并致谢他为某个困难小区捐赠人民币四万元。

如是万里所说,邢是"无辜的",亲自推翻了当年他对我"包庇坏人"的指控。但他又道貌岸然地表白,耍这个小伎俩是为了"政治斗争的需要"。奇怪的是,我不属于任何政治利益集团,"打掉徐达本"的意义何在?如果"政治斗争"以陷害无辜为始点,岂不成了滥用职权大搞阴谋诡计?

另外,张记者写到,在万里主持的局党委会上,"徐大本(张错写了我的名字,作者注)根本不承认自己有派性、有错误。会上两种意见针锋相对,斗争十分激烈。"可见,在他的笔下,我是一个敢于坚持己见、不畏强权的人。这不是与他指

我之坦荡、阔达、延年

责我"阳奉阴违,当面讲好话,背后搞鬼"自相矛盾吗?

张还写到,郑州铁路局领导"不择手段地把国家调运给湖南、湖北、广东、广西的过路物资随意扣留下来,归为己有"(27)。有关扣留湖南、广东、广西的物资一事,发生在我到职之前,与我无关。我到职后,经过治理整顿,违法乱纪现象已有改变。书中所提1974年邢某某扣留煤车和水泥车一事,我是在群众举报此人时得知的。由于我在调查此事的中途被万里撤职,对最终调查结果不得而知。

张记者列举扣留物资的另一个例子,是我在前面多次提及的卸七列煤车的事件。对当时局党委采取这一举措的原因和功绩,我已经在前面累述,这里不再重复。但应指出的是,以当今的市场经济观点去看当年的卸车事件,精英们也会为我们三十多年前的临场举措拍手叫好。

张广友又写到,万里在局党委会上分析"郑州局运输生产上不去是因为不安定、不团结,是资产阶级派性的干扰,是阶级敌人在捣乱"(27)。如果张先生能劳神到郑州路局的档案部门查询一下历年的生产运输记录的话,就不会犯偏听偏信的错误。另外,如果万里能以国家利益为重,给郑州局派足国家计划内的空车(我从未奢望他会为他当年的"老伙计"发配定额外的空车),路局的运输形势则应更好。相反,万里制造了"郑州局运输生产上不去"的事端,为日后与我"算总帐"埋下了伏笔。

张还说:"郑州局的班子虽然进行了调整,但是徐大本(张错写了我的名字,作者注)、唐歧山等人不服。省委第一书记刘建勋等人不同意万里解决郑州局领导班子问题的做法,实际是纵容支持徐大本、唐歧山等人串联一些派头头进行干扰和破坏,多次向中央告状"(27)。我前面也讲到,被万里撤

我之坦荡、阔达、延年

职后，我立即住进了省委招待所闭门静思，与路局的任何人均无联系，言我"串联一些派头头进行干扰和破坏"，纯属万里臆造。此外，尽管我始终认为万里的做法粗暴无理的象"造反派"，但从未做过任何非组织的抱怨。针对万里的错误，我行使了每一个共产党员的权力，给河南省委和党中央写了申述。为此，万里和张记者指责我"多次向中央告状"。

在《万里》一书的扉页，张广友自我介绍了自己遵奉的信条：对事实负责，对历史负责，回首平生无憾事"[28]。然而，在他未掌握完整的第一手材料时，就大笔写定了郑州铁路局的一段"历史"，以白纸黑字的形式颂扬了一个不可一世的中共领导，幼稚地将其"升华"成为一个"政治完人"。同时，他还给后人留下了他本人违背记者道德的实据。张之所为，恰恰违背了自己信奉的信条，其结果是，他对事实不负责，对历史不负责，回首平生有憾事。

后来，《聚焦中南海》一书于2003年又由中国青年出版社以"第一版"再次发行。我注意到，张广友对他的原著悄悄做了一些改动——有关我的不实之词不见了。这种悄然无声的更正可能因为，一. 我的以理据争给他敲响了"尊重事实是一个记者之道德"的警钟；二. 中国开启了法律制度(尽管远非完善)，使一个无端捣毁他人名誉的人望而生畏；三. 张先生本人对万里的人治行为有了反思。但是，他早些时候的误导文学仍在世上流传，正在继续损害我的名誉(我相信，更具民主意识的后来人，终将还原历史)。对此，我曾敦促张广友公开声明撤消对我的诬蔑，陪礼道歉。遗憾的是，他没有这样做。如今，即使想做也已为时过晚——他死于2008年秋。

还有一件令我遗憾的事，是名为《栈道》写实文学的问世[39]。其编者之一，是曾在郑州铁路局机务南段工作过的郑

我之坦荡、阔达、延年

义明同志。这本书记载了修筑邯涉铁路的前前后后，以及它为淮海战役的胜利所起到的重大历史作用。在撰写这段历史时，为了了解当时的情况，郑义明做了大量的调查研究，多方走访，并成了我家的常客。我尽所知，把点点滴滴的记忆，都讲给他听。经过多年对有关素材的收集，他曾对我说，长达十年的调查研究证明，我是修建邯涉铁路的现场主要领导人之一。为了进一步确实这一结论，他请当年参加修建这条铁路的主力杨恬同志（在《栈道》一书中，作者花了很多笔墨描写了这位同志。）亲自书写了证明信（见本书第六章）。

可惜，我的"政治问题"给《栈道》的问世出了难题。郑义明等人犹豫不决——到底是应该忠于历史事实将我的名字留在书中呢，还是屈于无形的政治压力将我的名字从原始稿件中一笔勾销？一天，郑义明来到我家，面有难色地问我："为了让这本书顺利出版，我能不能把您的名字从书中删掉？"我知道，为了写这个报告文学，他们花了十年的心血，对他们急于让《栈道》与世人见面的迫切心情非常理解，于是回答说："为了能出版，删就删吧！"

于是在正式出版的报告文学《栈道》中，就再也找不到我的名字。做为一个老共产党员，我无意为失掉一个为自己评功摆好的机会惋惜。但是，由于目睹了一个作家的踌躇和欠意，令我为一个活生生的现实而叹息——在这个社会里，一个写家竟然不敢如实地撰写历史！我不禁要问，书写历史的意义究竟何在？如果不以事实为本，而是以弄权者的意识为转移，那么人民读的岂不是野史？

当一个修建邯涉铁路的知情人李某，在得知郑义明将我的名字从他的书中一笔勾销了的时候，不禁问他："徐达本对你这样做，有意见吗？"依我，这问题应该这样问："历史对

我之坦荡、阔达、延年

你这样做，有意见吗？"

将我的名字从《栈道》中消掉一事，还使我意识到，尽管在郑州铁路局与万里的短兵相接（且不论孰是孰非）仅是我百年人生中屈指可数的几天，但他却揪住我的"错误"不放。看来"文革"彻底打碎了我党对自己干部的历来政策——"惩前毖后，治病救人"。剩下的只是专政、专政、再专政了。但我相信，历史是人民写的。任何个人，都不能剥夺、践踏我挚诚于祖国和人民的漫长一生。

可喜的是，近年来中国打开了国门。网络系统的四通八达使民主、法制的思潮不可阻挡地拥了进来。与以往相比，人们思考的自由度和写作真实的空间有了一点点改善。我深信，民主和法制的意识，必然日趋强劲，最终导致还权于民。届时，每一个写实的笔者，将不再为因被迫放弃对事实的信仰而愧对历史。

后来，郑义明又写了一个题为《摇篮》的历史性报告文学，记述当年峰峰、六河沟煤矿的工人们历尽千辛万苦奋建邯涉铁路的全过程。他对我说，他已打消了顾虑，真实地纪录了当时的历史。遗憾的是，由于峰峰煤矿无力赞助《摇篮》的出版（据说出版费为十万元），此书至今不得问世。幸运的是，我在本书中简单地述说了当年建设邯涉铁路的故事，多多少少地达到了还历史真迹之目的。

甄别平反，势在必行

多少年来，我的申诉碰到了数不清的"钉子"，这令我非常费解。后来听友人说："万里有话，'只要我活着，徐达本的案就别想翻！'"如果此话当真，这不是给历届中央新领导出难题吗？这不成了为我甄别平反的活人绊脚石吗？

还有人说："解决你的问题，会影响一批人。所以很难办。"当时，我对此话很不理解，不明白为什么本人的问题与其他人有关。

多年后，网络世界的诞生和普及，大大促进了信息的传播与交融，使我初步了解到"解决你的问题，会影响一批人"的来由。但是，在分析了众多的有关材料之后，我坚信，我的冤案是既离奇而又无共性。所以，为我正名，不应影响任何其他人，更谈不上影响一批人。

通过网络，我看到了原河南省委秘书长赵俊峰同志于1992年7月写给党中央的申诉《就河南揭批查的历史遗留问题向党中央反映的情况和意见》[40]和河南省原省委书记王维群同志于1994年11月所写《致河南省委及中共中央信》[41]，以及其他相关材料，使我对当时审查我的历史背景有了一些了解。

赵俊峰在他的申诉中写到："河南揭批查扩大化了"，并指出："河南共有省、地(市)、县三级领导班子一百三十五个，立案审查和处理的数量之大和处理之重是相当惊人的。而实际处分的数量还远不止此数，所谓"免于处分"的二千多人，实际上是批判后降职下放，是不处分的处分。省委常委中，地方干部十四人，清查、批判、处理了十人，占67%，其中：判刑三人，留党察看一人，撤职一人。严重警告二人，在审查批判"监护"期间死亡二人，上报处分未获批准强令离休一人。原省委、省革委各部正副部长级干部三十三人，清查、批判、处理二十三人，占70%，其中：判刑四人，开除党藉三人，留党察看二人，撤职六人，严重警告一人，批判后令其休息四人，降职二人。全省十八个地、市委第一书记全部受到批判处理，地、市委正副书记一百一十八人(缺焦作)，批判处理

我之坦荡、阔达、延年

九十七人，占82.3%，其中：审查批判期间死亡七人，判刑十七人，开除党籍四人，留党察看九人，撤职十八人，严重警告四人，批判后令其休息二十八人，降职下放十人。省直各厅、局、委，第一把手，除五人外，其余全部受到批判处理，分别给予撤职、警告、免职不用的处理。各厅、局、委副职中被批判处理的也占大多数。原县委第一把手中，大部分被审查、批判、处理，未受审查，处分，保留职务的寥寥无几。县级副职被审查处理的也占大多数。这里，需要说明，各级领导班子的主要负责人，大都是参加革命几十年为党和人民作过贡献的老同志。"[40]

赵俊峰还指出："在揭批查中，许多地方、单位仍然沿袭'文革'中'上挂下联'那一套，上面倒一个，下面倒一片……人数要以数十万计。"[40]

他向党中央的申诉，为原省委书记王维群同志所证实。在肯定河南"揭、批、查"运动的成绩时，王维群指出："河南的揭批查，搞扩大化了。赵俊峰同志列举的具体事实，都是省委领导自己讲的情况……。清查的面搞大了，处理得重了。尤其是一批为党工作几十年的老干部受到错误打击，被冤枉了。"[41]

有关河南省"揭、批、查"运动的扩大化，以及胡耀邦同志对它的批评，我早就从刘鸣九主任那里听到过，但不知道被清查的人数是如此之多，扩大化的程度是如此之惊人。这些申诉使我意识到，尽管我与此运动毫无干系，但它为一些伺机打击报复他人的劣根党阀(们)提供了可乘之机。正是这类人的授意，导致郑州铁路局党委在一个"派"性十足的历史背景下，编制出了有关我的《审查结论》。

但所有读过这个《审查结论》的人，无不认为它的牵强

我之坦荡、阔达、延年

附会、干瘪无实，无不认为它是一纸空文，是为他人提供整肃我的"口实"而已。事实上，我是一个由中央管理的老干部，按理河南省委或铁道部党委均应对这个《审查结论》给出意见，但他们保持了沉默。足见，这个"口实"是登不得大雅之堂的。很清楚，凡是有点儿政治头脑的人，都不愿与一个不秉公明的案子沾边，也不愿为他人背黑锅。

另外，好心的朋友们常对我说："如果你第二次不回郑州路局就好了，就能免于后来的厄运。"我从来不如此认为。因为我与万里的争执（我至今不知其真实起因），是发生在我第一次任职期间。所以，他对我的恼怒与我第二次返回郑州路局工作，无大干系。他和我都很清楚，正是他"不可一世"的专治专行，把郑州路局"整顿"的好苗头打掉了。而我坚持实事求是的态度，令他恼羞成怒，这怎能令我不在劫难逃？但令我震惊的，是"文革"特色的"欲加之罪，何患无辞"这一卑劣恶习的惯性之烈和它在党内的巨大市场。在1984年初，也就是在"文革"结束了七年有余之际，我终于成为它的牺牲品。

1994年，我偶遇段君毅。他对我说："十年啦，你的问题该解决了。"我问他："你说该怎么办？"他回说："我原来的秘书张光在中纪委当秘书长，我找找他吧。"为此，我很感激他。但后来就没有动静了。我想，为本人平反的这块"骨头"看来是真难啃，连曾为万里的老上级、老朋友也帮不了我的忙！段君毅去世后，他的夫人陈娅祺对赵毅说："老段说，'我不欠徐达本的。'"我不知道该如何理解这个表白，它大概是一种歉意吧。在他四十年代时的老下级万里还活着的时候，段君毅表达歉意的方式当然是越含混不清越好，越不直截了当越好。也许，他想让我意会，当年他主持大会斗争徐达本不是他的本意吧？或者，打造徐达本的冤案与他无关？是

我之坦荡、阔达、延年

啊，谁想与一桩冤案联缘，以至将来要受到历史的讨伐呢？！

这里我还要提及另一个人，他就是赵文甫。1979年时，他是河南省纪律检查委员会的书记，掌握着"揭、批、查"运动中"对"与"错"，"生"与"死"之大权。赵俊峰在他的申诉中，对此人的评价绝不"爽眼"(40)。后来得知，他为我的冤案曾说过一句公道话。事情是这样的。一次，我见到老熟人、老朋友——河北省纪律检查委员会的书记裴仰山同志（原唐山市委组织部长），他对我的遭遇很同情，也感到很蹊跷。为此，他曾打问过知情人赵文甫。赵对他是这样讲的：把徐达本开除党籍的做法，在河南省委是根本通不过的。根据这句话，我至少可以悟出两层道理：一. 不是河南省委，而是其它外力或某个"大人物"导演了对我的严打；二. 中央书记处对我的处分，竟然连一个"左翼"河南纪委领导人都不同意！这恰恰说明，如此欲盖弥彰地对我打击报复，着实是心机枉费了。

另外，我的老下级，煤炭部的孙荣同志告诉我了这样一件事。一次，他因病在中日友好医院住院，结识了一位病友。此人正是我被万里撤职后成为郑州铁路局代理书记的苏华同志。他们在闲聊中不期地谈到了我。苏华对孙荣说，他曾经是我的"对立面"。的确，我被第二次派回郑州路局时，正值"反击右倾翻案风"运动的高潮，而他是党中央、国务院向我交代的批判对象。由于当时的运输生产早已被搞的焦头烂额，我无心顾及任何政治运动，在任职仅仅六个月的时间里，没有与他有任何直接的"冲突"。说实话，尽管万里在1975年6月将我"拿下"，将他"拿上"时，我也只对万里而不是对苏华有怨气。孙荣说，就连我的"对立面"都认为，中央书记处给我的处分太重了。

我之坦荡、阔达、延年

可见，我所遭遇的不公，换取了来自四面八方的同情。不仅如此，很多人还向我伸出了援助之手。

离休之后，每日茶闲之时，我都要漫步到附近的交道口离、退休干部活动站，看看报，聊聊天，与那里的同志们十分熟悉。在那里活动的还有几位老副部长，其中之一是贾慧生同志，他对我的遭遇尤其同情，竭力鼓动其他几位老部长帮我恢复党籍。1994年3月2日，在我向钟子云、李建平、杨一夫、贾慧生、张超和刘辉同志介绍了在郑州铁路局工作的情况后，他们给煤炭部党组写了一封联名信：

部党组：

交道口离、退休党支部老部长小组在三月二日的党小组会上，听取了徐达本所犯错误和处理经过，一致认为：

一. 徐达本同志确有错误。

二. 对徐达本同志开除党籍处分处理过重了，理由如下：

1. 徐达本同志所犯的错误是在文化大革命和河南省派性严重的特定历史时期、特殊环境下发生的。

2. 当时河南省派性的主要支持者是纪登奎、刘建勋。徐达本同志是在纪登奎、刘建勋影响和领导下犯了执行的错误，纪登奎、刘建勋都没有涉及开除党籍处分，而徐达本同志受到了开除党籍处分，处分不公平，相比之下重了。

3. 徐达本同志一九三六年入党，跟随党革命数十年，对党忠诚，工作兢兢业业。在被开除党籍后的十年从没有怨言，尽力做力所能及的工作，经得住考验。五十多年的历史长河中，在郑州路局仅工作了二十多个月，应全面的历史衡量一下。

三. 应该恢复徐达本同志的党籍。

上述意见妥否供组织上复查处理徐达本同志时参考。

我之坦荡、阔达、延年

此信写好时,煤炭部部长、党组书记王森浩同志正在外地出差,贾慧生打算待王部长回京后,就马上交给他。正在这个时侯,不知何故,钟子云改变了他原有的态度。贾慧生打算与他谈谈,但遭到拒绝。不久,钟子云因病去世,这封信也就不了了之了。

1994年3月6日,煤经会的同志们为了促成恢复我的党籍,也向煤炭部党组写了一份题为《关于徐达本同志在煤经会的简要情况》的报告。

报告说:"徐达本同志于一九八四年五月回煤炭工业部,参加中国煤炭经济研究会的研究活动。他曾担任中国煤经会第一、第二届付理事长和第三届名誉理事长。十年来,徐达本同志以共产党员的标准要求自己,对党有深厚的感情,对于党给的处分,没有流露过怨言和不满,思想比较开朗。热爱党。……他对党的事业尤其是煤炭工业的发展十分关心,力所能及地进行工作。先后深入几十个矿区进行调查研究,积极参加中国煤经会和各省(区)、企业煤经会召开的研讨会。对于煤炭工业的体制改革、煤炭工业的长远发展、煤炭价格改革、发展地方煤矿、多种经营和经营承包等重要问题,提出意见和建议。受到部领导的重视和广大企业同志的称赞。一九八六年,徐达本同志深入东北地区的鹤岗、鸡西、双鸭山、七台河、扎赉诺尔、通化、辽源、舒兰、伊敏河等矿务局,进行调查研究。根据企业改革进展的情况和存在的一些问题,对于矿区的发展、煤电联营、矿路(铁路)联合、职工生活等重要问题,自己动手写了调查报告,实事求是地提出了意见和建议。煤炭工业部将这些意见和建议反映给中央和国务院领导同志,国家计委等有关部门参考。徐达本同志对党的感情是真诚的,对国家的社会主义建设和煤炭工业的建设事业是热心的,保持了党的好作风，具有一个老革命同志的品德。……他现虽年已八十岁高龄，仍然竭尽自己的可能，为党和国家作出应有的贡献。"

煤经会党委将这封信交给了煤炭部党组。但我没有得到有关它的任何反响。

2004年2月23日，为了促成解决我的问题，交道口活动站的同志们，以基层党支部的名义，也写了一份关于我的情况之简要介绍。其全文如下：

"徐达本同志八四年五月离休后，一直在交道口活动站参加活动。在平时的接触中，大家感到他事事处处以党员的标准严格要求自己。他坚信马列主义、毛泽东思想、邓小平理论和'三个代表'的重要思想；拥护改革开放以来党和国家制定的一系列路线、方针、政策；关心煤炭事业的发展，前几年，每年都身体力行深入矿区调查研究，向党组和有关部门以书面或口头形式为煤炭安全好转和煤炭事业发展献计献策。

多年来，徐达本同志对党纪处分虽有保留意见，但从不在群众中流露。他关心时事政治，经常到站里阅读报刊杂志，积极参加站里组织的各项活动，平时同志们交谈、聊天中遇到问题，他能帮助大家分析讨论，提高认识。在大是大非问题上，如：反台独、反对'法轮功'邪教组织等，都表现了立场坚定，旗帜鲜明的态度，坚决拥护党和政府的决策。

徐达本同志已是91岁高龄的老人了，但仍关心着党和国家的大事，喜党和国家之所喜，忧党和国家之所忧，由于年龄和健康原因，虽不能深入矿区调查研究，但对煤炭安全的严峻形势仍给以极大的关注。

徐达本同志关心同志，平易近人，群众关系好，站里搞活动需要写标语、口号，他就挥毫泼墨，积极支持；有的同志

我之坦荡、阔达、延年

请他写条幅，也热心允诺。

总之，党的优良传统，优良作风，老革命者的高尚品德，在徐达本同志身上体现是很感人的。"

我将这封信送到了各有关单位和个人，包括部党委、中组部、中纪委，以及胡锦涛主席等。但是，至今杳无音信。

2007年夏，老科学家协会人事部的副部长程某某去郑州时，碰到了一位原郑州铁路局副局长（他没向我提及此人的名字），在交谈之中谈到了我在郑州路局时的工作。回京后，当程某某见到我时，将这位副局长对他说的话转告与我："当年中央派徐部长到郑州铁路局工作，是很有效的举措。由于他的级别高，所以说话有分量，把派性镇住了！"多年来，我一直认为，屈于某个"权威"人士的压力，若让原郑州路局的知情者说句公道话，比登天还难。如今时过境迁，时代不同了，一些人不再顾虑再三了，在三十多年后，我终于听到出自于一位原路局领导人之口的真心话了。我内心的感慨，真是罄竹难书！我相信，随着时间的流失，尘封垢埋的事实，终将袒露人寰。

我的老朋友们不止一次地对我讲，我的问题之所以得不到解决，是因为这是在"邓小平时代"定的案，不能翻。我对此很不理解，因为这个说法与我党有错必纠的原则背道而驰。如今，开除我党籍后的二十五年已不经而去。如果万里盼望我的冤案随一代人的故去而消失，那他就大错特错了。我的冤案，不仅殃及当事人，而且激怒了我的儿孙。我有五个儿女，八个孙儿女和上百位的亲属，众亲人将继续为讨回我的清白做不懈努力。另外，我还有数不清的同僚、下属和朋友，他们都非常同情我，坚信我之清白，并断言历史终将为我甄别平反。

其实，为了明细我的遭遇，我的孩子们早已起动了自己

我之坦荡、阔达、延年

的调查研究。最近，她们从我多年的老朋友唐某（他曾是河北省第一书记林铁的秘书，后随林到中组部工作，并在那里离休。）那里得知，一位当年曾在中纪委工作的同志许某某对他说的话：在结束了对我在郑州铁路局工作的审查之后，"二办"提出了四条意见：一. 徐达本同志是中央派去的干部；二. 徐达本在郑州铁路局工作时，是有成绩的；三. 徐达本犯了执行的错误；四. 不作结论，建议给党内警告处分。我以为，第一条意见戳穿了一些人别有用心的诬陷——"徐达本是张春桥、王洪文派到郑州路局"的谎言；而第二条意见，是在"二办"的同志熟知郑州铁路局党委给我的《审查结论》的情况下做出的——它针锋相对地指出了我在郑州铁路局工作的成绩；第三条意见指出了我所犯错误的性质——执行错误，所以要求组织部调配局为我安排工作，这是合情合理的。在这里，我要指出"犯了执行的错误"的广义性——在毛泽东、"四人帮"领导下的在职干部（包括万里），哪一个没说过错话、没办过错事？1973年正是"四人帮"猖獗之时，而担任北京市委书记的万里，就没执行过"四人帮"的错误路线？然而，第四条意见与我从刘鸣九主任、原中组部所属审干局局长王彬生那里听来的，颇有出入。两人均曾对我讲，"二办"的建议是，不给处分。难道此二人都在对我说谎吗？

　　没有想到的是，如是以上四条意见，均被某位大人否定掉了。否则我不早就被分配工作了吗？

　　另外，在我等待正名的几十年中，国家经历了"华国锋时代"、"胡耀邦时代"、"赵紫阳时代"、"江泽民时代"、以及"胡锦涛时代"。按道理，新领导越是远离打造冤案的时代，就越应该较容易地跳出个人成见的禁锢，秉公执法地将其纠正。但是，我左盼右盼，盼来的只是一次又一次的失望。难怪，

我之坦荡、阔达、延年

亲朋们常常半开玩笑半认真地对我说,别无他路,只好为我烧香请愿啦,弄得我这个不信命运、不信鬼神的人啼笑皆非。

我常自问,本人的冤案何时了?我把希望寄予中国再出一个"胡耀邦"。在他的努力下,"反右"斗争制造的绝大多数冤案(99.99%),在二十多年后被反转。但可惜的是,很多人早已含冤死去,无幸亲历被昭雪!可悲、可叹啊!而我的冤案,已经拖了三十余年,比为"右派"平反拖的时间还长!改革开放后,连资本家都被请进了党内,而我这个七十多年前的老党员,却因强加于我的"错误",仍被拒之于党的大门之外!

我希望当今的领导们能向胡耀邦同志学习,本着对每一个党员负责的态度,有错必纠,以至将所有的人团结在自己的周围,共同建设一个真正实施民主和法制的社会。

2007年4月,出于对我的同情,老科学家协会煤炭分会会长芮素生建议,再以煤炭分会的名义给党中央写一封信,其大意是要求恢复我的党籍。他先将这封信交给了老科学家协会会长钱正英同志,请她将信转交中央。4月18日,煤炭分会的秘书长门迎春来电话说,信已交至钱会长。5月中旬,门迎春又来电话说,"钱会长听说你被开除了党籍,感到十分吃惊,这许多年,她竟然不知此事。她想要看一看有关你问题的材料。"我立即将一份申诉材料经秘书长转给了钱会长。在做了多方调查研究并掌握了事实之后,钱会长认为,中央书记处将我开除党籍的决定是错误的,应该为我甄别平反。出于对我的深切同情,钱会长本人曾多次上书中纪委、组织部和历届中央领导,要求更正中央书记处的错误。至今,她还在为我的昭雪而不懈地努力着。

2009年秋,曾为煤炭部副部长的韩英同志来家中小坐。他对我的遭遇不仅非常同情,而且非常气愤。而无独有偶的是，他对万里的专横跋扈别有一番体会。

在探访时，韩英将奥博所著的《潮起潮落——韩英纪事》一书送与我。在其中的第九章——"和万里的隔阂"，以及第十三、十六章中，作者记述了韩英与万里短兵相接的经过和由此引发的恩怨。说来也巧，韩、万的隔阂和万里对我的反目，同源于1975至1976年"整顿铁路"和"批邓反击右倾翻案风"的年代。那时，韩英正任山西省委书记，万里任铁道部部长。

作者写到："山西的几个铁路局，原太原铁路局、太铁分局、临汾铁路分局、大同铁路分局的一些人员，在1975年的整顿中，被调出分散到全国各地，有的被解职，有的被免职使用。在这次'批邓反右'中，这群人也积极到铁道部闹事，强烈要求回山西，回原工作职位。

在一次围攻万里时，有人揪着问他：'万部长，你说9号文件对不对？'万里回答说：'9号文件是错误的。'现场一位新华社记者插话说：'万部长，那9号文件可是中央文件呀。'万里说：'我们跟着邓小平刮了右倾翻案风，有错误，我们是同意你们回去的。就看各省是什么意见了。'

这样，万里把问题归咎于省里。山西这批人立即回到太原，冲击山西省委，围攻当时的省委书记王谦、主管工业的韩英等省委主要领导。这批人当着省委的面，放了万里承认'9号文件是错误的'那段讲话录音。

这之前，山西省委对这批人的处理意见是：你们是铁道部的直属企业，回与不回，应由铁道部决定。万里的这段录音一放，一下使省里的工作都陷入被动。

……不久，中央在京西宾馆召开各地省委书记、管工业书记的打招呼会。

会议期间，铁道部长万里带着助手李新，来到京西宾馆

我之坦荡、阔达、延年

10楼39号，找到山西省委书记王谦和韩英，一见面，万里就作揖说：'拜托拜托，你们看怎么办呢？我们跟着邓小平刮了右倾翻案风，有错误，我看就让那些人回去吧。'韩英这时对所谓'右倾翻案风'尚未完全弄明白，他没有立即表示同意，就说：'万部长，这个问题很复杂，那些人回去后，各局、分局都成了双重班子，怎么工作呢？况且，如果铁路上一带头，那么其他各行业都提出这样的要求，都出现双重班子怎么办呢？怎么解决这个问题还需要研究。'省委书记王谦接过话说：'老万，我看这个问题，还是咱们一块儿来解决吧。'万里起身告辞说；'铁路问题就靠省委了，省委怎么说，我们怎么办。'

……1976年6月，……山西境内的铁路生产已完全瘫痪。

不久，中央政治局为解决山西问题召开专门会议。

……韩英离开北京回到山西，便与大同市委和大同铁路分局的同志们一起，在大同工作了一个多月，顶住造反派的压力和批斗，不断耐心做两派的团结工作，把生产逐渐抓了上来。

当时，定下来的处理原则是：一部分已经调到外省的人，不再回来，一部分被免掉工作后失业在家的人，在保证做好工作的前提下，可以再回原工作岗位。

……大同市委给省委写了一份报告，把处理问题的原则和做法做了总结。……王谦把这份报告及一些常委的意见，修改后上报给中央和国务院，国务院……认为全国其他行业象铁路这样带有共性的问题较多，此经验有一定的推广价值，于是，经修改后，在全国发了一个中发'12'号文件。

……1976年10月6日，以江清为首的'四人帮'被打

我之坦荡、阔达、延年

倒，举国皆庆。

但'铁路风波'尚未平息，传言再起。

关于山西铁路。有人传出舆论：'铁道部是代表正确路线的，山西省执行了错误路线'。

……而这种传言一直延续下去，直到党的十一届三中全会召开前夕，在大会筹备会议上，万里再次公开提出这个问题。

当时韩英已调任团中央第一书记，万里任安徽省委书记。在华东大组的一次讨论会上，万里突然回头，当着众人，对坐在他斜后方的韩英提出质问：'韩英你说，你们那个12号文件对不对？你说！'

韩英突然被问及，一时也没多想，就照直回答万里说：'万书记，这个传言有很久了，我原本不想说它。你今天既然在会上当众提出来，我就回答你。关于铁路问题，如果你不健忘的话，是你委托我们帮助铁道部做思想工作的，在中央打招呼会议上，你到京西宾馆找王谦和我，委托我们帮助你们。当时你连说'拜托省委了，拜托！拜托！省委怎么说，我们怎么办'。在整个处理山西铁路问题的过程中，你们铁道部派组织部长丰丙军带一个工作组进驻大同，干部的任免全部是你们定的，我们省委只是帮助你们做思想工作。当时的情况，这个工作我们没做错。退一步讲，即便有错，恐怕也应该你我双方，各占一半吧。怎么就总说我们省委是错误路线的代表，你们都是正确路线的代表呢？关于中发12号文件，因为那是中央文件，我无权也没资格说它对还是不对！'

……休会下来，韩英又主动找到万里说：'铁路问题，当时是王谦、你、我，咱们三人一起定的，现在王谦在华北组，咱们去，三个人当面说清楚，好不好？'万里说：'我

我之坦荡、阔达、延年

不去！'韩英说：'这件事咱们已经讲清楚了，以后就不要再提了。'

……在中国的政治风云年中，韩英没有背景根基，……是非曲直，坦言直陈。

这也就为他将来的政治生涯和坎坷命运埋下了伏笔。

……就在韩英处境困难时，有人传言，说中组部曾数次到山西，调查韩英在山西的升迁历程，因为'铁路事件'与万里的旧怨，据说万里在一份调查的报告上签下三点意见：一. 此人不可重用；二. 此人不能当一把手；三. 此人不能回北京。

……1985年，中央曾提出要把韩英从东北调回煤炭部工作。当时调动他的文件已转到中央办公厅王兆国处，王兆国立即让秘书打电话，通知韩英的爱人程崇碧，说韩英即将回到北京，红头文件已打出来了。没料到，刚报完信，又发生变故，韩英要调回北京的事，被万里拦了下来。万里作出批示：'此人锻炼的还不够，还得再锻炼两年。'于是，韩英要调回北京的消息便泥牛入海……。

直至1991年，韩英才终于回到阔别8年的北京。"[47]

以上是韩英因直言而受到万里掣肘的故事。它再次凸现了富有中国特色的政坛。如果一个心胸狭隘报复心切的领导，一旦大权在握，往日的争执怎么可能不招致弱势者之命运的倒逆甚至毁灭？这类的倒行逆施实不少见。但此时的韩英，早已闯过了鬼门关，是个幸运者。而我，与众冤魂相比，虽然蒙难，但至今尚能信步于祖国阔土之上，当然也属幸运之列。

告辞时，韩英敦促我，时代不同了，一定要将自己的遭遇一吐为快，将历史的真相留给后人。此言极是。

我的长寿秘诀

因为几近百岁，我的长寿令亲朋感叹不已："怎么一个被无端打入政治牢笼的人，竟能年逾古稀？"为了破这个谜，他们常来打探我长寿的秘诀。

我确有一个"长寿秘诀"——一个良好的心态。

在逆境中，我自觉心怀坦荡，而众亲朋的同情更是我强大的精神支柱。就是在这样一个健康的心态中，我安然地开始了丰富多彩的离休生活——既工作，又休闲。

八十年代中期，煤炭部的老领导和同志们欢迎我的重返。我则更是珍惜"煤经会"副理事长的这份工作，在年过七旬的高龄，再次回到了熟悉的矿山（例如，河南省的平顶山煤矿、山东的兖州煤矿、东北的鸡西和双鸭山煤矿等等，数不胜数。），做了大量的调查研究工作。几乎在所有的故地，我都见到了久别的老朋友，老部下。他们大多已年逾花甲，但心脑不老。大家欢聚一堂，感慨万分，为祖国煤炭工业的建设和发展，叙旧论新。

每次回京后，我将这些老专家们的意见汇总起来，并结合以往为中国煤炭工业现代化的起步积累下来的经验，撰写了多篇论文（例如：《论煤炭工业改革与发展的几个大问题》、《加强宏观管理合理开发利用》、《应建设中小型劣质煤自备电站》、《组织力量，投入新课题研究》、《要求国家的各项政策向处于困难和弱势地位的矿井倾斜》等），将它们发表在有关的期刊上，或宣读于大大小小的煤炭工作会议上[42-46]。我抓紧每一个机会，向所热爱的煤炭事业献计献策。

同时，我也意识到，要想过高质量的离休生活，必须要有一个健康的身体，即头脑的聪敏和体力的矫健。为达此目

我之坦荡、阔达、延年

的,我决定持之以恒地做两件事:习练草书和游泳。

我热爱草书的原因,是本人具有较好的墨迹功底。记得我刚上小学时,学校就设有毛笔课,老师要求我们用毛笔做作业,制文章,故自幼习惯于写行书。这个习惯,延至我的中学和大学时代。参加革命后,只要条件允许,我还是乐于用毛笔写文章、书信。新中国成立之后,在我的办公室,总备有笔墨、砚台,它们是我写报告,批文件的常用之物。

离休后,我对习练草书和硬笔字的兴致更加浓厚。若不外出,每天总要在家写上一两个小时以修身养性。久而久之,尽管自认笔功依旧平平,但却得到了朋友们的赞许,上门求墨的人越发的多了起来。每每到矿务局参访时,或逢历史纪念日时,总不免应约挥毫。毛泽东一百周年诞辰时,我以草书和硬笔的形式,书写了他的所有诗作和词作,孩子们已将这些墨迹汇编成册。即使是现今,我仍气韵不衰,以书写为乐。仅2008年,我就参加了在北京文津街俱乐部和兖州矿务局举办的两个书画展览。

我还酷爱游泳。我是在六十年代初(即近五十岁时)才学会游泳的。那时因为工作忙,我每周只能挤出一两个晚上去游泳馆小游一会儿。为了不溺水,我得专心致志地协调全身的动作。在水中漫游,令我一脑空白,极易缓解一天的身心疲劳,为明天的繁忙做好准备。这就是我对游泳偏爱的原因。可惜的是,它在"文革"时期被打断。八十年代初,我又恢复了这项体育锻炼。在我被无端严打之后,胡耀邦同志对我的"一切待遇不变"的批示,使我能够继续这一嗜好。

离休后的游泳运动更是雷打不动。只要游泳馆开门,我就一定要去游上半个小时。这项活动,象练习书法一样一直坚持至今。持之以恒地追逐这两个雅好,使我受益非浅。2004

我之坦荡、阔达、延年

年12月，刚满九十一周岁的我，在与全国各省市九十岁以上的健康老人角逐之后，摘下了这一年全国健康老人的桂冠。我和老拌儿又荣耀，又喜兴地出席了授奖大会。老年协会会长刘建章，为我佩带了绣着"全国健康老人"的红底金字之跨肩奖带，并颁发了礼品！如今，距那个喜气洋洋的大会已近五年之久。年逾九十六的我，还在挥毫，还在游泳。

另外在1996年，我和爱人还应邀飞越了大半个地球，探望了定居在德国和美国的两个女儿。她们是凭着自己的拼搏而出国的，并分别以优秀的成绩荣获了各自的博士学位。当时，光光在德国慕尼黑郊区的一家公司任高管，平平在美国纽约州长岛的一家研究所主持肿瘤研究工作。

1996年5月24日，是我们寰球之旅的首日。我们的第一站是慕尼黑。在那里，我和老伴儿与小女儿、女婿和小外孙共同生活了三个月。

慕尼黑位于德国的中南部，栖息在阿尔贝斯山脉的南侧，是德国，也是欧洲最著名的旅游城市。此城市已有八百多年的历史，拥有许多博物馆和中世纪古迹，是一个清静典雅的文化艺术中心。孩子们一有时间，就带我们参观这座名城。一个周末，我们去了位于慕尼黑市中心的著名玛利恩广场，它的北面座落着举世闻名的市政厅钟楼——一座身高八十余米、淡黄色的哥特式建筑。听钟楼的钟声，是慕尼黑传统的旅游项目。我们和众多游客一样站立在广场中，报着好奇之心静候上午11时50分的钟声。不久，报时的小鸟从窗里探出头来，钟声开始在城市的上空回荡。待钟声飘逝之后，钟楼上的十二个漂亮娃娃，簇拥而出，随着音乐载歌载舞，景致独特、有趣。

慕尼黑还有许多著名的博物馆。我们参观了麦西里米安宫、德意志博物馆和阿尔卑斯博物馆等。德意志博物馆面积达

我之坦荡、阔达、延年

四万平方米，展出各个时期自然科学和技术的杰出成果，是德国最大的自然科学博物馆。博物馆的陈列品包罗万象，我们在那里还见到中国的古船、古乐器等。

此外，慕尼黑市还不乏秀丽的公园，我们有幸拜访过的就有英国公园、宁芬堡公园、宫廷花园、奥林匹克公园等。在英国公园，我们见到了奇妙的砧木、漂亮的露天啤酒店和所谓的"中国塔"。宁芬堡公园则是由一个河道、一个小湖、一个隐秘的花园、以及一个广受欢迎的咖啡馆组成。这种别具一格的闲逸，使我太好理解为什么她是慕尼黑居民一年四季散步、休闲的地方。而宫廷花园则是在阿尔卑斯山脉北部凸现文艺复兴时期风格的贵族庭院。它的极具时代性，吸引了包括我们一家人在内的游客。

从慕尼黑城里，我们又游到了城外。最令人难忘的，是位于德国巴伐利亚的城堡——新天鹅堡。它坐落于阿尔卑斯山脉旁，风景如画、宛如仙境。它是梦幻国王路德维希二世创造出来的童话王国，是最具中世纪浪漫主义风格的城堡。

给我印象最深的，还要数阿尔卑斯山脉的自然风光。一个周末，女儿一家陪伴我和老伴儿上了山。尽管是盛夏，但山里的空气渗凉爽快。当我们从断壁平台了望时，入目的，是起伏的山脉，多姿的松柏，碧蓝的天空，雪白的浮云，如画如图的景致，令我心旷神怡。虽然是在几百米的高处，但我不仅没有丝毫缺氧的感觉，反而体会到了充满活力的生机。

在孩子们上班的工作日，我和爱人的生活也很惬意、悠闲。比如到附近的小树林里散散步，到社区的室内游泳池游游泳。

三个月一晃就过去了。8月13日，我和老伴儿准备启程去访问住在纽约的二女儿、女婿和被我们从小带大的外孙女。

小女儿和女婿把我们送到了法兰克福国际机场。我们的

我之坦荡、阔达、延年

飞机要途径英国伦敦再飞往纽约。但不知道为什么，这家航空公司不让我们登机。这时女儿一家已在返回慕尼黑的路上。结果是，飞机上了天，而我们老俩口儿被留在了地上。急坏了的老伴儿不放过任何一个有着亚洲面孔的人，打问会不会说中文。终于，一个好心人，把她送到了信息服务台。老伴儿将女儿留下的"救生条"掏了出来（上面写着我们的名字；要到哪里去；还有与女儿联系的详细信息）。终于，服务人员与小女儿接通了电话。在把事情的原委弄清之后，老伴儿才摇醒了正在候机室内酣睡的我。原来，拒绝让我们登机的原因，是我们没办理到英国的签证！

　　掉转车头赶回法兰克福机场的女儿，为我们制定了新航线。于是，我和老伴儿登上了一架最早能起飞的飞机，先飞美国最南部的迈阿密市，然后再直飞纽约。就这样，在迈阿密转机后，我们于14号下午顺利地到达了纽约的肯尼迪机场，见到了早已在那里等候的女儿和女婿。

　　我们驱车驶向大西洋环抱的长岛中北岸。女儿的家宅坐落在北岸的一个小山坡上，树木丛生，环境怡人。虽然是八月的天气，温度却比北京低了不少，无疑，这里是消暑的好地方。

　　此时，女儿正在组办一个分子肿瘤研究室，不但平日忙的不可开交，就连节假日也少不了加班加点。我和老伴儿对她的繁忙非常理解，尽量不打搅她。每天我们下山遛遛弯儿，读读书，看看报（女儿特意为我们订了《人民日报》），喝喝茶，写写字，很是逍遥自在。女儿怕远道的爹妈在家闷得慌，就带我们到一家华人密集的图书馆借了一些中文书籍回来。不久，她又将我们正在费城探亲的老朋友唐某请来做客。老朋友在异国他乡见面，别是一番风味。我们毫无顾忌的论古说今，天南

我之坦荡、阔达、延年

海北,格外尽兴。

正是这样一个安闲的环境,滋生了回忆我坎坷一生的强烈欲望。于是我和老伴儿在后院的木制平台上,一边观赏着树枝上戏跃的杜鹃,一边开始了对漫长人生的回顾。从我们的儿时、学生时代、入党、抗日战争、解放战争、到新中国成立,和之后所发生的一切……,只要是没被忘却的,都被口述了出来。

女儿和女婿对将我们闲置在家,感到很是歉疚。更不巧的是,此时女婿的母亲正害病住在医院,在我们去的头一个月里,女婿一下班就去陪伴母亲,忙的女儿更是不可开交。但每逢历时两天的周末,孩子们总要拿出一天的时间带我们到处看看。我们一起去纽约市参观了大都市博物馆,漫步了华尔街,遥望了自由女神,走访了中国城……,我们还到位于长岛岛尖处的国家公园,观赏了惊涛骇浪……,更难得的是,我们碰上了抓海蟹的季节。女儿知道螃蟹是我最爱吃的盘中餐,于是带我们去海边抓螃蟹。有一次,老伴儿为了捉一只大蓝蟹,还差点儿被夹了脚!每抓到一只蟹,老伴儿就象孩子一般的兴奋。我特别热爱这项活动——海阔天空,无忧无虑,全神贯注,享不尽的海鲜美食。

不久,亲家母病愈。每逢周末,老夫人或为我们备下丰盛的晚餐,或邀请我们到附近的特色餐馆就餐。我们品尝了源于不同的国家的风味美食。例如,意大利、澳大利亚、墨西哥、美式餐和中餐等。

在一个秋初的周末,孩子们带我们去了位于宾西法尼亚州的长木公园——世界室内花园之最。顾名思义,她坐卧于茂密丛林的环抱中。其实,这个室内大花园,是一个园中之园。当我们踏着秋叶步入这家州立公园时,最先映入视野的,是一个白理石雕筑的硕大喷水池。在瓦蓝晴空的衬托下,银白色的

我之坦荡、阔达、延年

窜天水柱与四溅的水花齐舞，很是悦目。我们先观赏了外园中尚在盛开的各色玫瑰，青青的草坪，一味贪吃的小松鼠、潺潺的溪水、随波飘荡的野天鹅……。然后，我们进入了室内花园的高大主厅。迎面的，是精心修饰的水池，其中有铜制的长腿鹤，也有嬉游的鸭。周围则是不可冠名的热带丛林。随着隐藏在两侧的弯弯小路，我们被引进了另一个世界。在这里，小鸟的叫声和水流声的交融，就象奇花异草的催生曲，催得五颜六色的鲜花满目琳琅。我历来热爱赏花，不仅自叹：在本叟八十又三时，竟可饱览这人间仙境，实属三生有幸！在家时，我也种花弄草，对每一棵小芽儿，每一朵花蕾，都付出过一捧精心，深知它们的来之不易。所以长木公园花匠们巧夺天工的园艺和他们对大自然的创造，着实令我感叹不已。

　　在一次闲聊时女儿得知，在美国我最想去的地方是首都华盛顿。这个城市没被女儿和女婿列入出访名单中，因为它离女儿的家约二百五十海里，即使是在车辆畅通的情况下，也要开五个小时才能到达。他们顾虑远道的疲乏会令我这个老身吃不消。当我将"不到长城非好汉"的愿望比较"强烈"地表示出来后，孩子们打消了原有的顾虑，在一个星期五的下午，我们驱车前往华盛顿。

　　华盛顿在全世界的盛名，尽人皆知。我对自己能有机会亲临这座城市而感到兴奋。在历时两天的逗留中，我们先后参观了历史博物馆、自然博物馆、航天博物馆、植物园、华盛顿纪念碑、林肯纪念堂、国会山等。我得特意强调一下，我们是从林肯纪念堂一气走到国会山的。尽管是边走边歇，我还是感觉到有些疲累。于是，在老伴儿的劝说下，我打消了攀高登入国会山的欲望，只是以它为背景留了个影，也就算"老汉到此一游"啦。

我之坦荡、阔达、延年

　　我和老伴儿在美国的女儿家一共小住了三个月。也可能是丛生的树木生产了充足的氧气吧,我自觉精神饱满、体力充实。在这种状态中,我读了不少书,练了不少书法,去了不少地方,见了不少新事物。而更重要的是,在美国,在女儿的家,在老伴儿的协助下,我完成了对一生的回顾。

　　1996年11月上旬,我和老伴儿离开了长岛。在步入肯尼迪机场候机室之前,我们与女儿一家恋恋不舍地告了别。归途中,我们在香港、广州做了短时的逗留,然后顺利地返回了北京,结束了为时六个月的"环球之旅"。

　　我又回到了过去的常规生活——练习书法、游泳、申诉。

　　对德国、美国、香港的出访,使我的眼界和心胸更为开阔。我的心态比以往更加平稳、沉静,对自己更具信心。

一九八五年一月,徐达本在延安

一九八七年五月,徐达本在浙江长广煤矿

一九八八年七月在大同晋华宫煤矿。徐达本(左四)与矿领导和老朋友合影

一九九零年十一月在萍乡新电厂工地。徐达本(中)和爱人于兆毅(右二)与电厂领导和老朋友合影

一九九二年在武汉。徐达本（前中）在参观武汉煤矿设计院

一九九六年六月在慕尼黑。徐达本和爱人于兆毅在尼芬堡公园

照 片

一九九六年六月在慕尼黑。徐达本在阿尔卑斯山中

一九九六年九月在纽约长岛。徐达本和爱人于兆毅在亲家母家做客

一九九六年十月在纽约。徐达本和爱人于兆毅在纽约的炮台公园

一九九六年十月在华盛顿。徐达本在国会山前留影

一九九九年九月二十九日在北京西郊宾馆。徐达本(左六)与煤炭部领导、煤炭部文工团一起欢庆建国五十周年。

二零零二年在兖州矿务局。徐达本(右二)正在开煤碳经济研究会

二零零三年在北京文津街俱乐部。徐达本（右二）与九十岁以上的"八十不老网球队"队员合影

二零零三年在上海。徐达本正在与女儿平平通电话

照　　片

二零零三年在北京。部分家人为徐达本（二排右四）的九十岁生日祝寿

二零零五年在北京，徐达本参加国家安全生产监督总局离退休干部联欢会。

照 片

二零零五年十月在河南平顶山煤矿。徐达本(前排左五)和爱人于兆毅(前排右三)与参加中国老科学技术工作者协会煤炭分会三届二次理事会扩大会议的老朋友们合影。

二零零五年十月二十三日在河南平顶山煤矿。徐达本(左五)和爱人于兆毅(左二)与参加中国老科学技术工作者协会煤炭分会三届二次理事会扩大会议的留学苏联的老朋友们合影。

徐达本(前中)参加兖州矿业集团在京举办的老年书画展览会。左二为前国家煤炭安全监察局局长张宝明，右二为前中国老年书画研究会副会长史进前。

二零零六年春节。总参政治部原文化部部长赵永田(左一，他在冀中抗日根据地时曾为黄敬同志的警卫员)来家祝贺徐达本(右三)的九十二岁诞辰，右一为老伴儿于兆毅。

二零零六年在北京。九十三岁高龄的徐达本在文津街俱乐部打保龄球

照　　片

二零零六年在北京。九十三岁高龄的徐达本在文津街俱乐部游泳

二零零七年二月在北京。九十四岁高龄的徐达本(右三)在文津街俱乐部为他举办的个人书画展览开幕式上讲话。

二零零七年二月在北京。九十四岁高龄的徐达本在文津街俱乐部举办的个人书画展览会上展出的部分作品。

二零零七年六月七日在北京海军俱乐部。九十四岁高龄的徐达本(前左二)参加"七•七"事变七十周年抗战纪念会。

照 片

二零零八年秋，九十五岁高龄的徐达为全国煤炭老科技工作者书画展作品集题名

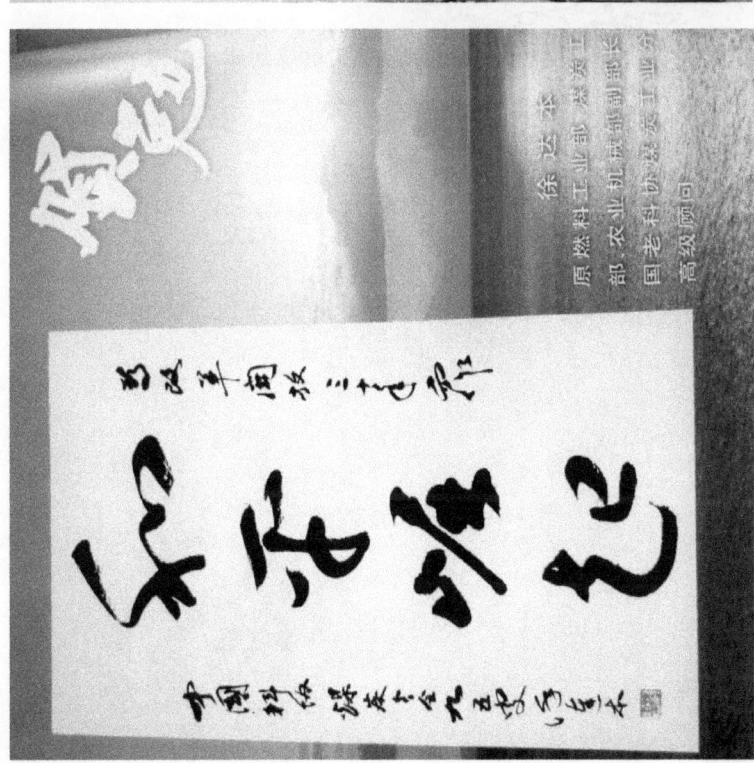

二零零八年秋，九十五岁高龄的徐达本为全国煤炭老科技工作者书画展作品集所书

二零零八年在北京家中。九十五岁高龄的徐达本在习练书法

二零零八年，九十五岁高龄的徐达本在家中

作者注

　　为了把我的百年故事留给后人,早在1996年访问定居于美国的女儿时,就启动了自述生平的工作。在回国之后的年月里,此项工作始终没有间歇过。当记忆的拾零基本完成之际,我请朋友陈国华(已故)、女儿平平将其整理成文。为了谨防有误,二位曾多次与本人核对书中所及。但人的记忆难免差池。若文中仍有贻误,敬请读者勘正。

代后记

徐平平

被禁止的葬礼

2013年17日清晨,北京传来噩讯,父亲于2013年10月17日13点56分在协和医院病逝,享年一百岁。

父亲的与世长辞,令全家沉陷在深深的悲痛之中。

19日我从美国启程返京。20日夜半一进家,听到的是令人震惊和愤怒的消息——"上面"有令,不允许家人按照自己的意愿寄托对父亲的哀思!我马上意识到,对父亲四十年的政治迫害并没有因他的离去而结束,反而变本加厉。显然,"上面"的领导误以为父亲的英灵无权接受亲朋的祭慰,而老朋友、老部下和众多同情他的人们,也无权哀悼这位人民的老功臣!

待平静下来后,大姐向我详细地讲述了近三天的天翻地覆。

父亲过世的当天下午,老干局的赖书记等来家慰问母亲。家人向他正式提出了熟虑之后的四点请求:

一. 党中央应明确父亲到底犯了什么错误、陈述开除其党籍的依据和缘由;

二. 如果没有依据和缘由,应撤销对其开除党籍的处分,并彻底予以平反;

三. 为父亲书写切合实际的生平;

四. 由于胡耀邦签署了中央书记处为父亲作出的"一切待遇不变"之决定,其骨灰应安置于八宝山一厅。(其实我们一贯认为,八宝山一厅的设置是凸显腐朽等级制度的又一中国特色,导致了众多夫妻因级别之差不得合墓的最大悲哀。这里的第四条仅表达了家人的一种逆反心理而已。)

代 后 记

在认真听取上述要求后，赖书记表示一定将家属的意见上传至相关领导。

18日晚，安监总局老干部局给大姐打来电话，讲述了总局准备为父亲办理后事的精神——家属可以根据参加者的众寡，决定在八宝山或医院为父亲举行遗体告别仪式。似乎，为父亲送行之事，正平稳地运行在正常的轨道上。

10月20日下午，十数位亲朋来家慰问老母及家人，并协商为父亲办理后事的有关事宜。5时，安监总局来电说"上面"下达了关于为父亲举办遗体告别仪式的指示，要求立刻派一名家人去总局听传达。当时已从德国返京的妹妹要求与大姐一同前往，但遭到拒绝。电话那头的冷漠和"只允许来一个人"的无理，激怒了极度悲痛的老母，她拿过听筒厉声斥道："我还没死呢！家里的事由我做主，有事得和我讲！我老了去不了，别人都不能去！你们要来就来，不来就算！"随即挂断了电话。母亲已是九旬有四的老红军干部，平日性情温顺寡言少语。她的愤言着实惊煞了在场的每一个人。大家对老夫人赞不绝口："老太太绝对够水平！""不愧为老红军干部！""都这么大的年纪了，头脑真清楚！""真够尖锐的！"…… 对母亲的快速出击，我一点儿不奇怪——她哪里是等闲之辈？想当年为了抗日，年仅十五、六的她就生死度外地走南闯北了，什么世面没过过？还尿那个"上面"的传声筒不成？！

大约过了半个小时的光景，从总局来了五位干部：老干部局的赖书记、刘副局长，人事司的杨司长，另外两位分别来自办公厅和中纪委驻安监局巡查组。尽管他们只允许大姐陪同母亲听取传达，但在妹妹的执意下，最终让她加入了"接旨"的行列。而其他亲友则被要求在客厅静候。

一位来者宣读了"上面"针对为父亲办理后事的通知：

"一. 低调从简，可在医院组织亲属送别，不发讣告及生平简

代 后 记

介，不邀请新闻记者采访；

二. 后事费用按照有关规定办理；

三. 骨灰由家属处理；

四. 积极做好家属的思想工作，生活上的困难，组织上帮助解决。"

宣"旨"后，大姐问："这个通知是哪个单位下达的？"

没有回答。

妹妹问："除亲属之外的人能否参加遗体告别？"

回答："不行。"

大姐又问："不发讣告，父亲曾经工作过的单位就不知道他去世的消息，是否能发通知？"

回答："不行。"

眼前发生的一切令母亲和女儿们感到震惊，当即表示以上规定令人不可理解，很不正常。

母亲平静地说："目前还有几个子女不在这里。等大家到齐后，我们要开个家庭会议讨论一下'上面'的通知，然后将意见转告你们。"

待安监局的干部离开后，大家就炸了锅（尽管亲友们在另处等候，但清楚地听到了"旨令"）。所有的人都感到同样的震惊："这简直是太岂有此理、太过分了！""共产党怎么能如此对待自己的功臣！？""这都是什么时候了，竟然还敢做出如此践踏人权的决定？！""这实在令人太寒心了！"……

事实是，自1984年父亲被无原由地开除党籍后，胡耀邦签署了中央书记处有关他"一切待遇不变"的决定。父亲在看文件、住房、医疗、用车等待遇均与其他党员副部长等同。另外，离休后的父亲作为无党派人士，还曾经担任过煤经会副理事长，而在93岁高龄时仍任老科学家协会煤炭分会的高级顾问。这些事实均被所谓

代 后 记

的"上面"一笔勾销了。其实，对办理父亲后事的种种刁难和苛求，恰恰说明这个所谓的"通知"与现今中央"走群众路线，为群众办事"的精神背道而驰，而发布这一"通知"的人（们）仍然走在"文革"的老路上，还在继续迫害无辜。正是这些人，在不断地激化百姓和执政者的矛盾，引发社会的极大不安定。

为了维护父亲作为一名普通公民的权力（而不是副部长的权力），为了维护我们祭奠亲人的权力，在21日下午的家庭会议上大家一致认为17日下午的电话通知是违背中华人民共和国宪法的无稽之谈，一致要求公布发"通知"的单位及个人、公示"通知"原件。我们还一致要求，安监总局局级领导亲自来家听取我们的意见。而最重要的是，我们一致通过了抵制"上面"无理规定的决定——于27日上午10时整，在八宝山革命公墓东厅为父亲举行遗体告别仪式。

与此同时，老母还以她本人及子女的名义给党中央习近平总书记、中纪委王岐山书记、中央办公厅栗战书主任、中组部赵乐际部长写了诉求信，并于次日清晨送出，请他们迅速拨乱反正。

为了庄重圆满地送老父亲上路，我们马上做了细致的分工——我负责写悼词；大姐和李平分（父亲的老友、原煤炭部办公厅副主任李谨亭之子）负责通知亲友；妹妹和妹夫负责联系落实使用八宝山东厅之事宜；赵亚平（父亲的老友、原煤炭部老副部长赵子尚之女）负责编制与父亲告别的纪念册，此外她还负责收集、整理、归总各方人士所送的悼念花圈及挽联。就这样，在22至24日的三天时间里，大家全力以赴彻夜不眠地工作着。

22日早晨6时，大姐向安监局老干部局传达了信息——希望向总局领导汇报家庭会议的情况，但直至下午4时都没得到答复。这种无人问津的状况令大家着实愤怒。母亲说，如果单位再不理睬，她就要亲自去中组部讨"说法"了。由于担忧老母的身心健康，大

代 后 记

姐马上通知老干部局说，若再继续拖延下去，后果可能不堪设想。亚平也按捺不住心中的激愤，给老干部局打了电话，表示如果他们再不闻不问，煤炭部老部长的后代们就要去总局门口静坐请愿啦！在这种情况下，老干部局终于下达了通知——23日上午，总局领导将来家中听取我们对"通知"的意见。

23日上午10点，总局孙副局长和多名干部来家。全家人七嘴八舌地向副局长和赖书记表示了对"通知"的反对意见。我们坚决要求单位领导公示发"通知"的单位及个人，并向党中央反映我们的意见——取消"通知"，按副部级干部的规格为父亲办理后事。我们的要求让孙副局长很为难，面对这些合理的要求，他既不好横加指责，又不能违背"上面"的旨意。这次会谈自然以无果告终。

当日下午4时许，大姐接到老干部局汤处长的电话，她再次重申了"上面"的"旨意"：

一．这个文件已于20日全部传达给你们了，按照文件的管理规定，家属不需要再看原文；

二．这个文件中的四条意见是经中央决定的，不能变通；

三．在后事处理和生活中有什么困难，需要我们协助的你们可以提出来，等时间确定之后，我们可以在用车、协助通知亲属等方面尽力与以解决和帮助。

其实，我们对以上三条是早有思想准备的。大家对第一条的认知是，那个所谓的"上级"很清楚自己正在亵渎人权，为了逃脱将来历史的讨伐，他根本不敢将记录其罪责的实据交给我们；所以，在第二条中，那个"上级"为了给自己开脱，浑水摸鱼地加上了"中央"二字；而第三条是建立在遗属遵循"上面旨令"的假命题上，玩的是又打又拉的把戏，所以我们根本就不会去寻求什么"上级"的"帮助"。

我们以为，汤处长的电话通知，对无私奉献祖国、为民族的复

代 后 记

兴大业呕心沥血、不计荣辱地奋斗了一生的父亲太不公平！不仅如此，它还剥夺了老人家作为中华人民共和国公民的最起码的权力。这个通知与以习近平为首的党中央所倡导的"不整人"精神以及坚持"透明宽松政务"的要求，格格不入。于是，我们决定，顶风上，对着干！

但是，我们尚有无限的担心。如果此决定走漏了风声，一场殊为重要又具特殊意义的祭奠活动很有可能会遭到无情的镇压。为了避免恶性事件的发生，一切紧张的筹备工作都是在消了音的紧锣密鼓中悄悄地进行着。我不断地提醒大家，不要在电话中谈论有关告别仪式的任何细节，尤其是每一个程序的具体时间。至24日晚，整体工作基本告成，剩下的是疏理亲友旧部不断要求送花圈挽联的悼词。

25日（周五）上午九时许，老干部局长、副局长等三位官人不期地来到家中，传达中组部对我们意见的答复。其大意还是原"旨"不能变通。她们极力疏导我们要按"上面"的意图办。在过去近30年中，这三位对父亲非常敬重，照顾得也很周到，对此我很感激。如今"上面"的指示使她们很为难——同情老父亲而不遵"旨"是官场的大忌，后果不堪设想，所以谁也不敢越雷池一步。对她们的难处，我很理解。为了帮助这些昔日的友人开脱，为了不使我们的真实计划受阻，我对她们说："请各位回去转告领导，你们已苦口婆心地对家属做了劝说工作，但可惜没进展。其主要原因是家属执意等待其他中央领导的回复，在等待期间，我们暂不考虑如何为老爸送行一事。"这是一个两全其美的最佳托词。而家中的平静有序令她们根本想不到，仅仅两天之后，一件"抗上"的壮举，即将发生于北京八宝山革命公墓。

为了蔽人眼目，我们将所有的行动都推至最后一刻。25日下午4、5点钟时大姐才通知协和医院丧事办理处，26日下午2点为起

代 后 记

灵时间,即八宝山公墓的团队要去医院接父亲。为此我紧张到了极点,生怕起灵一事必得通报安监总局。如果真是如此,我们将前功尽弃。幸运的是,办理处的主管医生除了抱怨大姐没有按规定提前三天通知她外,没再找其他麻烦。为此,我揪着的心稍稍地放松了一点。但成功的关键,还要看明天的行动是否能顺利完成。

26日中午,除了我在家陪伴妈妈,所有的直系亲属加之赵亚平和李平分都去了协和医院,保驾和目睹父亲的平安起灵。2点10分,亚平电告我说,灵车已顺利将父亲从医院接出并驶向八宝山公墓。我悬着的心终于落了地——明天,既使"上面"闻讯派人阻止告别仪式的召开,也无法扭转既成事实的局面。更何况,前来悼念父亲的众亲朋,一定会奋力保护逝者和他们自己所应有的公民权力!

灵车一路通畅地到达了八宝山公墓,父亲的遗体被安放在"天王星"室。一个个环节的紧扣圆通,令全家人相信,为了保佑父亲平稳上路,上苍正在为老人家披荆斩棘,叱小鬼驱妖讹。我确信,明天即将举行的告别仪式,基本稳操胜券。

直至26日晚,各路友人还在不断地打来电话,要求为悼念父亲送花圈和挽联,其中包括父亲生前亲密战友黄敬伯伯的子女。

27日(周日)清晨,挚交敏敏派来的两辆车早已在门外等候。8点20分,老母在亲人的陪伴下启程前往八宝山革命公墓,40分钟后我们一路顺风地到达了目的地。

一下车,映入眼帘的是东厅入口处顶天立地的巨幅门联——上联为:百年心坚意朗,纵云遮雾掩,犹存斑斓入青史;下联为:数载雎侗虎困,任天翻地覆,坐看尘劫化归帆。这是晚辈赵越胜为父亲过于坎坷却又不失其潇洒的一生撰写的悼联。横批为:"徐达本同志遗体告别仪式"。这一宏魄气势令我百感交集——一场被无情禁止、横加阻挠的公民祭奠活动,在良心和道义的护卫下,终于以

代 后 记

它独特的庄严肃穆，为功高德厚、正直善良的逝者迎来了四面八方的友人！

再看东厅前面的广场上，自告奋勇前来服务的人们早已各就各位。他们的任务分别是摄影、发放以"一世高洁，百年清芳"为名的精美悼念册、引导来宾留言签字等等。尽管我们早到了一个小时，但有不少亲朋更先到达。他们一一向母亲表示最诚挚的同情和慰问。我注意到，很多人在认真地阅读悼念册，那里记载着母亲对这次不寻常的遗体告别仪式的简要说明、孩子们的悼词、父亲的自述生平、晚辈因失去最崇敬爱戴的先贤表达的切切离殇。

近10时许，两侧的休息室已座无虚席，大厅里也站满了前来吊唁的人们。除了亲属外，不少人来自父亲曾经学习和工作过的地方——天津大学校友总会和北京校友分会，平山县委、政府、人民代表委员会、政治协商委员会，开滦集团公司（原开滦矿务局）等等。不少人是曾与父亲在煤炭部、八机部、煤炭经济协会，老科学家协会等处一起工作过的老战友、老部下、及其亲属和后人。还有一部分人，是因为对父亲遭遇的无限同情而专程赶来为他送行的。当然，一些老部下因年迈不能如愿前往，他们以送花圈挽联和请他人签"到"的形式与父亲告别。实可叹，人心万丈碑！

10时整，响起了沉重的哀乐——遗体告别仪式正式开始。首先，主持人向父亲致哀，接着我代表老母亲及晚辈向各位来宾致谢，并宣读了献给父亲的悼词。全文如下：

我们敬爱的父亲徐达本（字寿天）因病医治无效，于2013年10月17日13点56分在北京病逝，享年100岁。一百年前，他孑然一身地来到这个世界，如今他以一身的清白离开了这个世界。

父亲出生于知书答理家境尚可的农人世家，在做过清朝秀才的祖父影响下，从小爱读书有强烈的求知欲，又在学习英语的过程中受到了新鲜浓烈的西方民主思想的启蒙，渴望对现实的变革。中学

代 后 记

参加反压迫学潮，大学投身誓死不当亡国奴的"一二·九"学生运动。1936年加入共产党后，更是义无返顾地走上抗日救亡争取民族解放之路。

　　父亲不仅胸怀报效祖国的拳拳之心，更有过人的胆略和忘我的务实，这些特质为他的事业早成铺平了道路——24岁任晋察冀边区抗日根据地平山县县长，领导平山成为全国的抗日模范县；26岁任晋察冀冀中行署副主任；32岁任晋冀鲁豫边区政府工矿局局长主持修建了邯涉铁路。刘伯承元帅称赞"邯涉铁路在淮海战役中立了大功"；39岁（1953年初）任中华人民共和国燃料工业部副部长；41岁任中华人民共和国煤炭工业部常务副部长（行政七级）、党委副书记。无论担任何种职务，他都把工作完成得漂亮出色。更难能可贵的是，尽管父亲长期身居要职，但在他眼里，官禄只是鞠躬祖国尽瘁人民的手段而不是人生的目的，在所有他工作过的地方，父亲以自身的清廉正直，以实事求是讲究科学的工作作风博得了广泛的尊重和赞誉。

　　但没有想到的是，正值父亲人生中最年富力强功绩倍成的黄金时段，却屡遭整肃，打击批判接踵而至。"大跃进"时期，为了力保刚刚起步的中国煤炭工业免遭破坏，父亲本着科学的态度大胆谏言，由此犯下了所谓的"右倾机会主义"错误并受到降职的惩处（后被平反）。在恶流汹涌的"文革"时代，父亲更是被完全剥夺了工作权力，住牛棚挨批斗，受到了难以想像的冲击和迫害。

　　1973年，对他无休止的批斗审查"靠边站"终于结束了。他被党中央国务院派到郑州铁路局，去疏通堵塞多年的中国铁路最大枢纽。父亲殚精竭虑，带领职工昼夜奋战，换来了枢纽迅速畅通、单机牵引技术试验成功并推广应用、生产任务超额完成，圆满完成了党中央国务院交给他的任务。这在"文革"的混乱时期，是一个了不起的功绩。但奇怪的是，他得到的不是褒奖，却是被不分青红皂

代　后　记

白的无辜撤职。从那以后，他经受了比"文革"初期更深重、更漫长的磨难——被批斗、被关押、被长期审查。1984年，父亲在没有任何组织告知，全然蒙在鼓里的情况下被开除了党籍，至今缘由不清。

在父亲身上，找不到任何"派系"的烙印，他不懂不会也不屑于拉帮结派阿谀奉承，可以说他在工作中充满了创意和智慧，但在政治上却很"幼稚"，他注定无法抵御那些来自背后的暗箭。这样一位身居高位，功勋卓著又心地单纯善良的老人，面对常人无法忍受的冤屈，失望而无奈。但他坚信自己问心无愧，因为在他身后留下的足迹中，步步饱含着为祖国和人民撒下的汗血。

父亲虽然身陷政治囹圄却能保持超脱心态，珍视自身价值，拒绝无谓沉沦。他为自己的晚年规划了两项任务：一. 了却自己的一腔热望——再为煤炭工业奉献老行家的经验才智。于是在过去的30年间，他为祖国的能源改革走访新老矿山，撰写了多篇调研报告和论文，多次登上研讨会议的讲坛。这位耄耋老人以报效祖国的痴心，赢得了众多老同行、老部下一如既往的深切尊敬和爱戴。二. 为平反昭雪做不懈的努力。在这近40年的时间里，父亲从来没有停止过为自己的无咎和冤屈申辩。但遗憾的是，此项任务至今尚未完成。

如今，我们百岁的老父亲已走完了人生的最后一步。这场特殊的遗体告别仪式证明，他没有倒下，而是彻底融入了中国平民的行列，成为一名普通的百姓。当然，这更是老人家生命终结时的最后飞跃。

亲爱的父亲，请您一路走好！

您的儿女：金柱，井平，峰峰，平平，光光携全家痛悼
2013年10月27日，于北京八宝山革命公墓

代　后　记

　　这份短小精湛的悼词，准确地勾绘出父亲如何怀揣一颗赤子之心，走完了他报效祖国的人生轨迹。而组成这一轨迹的无数个点，无不闪烁着他宁可抛头洒血也要拯救被外强蹂躏之中华的辉煌，无不彰显了他宁可丢官弃爵也要坚守被强权辱没之正义的高尚。当标注轨迹的起点时，他是一个普通农人的儿子；当标注终点时，他不仅仍是一个普通农人的儿子，还更是中华民族的优秀儿子。这，就是我们子孙后代为有这样一位杰出的老前辈而无上骄傲的原因！

　　宣读悼词后，我向祥然酣睡在鲜花丛中的老父亲鞠躬膜拜。此时，我听到了人群中传来的哭泣声——人们在为祖国失去了一位德才兼优的功臣而悲鸣，更为他饱受了无限的屈辱而恸声。随后，在悲怆中，列队的缓步来宾与家人一一握手，告慰节哀。一位中年先生与我握手时特意说："我是'天大'的。"我马上回说："感谢'天大'为国家培养出象父亲这样优秀的人才！他是你们的骄傲！"那位先生频频点头。

　　后来听很多人说，他们参加过太多的遗体告别仪式，但唯有我们为父亲举办的葬礼最具庄重不俗、实话实说的百姓风范。他们特别强调，悼词写得非常好，没有一句套话，栩栩托出了一位充满智慧、胆识、一世晟高洁、百年溢清芳的传奇老人……。大家不约同叹："太完美了，太完美了……！"

　　的确，我们成功地按照自己的意愿，表达了对父亲的怀念与哀思；我们成功地按照自己的意愿，将父亲送上了通往天堂的圣途。而更重要的是，我们蔑视了邪恶、挑战了邪恶，并在初次交锋时，战胜了邪恶！

　　这是因为，在我们的心脉中，奔流着徐达本的热血。这血，正以当年"金戈铁马，气吞万里如虎"之势，将老先生的浩然正气传承后人！

附件

1. 关于徐达本同志在"文革"浩劫中遭受迫害情况的回忆

  1967年4月28日，原八机部军管会派我参加审查所谓的"走资派"徐达本同志的"专案组"。我当时在八机部办公厅研究室工作，十年浩劫开始后，被当时所谓的"造反派"的造反行动惊得目瞪口呆，可以说是"丈二的和尚摸不着头脑"，面对着"轰轰烈烈"、暴风骤雨般的"群众运动"（实际是运动群众）茫然不知所措。天天学着伟大领袖的最高指示，莫名其妙地看着一天比一天升级的过火行为，感到极大的困惑迷惘。虽然极力想通过看大字报加强理解，但越看越不明白。有一天遇到我在董必武同志处任翻译秘书时的一位老领导（当时是政协机关"造反派"支持的领导干部）来八机部声援"北京公社"（八机部的造反派组织）。他在机关院里看到我，当得知我还是个"逍遥派"的时候，就责备我说："什么时候了还当'逍遥派'，为什么还不响应毛主席的号召，参加造反派组织？"在他的"点化"下，我就和另外两位家庭出身也不怎么好的同志组织了"红烂漫"战斗队，于是自然而然地有了造反派的身份，于是也就有了被指派参加"专案组"的资格。但是说老实话，当时在思想上我对造反行动还是很不理解的，也可以说还是持怀疑态度的。

就在这样思想状况下,我参加了"徐达本专案组"。据我现在回忆,当时已有组员几人,以后陆续增加,最多时有十几人。实际上,早在1966年12月(或更早些),军管会主任周特夫对审查徐达本同志就有"批示","专案组"的人员已经集合并开始工作了。就这样从1966年秋到1973年3月审查结论和徐达本同志见面时,前后历经六年又三个月(或者更长)。这绝对是一场旷日持久的、令人难以承受的政治迫害!

所谓"执行资产阶级反动路线"的罪行

十年浩劫之初,所有国务院各部委大大小小的当权者,几乎无一例外地犯下了这一"罪行"。在"阶级斗争一抓就灵"的背景下,运动初期各单位的领导,都忠实地按照上级指示,在干部队伍中进行排队、筛选,找出一些有毛病、有问题的人作为清查的对象。谁知这竟是错误的"资产阶级反动路线"!

徐达本同志作为八机部拖拉机、内燃机工业公司行政和党内的一把手,当然也让政治部门把公司的干部排了队,找出了一些重点人,整了这些人。其中的一些人当然对他有意见,有看法。有的人甚至从心怀不满到怀恨在心,必然要把他"打翻在地,再踏上一只脚",才能解心头之恨。

有的人不久就成了专案组的核心人物。当然，今天回头看，这样的同志起初也是受害者，后来出于个人私心杂念，做了过头的事，算是"受了蒙蔽"的"革命群众"，也就只能既往不咎了。

幸亏批判资产阶级反动路线的时间不算太长。随着毛主席一声令下，"执行资产阶级反动路线"的这一罪行，很快就不再清算了，徐达本同志算是过了这一关。

所谓在潍坊柴油机厂"树红旗"的罪行

1965年或1966年初，徐达本同志曾率工作组到潍坊柴油机厂蹲点搞调查研究，总结生产管理经验，准备把该厂作为先进典型介绍给农机系统的动力机械生产企业学习。不久，不知当时以陈正人同志为部长的八机部领导出于什么考虑，又派出以徐斌洲副部长为团长的四清工作团进驻该厂"清理阶级队伍"。这样一来就形成了工作组先来"树红旗"、四清工作团又来"拔白旗"的针锋相对、两军对垒的局面。徐斌洲同志来自湖北红安，放牛娃出身，在土地革命、抗日战争、解放战争时期，身经百战，因伤致残（失去一只眼睛），从未被俘过，转地方工作前是中将军衔；"文革"初期，因为他不是一把手，和"执行资产阶级反动路线"的所谓"罪行"不沾边，又能紧跟上边的"革命路线"，因此当然是响当当的"革命领导干部"。而徐达本同志出身不好,又是所谓的"资产阶级知识分子",又犯下了"执行资产阶级反动路线"的"罪行"。因此徐达本同志自然而然地就败下阵来,毋庸置疑成了挨批挨斗的对象,成了"走资本主义道路的当权派"。

好在这一批斗的时间也不太长,因为罪名是莫须有的,这一关很快也就过去了。

所谓"大办托拉斯篡夺八机部领导权"的罪行

1965年,刘少奇、薄一波同志主张改变用行政手段管理企业的老办法,办托拉斯来管理工业企业。

徐达本同志积极地贯彻这一方针,要求尽快把拖拉机内燃机工业总公司和农机配件公司成立起来。由于这一方针是来自所谓的"资产阶级司令部",他自然逃脱不掉挨批挨斗的命运。造反派批他紧跟"刘邓"黑司令部;抓机构、抓人、抓权;以公司作为搞资产阶级复辟的基地等等。

由于地方上对办托拉斯非常抵制,托拉斯没办起来,没成气候,时间不长,十年浩劫就开始了。既然没有形成事实,造反派也就没有批判下去的劲头了。

所谓"向日本出口百万吨滦煤的罪行"

建国之初,徐达本同志曾在开滦煤矿任军代表、一把

附　　件

手。五十年代初，朝鲜战争爆发，中国人民志愿军渡过鸭绿江，抗美援朝战争打响。在这样的背景下，开滦煤矿曾向日本出售过一百万吨原煤。不知八机部的造反派是从当时的煤炭工业部，还是从外贸部、国家计委或国务院的造反派那里，得知这一情况的。这在当时被他们当成一发重量级炮弹猛批猛斗徐达本同志。建国初期，在对美帝国主义和南朝鲜作战过程中，将滦煤卖给美帝国主义后方基地的日本，这怎能不是严重的资敌行为？

但是查来查去，徐达本同志作为开滦煤矿一个小小的军代表，是不可能在这样大的问题上有决策权的。当向当时煤炭、外贸、计委的一些负责人调查时，他们都说他们也没有这样大的决策权；这样的权利只有中央才有，周恩来总理决定这样的大事恐怕都必须请示毛主席。

不知当时"北京公社"的头头是不是想借这个题目把矛头指向周总理？而在当时的情况下，少数头头的政治野心确实是很大的。不知后来他们得到了什么秘密指令，这件事就偃旗息鼓不再追究了。

就这样，1969年10月27日晚，在依兰五七干校全连大会上通过决定，"解脱"徐达木同志的"走资本主义道路的当权派"问题。

附　　件

关于"假党员"和进入解放区后是否接上党的关系的问题

十年浩劫中，有人在历史上如果被扣上"叛徒"或"假党员"的帽子而且做了结论，那将是非常非常可怕的事情，他的政治生命就被处决了。

徐达本同志历史上没有被捕过，可说是他大大的幸运，但在入党和接关系问题上，特别是在入党问题上，文革中整整把他折腾了六年多。

徐达本同志1936年9月在天津北洋大学读书时入党，介绍人是法商学院学生地下党员郝锦堂，外号"老太太"。徐入党后郝将徐交给郝的上级小李（李启华）单线领导。

徐达本同志的极大不幸是郝锦堂和李启华在后来几十年的革命历史中，都经不起残酷斗争的严峻考验，先后叛变、自首沦为叛徒。

郝锦堂，名郝金贵，锦堂是他的字，解放后改名郝继伍，1907年生，河北大名人，地主出身，地主成分，1931年至1936年在天津法商学院读书期间，加入中国共产党，后脱党。脱党后的历史不清楚。1942年郝在家乡串联其他地主分子控告村干部致使村干部四人被杀害。1945年隐瞒历史罪恶重新混入革命队伍，1948年再次入党，随军南下，先后在河南固始县法院任副院长，河南省法院任审判员。

附　　件

审干中因历史问题受了处分，先下放到河南鹤壁市法院，后被清理出政法部门，到鹤壁市副食品公司任保管员。"文革"一开始即被监督劳动。

李启华，山西人，1932年加入共产主义青年团，后转党，1935年5月在上海被捕叛变，当时未被组织上发现。同年10月到天津，任市委组织部长，1938年4月在山东再次被捕叛变，当时因抗日战争正在紧张进行，各抗日根据地处于被分割状态，横向联系不便，组织上无暇顾及也不具备条件进行审干，李启华又一次将自己叛党的历史隐瞒过去。建国初在上海虹口区任区委书记。审干中被查出上述历史问题，调上海市人民出版社任编辑。

李启华在1956年给徐达本同志写过肯定的证明材料。

由于1956年审干时审查徐达本同志的重点是进入解放区接关系的问题，并未审查入党问题，所以当时没有寻找郝锦堂，未让郝出证明。

1957年6月12日，当专案组在河南鹤壁找到郝锦堂时，他已被监督劳动，正在食品公司的畜牧场放牛。他对专案组采取了不合作的态度，长时间沉默不语，不肯正正经经回忆和回答问题，专案组遇到了很大困难。

八机部两派群众组织都派各自的专案组轮番向郝锦堂和李启华调查多次。向定了性的叛徒调查，叫做提审。在"提审"过程中，郝和李都被反复警告徐达本是"走资派"，

附　　件

要和徐划清界限。这些都给郝、李二人正确回忆事隔三十多年的真实情况增加了更多的麻烦。

特别是郝、李在 1937 年（"一二九"运动以后）还曾在北洋大学联系过一个名叫于奇的党员。于奇和徐达本同志一样也是学生运动的积极分子，当时绰号叫"臭鱼"，而徐达本当时绰号叫"鱼干"。本来徐和于的差异是很大的。但是在多次"提审"中，郝、李两人提供的说法反反复复，糊糊涂涂，越说越说不清楚。让人无法得出正确结论。

经寻找不少徐达本和于奇的北洋同学证明：

徐达本在校名徐瑞恩，冀东滦县人，个子较高，身材较瘦，长脸，白白的，样子比较潇洒，1931 年入北洋大学预科学习 2 年，1933 年入本科学土木工程专业。徐是 26 年班学生，参加地下党领导的学生运动比较早（在"一二九"运动以前），在学运中是负责任的头头，功课较好，在同学中有威信。在毕业前一年，即 1936 年的秋天就被学校当局开除了。

于奇是冀中高阳人，个子不高，体稍胖，近视眼，戴眼镜，圆脸，脸不白净，生活随随便便，不讲究穿，很朴实，农民气质，功课学得不太好，在同学中无威信。1935 年考入北洋大学机械系，是 28 年班学生，应当于 1939 年毕业。入党在"一二九"运动以后，抗战爆发后约在 1940 年前后在随同抗大二分校转移途中，通过敌人封锁线时遇

附　件

敌人埋伏中弹牺牲。

徐、于二人的差异在于：口音不同；身高不同；脸型不同；肤色不同；胖瘦不同；风度不同；入学年代不同；所学专业不同；入党时间不同；一个被学校开除，另一个一直学习到抗战爆发；一个不近视不戴眼镜，一个近视戴眼镜。总的来看，应当说两个人的差别比较大。唯一相同的是两个人的绰号都有一个"鱼"字，但"鱼干"和"臭鱼"的含义和形象还是很不同的。

据北洋大学同学们反映：经过三十多年徐瑞恩样子没有多大变化。

但是郝锦堂和李启华，一会儿你说介绍的是"臭鱼"，但说的样子却像"鱼干"；一会儿我说介绍的是"鱼干"，但说的样子却又像"臭鱼"。特别是1969年12月13日当专案组让郝锦堂当面辨认徐达本同志的时候，郝竟说他不认识这个人。

整个工作陷入了僵局，既不能肯定，又不能否定，一时无法得出结论。

问题就这样摆在那里。尽管后来"革委会"采取措施把极左的、硬揪住不放的造反派都"请"出了专案组，但那些认为可以结论为"徐达本同志1936年9月在天津由郝锦堂、李启华介绍入党"的同志们，仍无法将郝、李制造的矛盾分析清楚。尽管如此，他们并没有放弃努力。他们向中央组织部申请查阅无头档案，查找有无于奇的有关材料。

"真是皇天不负有心人"，"只要耕耘，就有收获"。1972年7月上旬，中组部来电话通知说：找到了已经牺牲了30多年的于奇1938—1939年间在晋察冀抗大二分校时自己填写的一份干部登记表，入党介绍人一栏，他填的既不是郝锦堂，也不是李启华，而是另外的人。

这张表一方面推翻了郝锦堂、李启华发展的党员是"臭鱼"即于奇的说法，另一方面也就证明了1936年9月他们在天津介绍的党员是徐瑞恩，即"鱼干"。

专案组同志去中组部亲自看了这份表，复印了这份表，最终感觉到卸去了压在肩头的沉重负担。

至于徐达本同志进入解放区后如何接上党的关系的问题，"文革"中未发现1956年的审查结论有什么问题，维持原结论也就是必然的了。

就这样，文化大革命横加在徐达本同志头上的种种"罪名"，才算是全部被否定了。

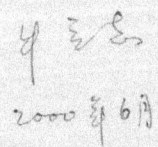

2000年6月

附 件

2. 中共郑州铁路局委员会文件

郑铁发（1983）155号

关于徐达本同志
所犯主要错误的审查结论

徐达本，男，一九一三年生，地主出身，学生成份。一九三六年参加中国共产党。"文革"前曾任煤炭部副部长。一九七三年九月至一九七五年六月、一九七六年六月至十二月两次任郑州铁路局党委第一书记、革委会主任。

经查证核实，徐达本同志所犯主要错误事实如下：

一、一九七五年三月三十日，谷牧副总理在全国铁路工作会议上指出：贯彻中央（1975）9号文件，组织工作要跟上，分局以下领导班子，路局要在四月份以内解决好。不称职要坚决调派，闹派性的要坚决调离，搞破坏的要惩办。万里同志根据群众揭发邢介江（造反当上分局党委副书记，因破坏铁路运输生产已判刑）的材料，多次要徐发动群众解决邢的问题。徐迟迟不办。六月三日万里

附　　件

同志到郑州铁路局贯彻落实中央九号文件，整顿领导班子，在新乡分局宣布：撤销邢介江党内外一切职务，放手让群众揭发批判。六月四日、五日万里同志在局党委常委会上对徐说：邢介江"篡夺了我们党的领导权"，"给你们调了人来，还不处理"，"谷牧讲话你看了，充耳不闻"，"就是不执行"，批评徐对中央九号文件的态度不端正，包庇了邢介江，"连个检查都没有"。徐说："邢介江也属'资产风'的一种，春桥讲到资产阶级妖风"。万里同志严肃指出："按主席讲的，……你理论完全是错误的"，"交给群众不是不可以嘛，这一点是什么路线，是对资产阶级专政，还是让他长期猖狂，这一点你讲清楚！"六月六日徐在书记会上说："路线问题要搞清楚，到底谁路线错误"，"把形势说的一团漆黑，我也不同意"，"什么阳奉阴违呀，……两面派……文化大革命中我也没有这么多帽子。"六月十日经中央政治局、国务院领导同意，将徐调离了郑州铁路局。事后，徐三次向纪登奎等人写信告万里同志。

二、一九七六年四月二十三日，徐达本给唐岐山（造反起家，现已判刑）写信说："邓小平借'反派性'……是为了复辟夺权"，"把生产搞上去是假，翻案复辟是真"。六月经纪登奎、张春桥、王洪文等人，以徐是"和万里顶的"、"和唐师傅（即唐岐山）合作的"、"不赞成"中央九号文件、"他的意见是对的"等，恢复了徐在郑州铁路局的职务。六月十八日徐在复职会上说：万里真是"邓小平推行修正主义路线的先行"。在副处级以上干部会上说：万里是"铁路系统的右倾翻案代表人物"，"是还乡团"。六月二十七日徐在郑州车站党委常委会上说："邓小平点河南几次，……他有个有利条件，就是九号文件"，"这一次我回来……，又是一次

附　　件

路线斗争"，"咱们共同战斗，新老还在一起，就是批邓小平、批万里"。徐还散布说："邓小平这次整我是第二次了"。九月一日徐布置批所谓"邓小平一类走资派"，要各单位直至班组宣讲讨论《走资派的特点和活动规律以及战胜他们的方法》，总结"同邓小平对着干的新鲜经验"。九月五日徐对北影准备拍摄与"走资派"《搏斗》影片的导演诬陷说："邓小平结党营私早就明显暴露出了。他从四川来京带了一大帮子人，胡耀邦、万里都是，原煤炭部长张××对文化大革命三气未消也被拉……"。粉碎"四人帮"后，徐在全局广播大会上说："刘少奇、林彪、邓小平、'四人帮'是挑动群众斗群众、分裂工人阶级队伍的罪魁祸首"，多次强调"要深入批邓"。徐还在十二月十日"批判"唐岐山大会上说：在去年六月局党委常委会议上，"万里参加是刮右倾翻案风，翻文化大革命的案，否定了路局前一段的工作"，"我们就在那里坚持"，"进行点斗争吧；这个唐岐山就在七天会议上，对路线问题一言不发"，"原来就给万里交待了"，"他妈的，他投靠万里了"。

三、一九七三年，徐达本说一些抵制唐岐山帮派的老干部"带头刮起了养病风和纠偏风"，"这股风在领导班子内有反映，上下都有人，刮起来很严重"，"搞复辟了"；一九七四年徐强调"批林批孔必须联系实际"，批"右倾翻案思潮的代表人物"，要"做到班组普遍批，车间大会批，全站典型批"。造成全局上挂下连，层层批干部，有的一直批到班组长。

一九七五年季恩洪同志（七五年任局党委常委、革委会副主任）当着万里同志面批评徐"讲大局少"，"讲党性少"，"屁股坐到派性上"。一九七六年八月徐和唐岐山等人找季谈话，徐拿着笔记本说："老季给我提的意见都记着呢，是属于右倾翻案风，要检查！"逼得季恩洪同志准备喝敌敌畏。

一九七六年四月三日，我局部分职工悼念周总理的行动，被刘建勋、唐岐山作为"反革命案件"追查。六月二十四日徐听取汇报后，要专案组"抓紧工作"。八月十二日，经徐等定为"反革命集团"，将原拘留的二人升为逮捕，原隔离审查的二人升为拘留。十月十六日开除了主要受害者刘柏松、程费远同志的党籍和路籍，并通报全局。

粉碎"四人帮"后，徐达本制造了自己"是和'四人帮'对着干的"舆论。当广大群众起来揭发唐岐山问题时，徐等策划让唐主持十月十九日全局广播大会"亮相"，压制群众，稳住帮派阵脚。十一月一日唐岐山被隔离，洛阳分局调度所部分职工贴了"郑州局执行'四人帮'抢班夺权的阴谋"、"哑烂唐岐山在郑州局的一统天下"等标语，徐说他们"批唐岐山是假的"，亲赴洛阳以"矛头对着局党委、党中央"等为由，改组了调度所的领导班子，强令支部书记等六人离职检查。新乡分局机关干部王敬忠同志十一月十二日贴了紧跟唐岐山的张绍义、傅汉生（系造反当上分局党委书记、副书记）的标语。被分局领导大会批评，王找领导说理发生争执。在公安处和局领导已批示不同意拘留后，徐又开会决定将王敬忠同志治安拘留十五天。

四、徐达本同志一九七三年九月到郑州局任职后，积极支持唐岐山等帮派势力。先后把造反头头王智祥、邢介江、李光亮（粉碎"四人帮"后，均已判刑）由工人分别提为洛阳、新乡、郑州分局

附 件

党委副书记。十一月三十日,徐达本、唐岐山和省委工作组王大海等人,商定充实郑州机务南、北段党委领导班子的方案,让郑州分局党委书记征求分局党委常委意见后,十二月一日决定提任还没有入党的林超群、杨怀发等七人为段党委副书记、常委和总支委员。全局从一九七三年九月至一九七四年四月半年中,突击发展党员1551人,提拔干部1586人,其中徐主持会议决定提拔担任站段以上领导职务的有471人。使唐岐山及其支持者在各级领导班子中占了绝对优势,控制了领导权。一九七六年六月徐还说:"纳新(党员)、提(拔)干(部)现在看,不是多了,而是少了"。六月二十日徐、唐等人研究后,不经局党委常委讨论,就以"常委讨论通过"上报原省委同意,一次任免局和新乡、洛阳分局主要领导职务十三名。十月份又对二十二个主要站段调整"不转弯子"的老干部十九人,提拔重用紧跟唐岐山的人二十九名。把一九七五年贯彻中央九号文件配备的领导班子给翻了过来。

综上所述,徐达本同志在郑州铁路局任职期间,所犯错误是严重的。在揭批查中,徐达本同志开始态度不好,坚持错误,经过与本人多次核对材料和组织教育帮助,承认了所犯错误事实,但在有些问题上仍强调客观,推卸责任。

中共铁道部郑州铁路局委员会
一九八三年四月二十日

附件

3. 论《关于徐达本同志所犯错误的审查结论》
徐达本 2009年5月

　　1983年4月20日，中共铁道部郑州铁路局委员会编制了《关于徐达本同志所犯错误的审查结论》的文件，即郑铁发(1983, 155号)(简称《审查结论》)(见附件2)。它是为我在郑州铁路局的工作做出的所谓"结论"(我曾两次被党中央、国务院派到郑州铁路局任党委第一书记，革委会主任。第一次：1973年9月下旬至1975年6月10日(共一年又八个月)，第二次：1976年6月18日至同年12月底(共六个月))。

　　1984年1月26日，我无辜地被中央书记处开除了党籍。1994年4月，为了使这个发泄私愤的惩罚"合理化"，《审查结论》被说成是给我处分的"根据"。所以我有必要在这里对它的真、伪、虚、实做一个解析。

　　1983年5月，在我收到了这份《审查结论》时，由于当时政治环境的局限性和本人的重重顾虑，仅对其中的部分不实之词做了反驳，并做了违心的检查。如今二十六年过去了，我又重读了《审查结论》和我当时对它的不同意见，深感早时的认识已远远落步于时代之变迁。所以在这里，我将自己过去的怒不敢言，以及一些新见解，一并托出。

　　我将争论的基点放在两个方面：一. 由《审查结论》"导致"对我的处分，是不符合党章规定的组织原则的；二.《审查结论》中的大部分内容，是不客观、不可信、不尊重历史的。

附 件

一. 由《审查结论》"导致"对我的处分，是不符合党章规定的组织原则的

1. 我的党组织关系，早在1978年的上半年就转至中组部的调配局党支部，并在那里过党的组织生活。1983年4月23日，即距离开郑州路局七年之久时，我收到了《审查结论》。此件没同时送至我所在的党支部。这是不符合党的组织原则的。

2. 1977年至1983年，我受到中央"两案"审理办公室（即"二办"）的立案审查。此《审查结论》也送至了"二办"。在持续了长达六年多的审查结束之后，"二办"主任刘鸣九同志代表组织与我谈话说："你的问题已查清，是犯了一般性错误，即认识上和执行上的错误，拟送中组部分配工作"。为什么中央书记处置"二办"的意见于不顾，反而将我开除了党籍呢？

3. 我见到《审查结论》后，马上针对其中的大量不实之词写了书面意见，并将其送至河南省委、郑州路局党委和"二办"。但为什么此意见如泥牛入海，无人问津？

4. 《审查结论》尾部的印章为"中国共产党铁道部郑州铁路局委员会"，并没有河南省委的批示意见。这与原河南省委第一书记刘杰所讲："徐达本的问题不归河南省委，而归铁道部管"相一致。但为什么铁道部党组对此《审查结论》不表示任何意见？

5. 1984年2月24日，我突然见到中央纪律检查委员会二办发字<84>18号文件的手抄本："中共河南省委：经中央书记处讨论决定，给予徐达本开除党籍的处分。落款

附件

是：中央"两案"审理领导小组，1984年2月9日，抄送中央组织部"。中央书记处的处分决议（简称《处分》）为什么不主送我所在的党支部？为什么主送"不管"我的问题的河南省委？在河南省委收到二办发字<84>18号文件后，即向我已离开了八年之久的铁道部郑州铁路局党委发出了豫发(1984)33号文件："接中央两案审查领导小组通知，经中央书记处的讨论决定给予徐达本开除党籍的处分。请宣布执行。"于是，郑州铁路局派专人来京，向我出示二办发字<84>18号和豫发(1984)33号原件。这种做法，符合党章规定的组织程序吗？

6. 当我在中组部参加党小组学习时，见到了二办发字<84>18号的手抄件。我立刻要求调配局局长孟连昆同志向我陈述给我处分的根据。孟局长回说他不清楚，得问中纪委副书记王鹤寿。但再就没了下文。我只好请他转达本人对中央书记处的要求：陈述给我处分的文字根据。但为什么，在以后长达十年的时间里，党中央对我的要求不做任何答复？

7. 在我受到处分的十年之后，即1994年2月22日，在中纪委复审我的申诉时，"二办"信访副主任张明泉和鲁正同志（当时在场的还有煤炭部纪律检查组的纪洪德、刘国祥同志）明确对我讲，1984年中央书记处给我开除党籍的依据，是1983年中共铁道部郑州路局委员会给我写的《审查结论》。于是就产生了两个问题：一. 既然中央已决定由"二办"立案审查我在郑州路局的工作，对于我的审查结论为什么不由"二办"签发？二. 为什么在"二办"所发的<84>18号文件中没有讲明，中央书记处的依据是这个《审查结论》？

8. 我以为,《审查结论》仅是一个罗列"事实"的清单,而没对我的"错误"作出任何结论,也没有提出任何处理意见。所以它不是一个名副其实的结论(我将在下一个章节详细阐述对《审查结论》的意见及质疑)。由此分析,郑州铁路局党委并不心甘情愿地、主动地帮助他人打造我的冤案。试问,是否《审查结论》是在外压下打造出笼的?

9. 党章规定:"开除党籍是党内的最高处分。各级党组织在决定或批准开除党员党籍之前的时候,应当全面研究有关的资料和意见,采取十分慎重的态度。"在我与中共郑州铁路局党委对《审查结论》存有诸多分歧时,为什么没有上一级领导做为第三者来听取我的意见呢?如果"二办"刘主任就是第三者的话,他(们)的意见,怎么能被忽略不计?在"二办"得出了客观明确的意见后,中央书记处为什么没有"采取十分慎重的态度",给我澄清事实的机会?中央书记处为什么不考虑我多年为党和国家做出的贡献(我于1935年投身"一二·九"运动,1936年加入中国共产党),而一意孤行地做出了开除我的党籍的错误决定呢?

二.《审查结论》中的大部分内容,是不客观、不可信、不尊重历史的

这里,我将分句、分段解析《审查结论》(楷体),并根据事实,提出我的意见和疑问。

附　件

504
《审查结论》的第一部分：

　　I. 徐达本，男，一九一三年生，地主出身，学生成分。一九三六年参加中国共产党。"文革"前曾任煤炭部付部长。一九七三年九月至一九七五年六月、一九七六年六月至十二月两次任郑州铁路局党委第一书记、革委会主任。

事实："'文革'前曾任煤炭部付部长"有误。我在"文革"前，曾任第八机械工业部付部长（1964年至1966年，"文革"中被"造反派"扣上"走资派"、"三反分子"、"假党员"等帽子，靠边站长达七年之久）。

我的意见：这是一个对我的政治生命至关重要的文件，怎么能出现与历史不符的误差呢？

II. 一九七五年三月三十日，谷牧付总理在全国铁路工作会议上指出，贯彻中央(1975)9号文件，组织工作要跟上，分局以下领导班子，路局要在四月份以内解决好。不称职要坚决调派，闹派性的要坚决调离，搞破坏的惩办。万里同志根据群众揭发邢介江(造反当上分局党委付书记，因破坏铁路运输生产已判刑)的材料，多次要徐发动群众解决邢的问题。徐迟迟不办。六月三日万里同志到郑州铁路局贯彻落实中央九号文件，整顿领导班子，在新乡分局宣布：撤消邢介江党内外一切职务，放手让群众揭发批判。

事实：

　　1. 1974年8月，郑州路局党委在整顿党的纪律时，群众举报

附　　件

邢介江有违法乱纪行为。为此我找他谈了话，批评了他。为查清事实，局党委组成了由党委书记兼政治部主任张建业为首的工作组，对邢等人进行调查。此举措遭到唐歧山（中央委员、省委常委、路局党委书记）的反对。经我解释后，张继续调查。由于省委一些领导（路局是在省委的领导下），多年受到"二·七公社"的支持，乃至对调查工作不那么积极，影响了进度。

2. 1975年3月5日中央九号文件下达后，在路局党委几经与河南省委研商后，于4月份免除了邢的一切职务，并调其入省委党校学习。同时由省委组织部、局党委和新乡地委组成联合小组，继续对他的调查，待查清后，再作处理。此决定由局党委上报铁道部政治部，并在5月份得到了"同意"的批复（我的秘书蒋益斌同志签收了此文件）。我认为，此举符合九号文件精神，执行了谷牧在全国铁路工作会议上的指示。

3. 万里则要求我发动群众批斗邢，以达到解决问题的目的。我认为此法不妥：在未掌握确切根据的情况下，将其交群众批斗，有可能会导致"派"性发作，从而影响路局的安定团结和运输生产的新局面（我到任后，发动全局职工，打通了枢纽堵塞、扭转了完不成运输生产任务的局面）。我将此意见告知万里，他不但不理会，反而说："徐迟迟不办"。

4. 其实，在对待邢的问题上，"徐迟迟不办"仅是万里对我的批评之一。其他的批评还有："邢是你们常委包庇的！你，徐达本同志包庇的！调查是为了包庇！""邢介江，你们（把他）弄到学习班，保护起来！"万还指责我："就是不发动群众，是典型的、标准的刘少奇路线"、"右倾机会主义路线"、"两面派"、"阳奉阴违"等。

5. 万里不可一世的态度,使我认为他没有任何解决问题的诚意。其结果是,他搅乱了"整顿"给路局带来的好形势。但他反而将责任推给我说:"6月上旬没有一天完成任务,这是问题的总暴露!"

6. 为此,万里将我撤了职!

7. 根据历史的纪录,我被撤职后运输生产一路下滑(见340页表1、图1a、1b,352页表2、图2,353页表3、图3)。

我的意见:我怎么做才能避免万里对我的指责?不做调查,是包庇,做调查,还是包庇!请问,万里能客观地、诚心诚意地对待我和他人吗?其实,我与万里在处理邢的问题上,仅在程度上有所不同。在没将问题搞清之前,我的意见不是更稳妥,更符合党的政策吗?我至今不明白,为什么万里在1975年6月,在不通知路局党委(当时我还是局党委第一书记和革委会主任)的情况下,亲自去新乡处理邢的问题。他在新乡分局职工大会上宣布:"撤消邢介江党内外一切职务",并将其交给群众批斗。他的这种做法根本不合乎组织程序。

III. 六月四日、五日万里同志在局党委常委会上对徐说,邢介江"篡夺了我们党的领导权","给你调了人来,还不处理","谷牧讲话你看了,充耳不闻","就是不执行",批评徐对中央九号文件的态度不端正,包庇邢介江,"连个检查也没有"。徐说:"邢介江也属'资产风'的一种,春桥讲刮资产阶级妖风"。万里同志严肃指出:"按主席讲的,……你理论完全是错误的","交给群众不是不可以嘛,这一点是路线问题,是对资产阶级专政,还是让他长

附　　件

期猖狂，这一点你讲清楚！"

事实：

1. 中央九号文件下发时间：1975年3月5日。
2. 1975年2月10日，我到北京向万里汇报工作。在等他人到齐之前，万里将一个文章草稿(没说明是后来的九号文件)给我看，说是代中央起草的一个有关改革铁路管理体制的文件。匆读之后(因我正为汇报、检查1月暴雪造成的枢纽堵塞事故打腹稿)，他问有什么想法，我说："**没有考虑过这个问题**"。为此，万里在党委会上指责我对中央九号文件的态度有问题："这是对毛主席的态度(问题)！对中央的态度(问题)！我告诉你，徐达本！我是用最大的努力，最大的耐心来教育你，挽救你。这是最后一次！我最早把九号文件拿给你看，你说**不必要**(万里改变了我的原话。作者注)，这是对中央的态度(问题)！不把这个问题挖出来很危险！"
3. 2月10日，万里给我看的是一份草稿材料。当时，只有万里知道它是3月5日下发的中央九号文件之前身，而我是不知道的。我不理解的是，万里究竟出于什么目的，一定要将我的"**没有考虑过这个问题**"改为"**不必要**"。其实，他是想顺理成章地给我扣上了一顶"反对中央九号文件"的帽子。
4. 由于郑州路局党委认真贯彻了中央九号文件精神，第二季度日均装车和正点率，均接近历史最好水平（见340页表1、图1a、1b，352页表2、图2，353页表3、图3）。
5. 路局党委根据九号文件"反对资产阶级派性"之精神，对部分领导班子做了整顿，对一些"派"性严重的个人，作了批评、教育、处理。

6. 1976年6月18日，我又被党中央、国务院派到郑州铁路局任党委第一书记。有人提出，应该为头年党委按九号文件精神整顿、处理的人员平反。因为多次"翻烧饼"已给路局造成了严重混乱，为了稳定局势，我坚持不能再"翻烧饼"，而是只按中央的精神办——把运输生产搞上去。

我的意见：《审查结论》说邢介江"篡夺了我们党的领导权"是否言过其词？另外，自我到郑州路局主持工作后（1973年9月至1975年6月），形势有了明显的好转。加之党委认真地贯彻了九号文件，1975年4、5、6月的运输生产和正点率，均接近了历史最佳水平。但没想到的是，《审查结论》却不顾事实地引用了万里对我的指责"徐对中央九号文件的态度不端止"。

IV. 六月六日徐在书记会上说："路线问题要搞清楚，到底谁路线错误"，"把形势说的一团漆黑，我也不同意"，"什么阳奉阴违呀，……两面派……文化大革命中我也没有这么多帽子。"

事实：

1. 《审查结论》舍前斩后，为我所需地引用了我的话。并只字不提万里指责我犯了什么路线错误。
2. 几十年前，根据在郑州路局工作的情况，我向党中央写了无数的检查和申诉。其中都提到万里对我的指责。他说我执行的是"典型的、标准的刘少奇路线"，"右倾机会主义路线"等。所以，我说万里给我带了"这么多的帽子"确有其事。

3. 凡是经历过"文革"的人都知道，当时大家最怕的，就是犯"路线错误"。所以，我决不同意万里对我无根据的蛮横指责。我将自己的意见直截了当地告诉了他。这是实施党内民主原则，各抒己见的典范，应加以鼓励提倡。

我的意见：《审查结论》为什么不引用我和万里的全部对话？为什么将争论的焦点——指责我"执行的是典型的、标准的刘少奇路线"、"右倾机会主义路线"这些话"漏掉"了？这种做法，是不能历史地、客观地、实事求是地记载当时所发生的一切的。

V. 六月十日经中央政治局、国务院领导同意，将徐调离了郑州铁路局。事后，徐三次向纪登奎等人写信告万里同志。

事实：

1. 1973年9月，我是在接到中组部的任命书后，才去郑州铁路局任职的。
2. 1975年6月，在没有任何书面手续的情况下，万里通知我，他请示了李先念和纪登奎副总理，同意免去我在郑州铁路局的党内外一切职务。
3. 我表示服从组织决定。但对万里的做法保留了自己的意见。
4. 事后，我根据万里于1975年6月主持的路局党委会议时的纪录，如实地将会议情况和自己的意见向党中央、国务院、河南省委做了书面汇报。

我的意见：对工作存有不同意见和发生争执时，根据党章规定，每一个党员都有权向上一级领导、党中央阐明自己的观点，所以"写信告万里同志"是无稽之谈。

《审查结论》的第二部分：

I. 一九七六年四月二十三日，徐达本给唐歧山（造反起家，现已判刑）写信说："邓小平借'反派性'……是为了复辟夺权"，"把生产搞上去是假，翻案复辟是真"。

事实：

1. 1976年4月23日，唐歧山的女儿找到我家，说她的妈妈害了病，要到北京来治疗，问我和爱人哪家医院好。由于曾与这个孩子的父亲共过事，我以为不表示一下同情和问候，有些不尽人意。
2. 当时"批邓、反击右倾翻案风"运动正值高潮，路局党委被取消，党中央任命唐歧山担任三人小组组长领导路局工作。显然，他是党中央信任的同志。
3. 当时从河南省委传出，我将去华北协作区工作，对此我很兴奋。
4. 我当即写了一封便信，托他的女儿带给他。信中除了问候他的爱人、询问我的工作分配消息外，还根据当时中央的提法，提到了"批邓，反击右倾翻案风"运动、邓小平要翻"文革"的案。

我的意见：我给唐写信无可非议。当时，正值党中央、毛主席发动的"批邓，反击右倾翻案风"运动之高峰，与很多

附　　件

人一样，我随着党中央、毛主席说了错话，仅此而已。

II. 六月经纪登奎、张春桥、王洪文等人，以徐是"和万里顶的"、"和唐师傅（即唐歧山）合作的"，"不赞成"九号文件、"他的意见是对的"等，恢复了徐在郑州铁路局的职务。

事实：

1. 为了恢复我在郑州铁路局的职务，党中央、国务院领导找我开了两次会。第一次有国务院副总理孙健、中央组织部部长郭玉峰和国务院业务组成员袁宝华同志参加，第二次有中央政治局委员吴德、国务院副总理纪登奎和郭玉峰部长参加。

2. 与会者无一人提到张春桥、王洪文。但他们一再强调，经党中央反复考虑之后，决定为我甄别平反。

3. 在我离开郑州路局的三十三年中，在多年的"审查"过程中，没有找到我与"四人帮"有关系的任何证据。

我的意见：我与"四人帮"素不相识，无丝毫瓜葛。否则，怎么解释我在"文革"中被批斗、劳改、审查、靠边站近七年之久的事实呢？我被"解放"后，实际上是被下放到郑州路局去收拾那个"烂摊子"。我没有计较个人的得失与名利，急速赴任，并圆满地完成了党中央国务院交给我的任务。这种不顾事实、硬将我与"四人帮"挂钩的作法是相当恶劣的，是对一个良心老党员的政治迫害。

附　　件

III.　六月十八日徐在复职会上说：万里真是"邓小平推行修正主义路线的先行"。在副处级干部会上说：万里是"铁路系统的右倾翻案代表人物"，是"还乡团"。六月二十七日徐在郑州车站党委会上说："邓小平点河南几次，……他有个有利条件，就是九号文件"，"这一次我回来……，又是一次路线斗争"，咱们共同战斗，新老还在一起，就是批邓小平、批万里"。

事实：

1. 1976年6月18日，我返回郑州路局（我是很不愿意再回那里工作的）。根据党中央的指示，在省委的领导下，路局"批苏华、批万里、批邓"运动已进行了四个多月。
2. 这里列举我所说的话，都是运动中的"套话"，并不是我的发明创造。
3. 《审查结论》没有引用我所讲的一句完整话。这种舍前去后、断章取意的做法，是欲盖弥彰，为我所用。

我的意见："文革"十年浩劫于1976年10月结束。而《审查结论》的出笼是在1983年4月底，距"文革"结束已近七年之久，但郑州铁路局党委竟为我编制了一个与历史绝缘、"造反"气味冲天的《审查结论》。这说明"文革"并没有真正结束。

IV.　徐还散布说："邓小平这次整我是第二次了"。九月一日徐布置批所谓"邓小平一类走资派，要各单位直至班组宣讲讨论《走资派的特点和活动规律以及战胜他们的方法》，总结"同邓小平对着干的新鲜经验"。

附 件

事实:

1. "邓小平整我是第二次了"是我的牢骚话。第一次，系指1959年我在煤炭部工作时，被张霖之部长定为犯了"右倾机会主义"错误。为此，党中央撤消了我的部党组付书记、取消了我的第八届党代会代表资格，并把我从常务副部长降至最后一位副部长。当时邓是主管工业的中央书记处书记。在"七千人大会"上，我被甄别平反。不久，我这个"老煤炭"又被排挤出煤炭部。第二次，即万里于1976年6月将我撤职。

2. 一九七六年六月，我重返郑州路局后，将主要精力放在"排干扰，把铁路运输抓上去，搞畅通"的任务上，"批邓、反击右倾翻案风"的运动由分工搞政工的党委常委去抓。为了完成中央国务院交给的扭转郑州铁路困难局面的任务，我没黑没日地奔波在各分局和站段之间。我没参加过任何"批邓、批万、批苏"的群众大会。

3. 我复任郑州路局时，其"批邓、反击右倾翻案风"运动，是根据党中央、河南省委的指示进行的。

我的意见: 由于是党中央、毛主席将"反击右倾翻案风"的矛头直指邓小平，所以我才发了上述的牢骚。我在1959年和1975年的遭遇有很多共同点：一. 张霖之和万里都容不得不同意见；二. 邓小平是听这两人汇报的领导，且没做责任性的调查研究；三. 我历来以国家和人民的利益为重，不辞辛苦地抓业务，是问心无愧的。1959年张霖之为我打造的"右倾机会主义"的冤案已被昭雪。我坚信，1975年为我打造的莫名冤案迟早也会被昭雪。

我曾对自己的牢骚做过多次口头、书面的解释、说明和检讨(说实话,当时写检讨也是违心的。当一个人受了不白之冤时,为什么就不许发牢骚?),但都得不到谅解。于是,这句牢骚话便成了攻击我的重磅炮弹。

V. 九月五日徐对北影准备拍摄与"走资派"《搏斗》影片的导演诬陷说:"邓小平结党营私早就明显暴露出了。他从四川来京带了一大帮子人,胡耀邦、万里都是,原煤炭部部长张XX对文化大革命三气未消也被拉……"。

事实:
1. "邓小平结党营私早就明显暴露出来了"不是我说的话。我也不可能提到"胡耀邦"的名字,因为我非常敬重胡耀邦同志。
2. 我更不可能讲"原煤炭部张XX对文化大革命三气未消……"因为张XX在"文革"初期(1967年1月),就已去世。
3. 1952年,西南局书记邓小平进京任政务院(后为国务院)副总理。同年8月,张XX从重庆调到北京,任二机部副部长;11月,万里从四川调到北京,任建筑工程部副部长。

我的意见: 我曾多次向专案组人员指出,我没说过上述的话。电影导演的"揭发供词",是否是在外压下产生的?但在那个年代,"引导式回忆"和"启发式填补纪录"的事件,司空见惯。将一个人的"揭发供词"写进《审查结论》,是非常不负责任、强加于人的做法,应受到法

附 件

律的质疑。

IV. 粉碎"四人帮"后,徐在全局广播大会上说:"刘少奇、林彪、邓小平。'四人帮'是挑动群众斗群众、分裂工人阶级的罪魁祸首",多次强调"要深入批邓"。

事实:
1. 我所说的话,均为"文革"中的惯用之词,来源于当时《人民日报》、《红旗》杂志的相关社论。
2. 1976年10月6日,以华国锋为首的党中央一举粉碎"四人帮"。10月18日,中央发出十六号文件,其中强调"揭批'四人帮'和继续'批邓'"。
3. 10月19日,我在全局的"揭批'四人帮'"广播大会上,宣读了局党委拟定的讲话稿,传达了中央十六号文件精神。

我的意见:"继续批邓"是当时党中央、华国锋主席的指示。我照本宣科,执行了当时党中央的错误指示。

IV. 徐还在十二月十日"批判"唐歧山的大会上说,在去年六月局党委会上,"万里参加是刮右倾翻案风,翻文化大革命的案,否定了路局前一段的工作","我们就是在那里坚持","进行点斗争吧!这个唐歧山就在七天会议上,对路线问题一言不发","原来就给万里交代了","他妈的,他投靠万里了"。

事实:
1. 这里引用我的话,又是"节选",掐头去尾,不能反映原意。

2. 对我来说,为什么万里非要"否定路局前一段的工作",将永远是一个难以破解的"谜"。

3. 有关唐歧山的话,我是不会如此说的。因为我是一个没有派性的人。唐对我和万里处理邢介江问题,都意见十足。但是,他在七天的党委会上,的确一言未发。大概是因为万里没有把矛头指向他的缘故吧!

我的意见:我对万里在处理郑州路局和我本人的问题上,存有不同意见。这在党的生活中是很正常的。我说他是"刮右倾翻案风,翻文化大革命的案",是当时的套话。将"反击右倾翻案风"与"批万"挂钩,是党中央、河南省委的指示。如今,三十多年过去了,细想起来,万里当时既不是"刮右倾翻案风",也不是"翻文化大革命的案"。若说他刮的是独往独来、唯我独尊的破坏风,则更为贴切。他不惜"大乱"路局的运输生产,仅仅是为了向我这个持不同意见的人发泄私愤而已。

《审查结论》的第三部分:

I. 一九七三年,徐达本说一些抵制唐歧山帮派的老干部"带头刮起了养病风和纠偏风","这股风在领导班子内有反映,上下都有人,刮起来很严重","搞复辟了"。

事实:

1. 1973年9月下旬(在靠边站七年之后),国务院代表中央派我到郑州路局工作。我对那里的情况一无所知,两眼

附 件

一抹黑。

2. 我身为第一书记，总得发表意见吧！意见是根据什么呢？都是听下面汇报得来的。但以上的话，又都是截选，是拼凑起来的。

我的意见：《审查结论》根本不能客观、历史地看问题。

II. 一九七四年徐强调"批林批孔必须联系实际"，批"右倾翻案思潮的代表人物"，要"做到班组普遍批，车间大会批，全站典型批"。造成全局上挂下连，层层批干部，有的一直批到班组长"。

事实：

1. "批林批孔必须联系实际"，批"右倾翻案思潮的代表人物"，都是来自《人民日报》的社论，是人人皆说的"套话"。在参加学校的"批林批孔"运动时，我的孩子们也是这样讲的。
2. 搞"批林批孔"运动时，我去路局还不到半年。我与局里的人相识不多，更没有"派"性的恩恩怨怨。
3. 我历来认为，任一政治运动，都应是"对思想，不对人，不能上挂下联"。当我得知在个别站段出现了"层层批，一直批到班组长"时，我责令管政工的局党委书记马上制止这种做法。

我的意见：我历来对整人毫无兴趣。这是我屡犯"右倾"错误的原因，也是我常挨整的原因。

附件

III. 一九七五年季恩洪同志（七五年任局党委常务、革委会付主任）当着万里的面批评徐"讲大局少"，"讲党性少"，"屁股坐在派性上"。一九七六年八月徐和唐歧山等人找季谈话，徐拿着笔记本说："老季给我提的意见都记着呢，是属于右倾翻案风，要检查！"逼得季恩洪同志准备喝敌敌畏。

事实：
1. 正值"反击右倾翻案风"高潮，党中央下达了关于帮助思想不通的干部"转弯子"的指示。
2. 1976年8月，我与季恩洪谈话时(唐歧山没在场。故这里所言与事实不符)，动员他在下次局党委常委拟召开的扩大会上，讲一讲"转弯子"的问题。但扩大会议没有按时开，这事就从此放下再没提起。所以，我并没有逼他。
3. "逼得季恩洪同志准备喝敌敌畏"，纯粹是一个虚拟句型，可见并没有发生。

我的意见：这种虚拟的词句是根本不能成立的(在法律观念日益强化的今天，就更显得滑稽可笑了。)。将"准备"这类虚词纳入《审查结论》，只能说明铁道部郑州铁路局党委政治水平的低劣和极端的不严肃。

VI. 一九七六年四月三日，我局部分职工悼念周总理的行动，被刘建勋、唐歧山作为"反革命案件"追查。六月二十四日徐听取汇报后，要专案组"抓紧工作"。八月十二日，经徐等定为"反革命案件"，将原拘留的二人升为逮捕，原隔离审查的二人升为拘留。十月十六日开除了主要受害者刘柏松、程贵远同志的党籍和路籍，并通报全局。

附件

事实：

1. 1976年4月3日，郑州路局群众集会悼念周总理逝世。此时，我正在北京，等待分配工作。

2. 1976年4月5日，北京广大群众在天安门广场悼念周总理。此活动被党中央、毛主席定为"反革命政治事件"。

3. 纪登奎责令河南省委追查"四·三"案件，并将其定为"反革命政治事件"，造成冤案（据说有人死亡，被打至伤残）。这些都发生在我回路局之前。

4. 6月18日，我被中央第二次派回到郑州路局工作。时距"四·三"案件发生之日已为两个半月。

5. 6月24日，在我听取汇报后，要求专案组"抓紧工作"。此时我到职才六天！"抓紧工作"是任一领导的口头禅，此讲何错之有？ 在这里，《审查结论》又是斩前截后，对为什么而"抓紧工作"没做任何交代。

6. 8月12日，省委要求路局党委对"四·三"案件给以文字结论。为此我主持了局党委会，出席人员为所有常委、国务院帮助组栗占华、省委工作组长张学清、省公安局负责人等。到会各方领导一致认为它是一个"反革命政治事件"。于是，我同意了大家的意见。根据这个结论，党委讨论了对参加"四·三"案件的刘柏松、程贵远（两人均健在）的处理意见。与会人员一致同意将他们开除路局、党籍、并逮捕。会后，党委将这些意见上报省委批准。

7. 所提10月16日，我认为是省委批准的日期。为什么拖了两个月才批，我不得而知。

我的意见： "四·三"案件发生之时，我根本就不在郑州路局任职。而"四·五"、"四·三"案件刚一发生，就分别被党中央、省委定为"反革命政治事件"。但《审查结论》竟把为"四·三"案件定性一事，推到了四个多月之后！这不符合当时的历史事实。此外，它又把定"四·三"案件为"反革命事件"的责任推给了我！这种做法是很不道德的，是别有用心的。我的确同意了周围领导同志们对刘柏松、程贵远的处理意见。发生这种错误的原因，也应归咎于我党所奉行的不民主制度——人治。是它导致了各级领导盲目地"拜毛"。另一个客观原因是，当我到路局时，那里的运输生产已是四面楚歌。这个溃败形势把我压的连气都喘不过来，根本就没有精力去调查一个陈案。

V. 粉碎"四人帮"后，徐达本制造了自己"是和'四人帮'对着干的"舆论。

事实：

1. 1976年10月6日，以华国锋为首的党中央一举粉碎"四人帮"。
2. 11月1日，唐歧山被"留省学习"。
3. 11月16日，在路局党委常委扩大会上，刘建勋等省委主要领导到会讲了话。他说："路局的整个工作是好的，成绩是主要的，和唐歧山是有斗争的。"他还讲了两个区别："要把唐歧山的问题和路局党委区别开来，要把唐歧山的问题和广大新干部区别开来。"对他的讲话，我是很赞成的。
4. 路局党委常委对会议精神进行了讨论，一致认为当前的

附　　件

主要任务是集中火力揭批"四人帮"和唐岐山。在运动中，我对群众给路局党委贴大字报，从心底认为不符合斗争大方向，曾给予批评。

5. 一个月后，郑州路局被军管，我再次卸任回到北京。

我的意见：我两次被下放到郑州铁路局工作，一不为名，二不为利，全心全意要把那里的运输生产搞上去。我认为，第一段的工作是有成绩的。第二段的工作完成了国家计划任务的80%以上，以本人之见，也是不错的。这是因为，当时河南省大部分国营企业已陷于瘫痪，故对路局的运输生产是一个硕大的负面影响。事实是，"四人帮"历来不讲生产，而我历来把生产放在第一位。这不是"和'四人帮'对着干"又是什么呢？所以，我真心认为，群众批评党委不是运动的大方向。

IV. 当广大群众起来揭发唐歧山问题时，徐等策划让唐主持十月十九日全局广播大会"亮相"，压制群众，稳住帮派阵脚。

事实：

1. 粉碎"四人帮"后，路局群众以大字报、大标语的形式质疑唐歧山与"四人帮"的关系。
2. 10月15日，河南省委召开全省干部大会，唐歧山出现在主席台上。
3. 唐歧山是中央委员、省委常委、路局书记，局党委对其无组织处理权。我、省委工作组的张学清多次请示刘建勋应如何对待唐。回复是，中央没有指示，唐歧山应照常工作，应覆盖针对他的大字报、大标语。刘建勋还指示，由唐主持19日举行的全路局广播大会。

4. 局党委执行了刘建勋的指示。但我预感到这可能会对群众有负性影响，于是在会后没有让他参加群众游行。

我的意见：为了使自己少犯错误，我执行了下级服从上级的组织原则——按照省委指示对待唐歧山。《审查结论》怎么能指责我是让他"亮相"，"压制群众，稳住帮派阵脚"呢？既使在当今再度重演几十年前的这段历史，我会做同样的事情。在这种情况下，如果上级犯了错误，我最多是犯了执行的错误。这个逻辑对很多人是适用的，但遗憾的是，对我却不适用。

IV. 十一月一日唐歧山被隔离，洛阳分局调度所部分职工贴了"郑州局执行'四人帮'抢班夺权的阴谋"、"砸烂唐歧山在郑州局一统天下"等标语，徐说他们"批唐歧山是假的"，亲赴洛阳以"矛头对着局党委、党中央"等为由，改组了调度所的领导班子，强令支部书记等六人离职检查。

事实：

1. 1976年11月19日，李先念等中央领导同志，要求郑州路局加强党的统一领导，加强组织性、纪律性，在揭批"四人帮"的斗争中，使日均装车量达到三千车。
2. 为了急于完成这个任务，我、张学清、局党委书记龙一兵马上到了当时在全局形势最坏的洛阳分局。分局党委汇报说，该局调度所的部分职工，违反调度纪律，在值

附　　件

班时擅自离开调度台，严重影响运输生产的正常进行。

3. 我、张学清、龙一兵参加了分局党委常委会，经讨论研究后，做出改组调度所领导班子和责令支部书记等六人离职检查的建议。这项建议立即被报到郑州路局党委，得到同意，并由局党委书记郭文学宣布了改组方案。

我的意见：我认为《审查结论》所言，与真情完全不符。我曾多次说明事实。在有分歧的情况下，郑州路局党委却没有请上一级领导作为第三者，做些调查研究澄清事实。这种行为是相当不负责任的。

IIIV. 新乡分局机关干部王敬忠同志十一月十二日贴了紧跟唐歧山的张绍义、傅汉生（系造反当上分局党委书记、付书记）的标语。被分局领导大会批评，王与领导说理发生争执。在公安处和局领导已批示不同意拘留后，徐又开会决定将王敬忠同志治安拘留十五天。

事实：
1. 此事也是在贯彻执行李先念副总理的指示时发生的。
2. 当时新乡分局秩序混乱，运输生产严重滞后。
3. 王敬忠在新乡分局的党委扩大会议期间，在路上抓住分局党委付书记的衣领，大吵大闹，干扰了会议的正常进行。
4. 对王敬忠的处理意见，是局党委常委讨论后做出的。

我的意见：《审查结论》说："王与领导说理发生争执"与我讲："抓住分局党委付书记的衣领，大吵大闹"大有出入。为什么《审查结论》回避事实？公安处和局领导的批示在哪里？"徐又开会决定将王敬忠同志治安拘留十五天"这句话，仅强调我决定开会，而只字不提开会的前提和郑州路局党委常委集体做出了决定。这样做是很不实事求是的。

《审查结论》的第四部分：

I. 徐达本同志一九七三年九月到郑州局任职后，积极支持唐歧山等帮派势力。先后把造反派头头王智祥、邢介江、李光亮（粉碎"四人帮"后，均已判刑）由工人分别提为洛阳、新乡、郑州分局党委付书记。

事实：

1. 1973年9月20号左右，我被中央派到郑州铁路局当书记。与我同行的，只是秘书蒋益斌同志。在路局没有一个认识人。

2. 去之前，纪登奎与我谈话时说，河南省"二·七公社"是毛主席、周总理肯定的革命派。郑州路局的火车司机唐歧山曾受到周总理的接见，夸他是老老实实的铁路工人。纪登奎一再强调，我要服从河南省委的领导，支持和配合省委工作，要与唐崎山搞好合作关系。

3. 我从来不支持派性。在八机部时，连保我的那一派，我也没表态支持过。拉帮结派与我的本性格格不入。我与唐歧山仅是工作关系。

4. 我到路局后，正赶上局党委召开的第五次党委扩大会议。调整路局和各分局领导班子的方案在开会之前，已

附　　件

由河南省委、交通部的领导拟定完毕。因我是新上任的第一书记，则由我宣读了此方案。10月初，方案由局党委常委会讨论通过，并被省委批准。

5. 1973年10月，省委召开关于提干纳新的工作会议。我不同意原省委组织部长董万里在会上提出的"'造反派'比党员觉悟高"的说法。经路局党委讨论决定，没向下传达，也没有印发董的讲话。我强调提干纳新应按党章办，对群众揭发靠"派"性已被拉入党内的人，局党委责成组织部门，查明纠正，并制止和批评了强拉"造反派"入党的人与事。

我的意见：我历来是党性、原则性很强的老革命干部。在"文革"中"靠边站"了七年之后，被下放到一个人生地两生的大企业当领导。我一下火车，就参加了路局的党委扩大会议。对省委、交通部领导事先拟定好了的领导班子调整方案，我是没有能力、也没有权力将其推翻的。《审查结论》对我的指责，是很不事实求事的，是无中生有。

II.十一月三十日，徐达本、唐歧山和省委工作组王大海等人，商定充实郑州机务南、北段党委领导班子的方案，让郑州分局党委书记征求分局党委常委意见后，十一月一日决定提任还没有入党的林超群、杨怀发等七人为段党委付书记、常委和总支委员。

事实：

1. 这里所言1973年11月，距我到路局任职，仅为一个月有余。

2. 提干纳新是执行党中央的指示，并由省委工作组和局党委组成联合工作组来做这项工作。站段以下干部的提拔，由这个工作组决定。
3. "……提任还没有入党的林超群、杨怀发等七人为……"给读者的印象是，这七个人都不是党员。
4. 实际上，仅林超群一人不是党员。在局党委会上讨论批准他为郑州机务南段党委副书记时，干部部门没有向党委说明此人不是党员。

我的意见：就连熟悉路局情况的局党委成员、省委工作组组长王大海等人都被干部部门的失误蒙在了鼓里，《审查结论》怎么能将失误的责任推到我这个初来乍到的书记身上？在短短一个来月的时间里，要我对每一个被提拔的干部了如指掌，实在是强人所难。另外，给读者"七人都不是党员"的印象，这似乎不是文字水平问题，还是有意误导。

III. 全局从一九七三年九月至一九七四年四月半年中，突击发展党员1551人，提拔干部1586人，其中徐主持会议提拔担任站段以上领导职务的有471人。使唐歧山及其支持者在各级领导班子中占了绝对优势，控制了领导权。

事实：
1. 早在1967年7月25日，毛主席、周总理就明确表态说"二·七公社"是"无产阶级革命派"，所以在我去郑州路局任职的六年多前，"二·七公社"早已是掌权派。
2. 我曾多次申明，站段以上领导班子的调整人选是由省委

附　　件

和交通部领导决定的，与初来乍到的本人无关。但《审查结论》避而不谈这一事实，却一味强调"徐主持会议提拔担任站段以上领导职务的有471人"。这种以表面现象蒙混事实真相的做法，是预加之罪，何患无辞的又一佐证。至于纳新，则由各总支、支部办理。我本人没有决定任何一人的提干、纳新。

3. 为了促进运输生产，我在党委内做了大量思想工作，将技术革新的领班人、无派人士郑义明同志提拔为郑州南段的党委书记。这是我任人唯能、对各派一碗水端平的具体体现。

4. 我在此不妨再重复一次：我强调提干纳新应按党章办，对群众揭发靠派性已被拉入党内的人，局党委责成组织部门查明纠正，并制止和批评了强拉"造反派"入党的人与事。

我的意见：是党中央、毛主席、河南省委促成了河南"造反派"的掌权局面。而《审查结论》将这一"功绩"加冕于我，实在是过高地估计了本人的能力。其实，由于我非派性地发动了路局的全体职工，采取了任人唯贤的政策，所以在短时间内扭转了铁路堵塞、完不成运输任务的局面，并使"单机牵引"的技术革新成为现实。这些成果与支持派性，不可能有任何有机的联系。所以，《审查结论》对我支派的指控，是空洞无物的，是苍白无力的。

VI. 一九七六年六月徐还说："纳新（党员）、提（拔）干（部）现在看，不是多了，而是少了"。六月二十日徐、

528

唐等人研究后,不经局党委常委讨论,就以"常委讨论通过"上报原省委同意,一次任免局和新乡、洛阳分局主要领导职务十三名。十月份又对二十二个主要站段调整"不转弯子"的老干部十九人,提拔重用紧跟唐歧山的人二十九名。把一九七五年贯彻中央九号文件配备的领导班子给翻了过来。

事实:

1. 我于1976年6月18日,也就是在离开了郑州铁路局一年之后,重返了路局。

2. 到路局后的第三天,就与国务院帮助组副组长崔修范、栗占华(国务院为了扭转路局的形势,在我到职之前就向这里派了帮助组)、省委工作组组长张学清和原三人小组组长唐歧山、成员胡逸平开了联席会,讨论如何大力抓运输的问题。大家一致认为应该先调整、充实路局、新乡和洛阳分局的领导班子(新乡和洛阳是派性闹的最厉害的两个分局)。

3. 由于与会者们对那里的人事情况比我熟悉的多,所以由他们提出了人选,并向我做了具体介绍。经共同研究后,确定了调整方案。由于这次调整涉及到路局党委主要领导和分局级干部的任免,所以局党委将此方案报到省委审批。

4. 7月份,我去洛阳分局蹲点,着手解决那里的派性问题。届时发现,在调整洛阳分局领导班子时有误。例如,洛阳分局党委书记张自新同志不宜调动。我马上建议路局党委改变原决定。又如,当我发现新提拔的分局党委常委陈某某,在分局党委常委会上支持王某某闹事时,立

附　件

即对他进行了批评。

5. 由于政策多变，导致了基层领导班子极度混乱。例如，有的站段有两套领导班子，有的缺第一把手，有的第一把手工作能力差，拿不起来。这些都是对抓运输生产的不利因素，需要改正。所以，路局党委对二十二个主要站段的领导班子做了必要的调整。其程序为，先由分局党委常委开会讨论调整方案，然后再报局党委常委讨论批准。在这次调整中提拔的新干部，是根据党中央的文件精神办的。

6. 唐歧山曾想让邢某某重返工作岗位。我和张学清同志一致认为，1975年4月对邢的处理，是省委、路局党委依照中央九号文件精神办的。所以，在没调查清楚他的错误事实之前，我们不能推翻过去的决定。

7. 我到路局时，党中央下达的"转弯子"工作(帮助对"反击右倾翻案风"思想不通的干部"转弯子")已进行四个月了。我一再强调，"转弯子"慢的老干部不是调整领导班子的对象，而是帮助他们"转好弯子"。由于忙于抓运输，我对这项工作接触的很少。但我知道，受到批评的老干部，大部分原职未动，被调整的，多数是在保持原职位的情况下，调换地方或调换单位。不安排工作或降职的，是极少数。

我的意见：由于在一年的时间里，党中央实行了两个政策，翻了两次"烧饼"，致使派性愈演愈烈，运输生产每况愈下。我第二次回郑州路局时，那里的运输生产已是一败涂地。当时所做的，都是为了阻止运输生产继续下滑。我认为，路局党委的努力是有回报的——完成了国家计划装车任务的80%以上。这与当时河南省的形势相比（绝大部分国营企业趋于瘫痪，大不利于路局的运输生产），堪称成绩。另外，万里于1975年6月在郑州路局"翻烧饼"时（他的做法是违背中央九号文件精神的），对领导班子的更迭涉及了数百人。而《审查结论》称，在我复职后，仅调整了二十九名领导。一个是怒不可扼、牵扯了数百人的"翻烧饼"，一个是心平气和、以工作为重（绝非以某人划线）的对少数领导的调整。所以，认为我"把1975年贯彻中央九号文件时配备的领导班子给翻了过来"的结论，实在是太牵强附会了。

《审查结论》的结束语

综上所述，徐达本同志在郑州铁路局任职期间，所犯错误是严重的。在揭批查中，徐达本同志开始态度不好，坚持错误，经过与本人多次核对材料和组织教育帮助，承认了所犯错误事实，但在有些问题上仍强调客观，推卸责任。

事实：

1. 《审查结论》指责我"开始态度不好，坚持错误"。其实，我对强加于本人的不实之词从来就没有退让过，所以不存在什么"开始态度不好，坚持错误"的问题。
2. "与本人多次核对材料和组织教育帮助"是无稽之谈。在审查我的七年中，我曾多次上书郑州路局党委、河南省委、铁道部党委，要求他们能以尊重历史的态度纠正对我的不实指责。遗憾的是，无一对人我的请求予以答复。此外，在漫长的七年中，没有一个领导与我核对过任何材料，谈过一次话。于是，大量的不实材料，被一意孤行地纳入了《审查结论》。

3. 我并没有如《审查结论》所说："承认了所犯错误事实"。如果真是这样，我何必上书万卷？我敢于坚持实事求是的品质，是不会容忍自己在重压下低头、折腰的。

4. 我曾连篇累牍地阐明了本人对《审查结论》的不同意见。这里所讲"强调客观，推卸责任"，应转译为"实事求是，坚持原则"。

我的意见：在《结束语》中，人们根本找不到我犯了"路线错误"和与"四人帮"有任何关系的结论，说明我犯的是执行错误。而当时所有在职的领导包括万里，无一免犯这类错误。但不公的是，仅本人受到了多年的审查和严惩。党中央应本着对每一个党员负责的态度，改正此错案并查明对我实施政治迫害的原由，以为前车之鉴。

我对《审查结论》的意见总结

1. 八十年代初，胡耀邦曾派"二办"主任刘鸣九去河南了解那里的揭、批、查运动。刘回来后给胡耀邦写了一个报告说，那里的运动搞得很"左"，很"扩大化"。我的《审查结论》就是在这样一个极端的政治环境中打造出笼的。

2. 至1983年4月，"文革"已结束了七年之久。但《审查结论》仍然充满了"文革政治"的低级趣味。它根本不是一个严肃、真实、敢于对一个老党员的政治生命负责的政治结论。它对我究竟犯了什么错误及其性质，只字未提。

3. 这里我要特别指出的是，在本人与专案组成员争论了众多回合之后，在《审查结论》里不再能找到以往无端指责我"破坏生产"的字样。这是因为，年、月、乃至日的运输生产完成情况，都记录在案。"破坏生产"罪名的消逝，间接证实了我在路局工作时，扭转了枢纽堵塞、完不成运输任务的局面。这个局面是局党委和全体路局职工们共同努力的结果。奇怪的是，万里对此不但不加以鼓励，反而指责路局领导组织群众性生产大汇战是"破坏性的路线！"

4. "二办"熟知《申查结论》的内容。当对我的审查结束时，刘鸣九主任代表组织与我谈了话。他肯定了我在郑州铁路局的工作成绩，并指出我犯了认识和执行上的一般性错误。

5. 出我意料的是，这个苍白无力的《审查结论》成为对我实施政治迫害的唯一"依据"！1984年1月26日(在我离开郑州路局的八年之后，也是"文革"结束的八年之后)，万里所在的党中央书记处在没有做出任何说明的情况下，开除了我的党籍。我相信，万里没向与会者介绍当时的历史事实。例如：一. 我与他对处理一个干部所存的些微分歧，以及他对此分歧的大大光火；二. 他不按国家计划派给我们空车，从而人为地制造了郑州路局完不成运输任务的手段(在全体职工的努力下，路局基本克服了这一困难——距完成国家派给的1975年上半年之运输计划，仅差百分之一点几)；三. 他无视整顿的好成果而将我免职，以及由此导致的生产持续下滑的局面等等。

6. 当时正遭政治劫难的胡耀邦表示了对我的同情。他为我做出了"一切待遇不变"的批示。这也是他对《审查结论》的态度吧。

7. 由于我穷追不舍地向党中央索求书记处给我处分的根据，中纪委终于在1994年给出了一个答复——当年的处分根据，是郑州铁路局做的《审查结论》。这个让我足足等了十年的答复实在令人震惊——中央书记处在将我这样一个老资格的高级干部开除党籍时，竟然"懒惰"到既不为本人书写错误结论，也没为我的处分根据留下任何文字记载！中央书记处——党的最高组织机构，竟然如此玩忽职守！据此推断，在1984年的书记处会议上，给我处分的真正根据并不是这份《审查结论》，因为它不仅经不起后人和历史的推敲，更糟的是，它印满了"万里"的名字，这就太容易引起他人的疑惑——这是不是一起个人报复的政治事件？这个潜在的问号，很可能就是在书记处的决定中看不到任何《审查结论》痕迹的真正原因。然而，在民主意识日趋强化的十年之后，为了不受到善良正直人们的质疑，为了掩盖当年滥用御赐的权力挑战党章、破坏党纪、猥亵民主的行为，为了让自己"青史"留名，万里不得不在十年之后，将这份蹩脚的《审查结论》派上了用场。

结束语

自中国共产党成立以来，在党内外发动了数不胜数的大大小小的政治运动，制造了罄竹难书的冤、假、错案。可惜的是，那些宝贵的青春、那些横溢的才华、乃至整个一生被毁灭了的绝大多数人，已过早地含冤离去。而我的长寿令我有

附　　件

幸步入了一个新时期——中国的百姓有了些许的话语权。尽管是"些许"，但我仍受益匪浅——在二、三十年前，甚至十年前，若想把我这篇"论《关于徐达本同志所犯错误的审查结论》"的檄文公布于世，是连想也不敢想的，因为担心的是随之而来的更残酷的报复。

　　当然，由于目前政治环境的局限，这篇对历史的还原和对自身的辩护，尚不可能达到100%的满意度。目前看，大约是50－60%吧。但我仍欣慰地自认，至少，时代赋予了我发出自己点点心声的小小契机。而太多殊具珍贵史料价值的辩护词，却早已随着受害者的被匿迹而被销声，以至留给后人的，是一段段无法添补的亲历真空。如此的遗失，怎么能让人不痛心疾首？！

参考文献

1. 徐达本，回忆抗战前深入农村开展抗日救国宣传，天津文史资料选编，49—53页，天津人民出版社，1980
2. 陈克寒，一个平凡的县——平山，《模范抗日根据地的晋察冀边区》，《新华日报》，武汉，9月14日，1938
3. 徐达本，冀中一年来的政权工作，《边政导报》3，21/22期合刊，5月，1941年
4. 徐达本，冀中一年来的政权工作(1941年5月)，《晋察冀边区财政经济史资料选编》，许毅等编，南开大学出版社，1984
5. 中共河南省委党史研究室/冀中人民抗日斗争史资料研究会编，实现统一累进税，《冀中抗日政权工作—七项五年总结》，102—110页，中共党史出版社，1994
6. 刘少奇，转变工作方针和斗争策略，克服严重困难，坚持巩固冀鲁豫边区抗日根据地。《冀鲁豫边区革命史》，294页，山东大学出版社，1991
7. 北方局，对冀鲁豫区党委、军区工作指示(1942年10月20日)，王传忠等《中共冀鲁豫边区党史资料选编》，中集，313—318页，河南人民出版社，1988
8. 北方局，对冀鲁豫区党委、军区工作指示(1942年10月20日)，王传忠等《中共冀鲁豫边区党史资料选编》，中集，296页，河南人民出版社，1988
9. 徐达本，关于沙区救灾工作的通信(1942年3月9日)，王传忠等，《中共冀鲁豫边区党史资料选编》，中集，534—540页，河南人民出版社，1988
10. 徐达本，徐达本在专员联席会上的总结报告(1945年7月9日)，王传忠等，《中共冀鲁豫边区党史资料选编》，下集，568—609页，河南人民出版社，1988
11. 孟夫唐、徐达本、贾心斋、宋任穷、王宏坤、杨勇、苏振华、朱光，冀鲁豫行署、军区命令(1945年8月11日)，王传忠等，《中共冀鲁豫边区党史资料选编》，下集，612—613页，河南人民出版社，1988
12. 孟夫唐、徐达本、贾心斋、乔明甫，冀鲁豫行署、边区临时武委会紧急命令(1945年8月12日)，王传忠等《中共冀鲁豫边区党史资料选编》，下集，614—616页，河南人民出版社，1988

参考文献

13 孟夫唐、徐达本、贾心斋,冀鲁豫行署关于各级学校应参加进军总动员工作的训令(1945年8月17日),王传忠等,《中共冀鲁豫边区党史资料选编》,下集,620—621页,河南人民出版社,1988

14 戎子和,序言,1—5页,郑义明等,《栈道》,中央文献出版社,2001

15 杨磊等,开滦历史重要事件,82—94页,《开滦沧桑》,新华出版社,1998

16 煤炭部党组,"一五"时期的主要成就和生产建设中若干问题的总结,煤炭工业史稿编研组,《中国煤炭工业二十八年史稿》,144页,2001

17 孙容等,"一五"时期的主要成就和生产建设中若干问题的总结,煤炭工业史稿编研组,《中国煤炭工业二十八年史稿》,150页,2001

18 张明理等,当代中国的煤炭工业,邓力群等,《当代中国丛书》,中国社会科学出版社,1989

19 郭道晖,毛泽东发动整风的初衷,《炎黄春秋》第2期,2009

20 孙容等,"大跃进"及其失误,《工作煤炭工业二十八年史稿》,157页,煤炭工业史稿编研组,2001

21 李毅中,谈谈我国的安全生产问题,安全监管总局政府网站,6月29日,2006

22 歆垚,46年前的山西大同老白洞矿难事故,国际煤炭网,8月15日,2006

23 孙容等,"大跃进"的后果和教训,《工作煤炭工业二十八年史稿》,煤炭工业史稿编研组,215页,2001

24 刘向三,《往事的回忆》,黄河水利出版社,239页,2001

25 王光美等,《你所不知道的刘少奇》,河南人民出版社,1999

26 雷阳,河南大雪考验中国铁路春运,《新京报》,人民网,1月24日,2006

27 张广友,三下郑州,杨筱怀主编,《聚焦中南海》,下集,729页,中国青年出版社,1998

28 张广友,三下郑州,《万里在一九七五——一九八六》,69-70页,啟文书局,1995

参考文献

29	谷牧,《痛心疾首忆文革》连载于《北京晚报》,1月,2009
30	邓榕,整顿铁路的较量,《我的父亲邓小平"文革"岁月》中国文献出版社,大象出版社 1993
31	冼恒汉,一年翻了两次烧饼,《风雨八十载 冼恒汉自述》(节选上),5—8页,华夏文摘,2月4日,2008
32	李大立,不用猜了,"老同志"可能子虚乌有, 纵览中国,8月20,2009
33	张成觉,"能文能武"万伯翱, 中华传记文学(香港)国际研讨会散记(之二),新世纪新闻网,8月23,2009
34	中华人民共和国大事记事本末,吉林教育出版社,11月,1992
35	张明理等,当代中国的煤炭工业,邓力群等,《当代中国丛书》,中国社会科学出版社,19—62页,1989
36	孙容等,"一五"时期的主要成就和生产建设中若干问题的总结,煤炭工业史稿编研组,《中国煤炭工业二十八年史稿》,77—284页,2001
37	宗凤鸣,邓小平逝世后,赵紫阳诚盼万里站出来表态,《赵紫阳软禁中的谈话》,开放出版社,46,250页,2007
38	宗凤鸣,邓的政经两手都是硬的,《赵紫阳 软禁中的谈话》,15,101页,开放出版社,2007
39	郑义明,艾振远等,《栈道》,中央文献出版社,2001
40	赵俊峰,《就河南揭批查的历史遗留问题向党中央反映的情况和意见》,7月,1992,刊于中国文革研究网,7月3日,2006
41	王维群,《致河南省委及中共中央信》,11月,1994,刊于中国文革研究网,7月3日,2006
42	徐达本,应建设中小型劣质煤自备电站,《中国电业》,第3期,1995
43	徐达本,组织力量投入新课题研究,《煤炭经济研究》,14—15页,第8期,2002
44	徐达本,加强宏观管理合理开发利用,《煤炭加工与综合利用》,第4期,8-9页,1988
45	徐达本,论煤炭工业改革与发展的几个大问题,《煤炭经济研究》,第1期,12—13页,2004

46	徐达本,要求国家的各项政策向处于困难和弱势地位的煤矿倾斜……,《China Academic Journal Electronic Publishing House》,6—7页,2005
47	奥博,和万里的隔阂,《潮起潮落—"文革"后首任团中央第一书记—韩英纪事》,中国新闻联合出版社,106—116页,2007

www.ingramcontent.com/pod-product-compliance
Lightning Source LLC
Chambersburg PA
CBHW031424160426
43195CB00010BB/602